国家社科基金资助项目

典韵总歌括》、《韵总》2册，目录57册，正文11035册。

2. 装帧与版式

《大典》原书高50.02厘米，宽29.8厘米，黄绢硬面，包背装。封面（书衣）左上有黄绢书签，四周印黑色双线（外有蓝边），中题"永乐大典"四字，下注该册所收《大典》的卷次。封面右上有黄绢蓝边方形标签，题该册《大典》所属韵部，次行题该册隶属该韵的册次（有的有，有的没有）。书中每半叶边框高36厘米，宽23.5厘米。半叶8行，标题为大字，单行抄写；正文为小字（亦分大小两种字体，分别抄写所引书的正文与注），双行抄写，每行28字。书口有三个鱼尾：上鱼尾下题"永乐大典卷××"，下端双鱼尾内题叶码。边框、界行、引用书名、书口文字，以及断句圈点用的小圆圈概用红色，余皆墨色。

《大典》版式（包括界行、书口、鱼尾等）应该都是手绘的，且有可能是借助笔床绘制的（古代用毛笔不便于画直线，因而需要笔床辅助）。笔床是放笔用的，其用法是：将毛笔笔尖蘸墨，放在笔床上贴紧，笔尖露出笔床一点，笔床靠在尺板边上，笔尖对准要画线的位置，慢慢将笔床连笔一起移动，即可画线。从《大典》原本可看出，其边框、界行都不是特别整齐，一看即知是手画的而不是印制的。尤其是鱼尾上的红色，涂得颇不一致。也有人认为，书口象鼻、鱼尾都系手绘，《大典》用纸需数十万张，手绘栏格也是大工程，有可能是用薄板将边栏、书口处镂空，加以固定，再在板上用笔刷上红色而成；至于栏内的直格，则有可能是借助专用的笔床制成。

《大典》中断句圈点也是借用专门的工具钤印上去的。《大典》所使用的标点都是小圆圈（。）。从其原文看，小圆圈（。）有大、小两种规格，与正文中的大、小两种字体相配，均是钤印上去的。至于其所使用的钤印工具，应该就是专门用来钤印这种标点的小木（或竹或金属）戳。这类工具在古代使用应较为普遍，例如，清代内府铜活字墨印书本上的朱色句读圆圈就是用细圆的空心金属棒钤印的[①]。

---

① 翁连溪：《清内府刻书研究》，紫禁城出版社，2013，第266页。

京师史学书系

《永乐大典》流传与辑佚新考

张升 著

社会科学文献出版社

目 录
CONTENTS

| 上 编 |

前　言 / 3

第一章　《永乐大典》的书套、凡例与目录 / 8
　　第一节　《永乐大典》的书套 / 8
　　第二节　《永乐大典》凡例详解 / 15
　　第三节　抄本《永乐大典目录》的文献价值 / 32

第二章　《永乐大典》在清代的流传 / 44
　　第一节　《永乐大典》缺卷数新考 / 44
　　第二节　《永乐大典》失窃案之谜 / 53

第三章　《永乐大典》在近代的流传：国内篇 / 62
　　第一节　关于康有为所藏的一册《永乐大典》/ 62
　　第二节　梁启超、叶恭绰与《永乐大典》的收藏 / 67
　　第三节　关于嘉业堂收藏的两册《永乐大典》/ 77

第四章　《永乐大典》在近代的流传：国外篇 / 85
　　第一节　董康与《永乐大典》的流传 / 85
　　第二节　田中庆太郎与《永乐大典》的流传 / 98

第三节　美国国会图书馆藏《永乐大典》的来源 / 106
第四节　德国汉堡大学所藏两册《永乐大典》的流传 / 116

第五章　《永乐大典》与《四库全书》/ 127
第一节　陆锡熊与《四库全书》编修 / 127
第二节　《永乐大典》乾隆御题诗考 / 141

第六章　大典本研究 / 152
第一节　《永乐大典》与清代山东的两部地方志 / 152
第二节　法式善藏大典本宋元人集考 / 162
第三节　大典本《维扬志》考 / 193
第四节　《古泉汇考》抄本、流传及与《永乐大典》关系考 / 202

第七章　《永乐大典》之复原 / 221
第一节　为什么要复原 / 223
第二节　如何复原 / 226
第三节　余论 / 233

下　编

一　现存《永乐大典》残本 / 239

二　现存《永乐大典》零叶 / 435

三　待访《永乐大典》卷目 / 437

结　语 / 442

主要参考文献 / 448

上 编

前　言

《永乐大典》是明代永乐初年官修的类书，保存了明以前大量的文献资料。《永乐大典》（以下简称《大典》）正本在隆庆以后已下落不明，副本在近代亦命运多舛，屡遭劫难，星散于全球近十个国家和地区。有关《大典》的研究近年已成为一个学术热点，有人甚至提出了建立"大典学"的设想。

一　一部大书

《永乐大典》正文共22877卷，目录60卷，分装11095册，是中国古代最大的类书，而现存中国古代最大的类书《古今图书集成》才一万卷。

1. 《大典》的卷数与册数

主要有两种说法：《明太宗实录》卷73云："书（指《大典》）凡二万二千二百一十一卷，一万一千九百五本"[①]；姚广孝等在《进〈永乐大典〉表》中说：《永乐大典》（正文）22877卷，凡例与目录60卷，装成11095册[②]。第二种说法应该是正确的，而第一种说法可能是针对稿本而言的。《大典》每册大多为2卷，偶尔亦有1卷、3卷或4卷者[③]。

《永乐大典》11095册中，包括永乐序、进书表文、凡例1册，《永乐大

[①] 《明太宗实录》卷73，上海书店1982年影印台北中研院历史语言研究所校勘本，第1016页。
[②] 姚广孝等编《永乐大典》第10册，中华书局1986年影印本，第5页。
[③] 关于一册4卷的情况，以往很少提到，其实也是有的。例如，现存《大典》卷803～806一册。此外，现存《大典》卷7515～7516一册书衣上误贴了"卷18203～18206"这一册的书签，这说明卷18203～18206为一册，目前此册已不知下落。

典韵总歌括》、《韵总》2册，目录57册，正文11035册。

2. 装帧与版式

《大典》原书高50.02厘米，宽29.8厘米，黄绢硬面，包背装。封面（书衣）左上有黄绢书签，四周印黑色双线（外有蓝边），中题"永乐大典"四字，下注该册所收《大典》的卷次。封面右上有黄绢蓝边方形标签，题该册《大典》所属韵部，次行题该册隶属该韵的册次（有的有，有的没有）。书中每半叶边框高36厘米，宽23.5厘米。半叶8行，标题为大字，单行抄写；正文为小字（亦分大小两种字体，分别抄写所引书的正文与注），双行抄写，每行28字。书口有三个鱼尾：上鱼尾下题"永乐大典卷××"，下端双鱼尾内题叶码。边框、界行、引用书名、书口文字，以及断句圈点用的小圆圈概用红色，余皆墨色。

《大典》版式（包括界行、书口、鱼尾等）应该都是手绘的，且有可能是借助笔床绘制的（古代用毛笔不便于画直线，因而需要笔床辅助）。笔床是放笔用的，其用法是：将毛笔笔尖蘸墨，放在笔床上贴紧，笔尖露出笔床一点，笔床靠在尺板边上，笔尖对准要画线的位置，慢慢将笔床连笔一起移动，即可画线。从《大典》原本可看出，其边框、界行都不是特别整齐，一看即知是手画的而不是印制的。尤其是鱼尾上的红色，涂得颇不一致。也有人认为，书口象鼻、鱼尾都系手绘，《大典》用纸需数十万张，手绘栏格也是大工程，有可能是用薄板将边栏、书口处镂空，加以固定，再在板上用笔刷上红色而成；至于栏内的直格，则有可能是借助专用的笔床制成。

《大典》中断句圈点也是借用专门的工具钤印上去的。《大典》所使用的标点都是小圆圈（。）。从其原文看，小圆圈（。）有大、小两种规格，与正文中的大、小两种字体相配，均是钤印上去的。至于其所使用的钤印工具，应该就是专门用来钤印这种标点的小木（或竹或金属）戳。这类工具在古代使用应较为普遍，例如，清代内府铜活字墨印书本上的朱色句读圆圈就是用细圆的空心金属棒钤印的[①]。

[①] 翁连溪：《清内府刻书研究》，紫禁城出版社，2013，第266页。

此外，正文中若遇避讳字，如"棣"字，为明成祖朱棣讳，其处理方法一般是将该字留空，并在空格上贴上一小片黄绫。例如，《翁方纲纂四库提要稿》即载："《永乐大典》，明解缙等撰。《永乐大典目录》前十本（一至十）查过。每遇'棣'字，用黄绫粘贴。"①

二　一部类书

类书一般是分类编排的，从这个角度来看，《大典》就是特殊的类书，因为它是按韵编排的。其编排的原则是："用韵以统字，用字以系事。"② 这里所谓"用韵以统字"，即根据《洪武正韵》（以下简称《正韵》）的顺序排列各字；"用字以系事"，即每一字又列出以它为韵或关键字的各个事目（即主题词），最后将有关各个事目的文献抄进《大典》中。因此，《大典》的检索方法为：韵—字（韵脚，或入韵字）—词（主题词）—文献。例如，湖，属《正韵》中的模韵，这就是"用韵以统字"。湖可以构成西湖一词（事目），那么，有关西湖的文献，就可以收载在此词之下，这就是"用字以系事"。如想查有关"西湖"的内容，先确定湖字的韵部，属平声六模韵，在模韵下找到湖字，然后再找西湖这个词，就能找到相关的文献，如有关西湖的诗文等。这就如同我们现在查词典，先找某个词的头一个字，然后按拼音查这个字之所在，再查这个词，然后查词下面相关的内容。两者只不过有首字检索与末字检索的不同，这是因为古今检字习惯不同。古人习惯于用韵，故重末字。

与检索方法相应，《大典》的编纂方法是：文献—词（主题词）—字（韵脚，或入韵字）—韵。编纂者分别阅读文献，从中找出主题词：其一是以书名、篇名或内容作主题词；其二是以文内涉及之名物、典故、词语、事实、制度等作为主题词。相关的材料就抄在此主题词下。然后，确定主题词中的入韵字（一般是末字，有时又以所重字也就是关键字入韵）。最后，将此字归入《洪武正韵》相应的韵部中。

例如，《海外新发现永乐大典十七卷》卷 8569 收有关于"放生"的材

---

① 吴格整理《翁方纲纂四库提要稿》，上海科学技术文献出版社，2005，第 625 页。
② 姚广孝等修《永乐大典》"凡例"，中华书局，1986。

料，那么，这些材料是如何收集的呢？纂修官看书时是否先有"放生"一词在脑海中呢？笔者推测其编纂过程是这样的：纂修官看书，然后将所看的材料提炼出主题词，然后再汇总归并这些主题词。他们不太可能先列有主题词表，然后看书，因为这些主题词太多，他们根本记不过来，而只能是看书时随意取词。因此，有的将一书标立一主题词，有的将一篇标立一主题词，有的将一段标立一主题词。前两项比较简单，后一项较麻烦。这中间会有重复收载的情况，例如，一书可立一主题词，而该书中之一篇、一段，又均可另立主题词。如果书中一篇、一段涉及两个或更多的主题词，亦可一一标立各自的主题词，分收于《大典》各该主题词之下。关于这些，在《大典》中都能找到例证。

《大典》每字下所收内容大致是这样排列的：先罗列各家对该字字音、字义的训释，然后收录该字的各种字体，之后总论该字之大义（如"仁者，爱人"之类）。以下收载各事目（有时也称事韵，指多个事目之合称），若有关涉制度的事目，则先收，将相关文献收入该事目下（从古及近排列）；之后是诗文题名（收单篇的诗文，先文后诗），之后是书名（收全书或全书之一部分），之后是地名（以该字为韵或关键字的府州县等名），之后是姓氏名。以平声一东韵"蒙"字为例，其下各项排列顺序为：释字—事目（事韵）—诗文—《易·蒙卦》—《易学启蒙》等书—乌蒙府—姓氏。当然，并不是每个字都有这些内容，也有个别字会超出这一内容范围，而且，因为这样那样的情况，有个别字所收内容也没有完全按照这一顺序①。但可以说，大多数字是按照这一顺序编排内容的。

《大典》按韵编排，显然是受以往韵书的影响，其中最主要的影响来自《韵府群玉》。

《韵府群玉》是元代阴幼遇（字时夫）所编，其兄幼达（字中夫）作注。全书共二十卷，分韵为一百零六部，按词语最下一字入韵。例如"鹤顶红"一词，最下一字是"红"，便按"红"字归韵，归入"一东"。首列单字，单

---

① 《大典》的编排不是很严谨，例外情况也比较多。例如，中华书局1986年影印本《大典目录》第10页下，丛字，以下收：事韵—姓氏—丛州；第178页下，科字，前面有切要事目，事韵后又有几个切要事目。不过，这么大部头的书，有例外也是可以理解的。

字下注明音训，先注音，后释义。再将具有同一韵字的词语按字数顺序排列。例如"东"，首列单字"东"，下面便是"道东""易东""乃东"等双音词，又下是"斗柄东""马首东""水必东"等三字词语，又下是"瀼西瀼东""有文者东""住西住东"等四字词语。最多到四字词语。

《韵府群玉》既是一部韵书，也是一部类书，与《大典》有很多相近之处，如分韵收字、以字系事等。《韵府群玉》的内容包括音切、散事、事韵、活套、卦名、书篇、诗篇、年号、岁名、地理（附州郡名、地名）、人名（附字与号、帝王名号、国君名号、夷名、妓名）、姓氏、草木（附花名、木名、草名、药名、果名）、禽兽（禽名、兽名）、鳞介、昆虫、曲名、乐名（附律名）等项。其中姓氏、事韵为《大典》直接采用，其他如地理、人名等也为《大典》所沿用。但是，《韵府群玉》的缺点在于引书不列篇名，引诗不标题目，不便于查对原书。对于这些问题，《永乐大典》均作了改进。也就是说，《永乐大典》对于所引文献均详细标明出处。

三　一部很有价值的书

《大典》是中国国家图书馆的四大镇馆之宝之一。现在，若有新发现的《大典》残本，即使只有一叶，也很珍贵。

《大典》所收的文献，往往是整段或整部抄入的。因此，明初以前的文献，相当多赖此书得以保存。其文献价值主要体现在：一方面可以有资辑佚；另一方面可以有资校勘。《四库全书》（以下简称《四库》）的编修，即缘于从《大典》中辑佚书。可以说，没有《大典》，就没有《四库》。从《大典》中辑出佚书，产生了大量的大典本，比较重要的有《旧五代史》《宋会要辑稿》等。现在，《大典》仍然是辑佚之渊薮。

当然，《大典》还有艺术、版本等价值。

四　一部富有传奇色彩的书

《大典》正本自嘉靖末重录后，即下落不明，至今未见一叶存人间。副本在清代亦命运多舛，屡遭劫难，被盗、被焚，目前只剩原书4%的篇幅。其流传过程充满传奇色彩。

第一章
《永乐大典》的书套、凡例与目录

第一节 《永乐大典》的书套

为保护书籍和美观,古人常会给书籍加装书帙或函套。书帙,即用软布做成包裹图书的套子或袋子。函套一般来说包括以下几种:书套,以草板纸为里,外蒙以布(多为蓝色的)制成;夹板,书前后用两块硬木板夹裹,板间两边分别有两根线相连,用以系紧、开启;纸、木匣(函),以草板纸(外蒙以蓝布)或木板制成的放书的匣子,一端可以开启。那么,《永乐大典》是否有书帙或函套呢?如果有,一共装成多少帙(套)呢?其书帙或函套又是什么样式呢?这里主要想回答以上三个问题。

一 《永乐大典》是分套装潢的

《永乐大典》目录与正文合计共22937卷,11095册。这么大的一部书,又是皇家之物,从常理来说应是有书帙或函套(为表述方便,以下合称为书套[①])的。但是,以往学者谈《永乐大典》,却绝少提到其书套的情况。那么,《永乐大典》是否有书套呢?

尽管相关的记载不多,但是我们仍然可以找到《永乐大典》为套装的

---

① 这是广义的书套(包括书帙和函套),与前述函套中的书套(指狭义的书套)不同。

一些材料。例如：

明嘉靖年间重录《大典》时，唐文灿曾作《拟重写〈永乐大典〉成进呈表》说："牙签玉轴，装饰何多；锦帕绨巾，函封尤密。"① 这里提到用布把书册包裹得很严密。

《明世宗实录》卷512载："上（指嘉靖）初年好古礼文之事，时取（《永乐大典》）探讨，殊宝爱之。自后凡有疑却，悉按韵索览，几案间每有一二帙在焉。"② 夏言《桂洲先生奏议》卷7（上）《奉谕重录〈永乐大典〉》（嘉靖二十一年）载："臣往岁奉议恭上皇天大号，伏蒙皇上赐示《永乐大典》一帙，臣恭对榻前奉阅。"③ 以上均提到有书帙。

张岱《石匮书》卷37《艺文志总论》载："（永乐）五年，太子少师姚广孝等进重修《文献大典》，凡二万二千二百一十一卷，一千九十五秩，更名《永乐大典》，上亲制序以冠之。"④ 秩，即"帙"，也就是书帙。张岱所说的"凡二万二千二百一十一卷，一千九十五秩"，是针对《大典》稿本而言的⑤。

《收到书目档》（乾隆元年十一月□日立）载："（乾隆元年十一月）初七日收掌官常、栢领到翰林院《永乐大典》八十六套（每套十本），《韵总》一套（计二本），共计八百六十二本。……（乾隆二年）二月二十四日收掌常、栢领到翰林院《永乐大典》六十五套零一本，共计六百五十一本。"⑥ 这里提到是分套装的。

乾隆四年十二月十三日礼部礼书馆《为移会事》载："先经本馆移咨翰林院，将《永乐大典韵总》并应备查之卷帙，检查移送过馆。等因。去后。据翰林院覆称：本衙门存贮《永乐大典》，于乾隆二年二月初一日准三礼馆移称：查出关于典礼者八十六套、《韵总》一小套，业已移取到馆。又移取

---

① 唐文灿：《垣署四六存稿》卷1《西垣应撰诸稿·试吏文稿之下》，明万历刊本。此条材料为项旋博士提供，谨致谢忱。
② 《明世宗实录》卷512，上海书店出版社1984年影印本，第2页。
③ 夏言：《桂洲先生奏议》，载《四库全书存目丛书》，史部第60册，第365页。
④ 张岱：《石匮书》，上海古籍出版社2008年影印本，第610页。
⑤ 可参虞万里《有关〈永乐大典〉几个问题的辨正》，《史林》2005年第6期。
⑥ 方甦生编《清内阁库贮旧档辑刊》第二编，国立北平故宫博物院文献馆，1935。

六十五套零一本。至今尚未移送本院。为此知会贵馆行文三礼馆，移取查阅。等因。前来。相应移会贵馆：希即将《永乐大典韵总》一小套移送过馆，以便查阅。其中有应备查之卷帙，再行移取。俟查阅后，仍行缴还可也。须至移会者。"① 这里也提到是分套装的。

《纂修四库全书档案》所收《军机大臣奏检出〈永乐大典〉目录及全书各十本呈进片》（乾隆三十八年二月初十日）载："臣等查《永乐大典》原书共一万一千余本，今现序（存）九千余本，丛杂失次，一时难以遍查。今谨将目录六十本内检出首套十本，及全书内首套东、冬字韵十本，一并检出，先行进呈御览。谨奏。"② 这里不但提到分套装，而且提到十册一套。

乾隆《御制诗四集》卷11《命校〈永乐大典〉因成八韵示意》（乾隆三十八年）序云："敕取首函以进，见其采掇搜罗极为浩博"；卷17《汇辑〈四库全书〉联句》（乾隆三十九年）注云："《永乐大典》每十册为一函，共一千一百余函，翰林三十人，匀派分阅，按日程功"③。这里不但提到分函装，而且提到十册一函。函和套往往可通用。

叶绍本《白鹤山房诗钞》卷8《〈永乐大典〉余纸歌为覃溪先生作》载："奎光下烛通德乡，古藤捣玉明于霜。开函宝气烂盈几，中有万轴签腾香。"④ 这里也提到是分函装的。

以上材料提到的套、函、帙，均是指《大典》的形制。其中以乾隆诗序、注所述最为明确，不但指出《大典》每十册为一函（套），而且提到一共有一千一百余函（套）。因此，我们可以肯定，《永乐大典》是套装的。事实上，关于这一点，我们还可以从乾隆年间所编《永乐大典存目》中看出。《永乐大典存目》是乾隆时清点《大典》的目录，该目录中所著录的《大典》卷册数，基本上是按每十册一组排列的，从中可以看出原来一套一

---

① 中研院历史语言研究所藏内阁大库档案，档案号：215878－001。
② 张书才主编《纂修四库全书档案》，上海古籍出版社，1997，第56页。
③ 以上分别见清弘历《御制诗四集》，上海古籍出版社2010年影印《清代诗文集汇编》第324册，第721页；第325册，第48页。
④ 叶绍本：《白鹤山房诗钞》，清道光七年（1827）增修本。

套分装的痕迹①。

目前，笔者还未发现乾隆之后有关于《大典》书套的记载，因此，其书套可能在乾隆之后逐渐消失了。由于书套本身并没有多大的价值，一般不会被人盗取，其消失的主要原因可能是：其一，经过乾隆、嘉庆年间三礼馆、四库馆、全唐文馆的大规模利用，《大典》书套有较多损坏，这些损坏的书套就被丢弃了；其二，由于道光之后《大典》被盗较多，剩下的空套自然较多，这些空套也会被丢弃或挪作他用。另外，还需要注意一点，乾隆之后，翰林院中典守书籍的官吏对《大典》一直不重视守护，而《大典》被不断盗走即是明证，因此，典守官吏既不会保存那些损坏或空余的书套，也不会更换损坏的书套。

据道光四年四月《翰林院来文一件（移送〈永乐大典〉钱字诸韵本到馆）》云："准国史馆文称，本馆现有应查《永乐大典》钱字一韵之处，相应行文贵院检出，派员领取。等因。前来。今本院将《永乐大典》钱字韵自卷四千六百六十八起，至卷四千六百九十六止，内附前字……诸韵，共十四本，逐页检明，交馆员领去，俟贵馆查阅后，即将原书缴还本院，以便归库。幸勿久延可也。"道光四年闰七月廿七日《翰林院来文一件（知照派员领取〈永乐大典〉龟、命等字韵）》云："翰林院典籍厅为移送事，本馆现有应查《永乐大典》龟字、命字二韵之处，相应行文贵院检出，派员领取。等因。前来。今本院将龟字自卷二千七百零五起至卷二千七百零九止，内附圭字；又将命字自卷一万八千六百零七起至卷一万八千七百八十六止，内附鸣、□等字，《永乐大典》八十一本，逐页检明，交馆员领去，俟贵馆查阅后，即将原书缴还本院，以便归库。幸勿久延可也。"② 同样是移取《大典》，乾隆时就以套和本来计量，而道光时只以本来计量。因此，有可能道光时书套已损毁较严重，或者书套所装的册数已较零乱，就不便以套来计量了。

---

① 《永乐大典存目》，现收入张升编《〈永乐大典〉研究资料辑刊》，北京图书馆出版社，2005。
② 以上两档均见：第一历史档案馆藏《国史馆全宗档案》"编纂"第524号，"国史馆为纂办各志传调取档案书籍与内阁等衙门的来往文件"（起自乾隆卅九年至光绪廿年）。

总之，《大典》书套应该是在乾隆以后逐渐减少的。到庚子事变之前，翰林院所藏《大典》只剩下六百余册，基本上没有成套的《大典》了。因此，此时《大典》书套估计已经消失殆尽。

二 《永乐大典》共装成多少套

如前所述，《大典》是一套一套地分装的，那么一共装成多少套呢？

据前引乾隆《汇辑〈四库全书〉联句》注云"《永乐大典》每十册为一函，共一千一百余函"可知，《大典》是按每十册为一函（套）分装的，共一千一百余函（套）。其时《大典》虽然缺失了1154册[1]，但其书套有可能还基本保留，因此，1100余函（套）虽然是个大致的数目，但与真实数目应相差无几。

我们也可以据《大典》册数和装函规律来推算出其函套数。

《永乐大典》目录与正文合计共22937卷（其中正文22877卷，目录60卷），11095册。据《纂修四库全书档案》所收《大学士刘统勋等奏议覆朱筠所陈采访遗书意见折》（乾隆三十八年二月初六日）载："查《永乐大典》一书，系明永乐初年所辑，凡二万二千九百余卷，共一万一千九十五册，最称浩博。……臣等因派员前往库内逐一检查，据称：此书移贮之初，本多缺失，现存在库者，共九千余本，较原目数已悬殊。复令将原书目录六十本取出，逐细阅看。"[2]《军机大臣奏检出〈永乐大典〉目录及全书各十本呈进片》（乾隆三十八年二月初十日）载："臣等查《永乐大典》原书共一万一千余本，今现序（存）九千余本，丛杂失次，一时难以遍查。今谨将目录六十本内检出首套十本，及全书内首套东、冬字韵十本，一并检出，先行进呈御览。谨奏。"[3]可知，《大典》目录（包括永乐序、进书表文、凡例及《永乐大典韵总歌括》、《韵总》）共有60册，亦为每十册装成一套。[4]

---

[1] 可参张升《〈永乐大典〉缺卷数新考》，《历史文献研究》总第37辑，华东师范大学出版社，2016。
[2] 张书才主编《纂修四库全书档案》，上海古籍出版社，1997，第50~55页。
[3] 张书才主编《纂修四库全书档案》，第56页。
[4] 可参张升《抄本〈永乐大典目录〉的文献价值》，《历史文献研究》总第33辑，华东师范大学出版社，2014。

综上,《大典》目录与正文按每套十册来分装,其中目录60册,分装为6套;正文共11035册,应分装为1104套(最后一套只装五册)。因此,《大典》一共分装为1110套。这基本上符合乾隆所说的《大典》"共一千一百余函"。

也许有人会质疑,当时是否会严格按十册一套来装函呢?

笔者认为当时装函应是严格遵循这一规律的,因为这么一大套书,如果不严格遵循装函规律,那么检阅和核查都会比较麻烦。事实上,无论是前述档案中提到的《大典目录》每十册一套,还是乾隆诗注提到的每十册一函,以及《永乐大典存目》著录中普遍反映的十册一套现象(有个别不是十册一套的,可能是后来装乱了或丢失了一些零册的结果),均说明十册一套确实是当时装函的普遍规律。

关于《大典》套数,还应注意前引张岱《石匮书》卷37"艺文志总论"所载的"凡二万二千二百一十一卷,一千九十五秩"。也就是说,《大典》有1095套。这1095套较之前述的1110套少一些,是因为1095套(含22211卷)是针对初稿而言的,与定本1110套(含22937卷)当然会有区别。

《大典》十册一套的装函规律后来也为《四库全书》所继承。也就是说,《四库》就是按每套十册装函的。

三 《永乐大典》书套的样式

由于一直以来都没有明确的记载,也没有留下样品,我们对《大典》书套的样式并不清楚。相对来说,最直接提到《大典》书套样式的,大概要算前引唐文灿《拟重写〈永乐大典〉成进呈表》所说的"牙签玉轴,装饰何多;锦帕缇巾,函封尤密"。牙签玉轴,原是指装潢考究的卷轴装图书,在这里应该是借指《大典》装潢精美。而锦帕、缇巾都是丝织品,常用以包裹图书或珍宝。后一句表明,《大典》的书套应该就是传统的书帙,即用精美的丝布做成包裹图书的套子或袋子。

由于上引唐文灿所述还不够明确,以下拟从两方面加以论证。

1. 《大典》的书套是黄绢书帙

顺治十二年（1655），张能鳞奉命入皇史宬查检明代玉牒，提到当时藏在皇史宬的《大典》："独古今一大部类书，世所不恒见者，分贮金匮，匮以数十计，匮中以黄袱什袭者数百计，目录卷帙以千万计，……名曰《永乐大典》。"① 也就是说，《大典》是用黄袱包裹着的。我们据现存的《大典》残本可知，《大典》书皮即是用黄绢布加硬纸板做成的，即黄绢硬面，因此，《大典》的书帙很有可能也是以黄绢制成的。这些书帙制作相对简单，撤换起来也非常方便，因而一般也不会引起经眼者的注意。随着《大典》的大量流失，那些空余下来的黄绢布套在书架上变得毫无意义，因而自然会被人取走或挪作他用。

2. 《大典》的书套不可能是木函

据《办理四库全书处奏遵旨酌议排纂四库全书应行事宜折》（乾隆三十八年闰三月十一日）载："又《永乐大典》每千本为一套，今拟亦仿其例装潢，用杉木板为函，以防蠹损。"② "每千本为一套"应为"每十本为一套"之误。既然《四库》是仿《大典》装潢的（如包背装、每十册一套），那么，《四库》用的是木函（原来拟用杉木函，后改用楸木函），《大典》是否也用木函呢？笔者认为《大典》并没有用木函，原因有三。

其一，"每千（十）本为一套，今拟亦仿其例装潢"，是指《四库》仿《大典》按十本一套来装函，但并不一定是指完全仿其函套的样式。如果完全仿其制，则不用再解释"用杉木板为函，以防蠹损"了。这后一解释，实际上是说明《四库》与《大典》的不同。如果完全相同，则没有必要这样解释。因为《大典》没有用木函而用书帙，可能出现较多蠹损，所以《四库》要改为用木函。

其二，该引文对《四库》与《大典》装潢表述上的用词不同，即已明确说明两者之差异：《四库》是"函"而《大典》是"套"。书籍的函、

---

① 张能鳞：《西山集》，《四库全书存目丛书》集部第216册，齐鲁书社1994~1997年影印本，第386页。高树伟《一段被遗忘的〈永乐大典〉皮藏史》（载《澎湃新闻·上海书评》2017年8月19日）据此条材料等对《大典》在皇史宬中的皮藏情况作了推断，可以参考。
② 张书才主编《纂修四库全书档案》，第76页。

套，如果散言之，函、套可互通，而对言之，套往往指的是书套（一般是指布套）或书帙，而函则指的是书函、书匣（一般是用木或布制成。由于《大典》十册一套，又大又重，如果用函装，也只能用木函而不太可能用布函）。四库馆臣的表述显然是突出对言之，否则没有必要前面说套，后面说函，徒增麻烦。事实上，据本节第一部分的相关记载可知，前人提到《大典》书套大多用"套"或"帙"而很少用函来表示。显然，人们对函、套的区分还是比较清楚的。

其三，《大典》所用的书帙都是黄绢布制成的，比较容易损坏，因而后来多遭遗弃或挪作他用。相反，如果《大典》用木函装潢，那么，因为木函不易损坏，其在清代甚至在清代以后或会有遗存。但是，我们并没有发现有关《大典》木函的记录及实物遗存。据此推测，《大典》应该没有用木函来装潢。

综上所述，《永乐大典》是严格按十册一套来分装的，约一共装成1110套。其书套是传统的书帙，即用黄色绢布制成包裹图书的套子或袋子。这些书帙自乾隆以后逐渐消失，至清末已毫无踪影。

第二节 《永乐大典》凡例详解

《大典》的凡例，是我们了解《大典》的基础。之前，顾力仁曾对凡例作过解读[①]，侧重于例释，而缺乏文意疏通。兹参考其解读，并结合笔者的认识，加按语于各条凡例之后，以为凡例详解。

《凡例》共二十一条，列于《大典》卷首，分别为：

一、是书之作，上自古初，下及近代，经史子集与凡道释、医卜、杂家之书，靡不收采。诚以朝廷制作所关，务在详备无遗，显明易考。用韵以统字，用字以系事，凡天文、地理、人伦、国统、道德、政治、

---

① 顾力仁《永乐大典及其辑佚书研究》（台北私立东吴大学，1985）第三章第三节"《大典》凡例考释"。

制度、名物，以至奇闻异见，廋词逸事，悉皆随字收载。事有制度者，则先制度（如朝觐、郊社、宗庙、冠婚之类）；物有名品者，则先名品（如龙、凤、龟、麟、松、竹、芝、兰之类）。其有一字而赅数事，则即事而举其纲（如律字内有律吕、法律、戒律，阳字内有阴阳、重阳、端阳之类）。一物则有数名，则因名而著其实（如黄莺、鸧鹒、竹、筠、篔筜之类）。或事文交错，则彼此互见（如宰相、平章、参知政事，太守、刺史、知府之类）。或制度相因，则始末俱举（如冠服、职官，历举汉唐宋沿革制度之类）。包括乾坤，贯通今古，本末精粗，粲然备列。庶几因韵以考字，因字以求事，开卷而古今之事一览可见。

按：这一条是总纲，最重要。包括以下三点。

1. 收书的范围：上自初古，下及近代，所有经史子集及道释、医卜、杂家之书。

2. 编纂的总原则：用韵以统字，用字以系事，即：韵—字—事目（即主题词）。目即标题，事目即为各种事物的标题。各种事物，包括天文、地理、人伦、国统、道德、政治、制度、奇闻异见、廋词逸事以及名物等。总之，各种事物均可分别归入某一"事目"（即主题词），而各种"事目"据末字入韵的方式可归入不同的字，然后不同的字又分别归入各韵。编纂的时候，是这样操作的：各种事物—事目（即主题词）—字—韵。查阅的时候正相反，是这样操作的：韵—字—事目（即主题词）—各种事物。

3. 细则：

一字之下若涉及多种事物，其先后如何编排呢？凡例作了进一步解释：

"事"之中，若有关涉制度的事目，则先收录，将相关文献收入该事目下（从古及近排列）。至于制度以外的内容先后如何排，这里没有明确说明。

"物"之中，先列有名的物品，再列其他物品。

如果一字涉及多个主题词（数事），则分别各标立事目，在其下收相关内容。

如果一种物品有数个名称，也分别标立事目，在其下再标明实为何物。

例如，竹、筊、簧笃，均指竹子，可各自标事目。

有些事目关联性较强，可通过互见法处理。这包括两种情况。

1. 在事目下标"见某字"，意思是指其内容在某字下收载，这里就不收录了。例如，《大典》目录，卷3125，陈，宗室，"见宗字下"。

2. 在事目下标"详某字"，意思是指这里只是简单介绍一下，而详细的内容则见某字下所收内容。例如，《大典》目录，卷662，痛疽，"详疮字"。

如果某一事目涉及制度沿革，则直接将其始末变化一并介绍。

二、音韵训释，诸家之说详略不同，互有得失，唯国朝《洪武正韵》一以中原雅音而无偏驳之失。今以《正韵》为主，先翻切，次义训，诸家之说并附于下（如徐锴《通释》、丁度《集韵》之类）。或一字有数音，而训释有数义，如：数（去声）、数（入声），令（平）、令（去），长（平）、长（上）之类，各详其音释。其《五音集韵》及《篇海》诸书所增诸字，并收于后。

按：这一条谈收字原则。收字依据的是字音（韵），而字音（韵）依据的是《洪武正韵》。

《大典》中所收的字分为两部分：其一是《正韵》中的字；其二是《正韵》外的字。多出《正韵》的字，是出于《五音集韵》及《四声篇海》等书①。这两部分的字，在《韵总》中是用分隔符号"○"分开的。对于每个字，《大典》先有一个解释。那么，对于《正韵》中所收的字，当然是先引《正韵》的解释，然后再引其他字书的解释。需要注意的是，《正韵》用的是八十韵本，而不是通行的七十六韵本。

如果一字有不同读音，则分别收载，如：数（去声）、数（入声），令（平声）、令（去声），长（平声）、长（上声）之类。例如，令，平声，十

---

① 据丁治民《〈永乐大典〉小学书辑佚与研究》（商务印书馆，2015，第6~8页），《大典》先收《正韵》中的字，后收《正韵》未收的字（其排列顺序是：依据这些字首次出现的辞书的时代先后为次序）。

九庚，收在《大典》卷8179；去声，十九敬，收在《大典》卷18986。

此外还需注意以下两点。

其一，《大典》所收的字中有不少标有"总叙"。

总叙，是总论该字之大义的。每字下如果有这部分内容，一般要在前面用大字标"总叙"两字。但是，这个不是事目，不出现在目录中。"总叙"两字在正文中是红色大字，说明其是《大典》体例中固定的一部分内容，是一种固定的格式。

从现存《大典》看，标有"总叙"的字如下。

《永乐大典》（中华书局1986年影印本。下同）第一册：p.61上，螽；p.96下，庸；p.196下，痈；p.668下，壶；p.718上，瓠；p.943下，梧。

第二册：p.1021上，乌；p.1053上，於；p.1123下，酥；p.1134上，刍；p.1139上，蔬；p.1145上，梳；p.1417下，卑；p.1430上，椑；p.1433上，丕；p.1447下，梅。

第三册：p.2077上，村；p.2104下，尊；p.2152下，吞；p.2590上，妆。

第四册：p.3342上，仓；p.3739上，烝；p.3856下，兵（本应标为"总叙"，但这里标为"叙兵"）；p.3946上，精；p.4017上，僧；p.4032上，油。

第五册：p.4181上，鹹；p.4300上，死；p.4458上，房；p.4483上，橹；p.4618上，髓；p.4623下，菲；p.4897上，藻；p.4919上，老；p.5069上，鼎。

第六册：p.5241上，薮；p.5659下，阒；p.5661上，輊；p.5720下，种；p.5739下，谧。

第七册：p.6699下，鬴；p.6700下，釜；p.6779上，诚；p.6828下，兑。

第八册：p.7305下，鹜；p.7307上，目；p.7369下，角；p.7423上，虙；p.7593上，乙；p.7769下，檄；p.7852上，狢；p.7854上，麦。

第九册：p.8609上，尸；p.8636下，屍；p.8776下，门；p.8797下，烟；p.8984上，形；p.9131上，豉；p.9135下，嗜；p.9182下，涕；p.9278

上，竹。

《海外新发现〈永乐大典〉十七卷》：p. 295，砥；p. 301，枳。

因为现存《大典》只是残卷，而且有很多字没有总叙的内容，因此，以上例子足可以说明，只要有这部分，一般要标明。

其二，关于加"○"（分隔符）和顶格写。

这是就正文而言的。关于目录中"○"（分隔符）的应用，可参下文"抄本《永乐大典目录》的文献价值"一节。

《大典》正文中所收的每一个韵字都是顶格写的，而该韵字下所收的所有内容均要低一格写，这样显得眉目清楚。此外，其所收《洪武正韵》中每一小韵的首字，均以"○"（分隔符）标在该字之前，表明从该字到下一个"○"（分隔符）开头的字之间，所收为一组同音字，其在《正韵》中所标注的反切均相同。

当然，也有不少例外情况，或未顶格写，或没有标分隔符"○"。例如：

《永乐大典》第一册：p. 1017 下，卷 2344，麤（未顶格写）。p. 1442，卷 2807，枚（未顶格写）。

第三册：p. 2408 上，卷 5268，檿（无"○"）；p. 2420 上，卷 5268，菽（无"○"）。

第四册：p. 3856 上，卷 8275，兵（无"○"）；p. 3946 上，卷 8526，精（无"○"）；p. 4017 上，卷 8706，僧（无"○"）。

第五册：p. 4189 下，卷 9763，喦（无"○"）；p. 4300 上，卷 10309，死（无"○"）。

第七册：p. 6305 下，卷 14383，徛（无"○"）。

第八册：p. 7189 上，卷 19416，蘸（无"○"）；p. 7296 上，卷 19426，赚（无"○"）；p. 7298 下，撕（无"○"）；p. 7403 下，卷 19783，伏（无"○"。目录中也无"○"）；p. 7597 上，卷 20310，疾（无"○"）。

第九册：p. 8797，卷 4908，烟（无"○"）；p. 8984 上，卷 7756，形（无"○"）；p. 9010 下，卷 8022，成（无"○"）。

三、字书体制，古今不一，如钟鼎、盘盂（杅）、铸刻及虫鱼、科斗、篆书，散在各书，难于辨识。今皆不拘同异，随字备收，而钟、王以后诸家行草诸书，亦备其体。

按：这一条讲字体。当时能见到的字体均收，收得比较全。例如，《大典》卷2260，"湖"字所收字体就很全。其字体的编排，一般是依照这样的顺序：篆书、隶书、真书（楷书）、行书、草书。

四、天文。凡天文志皆载于天字下，若日、月、星、雨、风、云、霜、露之类，各随字备载。其祥异及祭禳之礼，依类附见（如日字内日有五色，雨字内祈雨之类）。诗文如之。

按：此以下至第19条，主要是据各事目内容分别讲编纂原则，包括：天文、地理、郡县、建筑、礼乐、机构、官职、国号、姓氏、动植物、经书（附诸子）、史书、释道、医卜、诗文、图谱。也可以说，第一条是总纲，二、三条是讲收字原则，第4条以下主要讲事目编排原则。因此，此条以下至第19条是关于事目的条例。

此条讲天文。

历代天文志，收在天字内。日、月等有关天文的内容，分别收在日字、月字等下面。至于有关天文的祥异及礼制，根据不同的类别分别附见于各字下。如祥异中的"日有五色"，作为事目收在日字内。此外，相关的诗文也收在这些字后，如有关日的诗，就收于日字下。

五、地理。凡历代地理志及阴阳、相地之术，皆附于地字下。若山、海、江、河等类，则随字收载。然有一山一水经跨数郡（如黄河经关陕，太行跨平阳、海庆之类），或名同实异（如龙山、凤凰山多有其名，处所不一之类），诸郡志书重见叠出，难于考究，今各依类会萃归一，就中区别同异（如山字内凤凰山下注云：在某处某处之类）。诗文亦以类附之。

按：此条讲地理（自然地理）。

历代地理志以及有关的阴阳、相地的书很多，均收于地字下。山、海等有关地理的内容，则依据其名称而收入不同的字韵内。若某山某水连跨数郡，各种志书所收重见迭出，可以将其集中收在某山、某水下。至于名同实异者，也都收在一处，而在注中说明分别所在的地方。此外，相关的诗文也收在相应的事目之下。

六、天下郡县，历代因革不同，今悉以国朝所立州郡之名为正，仍参历代图志、地理诸书，凡古今沿革、城郭山川、风俗土产、纪咏辨证，无不备载。如应天府收于天字下，其旧有建康、金陵等志并附之，康字、陵字下著其大概，注云：详天字。若古有而今革之者，如敦煌、张掖之类，亦因其旧名备载其始末。其各县，如应天府之上元县，则于元字下载其沿革，注云：详天字。余仿此。

按：此条讲郡县（行政地理）。

《大典》中地理内容很多，其中主要是围绕行政地理的事目来收罗材料。因此，各府州县下大量收载方志及其他地理材料。府州县之名称依据的是明朝之名称，分别收于各字下，而相应的新志、旧志等附于其下。至于以前的旧称，也单独立事目，但其下内容则较简略（因为内容都已收在新的府州县名下），而标注：详见某字。

据本条的意思，府名下已收入各县的内容（包括县志等），故以县名为事目者，就只载其大概，而标注详见府名。例如，卷2347乌字下有义乌县，其下内容只是简载，而标"详见华（即金华府）字"；卷13075洞字下有洪洞县，其下标"详见平阳府"。

七、宫殿、楼阁、台榭及释道寺观、祠宇①之类，各详著其时代、所建置始末。其有图者载其图，有文字者纪其文，有制作之法者详其

---

① 宇，中华书局1986年影印本《永乐大典》所据连筠簃丛书本该字误作"字"。

法。诸器物，例仿此。

按：此条讲建筑。器物与建筑的编纂方式一样。

要载明其建置时代、始末。有图则附上图，有文字则收入文字。如果有制作方法，则详载其法。

此条解释有些过简。其实应该说明，宫殿、楼阁、台榭及释道寺观、祠宇的事目，是分别据其名称立目的，随字收载。

八、古今礼乐，于礼字下举五礼之纲而疏其目。其郊祀、明堂、宗庙、社稷、山川、朝会、燕射、冠婚之类，各随字收载。乐字下载历代沿革，雅、胡、俗部之制。其郊庙等乐，仍详各韵。

按：此条讲礼乐。

礼字属上声四济，在卷10416~10508，只是大概收载五礼及其细目，内容不多。关于五礼具体的礼仪及其他各种礼，则据其名称而收载在相应的字下。乐字在卷21661~21774，只是收载有关乐的历代沿革，以及雅、胡、俗三部等。各种乐的收载，也与礼的情况相似，归入各字韵中。

据上述可以看出，礼、乐的内容，只有在礼、乐两字之下会集中收载，其余则散在各事目中，并无规律可循。

九、省府部寺台院之类，古今建置沿革不一，今于省府等字内举其大纲（如省字尚书省，著朝代沿革、官属繁简之类），其间统属及诸司职守等级之详，各随字收载。

按：此条讲官府机构。

关于官府机构，在中央一级机构中只是载其大概，其下属情况，则分见各事目，随字收载。这与上一条讲礼、乐的情况相类似，与下一条讲官职的情况也类似。

以上这些情况归纳来说就是：在该类最上一层级中，均有一个总的概述，但内容不会太多，也不会太详细，而其下更详细情况则分见各事目。

十、官制，历代不同，其建置因革、员数繁简、品秩尊卑、职掌轻重，于官字下总其大概，而详归各韵（如尚书、侍郎、监察御史，详书字、郎字、史字之类）。其有名同而职掌或异，则考其源委而总归一类（如汉之光禄勋所掌，与唐宋光禄寺不同之类）。有职掌同而名称不同，则因名归韵，各致其详（如汉魏之州牧，唐之都督、节度使，元之行省丞相之类）。余仿此。

按：此条讲官职。与上一条的编纂原则相类。
关于官职，《大典》卷3777～3926官字下总述大概，其详则见各官职，随字收载。现存卷8275"兵"字下有"叙兵"，总论兵制。因此，官字下概述官制大略，应与此相类。
名同而实异者，可依韵归一字，但要指明其实不同。至于名异而实同者，则据其名而分别归入不同的事目中，分别详述。

十一、历代国号，如虞夏商周汉晋唐宋之类，各随字收载。若僭伪及外夷诸国，亦以其本号（如前后赵、后秦、匈奴、突厥之类）随字收之。

按：此条讲国号。
各个朝代的国号，随字收载。这部分内容较集中，收载的史料如各朝代之史书很多，如宋字。僭伪及外夷诸国，也依据其国号（国名），随字收载。例如，《大典》卷5735，"波"字下收都波国、朱俱波国。

十二、古今姓氏，其出不一，有以国为姓者（如周、陈、韩、郑之类），有出于赐姓者（如刘敬、李勣之类），有外夷冒中国姓者（如刘渊、石勒之类），有以部落为姓者（如宇文、耶律、完颜之类），世系混殽，难于考究。今以《元和姓纂》、《姓氏辨证》诸书详著本末，随字收载。以世次系诸史列传及碑志杂说，先儒议论附之。覆姓则以下一字收之（如诸葛入葛字之类）。若辽金元所载诸臣①，或无姓氏，至有五六字相连为名者，既无姓可收，亦以下一字附各字之后（如木华黎入黎字之类）。

按：此条讲姓氏。

关于姓氏，主要参考《元和姓纂》《姓氏辩证》诸书的内容，随字收载。

姓氏下的内容还是很丰富的。例如，以世次系诸史列传，应是指按时间顺序收载史书中列传等内容。

至于复姓，以姓的末字入韵。或者无姓，则以名的末字入韵。

十三、草木鸟兽，名品既殊，事实亦异（如龙凤、松竹之类，各随字收之），其有二字为名者，则详其所重（如芍药、翡翠从药字、翠字收，萱草、凤凰从萱字、凤字收；若璃花、阳鸟，则从花字、鸟字收之类）。又有名异而物同者，则于各字下随事收载（如菡萏、莲花、黄鹂、鸧鹒之类）。余仿此。

按：此条讲动植物。可参第一条凡例。

动植物分别据其名称，随字收载。如果是两个字的名称，则以所重字入韵收载，而不是按惯例据末字入韵。

如果是名异实同之物，也分别随各字内所收的事目收载，不合并在一起。这可与第一条凡例中的"一物则有数名，则因名而著其实"相参看。

十四、《易》、《书》、《诗》、《春秋》、《周礼》、《仪礼》、《礼记》，有序文，有篇目，有诸儒传授源流及论一经大旨者，今皆会粹于各经之下（如《易经》入易字之类）。其诸篇全文，或以篇名，或从所重字

---

① "辽金元"三字后疑缺一"史"字。

收（如乾字收《乾卦》，礼字收《曲礼》，丧字收《曾子问》之类）。若传注，则取汉唐宋以来名家为首（如《易》程传、朱本义，《书传会选》、蔡传，《礼记》古注疏、陈澔《集说》之类），余依世次各附其后。其间有事于制度名物者，亦分采入韵。《四书》惟《大学》、《中庸》难以分载，全篇收入（如《大学》，学字下收之）。《论》、《孟》例同《五经》，诸子书亦仿此。

按：此条讲经书，附及诸子。此以下至第19条均讲图书，图书首重经，次为史，其次诸子，最后是集部。这是顺序。以下凡例即基本按此顺序讲解。

首先，各经之序、篇目，以及授受源流、总论大旨等关于全书之内容（一般在各经之前），都收在各经之下，如《易经》的序，收于易字中的"易经"之下。余仿此。

其次，一经中的各篇，则据篇名末字或所重字入韵，随字收载。也有纯粹据内容收的，如丧字下收《曾子问》。

再次，若传注，应该是分别依附上述的经文而收载的。至于经文下传注的排序，则先以名家注置于前，余下则依作者年代先后排序。

还有，其中经文、传注中有涉及制度名物的内容，就依据所涉之内容而另外分别采入相关的事目中。

此外，"四书"的编纂原则也同上述，但是，其中《大学》《中庸》本来就是单篇，不好分载，所以就全书（实即全篇）收入，如《大学》收在学字下。至于《论语》《孟子》，当然就和上述的"五经"一样处理了。

最后，需要注意的是，此条主要讲经部书，但最后却提到诸子书也仿此。意思是说，诸子书也仿照经书的编纂方式。

十五、正史、编年、纲目诸史，并于史字收载其名，并附作者姓氏、先儒序论。其各朝帝纪之类，则依次编入国号之下（如汉字收汉高祖先帝纪，次《通鉴》，次《纲目》诸史）。世家、列传、表、志，则各从所重者收（如后、妃、诸王、公主收入后、妃、王、主字，诸侯王表入王字，天文志入天字，萧何传入萧字之类）。或一传兼载数人，止于一人姓氏下全录，余止书姓名，注云：事详某人传（如窦婴田蚡传之类）。若诸史中，文有重复者，止存一家。或事文互有详略，则两存之。或事同而文有详略者，则存其详者（如十七史南北《史》、新旧《唐书》、《五代史》之类）。先儒详论，亦各依次附载（如其《致堂读书管见》论一代事，则附一代之下；论一帝或一人事，则附一帝一人下之类）。其间事实，分采入韵。

按：此条讲史书。就单字而言，《大典》中"宋"字下所收内容最多，包括卷12256～13053，共798卷，这主要是因为其所收的史书多。

首先，正史、编年、《纲目》诸史书，均于史字下收载其名，并附作者姓氏、先儒序论。可见，史字下收载的内容，只是一个大概。

其次，国号之下收正史本纪部分。至于其他史书中涉及帝纪的，也收于此部分之后。

再次，世家、列传、表、志，这些史书中的其他部分则以所重字收于各字之下。如果一篇传记收载数人之传，则于一人名下全录，而于其余人只标姓名，然后在其下注：事详某人传。

最后，若史书中的记载有重复，可以分三种情况处理：其一，文字完全重复的，只存一家；其二，事、文互有详略的，可以两存，因为无法完全相互取代；其三，事同而文有详略，则存其详者。例如，《旧五代史》与《新五代史》中的相关内容，收哪一部，或兼收，要具体看是哪种情况。

先儒议论中的内容，根据其议论的对象而分别收入不同的事目中。

以上文献中有涉及事实的，则另采入其他相应事目中（如关于制度名物等）。

十六、释道二家，于释字道字载其大纲。若释有佛祖、菩萨、罗汉、大士、僧尼，道有天尊、真人、道士、炼师等名号，其书有经忏、律论、符篆、咒法、斋醮、金丹等诀，其文有赞、颂、碑、铭及禅、律、论等类，则随字收入，及从所重类载（如菩萨、天尊入萨字、尊字，《法华经》、《度人经》入华字、人字，其《梵网经菩萨戒》，虽无律名，其中专言戒律之事，则以所重收入律字之类）。其间事实，并采入各韵。

按：此条讲释道。释道属子书之一部分。此条与下一条均讲子书。按道理，此处应讲诸子，但是，因为在前述第十四条中已经顺便讲了大部分的子书，因此，此条及下一条没有必要再讲所有子书，只是讲子书中的一些特殊情况的处理。

需要注意，《大典》收入很多佛道之书，所以《大典》之编修也有一些佛道之人参与。

首先，释、道二家之基本介绍，于释、道二字下收载。

其次，释、道二家之名号、歌诀、诗文等，均单立事目，随字（或以末字入韵，或以所重字入韵）收载。

以上文献中如有涉及事实之内容，则依其内容可分别采入各相关事目中。

十七、历代医药阴阳诸家，其源流大概各于一处通载（如医字收内外科历代名医总说之类），其方脉药名、占卜事验，为说尤多，今各从所重，随字收入（如《素问·上古天真论》入真字，人参入参字，运气、伤寒入气字、寒字，占法、婚书入占字、婚字之类）。论议诗文，并以类附。

按：此条讲医药阴阳诸家。医药阴阳诸家亦属子书之一部分。可参上一条的说明。

首先，医药阴阳诸家之大概，于相关字下收载。

其次，方脉药名、占卜事验，以所重字收载。

最后，相关议论、诗文，亦据其内容，分别收入上述各事目中。

十八、古今文章，若记、序、铭、赞、颂、说、诗、赋、乐府、歌词、杂述、著作，其体不一，其间有题轩堂宫室，有述名物器用，有言人事，有论政治，有游览、赠送等类，今各随所重字收（如游山诗入山字，《鹦鹉赋》入鹦字之类）。其有托物假名，或借题咏事，则随其实收入（如《毛颖传》入笔字）。又有一篇之中杂论众事，或泛然而作，难于附丽者，就于本题字下收（如上皇帝万言书入书字，杂诗入诗字之类）。余仿此。

按：此条讲文章，包括诗文。其实，此条主要讲集部之书。这是广义上的集部，包括著作、杂述。
首先，无论何种体裁的文章，据其篇名所重字收入。
其次，如果篇名不能反映实际内容，则随其实际内容，收入相关字下。
最后，如果内容上也不好归类，就据其题目末字（末字入韵）来收。

十九、名物制度，旧有图谱，载在经史诸书者，今皆随类附见。若其书专为一事而作者，全收入（如五经礼器图、诗图说全收入礼字、诗字；琴谱、竹谱全收入琴字、竹字之类）。

按：此条讲图谱。图谱类的书，若是一般的谱录，则归子部，其他则有归经部等的，比较复杂。其中最主要是图比较难定，而谱一般就指谱录。
首先，书中的附图、谱，随其文而各归所属。
其次，专门的图集、谱录，则随字全书收于该类事目下。

二十、经史、郡志、释道等全书及姓名等，已有定例，其间有文章事实多者，则随宜附著事韵少者之后，以便考寻。

按：这条是讲变例，即关于一些例外情况的处理。姓名，即姓氏。
经史、郡志、释道等全书及姓名等内容，前面凡例已有安排。如果有的事目下内容（包括文章和事实）太多，可以考虑适当选择其中一些内容收入内容较少的事目之下，以方便检索。也就是说，如果在编《大典》时，

第一章 《永乐大典》的书套、凡例与目录

发现某一事目下内容过多,可以将其中一些内容调整到别的事目下,这样各部分篇幅比较均衡,也方便寻检。例如,某一事目下所收的内容过多,其中一些内容可通过变更入韵字的方式(如原来是以末字入韵,则改为以所重字入韵),改隶于另外的事目之下。这反映了《大典》编修中灵活变通的一面。后人常批评《大典》编修者确定入韵字往往比较随意,但从此条凡例看,后人的批评未必都对,因为有些入韵字的确立是出于编修者变通的考虑。

二十一、目录各字下注所收切要事目,以便考究。

按:这是关于《大典》目录的说明。

切要事目,即重要的事目。查《大典》目录可知,各字下所收,如果不是只有单纯的字音、义、形的内容,就要在该字下用小字标明其所收的事目。这些在目录中标明的事目,即为切要事目。那么,这些切要事目都包括哪些呢?①

1. 具体的事目名称。如西湖、郊祀、食货、宋太祖等。
2. 诗文。重要的诗文,《大典》目录在字下均会单独标注其篇名,以表明其为切要事目,与前述的第一项事目相类。若是一般的诗文,《大典》目录则在字下标注"诗文"(为诗与文的集合名。但有时亦单称诗或文,视其下所收而定)。换言之,若目录单标诗文篇名,则其下所收诗文往往较为重要;若目录只标"诗文"之集合名,则其下所收诗文往往不太重要。

现存《永乐大典》残本中标立"诗文"(或"诗"或"文")的情况如下:

《永乐大典》第一册:p. 104,文②;p. 171 上,诗文;p. 191 上,诗文;p. 722 上,诗;p. 944 下,诗文。

---

① 关于目录的标注,陈智超讲得最清楚。可参陈智超《辑补〈旧五代史·梁太祖本纪〉导言》(收入《隋唐辽宋金元史论丛》第一辑)。以下所述亦参考了其观点。
② 但是,目录卷541中却标为"诗",显然目录标错了。查姚氏抄本《大典目录》,则标为"文"。

第二册：p. 1031 上，卷 2345，诗文①；p. 1051 下，文；p. 1125 上，诗；p. 1136 上，文；p. 1143 上，诗文；p. 1145 下，诗；p. 1410，文诗；p. 1416 上，文诗；p. 1539 下，诗文；p. 1691 上，诗文。

第三册：p. 2098 下，诗；p. 2166 上，文；p. 2595 上，文；p. 2681 上，诗文；p. 3099 上，诗文。

第四册：p. 3479 下，诗；p. 3694 下，诗文；p. 4038 上，诗文。

第五册：p. 4464 上，诗文；p. 4484 下，诗；p. 4816 上，诗文；p. 5007 上，文；p. 5036，诗（目录中未标出）。卷 11951。

第六册：p. 5634 上，诗文；p. 5643 下，诗文；p. 5647 上，诗；p. 5729 下，诗；p. 5764 下，卷 13450，诗文②；p. 5789 下，诗文；p. 6075 上，文；p. 6083 上，诗文。

第七册：p. 6417 上，诗；p. 6784 下，诗文；p. 6797 上，文；p. 6801 下，诗。

第八册：p. 7295 上，诗；p. 7304 上，诗文；p. 7391 下，诗文；p. 7579 下，诗文；p. 7774 上，卷 20850，诗文（目录标"文"）；p. 7850 下，诗文。

第九册：p. 8614 上，卷 910，文③；p. 8800 下，诗；p. 8802 下，诗文；p. 8999 上，诗文（目录中未标出）；p. 9025 上，诗文；p. 9135 下，诗；p. 9204 上，诗文。

3. 府州县名。

4. 姓氏。

5. 事韵。事韵一词，是从《韵府群玉》而来的。其一般是指内容不太重要的事目，或者事目很多，不便一一列出，标事韵以代表诸多事目。例如，《大典》目录第 463 页上，卷 14909，赙字下注：赙仪、赙状、赙例、事韵、文。前面赙仪三个事目，显然是重要事目（即上述第一项所指），故单独标立。事韵中则包括一些不太重要的事目，故在目录中不一一标立各

---

① 此段诗文后，又有一些事韵（事目），显然是编排有问题，而且目录中也没有标明。
② 目录未标出，这是因为该处为"隐士"的诗文，不是"士"的诗文，而后面还有"士"的诗文。
③ 目录中未标出。姚氏抄本《大典目录》亦未标。

事目名称，而只是以事韵作为集合名指称。另外，单篇诗文显然是不收在事韵中的。又如，《大典》第一册第1016页上（卷2344），浯字，以下只收"浯溪"一个事目。这是个不太重要的事目，故《大典》目录卷2344该字下标注为"事韵"。可见，如果非切要事目，即使只有一个事目，目录中也标为事韵。

综上所述，"目录各字下注所收切要事目"，是指在目录中要标明某字下所收的重要事目是什么，从目录上就能大致了解其主要内容，方便检索。姓氏、府州县名，这两者是《大典》中比较固定的内容，如果某字下有这些内容，就会在目录中以切要事目的方式标明。其他的事目，如果是重要的，就会在目录中单独标明其事目名称。至于不重要的事目，如果是诗文，则在目录中标立"诗文"（有时亦标诗或文）以统辖之；如果是其他，则在目录中标立"事韵"以统辖之。

以上谈的是一般原则，以下还有一些特殊情况需要注意。

其一，有时某字下事目较多又不重要，但目录不标立"事韵"，而在某个切要事目后加"等"字，以说明其下所收还有若干事目。例如，《大典》目录第7页上，东字下收"江东、河东等地名"；第188页下，阳字下收"历阳等地名"；第190页下，法字下收"养羊等法"；第193页下，墙字下收"筑墙等法"；第182页下，华字下收"文苑英华等书名"；第612页下，录字下收"平蜀实录等书名"。

其二，有时目录不用"事韵"和"等"字来指代若干不重要的事目，而用另外一些集合词，如树名、花名、宫室名、山名等。

其三，有些切要事目特别重要或内容特别多，目录中在该事目下还会分立"子目"。例如，事目"郊祀"下还标有子目"御札""神位"等。

其四，事韵下还有标子目的情况。例如，《大典》目录第248页上，事韵十四下标"小名录"。这可能是为了突出事韵中相对较为重要的事目。

其五，目录中某字下面没有小注，说明此字为一生僻字，《大典》没有收录有关此字的事目。

其六，"事韵"一词一般出现在目录小注中，而《大典》正文则只标各个事目名而不标"事韵"。但也有例外，例如，《大典》第四册第3473页上，仓字下标"事韵"；第五册第4909页，藻字下标"事韵二"。

其七，目录中某字下标书名，说明其下收载其全书。有时目录还会在书名前标明为何种性质的书。例如，《大典》目录第22页下，"胸，医书，诸胸证治"；第24页上，"支，释书，大摩里支菩萨经一"；第28页下，"尸，道书，三尸中经"；第45页下，"棋，杂书，棋志"。

其八，有时为方便查找或眉目清楚，作为切要事目的诗文篇名或书名会置于该字下其他所有事目之后（一般在姓氏之后）。例如，《大典》目录，第114页，寒字下，将书名、篇名置于最后。《大典》第二册，卷3504~3515，坤字；卷3538~3551，门字，其下所收的诗文均是如此。

第三节　抄本《永乐大典目录》的文献价值

《永乐大典》是中国古代最大的类书，其正本早已失传，而副本只剩下约百分之四的篇幅。尽管如此，存世的残本仍在辑佚、校勘、学术研究等方面发挥着巨大的作用。与《大典》全书（正文部分）的不幸遭遇不同，其目录部分则非常幸运地保留了下来。该目录在清代后期被人从翰林院中抄出，刻入《连筠簃丛书》中，得以广泛流传于世。中华书局1986年影印出版了该目录[1]，更使之成为我们现在检阅《大典》时最常使用的工具。其时，中华书局影印所据的底本为《连筠簃丛书》本《永乐大典目录》，并利用了国图藏清抄本《永乐大典目录》六十卷对丛书本的缺页作补充[2]。那么，该清抄本到底是一部什么样的书呢？查清抄本《永乐大典目录》，现藏中国国家图书馆善本部，该馆著录为：《永乐大典目录》六十卷《韵总歌括》一卷《韵总》四卷，清抄本，明解缙等辑，共14册，半叶10行，无格。其中永乐皇帝序文、姚广孝"进《永乐大典》表"、凡例、《永乐大典韵总歌括》及《韵总》共为1册，目录为13册。每册首叶盖有"桐城姚伯

---

[1] 即中华书局1986年影印本《永乐大典》第十册。下文所谓的影印本均指此本。
[2] 姚广孝等修《永乐大典》（中华书局，1986年影印本）第2页"重印说明"称此清抄本为"清内府抄本"，不知何依据。

印藏书记"朱长方印。按，伯印（昂），为清姚元之之字。姚元之（1773~1852），字伯昂，号荐青，又号竹叶亭生，晚号五不翁，安徽桐城人；嘉庆十年（1805）进士，选庶吉士，散馆授编修，累官至左都御史；著有《竹叶亭纪诗稿》《竹叶亭杂记》等。此清抄本应为姚氏抄于嘉庆、道光年间（其选为庶吉士之后）。据《翁心存日记》记载，咸丰七年（1857），"（十二月）廿七日，……源孙在厂肆觅得《永乐大典目录》，凡十四册，姚伯昂先生所藏也。书目不详载，无甚用处，取其便于检阅耳。"① 源孙即翁氏之孙翁曾源。翁氏所购有可能即是国图所藏此本。因此，为了更准确地表述，以下称此清抄本为姚氏抄本。除了中华书局影印本利用其补缺外，姚氏抄本似乎一直没有被学界利用或研究过。事实上，姚氏抄本与丛书本及中华书局影印本颇有异同，不但内容更完整、准确，而且抄写格式也更规范，因此，本节拟对姚氏抄本的文献价值作深入的发掘，以期引起学界对其重视。

一 补影印本《大典目录》之缺

如前所述，影印本虽以姚氏抄本作了补缺，但是做得还非常不够，姚氏抄本仍有不少内容可补影印本之缺，包括以下几个方面。

（一）补《永乐大典韵总歌括》及《韵总》

除了丛书本的内容全有外，姚氏抄本还多出了《永乐大典韵总歌括》及《韵总》这两部分内容。在《永乐大典》原书中，《永乐大典韵总歌括》及《韵总》是被装成单独的2册的（参下文）。这两部分内容是以往整理、介绍与研究《永乐大典》者从来不曾提及的，也是目前影印出版的《永乐大典》中从未收载过的，应该是《永乐大典》的重大新发现。当年中华书

---

① 张剑整理：《翁心存日记》第三册，中华书局，2011，第1290页。另据第1300页载，咸丰八年（1858），"（二月）八日，……从朱修伯处借得旧钞本《攻媿文集》百二十卷读之（阙七十七、八、九三卷，聚珍板（版）百十二卷），有翰林院印，盖乾隆时两淮盐政采进本，《四库》书成后，漏未发还，留传京师者也（有姚伯昂印）。"这一方面说明姚氏既然能在翰林院得书，更能抄得《大典目录》；另一方面说明姚氏之书散出（其去世于1852年），故翁氏能购得。

局及国图在全世界范围内搜罗《大典》残本，却将眼前的《大典》内容错过，真是非常遗憾。

1. 《永乐大典韵总歌括》及《韵总》的具体内容

在姚氏抄本中，《永乐大典韵总歌括》及《韵总》是与《大典》序文、进书表文、凡例及目录编在一起的，其排列次序为：永乐序、进书表文、凡例、永乐大典韵总歌括、韵总、目录。在这之后，就应该是《大典》正文。

《永乐大典韵总歌括》（以下简称《歌括》）所收均为《洪武正韵》各韵部中各小韵的首字①。《洪武正韵》有八十韵本、七十六韵本之分（两者有较多不同），而《大典》是据八十韵本编的，因此，除新增的一些小韵外，《大典》完全是依照《正韵》八十韵本的韵部、小韵及其顺序编排的②。《歌括》是指用歌诀的方式将各小韵作一概述，即将《洪武正韵》各小韵按四字至七字一句，编成歌诀，便于记诵和查找各小韵在《大典》中的位置。其内容如："平声，一东：东通同笼，蓬蒙恩宗。……""二支：支施差时儿，知摘驰雌赀。……"等等。但是，如前所述，《大典》除收《洪武正韵》中的小韵外，还新增了一些小韵，那么，《歌括》为何不收新增的小韵呢？笔者认为，原因主要有：其一，《大典》本来就是据《正韵》编的，所以，据《正韵》编歌诀就可以了；其二，这些新增的小韵，都是排在各个韵部的最后，也就是说，先排完《正韵》中的小韵，才排新增的小韵，所以，新增的小韵实际上只是一种补充，不是《大典》的主体；其三，新增的小韵所收的韵字基本上是生僻字，其下所收的内容也很少，如果把这些小韵都排入，徒增篇幅，对于检索意义不大。因此，知道《洪武正韵》中的小韵，对于查《大典》来说，基本就够了。

《永乐大典韵总》（以下简称《韵总》），即韵字的汇总，按顺序收《大

---

① 周德清《中原音韵·正语作词起例》（台湾商务印书馆，1982～1986年影印《文渊阁四库全书》本）第682页载："音韵内每空是一音，以易识字为头，止依头一字呼吸，不另立切脚。"这里说的是韵书内小韵的首字。《洪武正韵》各韵部也下分小韵，并且在各小韵首字前加"〇"，非常清晰。

② 可参宁继福（笔名宁忌浮）《〈洪武正韵〉研究》，上海辞书出版社，2003，第13、14页。

典》各韵部、小韵及其下所收的各韵字,包括《洪武正韵》中的所有韵字及新补充的韵字。如:"东,德红切,涷,冬,瞲。○苳,蝀,……""通,佗红切,侗,恫,侗,桐,蓪。○謥,烠,……"等等。中间"○"符号,用以区分前后两部分韵字。为什么要区分这两部分韵字呢?查《洪武正韵》可知,"○"之前所收的韵字,是《洪武正韵》收入的;之后所收的韵字,是《洪武正韵》未收入而《大典》新补充的。这样,《大典》所收各韵字及其所属韵部、小韵,从《韵总》一查即得。

  因此,《歌括》及《韵总》实际上起到"永乐大典简目"的作用。由于《大典》有二万多卷,而目录即有六十卷,要翻检《大典》正文乃至目录,都不方便,所以,查书时可以先利用《歌括》及《韵总》:通过查"歌括",得知韵部、小韵的排列;再查"韵总",了解要查的字在哪个韵部、小韵;再查《大典目录》,即能很快知道要查的字在《大典》中的哪一卷。

  不过,需要注意的是,由于传抄的关系,姚氏抄本《歌括》有一些缺误,例如,入声二质韵中抄漏了十六个小韵:掷、益、绎、匿、虩、戟、剧、逆、隙、旳、遬、狄、歷、檄、喫、鬫(这十六字是笔者据《韵总》相应部分查证、补全的)。这十六字在《歌括》中恰好是一行,应该是誊抄者漏抄了一行所致。又如,平声三微韵中的"娃",《歌括》误写成"桂";平声七皆韵中的"斋",《歌括》误写成"齐";平声十八阳韵中的"康",《歌括》误写成"唐";上声三尾韵中的"跽",《歌括》误写成"忌";上声五语韵中的"去",《歌括》误写成"粗";上声十二铣韵中的"辗",《歌括》误写成"展";上声十三篠韵中的"缈",《歌括》误写成"眇";去声三未韵中的"未",《歌括》误写成"味";去声十一谏韵中的"悍",《歌括》误写成"旦"。经过补正后的《歌括》,可以为我们准确地提供《大典》所收《洪武正韵》的小韵数为2113个。

  与《歌括》的情况相类,姚氏抄本《韵总》也有个别缺漏①,例如,《韵总》上声八贿所收《正韵》之外的小韵有三个(共14个韵字),而据影

---

① 姚氏抄本中的《韵总》还有装订错的地方,例如,将去声三未韵中的一叶误装入入声二寘韵中。

印本《大典目录》第340页下（这一叶是据姚氏抄本补的）卷11183可知，《正韵》之外的小韵有六个（共22韵字），因此，《韵总》缺了三个小韵（共8个韵字）。又如，《韵总》上声二十一寝所收《正韵》之外的小韵有七个（共15个韵字），而据姚氏抄本《大典目录》卷12172可知，《正韵》之外的小韵有八个（共18个韵字），因此，《韵总》缺了一个小韵。据笔者核查发现，《韵总》基本能将《大典》中所收的小韵清楚地标示并收载，只有这两个地方有误差。因此，我们可以据补正后的《韵总》得出《大典》所收小韵数为2384个，其中多出《洪武正韵》的小韵为271个。

2. 《永乐大典韵总歌括》及《韵总》均为《大典目录》原有的内容

也许有人会认为，以上所谓的新发现并不可靠，因为在此之前还从未有人提到过《大典》或《大典目录》包括此部分内容。因此，兹论证如下。

其一，姚氏抄本的题名为《永乐大典目录》，如果不是《目录》原有的内容，姚氏怎么会把它们抄进去呢？而且，姚氏抄本的顺序是：永乐序、进书表文、凡例、永乐大典韵总歌括、韵总、目录，显然这是按原来目录的顺序抄的①。如果它们是姚氏自己新加进去的内容，应该不会加在中间。

其二，从前述可知，《歌括》及《韵总》实际上就是"永乐大典简目"。由于《大典目录》篇幅太大，编出这样的"简目"置于卷首以便寻检，应该是合乎常理的。

其三，据清朝档案《收到书目档》（乾隆元年十一月□日立）载："……（乾隆元年十一月）初七日收掌官常、栢领到翰林院《永乐大典》八十六套（每套十本），《韵总》一套（计二本），共计八百六十二本。"② 可见，当时从翰林院提取《韵总》（包括《歌括》）时，是与《大典》一起提取的，更可证其是《大典》的一部分。由此我们亦可知，《韵总》（包括《歌括》）在原《大典》中装订为两册一套。

综上所述，《歌括》及《韵总》肯定是《大典目录》原有的内容。自近代以来，国内外许多藏书机构及个人都在想方设法地搜求《大典》残本，

---

① 影印本的顺序与此不同（将进书表文置于凡例之后）：永乐序、凡例、进书表文、目录。
② 方甦生编《清内阁库贮旧档辑刊》第二编，国立北平故宫博物院文献馆，1935，第98页。

然今日之势已是千金易得，一叶难求。因此，这一发现，当然应该是《大典》的重大发现，而现在影印《大典目录》，当然也应该把这部分收入。只有这样，我们才能通过《大典目录》真正认识清楚《大典》的基本面貌。另外，直到现在，除了特别熟悉古韵的学者外，一般人检索《大典》都会觉得特别麻烦，而这一发现，无疑会给我们提供极为便利的检索途径——通过韵部查小韵，通过小韵查韵字，通过韵字查《大典》。

（二）补其他的缺漏

如前所述，中华书局1986年影印出版《永乐大典目录》时，是利用了国图藏姚氏抄本作补缺的。这些补缺的部分（即原丛书本有缺，从姚氏抄本补入），可以从影印本的字体差异（是抄体，而非刻体）清楚地看出，例如，第14页上、第56页上、第104～105页、第273页、第695页上、第719页下均是。但是，由于当时补缺者对该《大典目录》并不太了解，或者是粗心之故，影印本中仍有一些缺漏未能据姚氏抄本补上，例如：

（1）影印本《大典目录》第114页上，卷3603最后缺了一个小韵"田"（该小韵只有一个韵字），可据姚氏抄本补。

（2）影印本《大典目录》第231页下，卷7672最后缺一叶，可据姚氏抄本补，内容包括：降小韵的最后三个韵字；舡小韵的全部十七个韵字。

（3）影印本《大典目录》第482页下，卷15467缺最后两行，可据姚氏抄本补，内容包括：辠（罪）小韵最后一个韵字；睢小韵的全部三个韵字。

（4）影印本《大典目录》第73页下，卷2347中"洿"字下没有标注小字"事韵"，但是，查姚氏抄本，"洿"字下是标有小字"事韵"的，而且，《大典》正文卷2347"洿"字下确实收有相关的事目[①]，因此，姚氏抄本所标正确而影印本有缺。

此外，还有一种情况需要注意：影印本、姚氏抄本《大典目录》均有缺，但可据《韵总》《歌括》来补。例如，影印本《大典目录》第257页上，卷8551最后缺"仍"小韵（属平声十九庚，共收二十个韵字，其中包

[①] 姚广孝等修《永乐大典》第二册，中华书局1986年影印本，第1050页。

括四个《洪武正韵》中的韵字）。查姚氏抄本，该处所缺与影印本同。但是，《歌括》平声十九庚中收有"仍"小韵，而且，《韵总》详细收录了该小韵及其下所收的韵字。因此，该处的缺漏可据《韵总》《歌括》补全。

笔者认为，以上的补缺是非常必要的，不仅可以更准确地反映《大典目录》原貌，而且有助于我们统计《大典》所收韵字数①。虞万里曾经逐个数过影印本《大典目录》所收的韵字数，共为48909个②，而据上述影印本《大典目录》缺漏可知，其共缺45个韵字，因此，《大典》实际收的韵字数应为48954个。

二　校影印本《大典目录》之误

姚氏抄本《大典目录》还可以校正影印本《大典目录》之误，这样的例子也有不少，包括以下几点。

1. 韵字之误。影印本《大典目录》卷1263"菲"字后是"裶"，但是，查姚氏抄本《大典目录》，"菲"字后是"緋"；再查《韵总》及八十韵本《洪武正韵》③，均可证该处韵字应该是"緋"，因此，姚氏抄本是正确的。

2. 顺序之误。据《歌括》及《韵总》，《大典》平声十一删的小韵顺序是：奸颜顽班黰攀。但是，影印本《大典目录》第131页下所载，班字后面是顽字，顽字后面又有班字。显然，这里的编排有些问题，应该是丛书本所据的抄本抄乱了。查姚氏抄本该部分可知，姚氏抄本的顺序正确，可据以纠正影印本顺序之误。

3. 事目之误。影印本《大典目录》卷541"庸"字下所标注小字为"诗"，但是，查姚氏抄本，该处小字所标为"文"，而再查现存《大典》卷541正文可知，该处所标的事目及所收的内容均为"文"，而不是"诗"④，因此，姚氏抄本所标正确而影印本所标有误。

---

① 通过《韵总》来统计《大典》所收韵字数应该是比较简便的方法，但是，如前所述，《韵总》本身也有抄漏的地方，因此，笔者没有采用此方法。
② 虞万里：《有关〈永乐大典〉几个问题的辨正》，《史林》2005年第6期。
③ 本书所用的八十韵本为中华书局2016年影印的《国家图书馆藏明刻〈洪武正韵〉》。
④ 姚广孝等修《永乐大典》第一册，中华书局1986年影印本，第104页下。

4. 格式之误。《大典目录》所收的每个小韵，其首字前往往加一个小圆圈"○"，以为标志。但是，因为传抄者对此"○"符号的理解不一样（或觉得有用，或觉得没用，或怕麻烦），有的照抄了，有的则未抄，故影印本（即丛书本，该本也是据传抄本翻刻的）与姚氏抄本保留"○"符号的情况颇不一致：有的"○"两者均保留，有的"○"两者均未保留，而有的"○"一本保留而另一本未保留。但从总的情况看，还是姚氏抄本保留得更多一些。也就是说，姚氏抄本更能反映《目录》的原貌。因此，影印本中缺"○"的地方，可以通过姚氏抄本作一定程度的补缺。再者，由于《韵总》收载了《大典》所有的小韵，因此，我们也可据《韵总》来补全影印本与抄本所缺的"○"。

另外，从姚氏抄本《大典目录》还可看出，尽管并不是所有的小韵前面都加了"○"，但各小韵首字绝大多数抬头另起一行抄写，以示与其他小韵的区别，这也应该是较忠实地反映了原本的情况。但是，影印本《大典目录》（即原丛书本）可能是为了节省篇幅之故，许多小韵没有区分开来，既没有在前面加"○"，又没有分行另起，所以，一般读者根本看不出哪个是小韵首字。

最后，还有一点需要注意：尽管影印本、姚氏抄本《大典目录》都有很多该加"○"的地方未加"○"，但是，两本也有个别误加"○"的地方。例如，《大典目录》卷15451去声八队韵中，"芮"字前有"○"，说明其应该是小韵首字，但是，查《韵总》与《歌括》，没有"芮"小韵，"芮"是"内"小韵中的韵字，因此，"芮"字前不应加"○"。又如，《大典目录》卷17494去声十五箇韵中，"駄"字前有"○"，说明其应该是小韵首字，但是，查《韵总》与《歌括》，没有"駄"小韵，"駄"是"惰"小韵中的韵字，因此，"駄"字前不应加"○"。以上两例影印本、姚氏抄本完全相同，应该是抄者误加所致。

综上所述，尽管姚氏抄本也有这样那样的问题，但是，从格式的规范性与内容的准确性来说，姚氏抄本要更胜影印本一筹。因此，我们既可以利用姚氏抄本校正影印本文字上的错误，也可以利用姚氏抄本（尤其是《韵总》）校正影印本的书写格式（每小韵均抬头另行写），补全其所缺的

"○"符号（每小韵前均加"○"）。这样，《大典目录》所收小韵及其所属韵字的编排就更加清晰明了，更方便我们检索。

三 有助于分析《永乐大典》与《洪武正韵》的关系

《永乐大典》与《洪武正韵》是什么关系呢？简单来说，有下面两点。

首先，《大典》是依照《正韵》（八十韵本）来编的。宁继福在《〈洪武正韵〉研究》中明确指出："《永乐大典》用《洪武正韵》韵部统字，韵序、字序、反切、注释均以八十韵本为准。""《永乐大典》……各词条均按八十韵的韵部、小韵、韵字，依次排列。韵字的注释、反切均照录"[①]。姚氏抄本《大典目录》所收的《歌括》就是《洪武正韵》中小韵的汇编，其与现存《正韵》所收的小韵与顺序是完全一致的。

其次，《大典》在《正韵》收字的基础上又有扩充，这体现为：其一，在《正韵》的小韵下补入新增的韵字；其二，在各韵部之末增加了一些新的小韵，并在其下收相应的新增的韵字。

因此，《大典》是依《正韵》编的，但又有扩充。《大典》对《正韵》的依赖和遵循是处处可见的，可以说，《正韵》是《大典》的根基和主干：新增的内容都是附在《正韵》相应内容之后；《大典》通过各种形式将新增的内容与《正韵》的内容相区别开来[②]。从这个角度来看，《大典目录》《歌括》《韵总》完全可以与《正韵》相互印证。非常巧合的是，现存八十韵本《正韵》正好有个别地方有残损或漫漶处，其中一些小韵有缺，宁继福在《〈洪武正韵〉研究》"《洪武正韵》八十韵小韵表"中对所缺的小韵都作了补缺，其补缺所依据的是七十六韵本《洪武正韵》和影印本《大

[①] 以上分别见宁继福（笔名宁忌浮）《〈洪武正韵〉研究》，第13、14页。以通行的七十六韵本《洪武正韵》与《永乐大典》相校有诸多差异，故《许宝蘅日记》载："十二日（1921年5月19日）……书贾以明衡王刻《洪武正韵》蓝印本来售，《洪武正韵》分七十六韵，大变古韵之部，《永乐大典》分韵凡例谓依《正韵》为主，而韵目则多于《正韵》四部，其字之编次亦多与《正韵》不同，如'氓'、'甿'、'彭'、'鹏'等字，《正韵》皆列十八庚，而《大典》列入东韵，'打'字《正韵》列十八敬，《大典》则列入上声十六马，类此者不胜枚举，暇拟详校之。"许恪儒整理《许宝蘅日记》，中华书局，2010，第817页。

[②] 在《韵总》中，新增的韵字以"○"符号与《正韵》的韵字相区别开；《歌括》则只收《正韵》中的小韵。

目录》①。那么，宁氏所补是否正确呢？我们可以以姚氏抄本《大典目录》（较影印本更准确）及其所收的《歌括》（《正韵》小韵的汇编）、《韵总》（《大典》小韵及韵字的汇编）来加以验证②。

据宁继福《〈洪武正韵〉研究》"《洪武正韵》八十韵小韵表"可知，《洪武正韵》共收2111个小韵，其中八十韵本《正韵》需要补缺的地方有：平声十八阳韵"仓千刚切藏谷廪"以下一整叶两面全缺，但该处没有需要补缺的小韵；平声二十一侵韵只存一面，宁氏补小韵16个；平声二十二覃韵只存末尾三行两个小韵，宁氏补小韵19个。其他因漫漶需补的小韵只有两处：一处是去声一送韵，补1个小韵（纵）；另一处是去声二十三艳韵，补1个小韵（欠）。综上，宁氏所补的小韵共37个。也就是说，现存八十韵本《正韵》所收的小韵为2074个，宁氏所补的为37个。笔者将这2111个小韵与《歌括》所收的小韵相较发现，两者韵字、顺序均完全相同，因此，《歌括》所收就是《正韵》中的小韵，而宁氏所补的37个小韵是完全正确的。

不过，如前所述，笔者据《歌括》统计小韵共2113个，而宁氏据《正韵》统计小韵共2111个，少了两个（平声十九庚缺了最后一个小韵"欕"，平声二十一侵缺了最后一个小韵"篸"），这如何解释呢？笔者认为有以下两点原因。

第一，小韵"欕"。现存八十韵本《正韵》原书平声十九庚部分并没有缺叶，因此，小韵"欕"应该是《歌括》据其他韵书编入的。

第二，小韵"篸"。现存八十韵本《正韵》原书平声二十一侵只存开头的六个小韵，以下均缺（小韵"篸"是最后一个，如果确实是原书有的，也是在缺叶中），而宁氏补了"篸"前面的16个小韵，唯独没有"篸"，为什么呢？这也有两种可能。其一，宁氏有失误，未能补上。事实上，从前述宁氏所补37个小韵均契合原书的正确程度看，其失误的可能性很小。其

---

① 宁继福（笔名宁忌浮）：《〈洪武正韵〉研究》，第83－119页。
② 当然，我们也可以依据《韵总》来补八十韵本《正韵》所缺的韵字，但是，由于《韵总》所收韵字也有可能抄错，需要通过与七十六韵本《正韵》和《大典目录》等相互比对才能确认，而且韵字太多，只有假以时日才能完成。

二，宁氏没有失误，八十韵本《正韵》原书就没有此小韵，《歌括》是据其他韵书编入的。

综合上述两例来看，所缺的两个小韵，应该是《歌括》据其他韵书编入的。但是，《大典》就是依照《正韵》而编的，而《歌括》即是对《大典》所收《正韵》小韵的汇编。《歌括》所收的2113个小韵，其中2111个与现存八十韵本《正韵》在韵字、顺序上完全相同，只有两个不同。因此，我们不能据此来否认《歌括》对现存八十韵本《正韵》的依循。但是，《歌括》与现存八十韵本《正韵》在小韵数上又确实有一点点差异，如何解释呢？笔者认为，最合理的解释是：《歌括》是依照修正过的《正韵》编的。以上两例都说明，八十韵本《正韵》有修正本存在的可能。

那么，八十韵本《正韵》是否有修正本呢？

据《明太祖实录》卷205载："（洪武二十三年十月）戊寅，诏刊行《韵会定正》。时《洪武正韵》颁行已久，上以其字义音切未能尽当，命翰林院重加校正。学士刘三吾言：'前太常博士孙吾与所编韵书，本宋儒黄公绍《古今韵会》，凡字切必祖三十六母，音韵归一。'因以其书进。上览而善之，赐名曰《韵会定正》，命刊行焉。"① 七十六韵本《正韵》是洪武八年修成刊刻的，洪武对此书不满意，又让重修，故又有《洪武正韵》八十韵本之修订。八十韵本《正韵》是洪武十二年修成刊刻的，但是，洪武似乎仍不满意，故有上述的校正之命。虞万里认为，因为修订本没有存世，所以洪武校正之命是否真的被执行，还是未知数②。虞万里的存疑有一定道理，但是，我们并不能据此否定有校正本的可能。

最近，丁治民等撰文指出，通过比较分析《大典》所引用的《正韵》与现存八十韵本《正韵》在文句上有个别实质性的差异（非简单的音误、

---

① 《明太祖实录》，台北中研院史语所1962年影印本，第五册，第3064～3065页。另可参周宾所《识小编》（载陶宗仪等《说郛三种》，上海古籍出版社1988年影印本，第9册《说郛续》卷15，第739页下）载："（洪武二十三年，）《洪武正韵》颁行已久，上以其字义音切尚多未当，命词臣再校之。学士刘三吾言：'前后韵书，惟元国子监生孙吾与所纂《韵会定正》音韵归一，应可流传。'遂以其书进。上览而善之，更名《洪武通韵》，并刊行焉。"

② 虞万里：《有关〈永乐大典〉几个问题的辨正》，《史林》2005年第6期。

形误），认为《正韵》有八十韵本的修正本①。如果再结合上述两个所缺小韵的例子看（说明《大典》所据的《正韵》小韵与现存八十韵本《正韵》小韵有细微不同），笔者认为，八十韵本《正韵》确实应该有校正本。

既然洪武年间有八十韵本《正韵》的校正本，永乐初年利用《正韵》来修《大典》，当然会利用最新的、最权威的校正本。

综上所述，从内容的完整性、准确性与体例的规范性而言，姚氏抄本《永乐大典目录》要高于《连筠簃丛书》本和影印本《永乐大典目录》：姚氏抄本《大典目录》不但可以补影印本《大典目录》的缺漏，校正其讹误，而且可以补现存八十韵本《洪武正韵》的缺失，因此，姚氏抄本《大典目录》具有很高的文献价值，而当年中华书局若能以姚氏抄本为底本来影印应该是一个更好的选择。当然，如前所述，因为传抄的关系，姚氏抄本本身也有一些疏误之处，在利用时要充分加以注意。今后，我们若以姚氏抄本《大典目录》为底本，以《连筠簃丛书》本《大典目录》为主校本，再据现存《大典》残本正文、现存八十韵本和七十六韵本《洪武正韵》作参校，应该能整理出完善的《永乐大典目录》②。

---

① 丁治民、王艳芬：《八十韵本〈洪武正韵〉的校本考》，载上海社会科学院编《传统中国研究集刊》第九、十合辑，上海人民出版社，2012，第 448～455 页。
② 正如顾力仁在《永乐大典及其辑佚书研究》（台北私立东吴大学，1985）第 158 页中指出的，嘉靖录副本《大典》正文中有不少抄写错误或不规范的地方。如果我们整理出完善的《大典目录》，亦可以据此来校正嘉靖录副本《大典》正文的讹误。

第二章
《永乐大典》在清代的流传

第一节 《永乐大典》缺卷数新考

清乾隆年间四库馆开馆时《永乐大典》（以下简称《大典》）缺卷数是多少，目前还存在较大的疑问。《四库全书总目》卷137"永乐大典"条云："今贮翰林院库者，即文渊阁正本，仅残阙二千四百二十二卷。"①也就是说，当时《大典》缺2422卷。但是，乾隆五十九年军机大臣曾对《大典》作过统计，结果为：缺2404卷，存9881册（缺1154册）。《总目》的编撰时间肯定是在乾隆五十九年之前，但两者相距并不远，那么，这两个统计数为何不一致呢？如果是续有散失，缺卷为何不多反少呢？史广超曾据现存《永乐大典存目》（缺入声八陌以下部分）重新统计，得出缺卷为2417卷，已超出2404卷而接近2422卷，因而认为缺2422卷的统计更准确②。但是，史广超所使用的《永乐大典存目》是北平图书馆民国年间排印本（其所参校的上图藏本《永乐大典目录》也只是反映签改后的结果），和原本已经有较大区别：原本有一些粘签，但是，排印本只是采用了签改之结果，而将签条均删去，以致在排印本中看不出哪些地方是

---

① 永瑢、纪昀：《四库全书总目提要》，海南出版社，1999，第704页。
② 参史广超《四库馆〈永乐大典〉缺卷考》，《图书馆理论与实践》2009年第4期。

签改过的①。因此，据排印本统计的缺卷数肯定是签改后的缺卷数，而不是《永乐大典存目》原本的缺卷数。如果签改的时间不在四库馆开馆期间，那么，据排印本所作的统计，就不能反映四库馆开馆期间的《大典》缺卷数。因此，我们只有先了解清楚《永乐大典存目》的签改情况、时间，才能进一步讨论《永乐大典存目》原缺卷数、签改后缺卷数及其与四库馆开馆期间《大典》缺卷数的关系。

一 《永乐大典存目》的签改情况

《永乐大典存目》（又称《永乐大典点存目录》）抄本一册，上有翰林院印，原应是清朝翰林院藏书，民国年间入藏北平图书馆，袁同礼将其刊入《国立北平图书馆馆刊》第六卷第一期。原书于1941年为避战乱与其他北图善本书一起运至美国国会图书馆保存，又于1965年转运回台湾，现藏台北故宫博物院书库内。所幸国家图书馆现藏有此书的胶片，可获悉原书签改情况如下：

平声

A. 六模

湖，卷二千二百六十至二千二百八十□（壹），十本

湖，卷二千二百六十至二千二百八十□（贰），十本

按：括号内的字是改正后的字。这里并不涉及缺卷数、册数的问题。

B. 八灰

碑至卑，卷二千七百六十五至二千七百九十，十本。

按：十本边上贴有一旧纸条："查有十一本"。通过签改，多出一册（也就是少缺一册），但卷数没有变化。

C. 十寒

寒，卷三千六百二十七至三千六百四十□（三），（九）本。

---

① 该排印本载于《国立北平图书馆馆刊》第六卷第一期（1932年12月）。排印本造成的误导其实还不止这些，例如，排印本上声十六马中有"原缺一万一千六百九十一至一万一千七百十二二十本"一条，其中"二十本"三字是另起一行写的，让人以为此处是缺二十本。但是，查《永乐大典存目》胶片可知，原文此条写为一行："原缺一万一千六百九十一至一万一千七百十二　十本"。十本之前还留空，让人一看就知道此处是缺十本。

按："三""九"均用纸片覆盖原字，另在"九"字下贴旧纸签："祇有九本，缺三千六百四十四，一本"。在此签旁又新贴一纸签："原缺三千六百四十四，一本"。估计，"三"原来写成"四"，"九"原来写成"十"。通过签改，新增缺一卷、一册。

D. 十九庚

兵，卷八千三百三十六至八千三百五十三，□□。

按：□□，应是写册数之处，贴有一旧纸签："祇有九本，缺八千三百四十六、七，一本"。此签上又贴有一新签："兵，卷八千三百三十六至八千三百四十五，原缺八千三百四十六、七二卷，兵，八千三百四十八至八千三百五十三，九本"。因此，□□原来应写成十本，后改成九本。通过签改，新增缺二卷、一册。

E. 十九庚

灯至滕，卷八千六百七十四至八千九（六）百九十七，十本。

案：原写成九，后改为六。这是误笔，对新增缺本、卷数并无影响。

上声

F. 二纸

阯至史，卷一万一百二十□（三）至一万一百三十八，九本。

按："三"为用纸贴上改的，边上有一新纸签："原缺一万一百二十一、二共二卷"。通过签改，新增缺二卷、一册。

G. 二纸

齿至子，卷一万一百九十九至一万二百十□（二），□（八）本。

原缺一万二百十□（三）至一万二百五十三共□□□（四十一）卷。

按：以上括号内的字"二""八""三""四十一"是用纸片覆盖原字上改正的。通过签改，新增缺二册、四卷①。

---

① 上声二纸部分，原目统计实存80本，笔者统计实存77本，相差3本，也就是多缺了3本。据上文F条可知，已新缺一本，则此处新缺应为两本。又，原目统计实存284卷，笔者统计实存293卷，相差9卷，也就是多缺了9卷。据前后文F条、H条可知，已新缺五卷，则此处新缺应为四卷。

H. 九轸

尹至隐，卷一万一千一百九十六至一万一千二百十五，□（九）本。

按：此处贴有一旧签："只有九本，缺一万一千一百九十六、七、八"。通过签改，新增缺三卷、一册。

去声

I. 一送

宋，卷一万二千六百四十四至一万二千六百六十三，十本。

原缺卷一万二千六百六十四至一万二千六百□□□（八十六共廿三卷）。

按：原目统计去声缺卷数共为771卷，笔者据签改后统计为790卷，相差19卷。由于这部分只发现一处签改，即"原缺一万二千六百六十四至一万二千六百八十六共廿三卷"，其中"八十六共廿三卷"是用新纸签盖写的，从相差19卷看，则此处原目可能错写成"六十七共四卷"，即"原缺一万二千六百六十四至一万二千六百六十七共四卷"。通过签改，新增缺19卷。据《大典》的卷、册数规律，此19卷应为八册。

从上述可看出，签改应该分为两次：旧签和新签。由于时间距今已远，其中签条是否有脱落，不得而知。兹仅就现存的签条而言，可以发现新增缺本、缺卷数如下：

旧签，缺本：二册；缺卷：六卷。

新签（旧签所签改均为新签所接受，故一并统计），缺本：十三册；缺卷：三十一卷。

因此，关于缺卷数的统计，《永乐大典存目》其实可以提供三种数据：其一，《永乐大典存目》原书的缺卷数；其二，《永乐大典存目》原书的缺卷数加上旧签新增的缺卷数；其三，《永乐大典存目》原书的缺卷数加上新、旧签新增的缺卷数。也就是说，现存《永乐大典存目》反映了三次的统计，而且，每一次新统计的缺卷数都较之前的统计有所增加。那么，这三次统计都分别在什么时候呢？

二 《永乐大典存目》的编修时间

自清雍正年间从皇史宬将《大典》移入翰林院开始，历史上才有《大典》实存册数的统计，而且，咸丰十年之后，翰林院中的《大典》散失严重，其实存册数已经完全不符合《永乐大典存目》反映的实际情况，因此，《永乐大典存目》应该是在咸丰以前编成的。兹将该目可能出现的时间分论如下。

1. 雍正年间（1723～1735）

雍正年间，因为编成的《圣祖实录》要入藏皇史宬，有关人员在归置书架时发现了《永乐大典》，便将其由皇史宬移入翰林院收藏。在移入点收时，有关人员对缺本数作过统计，即李绂《纂修三礼事宜》所述的："现抄《永乐大典》内《三礼》之书，《周礼》缺地官、夏官，《礼记》《仪礼》亦多全卷缺少。查翰林院领书时，照目查收，原少一千一百四十八本，恐系遗在皇史宬内，未曾搬出。应否请旨，再往皇史宬内查寻，抑或各位中堂大人遣的实阁员，会同本馆提调、纂修官，径往宬中寻觅？"① 李氏此处只提册数，没提卷数；而且，"照目查收"，此目必为旧目，亦即《永乐大典目录》，而不是现编的《永乐大典存目》；此外，李氏所谓的缺本数，似乎并不是一个权威的统计数，后来也无袭用者，甚至连和他一起从《大典》辑佚书的全祖望也不清楚这一缺本数，据全祖望《钞永乐大典记》云："会逢今上纂修《三礼》，予始语总裁桐城方公钞其（《永乐大典》）《三礼》之不传者，惜乎其缺失几二千册。"② 因此，此缺本数（1148本）应该不是通过《永乐大典存目》反映出来的，且当时应该没有编成《永乐大典存目》。

2. 四库馆开馆期间（1773～1785）

四库馆开馆之初，没有《大典》准确的缺卷数，据"大学士刘统勋等奏议覆朱筠所陈采访遗书意见折"（乾隆三十八年二月初六日）载："臣等因派员前往库内逐一检查，据称：此书（《永乐大典》）移贮之初，本多缺失，现存在库者，共九千余本，较原目数已悬殊。"③"军机大臣奏检出《永乐大典》目录及全书各十本呈进片"（乾隆三十八年二月初十日）载："臣

---

① 李绂：《穆堂别稿》，上海古籍出版社1996～2003年《续修四库全书》影印本，卷49。
② 全祖望著，朱铸禹汇校集注《全祖望集汇校集注·鲒埼亭集外编》卷17，上海古籍出版社，2000，第1070～1072页。
③ 张书才主编《纂修四库全书档案》，上海古籍出版社，1997，第50～55页。

等查《永乐大典》原书共一万一千余本，今现序（存）九千余本，丛杂失次，一时难以遍查。"①"寄谕两江总督高晋等查访《永乐大典》佚本"（乾隆三十八年二月二十三日）载："近因访求载籍，以翰林院所贮之《永乐大典》内，多有人未经见之书，派员查核，约缺一千余本，较原书少什之一，不知何时散佚。"② 可见，此时亦未有编成《永乐大典存目》。而且，由此亦可证雍正之时不可能有《永乐大典存目》，否则馆臣会援引其统计数，而不会在此只举大致的缺本数。

四库馆开馆期间也未曾详细清点过《大典》存缺卷、册数，因为：首先，目前没有发现有材料证明当时清点过；其次，如果当时曾清点过，《四库》档案应该会提到其统计数；再次，如果开馆时做过清点，没有必要到乾隆五十九年又清点一次；最后，四库馆开馆期间，《大典》散在众手，不太方便清点。

综上所述，四库馆开馆期间应该也没有编成《永乐大典存目》。

3. 乾隆五十九年（1794）

据"军机大臣奏遵查《永乐大典》存贮情形并将首卷黏签呈览片"（乾隆五十九年十月十七日）载："遵查《永乐大典》，止有一部，现在翰林院衙门存贮。原书共二万二千九百三十七卷，除原缺二千四百四卷，实存二万四百七十三卷，共九千八百八十一本，外有目录六十卷。"③ 可知，乾隆五十九年时《大典》实缺：2404卷，1154册。这一统计既包括缺本数，又包括缺卷数，必然是有类似于《永乐大典存目》这样的目录作依据，因此，笔者认为，《永乐大典存目》应该就是乾隆五十九年编成的。关于这一点，还可以证明如下。

首先，这一统计是禀报给乾隆的，既不可能造假，也不可能随便沿用旧有的数据。而且，雍正时的统计数是缺1148册，与此不符，因而肯定不是沿用雍正时的数据，而在这之前并未有其他可供沿用的缺本数，更不用说之前一直都没有过缺卷数的统计，因此，此数据应是来源于新近的统计。

---

① 张书才主编《纂修四库全书档案》，第56页。
② 张书才主编《纂修四库全书档案》，第60~61页。
③ 张书才主编《纂修四库全书档案》，第2372页。

其次，如果四库馆开馆时有统计，编成《永乐大典存目》，缺卷数为2422卷，那么，此时的统计只要在《永乐大典存目》上作签改就可以了。但是，从《永乐大典存目》签改看，缺卷是不断增加的，并不符合此次统计的缺卷数（共2404卷）不多反少的情况。因此，乾隆五十九年之前应无类似于《永乐大典存目》的统计。

最后，据《永乐大典存目》原本统计（不包括新、旧签改），入声八陌以上共缺2386卷，再加上八陌以下的缺卷数，应该与乾隆五十九年统计的缺卷数（2404卷）相符。

4. 嘉庆二十年

据傅增湘《藏园群书经眼录》载："《御制校永乐大典诗并纪事》一册，许乃济题识：'《永乐大典》只有一部，现存翰林衙门敬一亭。原书共二万二千九百三十七卷（内有目录六十卷），除原缺二千四百四卷，实存二万四百七十三卷，共九千八百八十一册。嘉庆乙亥夏偕同清秘堂诸友重加编查，因取首册情供事录出，藉见此书大概。……是年六月十七日仁和许乃济谨识。'"① 可知，嘉庆二十年（乙亥，1815），《大典》仍藏于翰林院敬一亭，许乃济等人对其作过清点，发现其与乾隆五十九年所存之数一样，并无遗失。其时《全唐文》刚编成不久，借出的《大典》应已归还，故能作全面的清点。

从许乃济所述看，他应该是据乾隆五十九年《永乐大典存目》作核查，而不是新编一部《永乐大典存目》。

综上所述，《永乐大典存目》应该是乾隆五十九年的统计目录，其时《大典》共缺2404卷。

三 《永乐大典存目》的签改时间

据上述可知，《永乐大典存目》是乾隆五十九年的统计目录，而嘉庆二十年再次核查时与乾隆五十九年统计数一样，因此，《永乐大典存目》上所加的新、旧签改不会是此前所加的，而应该是在此之后所加的。至于这些

---

① 傅增湘：《藏园群书经眼录》，中华书局，1983，第855页。

新旧签改具体发生在哪年，就目前笔者掌握的材料看，比较难推断，不过，我们可以大致推断其发生的时间范围。

据《翁同龢日记》载：咸丰十一年七月初六日，"到署检书，见《永乐大典》。是书藏敬一亭，久无人问矣。亭屋三椽，中设宝座，旁列书架十二。《大典》本以朱丝界画，缮手工整，高二尺许，宽尺许，在架者不及架之半，尘积寸余，零落不能触手矣。"① 咸丰十一年（1861），翁氏看到当时《大典》在架者不及架之半，如果按乾隆时九千八百余册算，估计翁氏看到的应不及五千册。也就是说，在此之前又丢失了约五千册②。从翰林院《大典》的流散史看，丢失应是陆续发生的，因此，这五千册《大典》的丢失应发生在嘉庆二十年至咸丰十一年之间。另外，相对来说，丢失一般来说越往后越严重，由于《永乐大典存目》上的签改（包括新、旧签）所反映的最新缺失量相当小，因而这些签改最有可能反映的是嘉庆二十年之后刚开始丢失的那几年的情况，应距嘉庆二十年不会很远。从新、旧签改不断增加的缺卷情况看，正符合此段时间《大典》不断丢失的特点。而且，《大典》丢失越往后越严重，原来在此目上粘签说明的做法已经失去意义，故后来就干脆不粘签了，这大概就是《永乐大典存目》只有少量较早期粘签的原因。

此外，我们还可以通过例证来说明《永乐大典存目》反映的是嘉庆二十年之前《大典》的实存情况，而签改反映的是其后的《大典》实存情况。例如，《宋会要辑稿》是徐松在嘉庆十二年至十九年编修《全唐文》期间从《大典》中辑出的，其中收有《大典》卷10122的佚文③，说明辑佚时《大典》此卷是实存的。但是，查《永乐大典存目》可知，此卷正好被新加的签条改为缺卷（参前文"签改情况"F条）。也就是说，徐松辑佚时此卷是不缺的，在后来的统计时发现新缺了，故用签条在原目上作了改正。由于

---

① 陈义杰整理《翁同龢日记》，中华书局，1997，第127页。
② 一般认为，《大典》从翰林院中大规模地丢失是从咸丰十年开始。如果从咸丰十年开始丢，一年时间就丢了这么多，不太可能。因此，《大典》在咸丰十年之前已经不断丢失，而且相当严重。
③ 《宋会要辑稿》，中华书局1987年影印本，第八册第7723～7733页。

嘉庆二十年的统计并未发现新缺失，因此，此签改肯定是嘉庆二十年之后发生的。如果依照前述史广超的统计，把这些签改的结果都计入四库馆开馆期间的缺卷，那么，怎么可能到徐松辑佚时还能引用卷10122呢？

综上所述，《永乐大典存目》中的新、旧签改应该是嘉庆二十年至咸丰十一年之间（应距嘉庆二十年不远）所加的。

四　关于缺2422卷的解析

既然四库馆开馆期间没有统计过《大典》缺卷数，而《永乐大典存目》又是乾隆五十九年编成的（缺2404卷），那么，《四库全书总目》卷137"永乐大典"条中所说的《大典》缺2422卷之数是从何而来呢？

四库馆是在乾隆三十八年开馆的；《四库全书总目》初稿约完成于乾隆四十六年二月①，而天津图书馆所藏的《纪晓岚删定〈四库全书总目〉稿本》中的"永乐大典"提要即记载缺卷数为2422卷②，因此，此一缺卷数约产生于乾隆三十八年至四十六年之间。至于具体的统计过程，笔者估计有两种可能。其一，大概在《四库》大典本辑佚工作基本完成后，负责《大典》提要撰写的纂修官才能详查《大典》之数量。当时可能只是为撰写提要之需而派人简单查了一下，所以只有一个大概的缺卷数，但与真实的缺卷数（2404卷）已非常接近。其二，在修《四库》期间，翰林院管理《大典》的吏员作过初步的统计，得出此一缺卷数。由于当时《大典》散在众手来辑佚，不易进行全面的统计，这一数据也只能是一个大致的数据。

总之，笔者认为，缺2422卷不是一个权威的、准确的统计数。关于这一点，还可以从以下几方面看出。

首先，如果是权威的、准确的统计数，则应如《永乐大典存目》那样，还包括缺本数，但是，《四库全书总目》并没有提到缺本数。

其次，如果是权威的、准确的统计数，那么，乾隆五十九年军机大臣

---

① 张书才主编《纂修四库全书档案》，第1292页，"谕内阁《总目提要》办竣总纂纪昀、陆锡熊等交部从优议叙"（乾隆四十六年二月十六日）。
② 纪昀、永瑢等：《纪晓岚删定〈四库全书总目〉稿本》第六册，国家图书馆出版社，2011，第108页。

为何不采用，而且提供与此不同的另一缺卷数？

再次，如前所述，目前并未发现有材料证明开馆期间曾经对《大典》缺卷数作过细致的统计；而且，除《四库全书总目》外，这一数据也不为其他材料所引用，故此缺卷数很有可能是一个临时性的统计数。

最后，《四库全书总目》"永乐大典提要"错误很多，包括大典本的统计数错误，《大典》流传及结局的错误等，可见此提要的写作并不严谨。我们据此亦有理由怀疑此一缺卷数的准确性。

因此，笔者认为，缺2422卷是开馆期间不太准确的统计数，而缺2404卷是闭馆后所编《永乐大典存目》反映的缺卷数。由于四库馆开馆期间并未有《大典》丢失之事发生，因此，2404卷也应该就是开馆期间《大典》的真实缺卷数。

综上所述，可得出如下几点结论。

其一，《永乐大典存目》是乾隆五十九年编成的，记载当时《大典》缺卷数为2404卷。

其二，《四库全书总目》所载的缺2422卷是开馆期间不太准确的统计数。事实上，四库馆开馆期间《大典》的缺卷数应该与乾隆五十九年时一样，为2404卷。

其三，《永乐大典存目》上的新、旧签改反映的是嘉庆二十年至咸丰十一年之间（距嘉庆二十年不远）《大典》新缺失的情况。史广超将这些新缺卷与《永乐大典存目》原缺卷混在一起统计，认为从目前存世的《永乐大典存目》（缺入声八陌以下部分）中即已发现缺2417卷，超出了乾隆五十九年统计的缺卷数（2404卷），因而《四库全书总目》所说的缺2422卷是正确的。显然，这一观点是不对的。

第二节　《永乐大典》失窃案之谜

《永乐大典》的流传史，可以说是一部图书偷盗的历史。这些偷盗都在暗中进行，绝大多数在当时未被发觉，即使有被发觉的亦未能严密追查，所以也都不了了之。本节所谈的这起偷窃案较为特殊：以前的窃案均发生在翰林院中，而本案是发生在路上；以前的窃者均为翰林院中人（应以翰林官为主，可能也有供事等吏员），而本案窃者是普通的小偷；以前失窃的《大典》均查无影踪，而本案失窃之《大典》却失而复得——而且是小偷送回的。总之，这是一起颇有意思的失窃案，而且相关的档案也比较完整①，所以在此作一简单介绍。

一 《大典》失窃案

1. 失窃案之发生

乾隆三十八年二月清廷开四库馆，其主要工作之一就是从《大典》中辑出佚书。大臣当时报告乾隆说：《大典》已不全，丢了一千余册。乾隆想起以前朝廷编书曾利用过《大典》，就让人到相关人员家去查找，结果一无所获。没过多久，到乾隆三十九年六月，四库馆发生了一起《大典》失窃案。根据相关的档案记载，该案可以复原如下。

乾隆三十九年六月十三日晚上，因为自己承担的校书任务较繁重，四库馆纂修官黄寿龄想趁夜赶工，于是将《永乐大典》原本六册用布包裹好带回家，准备晚上接着校对。当时因为出馆较晚，又可能怕麻烦，并有侥幸之心，他带书离馆时没有告诉主管四库馆图书的提调官。没曾想，黄氏坐车到米市胡同时，感觉要拉肚子，于是下车如厕，而被贼将六册《大典》连包窃去。他发现之后四处找了一通，终究还是没有找到。

这里有两个问题要说明一下：

黄氏是何许人？黄寿龄，字挺山，号筠庄，江西新城县人，乾隆三十七年（1772）进士，选翰林院庶吉士，随后参修《四库全书》。他的馆职是《永乐大典》纂修兼校对官，正是负责办理大典本的，所以要取阅《大典》。另外，当时汉族士大夫大多居住在宣武门外（宣南）一带，黄氏从四库馆下班回家，需要经过米市胡同（在菜市口附近），说明其家大致就在宣南。黄氏在四库馆中其实并不怎么有名，后人偶尔提及他，主要还是因为他是

---

① 这些档案收录在张书才主编《纂修四库全书档案》，上海古籍出版社，1997，第212～226页。

此失窃案之当事人。

为何要带书出馆？当时各位纂修官都有一定的校书任务，不过，四库馆并没有规定每天每位纂修官一定要校完多少页书，而只是规定在一段期限内校完多少种书。因此，黄氏所谓要赶办，其实不是特别充分的带书外出的理由。不过，开馆之初，带书出馆校对是常有之事，只是相对来说，将《大典》带出馆可能较少，但这也不是绝对的，否则黄氏也不会不经同意就擅自带出。因此，将《大典》带出馆外应是有先例的。可以说，如果没有遗失，私自携《大典》出馆并不会引起特别的关注。

2. 失窃案之追查

《大典》被窃之后，黄氏大概很快就报告了四库馆。乾隆三十九年六月二十五日，四库馆总裁将此事汇报乾隆，并说明已分派步军统领衙门番役营捕及五城司坊官役等，设法抓紧缉查，务必将原书查获。乾隆获悉后很生气，当天即下了谕旨，让总裁舒赫德负责调查，并说：四库馆中备有饭食，纂修官其实不用加班；借书有提调负责，有关人员应尽快查明此事，确定各人应负的责任。永瑢等总裁在二十八日接到上谕后，即于七月二日上奏表示：一方面要严格出借规定，另一方面要继续追查所失之书。舒赫德亦于同一天上奏，将初步调查结果作了说明：黄氏携出《大典》时并未告知提调官，当然应负主要责任，而提调官和当日值班的收掌官也有一定的责任。

这里也有几点需要说明。

黄氏于十三日晚丢的书，总裁于二十五日才上报给乾隆，为何这么晚呢？这是因为：总裁先是设法查找，没有找到，才报给乾隆。

关于四库馆供饭食之事。按照乾隆的设想及当时的规定，四库馆工作人员清晨入馆工作，中午就在馆中用饭，下午接着工作，到傍晚可离馆，因此，馆臣可以在馆中干足一天，时间充裕，不必将书带出馆外焚膏继晷地加班。但是，就笔者了解的材料看，在馆中用餐的馆臣不太多，而且很多馆臣用完餐之后即离馆，因此，真正在馆中干一天的馆臣并不多。另外，办书之事，其实更适合独自进行，而不必济济一堂，因而馆臣更愿意带书回家办理。

关于四库馆书的管理。四库馆书是由提调和收掌负责管理的，出借与回收均有记录。纂修官将四库馆书携出于外，当然这两类馆臣均要负责。不过，其实之前借书外出是常有之事，非但办此书之馆臣能借，不办此书的馆臣也能借，只不过不能借太久。但是，在出事之后，借书开始变得严格了，因为四库馆又进一步规定："纂修等领办之书，即于册内填注，仍每日稽查，毋许私携出外。"① 尽管如此，当时馆臣能否完全遵守此一规定，是颇值得怀疑的。

关于搜查。虽然《大典》是在米市胡同丢的，但当时实行的是全城搜查，即步军统领衙门番役营捕及五城司坊官役等均参与。步军统领，即提督九门步军巡捕五营统领，简称九门提督或者步军统领，主要负责京师守备和治安。五城司坊，或称五城御史司坊，是指北京五城的巡城御史、兵马司及其下属的各坊。清代北京外城分为中、东、西、南、北五城，都察院分派巡城御史负责巡查各城的治安管理、审理诉讼、缉捕盗贼等事。各城巡城御史皆设有公署，称为五城察院，或简称五城。各城设有兵马司（置指挥、副指挥），每司又分为二坊（由副指挥、吏目分掌），由各城巡城御史督率管理。为了六册《大典》而兴师动众如此，应该是空前绝后的。这说明朝廷对《大典》的重视。不管如何，这一搜查举动还是起到很大的震慑作用，故有后来小偷的主动送归。

3.《大典》失而复得

黄寿龄所遗失六册《大典》于七月十五日夜在御河桥河沿上被官方捡得，有关人员当即呈报乾隆。乾隆在十八日下谕旨表示：《永乐大典》六本已经捡回，当然十分好，但是，还要继续搜拿窃贼。

米市胡同在菜市口附近、宣武门外，是汉族士大夫聚居之地，但离放回《大典》的御河桥（在东交民巷）有很长距离。窃贼跑这么远去将《大典》放在桥边显眼之处，而不是随便找个偏僻之处丢了，显然还是十分希望《大典》被官方找回的。如此说来，该窃贼还算是天良未泯。

---

① "寄谕四库全书处总裁各省进到遗书及翰林院贮书不许私携出外"（乾隆三十九年七月十八日），载张书才主编《纂修四库全书档案》，第227页。

但是，此后的相关史料除了涉及对相关人员的处罚外①，就再也没有关于偷窃者方面的信息了，因此，偷窃者为谁？估计永远是个谜。至于为何窃得而复交回？乾隆在前述上谕中倒有自己的解释："朕思此书遗失以来，为日已久，必其人偷窃后，潜向书肆及收买废纸等处售卖，〔书〕贾等知《永乐大典》系属官物，不敢私行售卖。该犯亦知缉捕严紧，不敢存留，遂于贪夜潜至河畔，以冀免其祸。情形大概如是。"乾隆比较喜欢卖弄自己的"后见之明"。那么，其"后见之明"是否正确呢？这需要稍加分析：乾隆认为偷窃者迫于压力而送回《大典》，是很有道理的。但是，他认为小偷在得手后曾暗中到书肆等处交易，而书商等不敢收留，则未必对，因为在《大典》失窃后，官方即实行全城搜查，而小偷得手后是否能如此快去交易，是值得怀疑的；而且，一旦交易，看见或知道此事的人就会有一些，因而走漏风声的可能性就很大，但是，在一个月的搜查中，官方似乎并没有什么进展。因此，小偷可能并未有交易之举动。

综上所述，就整个案件看，基本的情况还是很清楚的。不过，除了前述的"失而复得"比较出乎意料之外，笔者还特别注意到此案中两个不太清楚的问题：为何《大典》这样轻易被偷？为何没有提到车夫的责任？

从相关奏疏看，关于《大典》被窃的具体经过都记载得很简略。笔者推想：在当事人看来，这应该是很"正常地"被窃的。但是，从今天的角度来分析，此事之经过却颇为蹊跷：黄氏既然是坐车的，肯定有拉车的。当时北京并没有公共厕所，他到米市胡同时想如厕，估计就找旁边没人的地方方便一下，那么，车夫应该不会跟着去，而会在车上或车边等候，《大典》怎么可能被偷呢？而且，从整个案件处理过程看，并没有提到车夫的责任，这也是很奇怪的事。

由于没有更多的档案或其他史料涉及此案，因此，笔者只能寄希望于通过同类案件来推论、解释以上的问题。非常巧合的是，在四库馆开馆期间，还发生过另外一起四库馆书失窃案，与此案颇为类似，正可相互印证。

---

① 也只是比较简单地罚俸了事。参张书才主编《纂修四库全书档案》，第237页。

二　四库馆书失窃案

乾隆四十五年五月初二，四库馆书在分校官家人带回家的路上遭窃。有关此案的档案只有一件，故全文迻录如下①。

巡视北城监察御史赋泰、张秉愚"奏为翰林院庶吉士四库全书分校官钱四锡赴武英殿领出官书十三本在回家途中被窃请旨交部严处事"（乾隆四十五年五月初十日）："本月初三日，据翰林院庶吉士、四库全书分校官钱四锡呈称，初二日赴武英殿领出官书十三本，交家人王富先送回寓。伊在前门外雇车，将书包放在车内，由中城珠宝市等处回至北城寓所，一时疏忽，不知何处被贼窃去，理合报明严缉等情。臣等以殿上书籍所关綦重，查王富经过之处，系中、北两城交互地方，随飞饬该坊无分境界，严密查拿去后，旋据该指挥署吏目郝振都禀称：本月初四日据捕役史国泰禀称，在中城杨梅竹斜街盘获刺字贼犯马四儿，并起出官书十三本，理合呈报。臣即批饬该坊研讯详报去后，兹据该署吏目郝振都录供详解前来，臣等复加详讯。据马四儿供称：系宛平县人，于乾隆二十七年初次犯窃被获，送提督衙门刺字责放。三十二年二次犯窃，被中城拿获，刺面枷责。是年八月三次犯窃，被北城拿获，送部拟流，刺面发配陕西同州府蒲城县地方。四十四年四月内遇赦回籍。是年七月走出广渠门外，又偷窃羊皮袄，被南营拿获，送提督衙门转送刑部，刺臂枷责。嗣后总不敢行窃。本年五月初二日，在前门外廊房头条胡同见一辆车自东来，坐车人睡着，车后露出布包，当即尾随至杨梅竹斜街，从车后将包袱偷出，不想内系书籍。初四日要将这书携到小市上售卖，行至杨梅竹斜街，即被拿获。等语。臣等随将原书十三本交王富先行领回外，查马四儿系三犯窃案、遇赦回籍之犯，胆敢怙恶不悛，偷窃官书，实属积匪滑贼。此外恐尚有行窃别案，及伙伴窝家，非严刑跟究，难得实情。理合奏明请旨，敕交刑部严审定拟。再查钱世锡领出官书，不敬

---

① 该档案原件藏台北故宫博物院文献馆，档案号为：026989。

谨赉回，仅交家人先送出城，以致被窃，亦有不合，应请旨一并交部察议。"

乾隆四十五年五月初十日奉旨："著交部，钦此。"

据此，该失窃案之经过可简述如下。

乾隆四十五年五月初二，四库馆分校官钱四（应为"世"）锡从武英殿领出自己要校对的四库馆书（拟收入《四库》之书）十三本，交其家人王富先送回自己家中。王富在前门外雇了辆车，将书包放在车内，经由中城珠宝市等处回至北城寓所，因一时疏忽，不知在什么地方被贼窃去。

初三，钱世锡将失窃事报告了巡视北城监察御史赋泰、张秉愚。赋泰、张秉愚查王富经过之处是中城、北城交界地方，随即命令该坊吏目不分界内界外，严密调查。

初四，捕役史国泰报告，在中城杨梅竹斜街查获刺字窃贼马四儿，并缴获四库馆书十三本。据马四儿供称：初二那天，在前门外廊房头条胡同看见一辆车从东边过来，坐车人睡着了，车后露出布包，当即尾随至杨梅竹斜街，从车后将包袱偷出，没想到里面是书。到初四，准备将这书携到小市上售卖，行至杨梅竹斜街，就被捉住。

随后，署吏目郝振都就向赋泰、张秉愚禀报了这一情况。

初十，赋泰、张秉愚将此事报告乾隆，请求对钱世锡拟罪。

这里有几点需要说明一下。

钱世锡是何许人？钱世锡（1733~1795），字慈伯，号百泉、雨楼，浙江嘉兴府秀水县人，钱载长子；乾隆四十三年进士，选庶吉士，入四库馆任分校官。作为分校，四库馆中应校之书是可以带回家校对的，这与翰林院办书情况显然不同：翰林院有足够的地方，而且有饭食，可供纂修官在馆校办一天，但是，武英殿没有这样的条件，所以分校官都领书回家办理。因此，前一案中乾隆切责黄氏私自领书回家，而此一案中只是说钱氏领出官书后没有保管好。

关于中城和北城。清代北京外城自东而西依次分为东城、南城、中城、北城、西城，王富由前门外（属中城）返回钱世锡在宣武门南的家（属北城），就得从中城向西到北城，经行路线是：前门外珠宝市—廊房头条胡同—杨梅竹斜街—樱桃斜街—钱氏寓所①。

关于失窃案之搜查。四库馆书遭窃后，钱世锡似乎并没有报告四库馆，更没有报告乾隆，而是先报告巡视北城监察御史赋泰、张秉愚。如前所述，北城的治安管理、缉捕盗贼等事是由巡视北城御史负责的，其下又分灵中、日南二坊，分别由副指挥、吏目分掌。钱世锡家在湖广会馆附近，可能是属于灵中坊，因此，此吏目可能是灵中坊的吏目。由于王富所经之处是中城、北城的交界之处，故巡城御史令该坊吏目不分境界，均要查到。这一指令是非常英明的，因为事实证明，书就是在中城被窃的，也是在中城被找回来的。

关于被窃的经过。乘车人睡着了，小偷尾随而从车后将书偷取。窃贼是惯偷，胆子很大，所以就从车上下手了，而且，偷了后第三天就在附近销赃。

三　两案之比较与分析

通过这两起窃书案的对比，可以较为容易解答《大典》失窃案中所涉的两个问题。

为何这样轻易被偷？从后一案看，从车上窃取书是非常容易之事：无论车在行进中还是停下来，小偷都可能轻易得手（如果小偷是惯偷，则更容易）。而且，在这一过程中，车夫都没有反应。

为何没有车夫的责任？这也是很正常的，因为后一案中也只是提到钱氏之责任，而不牵涉其家人王富及车夫的责任。由此可以推知：这种事就追究主要的责任者，至于家人与车夫，那是责任者自己的事。

除此之外，这两起失窃案还能引发我们更多的思考。例如，能引发我们对清代京城治安的联想，对京城失窃案查办的联想，对京城士大夫坐车穿行街市胡同的联想，等等。不过，真正引起笔者注意这两起案例的还是因为其与《大典》有关，因此，笔者更愿意从《大典》流传的角度来认识

---

① 据钱世锡及其父钱载诗文，其家应在樱桃斜街附近，离湖广会馆不远。

和思考这两起失窃案。

其一，书籍失窃在古代常有，但是，真正记录在案并且惊动皇帝，应该是相当特殊的，这说明这两起失窃案遭窃书籍的重要性。另外，相对来说，《大典》较一般的四库馆书更重要，故《大典》失窃后搜查范围更大，而该案也更受重视。

其二，因《大典》失窃案之关系，乾隆下令翰林院管好《大典》，故四库馆开馆期间以及随后的嘉庆年间，翰林院《大典》未再丢失。但道光以后，管理渐松，咸丰时《大典》即已大量被盗。

其三，从《大典》失窃案可看出，对于失窃的《大典》，如果当时抓紧追查，应该是有一定的效果的。但是，在清代所有的《大典》失窃案中，只有这一次被成功地找回，而且送回的是小偷。与翰林院中那些监守自盗的雅贼相比，这不是颇具讽刺意味么？

其四，《大典》失窃案还提醒我们：小偷迫于压力而将《大典》送回，那么，那些从翰林院中盗出《大典》者是否也会受困于类似的压力呢？《大典》是皇家之物，开本很大，又特别显眼，因此，《大典》被人窃走后，既不能示人，更不能售卖，亦不便代代相传，最终有可能被偷盗者或其后人改头换面甚或全毁了①。事实上，清末之前绝大多数《大典》已被翰林院中人盗出，除了个别可能流散异域之外，大部分应在国内，但是，经过这么多年的查访，并没有发现这些《大典》的踪迹，这是不是能证明笔者前面的推测呢？

---

① 从现存《永乐大典》藏印亦可看出，清灭亡前私人收藏者不敢在其上钤盖私印。

第三章
《永乐大典》在近代的流传：
国内篇

第一节 关于康有为所藏的一册
《永乐大典》

自近代以来，国内外许多藏书机构及个人都在积极地搜求《大典》残本，其中康有为亦曾入藏一册。康氏所收的一册为《大典》卷981，现藏于哈佛大学贺腾图书馆（Houghton Library）。康氏收藏的该册《大典》是非常有史料价值的，因为：其一，以往学界均未注意到康氏曾入藏过《大典》，因此，这一发现有助于考察清楚该册《大典》的流向、递藏经过，丰富《大典》收藏、流散史的研究；其二，该册《大典》有三则康氏之题跋，而目前在已出版的康氏著作中均未曾收录和提及，因此，这三则题跋内容，对研究康氏之藏书亦有一定的史料价值。总之，尽管该册《大典》归属康氏的时间很短，但对其作一番考释，应该对《大典》、康有为及其藏书研究均有助益。今据其影印本①，对该册《大典》之递藏作考证如下。

一 康氏所收得之《大典》

康氏所收的该册为《永乐大典》卷981，共三十二叶。该册属二支韵儿

---

① 《哈佛燕京图书馆藏〈永乐大典〉》（全三册），国家图书馆出版社，2013。

字，所收为有关"小儿证治"的内容。书衣上的书签题："永乐大典卷九百八十一"；方签题："二支 一百二十八"，意思是指该册在二支韵中是属于第 128 册。

书衣有墨笔题记："南海康氏万木草堂宝藏。康有为题。孔子二千四百六十六年乙卯正月二十四日。"后有"康有为"朱白文方印。

正文首叶右下栏外有墨笔题记："是书藏北京翰林院，庚子之乱散出，昔在巴黎见之。甲寅九月以八十金购得之（一册），希世之宝也。康有为。"后有"康有为"朱白文方印。首叶右下还钤有"南海康有为更生珍藏"朱文方印。

封底内叶有墨笔题跋："余既得《图书集成》，为清朝巨典之秘笈，明世以《永乐大典》为至巨，又抄本藏之中禁，非人间所得见。自经庚子之劫，又散在外国，余亟欲得之而苦其难，今不意竟落吾手。此虽重录，非永乐原本，然亦三百余年物，至可宝矣。更生记。"

乙卯，为 1915 年。甲寅，为 1914 年。更生，为康有为之号。兹对以上康氏题跋作一考释。

关于《大典》原本与副本。康氏说其所得是嘉靖副本，而非永乐原本。原本下落不明（一般认为已于明末被焚于紫禁城中），现在流传于世的《大典》残本，均为嘉靖时重录的副本。本册书后有重录时各官的衔名单，亦可明证其为副本。

关于《大典》之原藏及散佚。《大典》在清代原藏皇史宬，后于雍正年间移藏翰林院，一直至清末。庚子事变前，此书之大部即被窃出。庚子事变起，一部分散出，一部分被焚，翰林院所藏《大典》几乎散失殆尽。其中不少散出的《大典》流到国外，如英国、德国、法国等地，故康有为于 1905 年至巴黎时得见《永乐大典》。康氏说，此书散在国外，难于寻求，而在巴黎见之。这似乎是指该册《大典》是康氏在巴黎所见而购得的。不过，这一理解是不对的，因为题记明说其于 1914 年购得，其时康有为正在上海，故购得此书应在上海而不是在巴黎（参下文）。另外，当时《大典》在国内图书文物市场上亦不可能遇见，并非如康氏所说的只散在国外。笔者认为，康氏说在巴黎见之，是说在那里曾见过《大典》，并不是说所见的就是这一册《大典》（卷981）。那么，康氏在巴黎看见有多少册《大典》呢？这些《大典》又现存何处呢？目前来看还不清楚。

关于《古今图书集成》与《永乐大典》。前者是清代最大的类书，而后者是明代最大的类书。其时，康氏购得《古今图书集成》不久，又获《永乐大典》一册，故将两者并举，以作为其收书之一大成绩。

关于康有为购得该册《大典》之地点及价钱。康氏于1913年回国，1914年定居上海。其时沪上即多有《大典》出售的消息，而张元济、刘承幹均曾从沪上购得多册《大典》。傅增湘在1913年即亲眼见过该册《大典》（卷981）①，因此该册《大典》当时肯定仍存国内。康氏于1914年9月获得的此册，应该就是在上海购入的。当时《大典》的价钱还不是很高，据叶昌炽《缘督庐日记抄》卷十五载："（癸丑六月初二日，）又以三百元从京估得《永乐大典》残本三册，不啻千金市骏矣。闻鞠生亦得两册，流出东瀛者不少矣。"癸丑为1913年。又据《张元济傅增湘论书尺牍》载，1914年2月22日傅信云："初十入都一行，无所得，只得《永乐大典》一部，尚是原装，值五十元，不知尊处尚欲留一册否（尚有数册，亦类书类）。（张元济批答：如是原装，值每册五十元，愿留四册）。"1914年9月22日傅信云："又见《永乐大典》一本，忠字号（《忠经》、《忠传》皆全），内附图数十叶（工笔画人物），真乃罕见之物。湘所见数十册矣，然有图者绝少。……第此册索价至一百元，不知公愿收否？近来此书通行价约五十元。若特别者自须稍贵。"1914年9月27日傅信云："又有《大典》一册，乃杭字，皆记杭州宋时风俗物产，如《武林旧事》、《西湖老人繁胜录》（此书不见著录，有十余叶），均佳。但亦索百元。"1914年10月13日傅信云："《永乐大典》（按：即前述忠字号）一册价八十六元，已付之。"1914年12月27日傅信云："杭字《大典》小山前辈以百元购去，款固未付，当时属交尊处。"②可见，当时《大典》一册的价钱是五十至一百元之间。康氏以80元购得该册《大典》（卷981），应属正常之价。

---

① 傅增湘：《藏园群书经眼录》，中华书局，2009，第711页。
② 以上分别见张元济、傅增湘《张元济傅增湘论书尺牍》，商务印书馆，1983，第52、56、57、58、60页。

关于藏印。康有为自其先世始家里一直有很多藏书①。戊戌变法失败后，康氏流亡海外，其藏书多有流散。自海外归国后，康氏定居上海，优游林下，复锐志蓄书，广收宋元旧椠、佛典精本，而殿本《图书集成》即于此时收得。其收入《大典》也正在这个时候。康氏之藏书均钤有其藏书印，其中较常用的藏书印为"康有为"朱白文方印、"南海康有为更生珍藏"朱文方印。

二　该册《大典》的下落

康氏所收的该册《大典》后来去哪里了呢？

此册《大典》大概是在1916年归了张元济。据柳和城推测，1916年张元济将该册与忠字韵等三册《大典》一并购入②。袁同礼编《近三年发现之〈永乐大典〉》（1932）中将该册的"庋藏者"著录为"海盐张氏"③，说明其时此册已归张氏。另据伦明《辛亥以来藏书纪事诗》"康有为"条说："壬子，归自海外，购得南海孔氏残书，殿本《图书集成》在焉。旋居上海，收储益富。先生性豪侈，用常窘，屡以《图书集成》抵债家，后竟弃之。"④可见，康氏虽然大量购书，但因日常开销太大，故在购书的同时，也大量地散书，甚至屡以《古今图书集成》抵债。因此，其时出售《大典》也是可以理解的。

不过，此册《大典》在张元济家的时间也不长。1933年春，陈乃乾得知张元济有出让善本之举，致函询问。张在复函中说："敝藏《永乐大典》四册（售贰千元）、宋刊《广韵》（售伍千元），今均有人正在谐价。尊处可出若干，敬祈示悉。如前途作罢，当奉归邺架。"1937年，袁同礼曾致信张氏询问此册，张氏回复说已卖给了周叔弢。袁信云："兹有恳者，敝馆现正编辑《永乐大典引用书目》，兹有卷九八一（支韵《小儿证治》十四）

---

① 关于其藏书情况，可参郑伟章《文献家通考》，中华书局，1999，第1244页"康有为"条。
② 参看柳和城《张元济涉园善本藏书钩沉》，载天一阁博物馆编《天一阁文丛》第六辑，宁波出版社，2008。
③ 国家图书馆编《袁同礼文集》，国家图书馆出版社，2010，第137页。
④ 伦明：《辛亥以来藏书纪事诗》，上海古籍出版社，1999，第60页。

不识仍在高斋否？敝馆现拟奉借录副，藉供研考。万一原书出让，未审现归何人？如能忆及，并祈示知，以便设法借钞。"① 张氏复信云："奉四月二日手教，谨诵悉。承询敝藏《永乐大典》四册，前岁以资用告竭，货于周君叔弢。其卷数及隶属何韵，均不复记忆，可就近一询便知。商馆藏二十一册无支均也。"② 从上述看，张氏出售《大典》是在 1933 年，而周氏则应在稍后购入。不过，据相关材料看，当时周氏只购入了忠字韵、村字韵和杭字韵三册③，至于卷 981 一册售予何人则不清楚。袁同礼编《〈永乐大典〉现存卷目表》（1939）仍将该册的"庋藏者"著录为"海盐张氏"④，应该是著录有误。自此之后很长时间，关于该册的下落就再也没有明确的记载。那么，张元济究竟将卷 981 一册售予何人了呢？

如果张氏没有记错，则此册约于 1933 年售给了周氏，而周氏后来售予他人，最后为哈佛大学所得。但是，若周氏曾收藏，但此册为何没有其藏印？而前述忠字等三册均有周氏藏印。这不好解释。

如果张氏记错了，那么，张氏很有可能早就将此册出售，而购入者即下文提到的法国女士。

据程焕文编《裘开明年谱》记载，1931 年四月八日，"你能从伯希和（Paul Pelliot）教授那里了解《永乐大典》的情况吗？据说有一位法国女士有意出售一卷《永乐大典》。" 1931 年五月六日，白雷格（Robert Pierpont Blake）致函裘开明："我等了很长一段时间才收到伯希和（Paul Pelliot）教授关于巴黎所收藏的《永乐大典》回信。这个事情已经成为泡影。" 1956 年三月二十六日，"裘开明先生致函美国国务院 Gregory Henderson：非常感谢你 3 月 10 日有关 Frau Koerner 博士/夫人兜售 4 册《永乐大典》的来信。……至于这 4 册《永乐大典》的价格，当然没有定数，而是'随行就市'（charge what the traffic will bear）。根据我个人了解的战前《永乐大典》在各市场上销售的价格，我感到其价格太高。在北京每册的售价在 300～500 美元之间。在

---

① 《张元济全集·书信》第三卷，第 2 页，"附 2，袁同礼致张元济函"。
② 《张元济书札》（增订本），第 858 页，"致袁同礼"。
③ 参看柳和城《张元济涉园善本藏书钩沉》，载天一阁博物馆编《天一阁文丛》第六辑。
④ 国家图书馆编《袁同礼文集》，第 176 页。

欧洲则是 1000 美元一册。正是在这个价格上，经后来的伯希和（Paul Pelliot）推荐，我们从一个法国女士那里购买了一册《永乐大典》。"①

据上述可知，哈佛大学在第二次世界大战之前经由伯希和的介绍从一位法国女士之手购入了一册《大典》。哈佛大学共收藏三册《大典》，其中两册的来源比较清楚（可参本书下编一"现存《永乐大典》残本"），只有卷981一册的来源不太清楚，因此，这次购买的应该就是卷981一册。我们据此还可以作进一步推断：此册原藏张元济之手，大概于1931年之前流出，入一位法国女士之手。后经伯希和介绍，哈佛大学以1000美元的价格购入。顺便一提的是，也是在1931年，哈佛大学以300美元之价在北京购入了卷7756~7757一册《大典》。因此，裘开明在这里开示的战前北京与欧洲的《大典》价格对比，是有事实依据的。

综上所述，傅增湘于1913年看到过《大典》卷981一册。康有为在1914年9月于上海购得。大约于1916年归了张元济。在此之后此册又入一位法国女士之手。约在1931年或稍后，哈佛大学从这位法国女士之手购入此册。

最后，还需注意的一点是，《大典》在嘉靖年间录副时，均于每册《大典》之后副叶的右下角署录副之相关官员的衔名（因而该副叶又可称为衔名叶），而到乾隆开馆编修《四库》期间利用《大典》辑佚书时，乾隆让人将这些衔名叶中的空白部分当余纸裁下，故其中一些衔名叶就只剩下原纸的一小部分（有衔名部分）。本册《大典》的衔名叶亦只剩下一小片纸，正可以作为乾隆时裁剪《大典》余纸之确凿证据②。

第二节 梁启超、叶恭绰与 《永乐大典》的收藏

梁启超（1873~1929），字卓如，号任公，又号饮冰室主人，广东新会人，近代著名的政治活动家、思想家。叶恭绰（1881~1968），字玉甫，又

---

① 以上分别见程焕文编《裘开明年谱》，广西师范大学出版社，2008，第59、60、640页。
② 关于《大典》余纸之问题，可参张升《〈永乐大典〉余纸考》，载《史林》2010年第2期。

《永乐大典》流传与辑佚新考

作裕甫、玉父、誉虎、玉虎，号遐庵，又号遐翁，晚年别署矩园，广东番禺人，近代著名的书画家、收藏家、政治活动家。1923年，袁同礼作《〈永乐大典〉考》著录梁启超收藏《永乐大典》五册，即：卷13494～13495、卷13506～13507、卷13991、卷20478～20479、卷20648～20649[①]。但是，过了两年（1925），袁氏新修订的卷目表又将这五册的收藏者均改为叶恭绰[②]。那么，究竟是梁氏所藏流入了叶氏之手，还是袁氏的著录有误呢？本节主要想谈谈这个问题。

一 是五册还是七册

最早提到梁启超购入这五册《大典》的是英国学者翟林奈（Lionel Giles），其《〈永乐大典〉述略》（"A Note on Yung Lo Ta Tien"）记载：1919年夏天，梁启超在访英期间从伦敦鲁扎克书店（Luzac & Co.）购得《大典》七册。文章还列出了这七册的具体卷目，包括有前述的五册及卷19781～19782、卷19783～19784这两册[③]。那么，梁氏购入的《大典》到底是七册还是五册呢？

关于这一点，英国学者何大伟（David Helliwell）在《欧洲图书馆所藏〈永乐大典〉综述》中有更详细的记载：鲁扎克书店（Luzac & Co.）在其全盛时期处理过不少《大典》。梁启超于1919年夏天从鲁扎克书店（Luzac & Co.）购入了七册《大典》。这七册中，1919年该书店发布的销售目录中有五册，其中卷13494～13495、卷13506～13507、卷20648～20649这三册，现藏中国国家图书馆；卷13991这一册，曾经被叶恭绰收藏，现已不知下落；卷20478～20479这一册，也曾经被叶恭绰收藏，现藏台湾"中央"图书馆；另外两册为卷19781～19782、卷19783～19784，没有出现在鲁扎克书店（Luzac & Co.）的目录中，而现在均藏在美国康奈尔大学[④]。可知，

[①] 国家图书馆编《袁同礼文集》，国家图书馆出版社，2010，第93—101页。
[②] 国家图书馆编《袁同礼文集》，第102—110页。
[③] Lionel Giles，A Note on Yung lo Ta Tien，载 *The New China Review* 2：2（1920年4月），p.144.
[④] 〔英〕何大伟（David Helliwell）：《欧洲图书馆所藏〈永乐大典〉综述》，许海燕译，《文献》2016年第3期。

鲁扎克书店（Luzac & Co.）曾经经手过不少《大典》，而且一般会在其销售目录中登载。以上所提到的七册《大典》（即翟林奈所说的梁启超所购的七册），其中前述先后为梁氏、叶氏收藏的五册曾经出现在其销售目录中，而另两册（卷 19781～19782、卷 19783～19784）则没有出现在目录中。

不过，据韩涛《五册的变奏曲》载，卷 19781～19782、卷 19783～19784 这两册是美国人查尔斯·华生（Charles Wason）大约在 1913 年之前购得的①。但是，查尔斯·华生（Charles Wason）在 1918 年之前已将这两册捐给了康奈尔大学，而梁氏购买《大典》则是于 1919 年在伦敦，因此，梁氏不可能买到这两册，而梁氏购得七册的说法应该是错误的。前引袁同礼《〈永乐大典〉考》（1923）中也只提到梁启超藏有五册（表中还详细地列出了这五册的具体卷数），并且在题记中说"此系闻诸伦敦 Luzac 书店者"。

也就是说，如果梁氏真是在 1919 年夏天于伦敦购入《大典》的话，也只是购得五册，而不是七册。这是需要首先澄清的一点。

二 是梁氏还是叶氏

如前所述，在袁同礼的著录中，梁氏的五册《大典》过两年全都变为叶氏收藏，这又是为什么呢？

笔者认为，这五册其实本就非梁氏所购，而是叶氏所购。也就是说，梁氏根本就未购入和收藏过这五册。关于这一点，下文以被认为是梁氏购买的五册中的卷 13991 一册为例加以说明。

卷 13991 这一册袁氏于 1923 年著录为梁氏收藏，而翟林奈（Lionel Giles）和何大伟（David Helliwell）亦说是梁氏购买的。但是，实际上此册是叶氏于伦敦购得的，其依据如下。

首先，叶恭绰本人明确说，此册是他在伦敦购买的。国家图书馆普通古籍部藏有该册影抄本②，其书衣有叶恭绰墨笔题记："此卷余于民国九年在伦敦所得，后以示袁君同礼、赵君万里，赵君认为吾国传奇戏剧中仅存

---

① 韩涛：《五册的变奏曲》，载《〈永乐大典〉编纂 600 周年国际研讨会论文集》，第 333－342 页。
② 一册，国家图书馆普通古籍部藏。国图将其定为抄本，其实不够准确，应为影抄本。

之作，曾为考证登载于图书馆学杂志，缘是海内知者寖多。兹影钞一册以贻瞿庵先生。瞿庵为曲律专家，当必更有新得以饷我也。十九年四月恭绰。"此影抄本为吴梅（字瞿庵）藏书，书衣上有其藏书印①。可见，此册是叶氏影抄后送给吴梅的，并且在书衣上作了这篇题记。据题记可知，此册是叶氏在民国九年（实为八年，此为误记。参下文）在伦敦购得②。吴梅是当时词曲名家，叶氏应该不会对其撒谎。而且，叶氏还将此册给袁同礼、赵万里看过。袁氏于1925年已将此册收藏者由梁氏改为叶氏，所以，叶氏给袁氏看的时间，当在1925年以前。其时梁启超仍在世，梁氏、袁氏还是同事，袁氏当可一询究竟，而叶氏也不至于公然撒谎。袁氏将收藏者作了更正，应该是确认了其为叶氏收藏。

其次，民国二十年（1931）四月，古今小品书籍印行会据此册排印为《永乐大典戏文三种》出版，叶恭绰曾作题记云："余于民国九年游欧时，一日，在伦敦闲游，入一小古玩肆，惊见此册。又'职'字一册，遂购以归。此标戏文二十七，足征前后所辑戏文尚多，惜均已佚，此仅存本，诚考吾国戏剧者之瑰宝也。"③ 叶氏仍说此册是自己所购。

最后，前述叶氏将此册给赵万里看，赵万里在《记永乐大典内之戏曲》一文中对此有回应："顾天不慭人，独余戏文第二十七一册于英伦书肆，番禺叶恭绰氏携归中土，北平图书馆假以录附，余遂得纵览一过。"④ 戏文第二十七一册，即卷13991（该卷属《大典》三未韵戏字中的戏文第二十七）。可见，赵氏也说该册是叶氏购自伦敦。

由上述可证，此册应该是叶氏从伦敦购入的。

另外，据前引《永乐大典戏文三种》卷首叶恭绰题记可知，叶氏当时在

---

① 吴梅著，王卫民编校《吴梅全集·瞿安日记》（河北教育出版社，2002）卷二第128页记载，1932年3月12日，吴氏整理其所藏书，其中有《永乐大典》戏三种一册。这应是指该影抄本。

② 据《颜惠庆日记》（中国档案出版社，1996）第一卷可知，1919年8月，叶氏在德国见到颜，准备回国。

③ 《永乐大典戏文三种》卷首，古今小品书籍印行会，民国二十年（1931），第1页。

④ 赵万里：《记永乐大典内之戏曲》，《北平北海图书馆月刊》第二卷第三、四期合刊，民国十八年（1929）3、4月，第109页。

伦敦还曾购入《大典》职字一册。所谓职字一册，即《大典》卷20478～20479（属二质韵职字），正好也在前述的五册之中。既然前述五册中有两册我们可以确定是叶氏购自伦敦的，那么，这五册中的其余三册，我们也有理由怀疑其非梁氏所购，而为叶氏所购，理由如下。

其一，这五册原先均著录为梁氏收藏，而后来均一同改为叶氏收藏，这五册的来源应是一样的。否则，梁氏会对1925年袁同礼的改动有意见。

其二，梁氏从未亲口提到其购买和收藏过《大典》原本，而梁氏的著述中也从来没有提到其曾购买和收藏过《大典》原本。而且，除袁同礼及翟林奈（Lionel Giles）、何大伟（David Helliwell）提到过梁启超曾购得《大典》外，并未有其他可靠材料证明梁氏确曾购买并收藏过《大典》。

其三，叶氏对其所购和所藏《大典》，多次亲口提到并见诸文字，为朋旧采信，也为袁氏认可并著录，这些均可证其所言不诬。而且，据《叶遐庵先生年谱》①看，叶氏于民国八年三月八日下午抵英国，十二日晨赴法国，这期间多有其他活动，似乎并无闲暇在伦敦逛书店。不过，其四月又再到伦敦，可能此时才有暇购书。所以，其购得《大典》的时间应在民国八年（1919）夏天。而民国八年冬，叶氏已从欧洲回至中国（起程约在夏末秋初），前述叶氏题记说于民国九年在英购得《大典》，应该是误记了时间。叶氏的题记是1930年和1931年分别写在影抄本和石印本上的，其时距购买《大典》时已过了十年，叶氏记忆稍有误差，应该是可以理解的。但是，其基本事实应不会有误，因为当时很多当事人都在，如叶氏与梁氏的同行者、梁氏家人等，如果是梁氏购买而叶氏造假，应该会有人指出。

既然这五册是叶氏所购，为什么袁同礼及翟林奈（Lionel Giles）、何大伟（David Helliwell）会说是梁启超所购呢？由于他们这一说法的依据均来源于伦敦鲁扎克书店（Luzac & Co.），因此，笔者推测他们的误记有两种可能。其一，鲁扎克书店（Luzac & Co.）有可能是将购书者叶氏误记为梁氏。叶恭绰与梁启超的名字，外国人读起来难以区分，英书商记错人名是有可能的。而且，当时梁氏与叶氏几乎同时在英国活动，而梁氏名气更大，英国报界对其

---

① 遐庵年谱汇稿编印会编《叶遐庵先生年谱》，民国三十五年（1946）铅印本。

活动多有报道，书商误将叶氏作梁氏也是可能的。其二，即便书店所记没有错，而据前引袁同礼《〈永乐大典〉考》所载，梁启超所得五册的消息，是袁氏"闻"诸伦敦鲁扎克书店（Luzac & Co.），因此，或因口音问题，听错了是可能的。袁氏作《〈永乐大典〉考》时仍在英国，也无法核实。而据《梁任公先生年谱长编初稿》①看，袁氏在1925年以前和梁氏没什么接触，估计当时也不好直接通过梁氏查证其所藏。回国后，袁氏作了核实，所以将收藏者改为叶氏。至于何大伟（David Helliwell）的记述，是来源于翟林奈（Lionel Giles），而翟林奈由于书店转述问题或先入为主（即梁启超名气更大，当时也在伦敦活动）的原因，将叶氏误记为梁氏，也是有可能的。而且，如前所述，当时已入藏康奈尔大学的两册《大典》，翟林奈仍归之梁氏购买，则是翟林奈明显的误记②。由此可证，翟林奈对梁氏购买七册《大典》的消息，并没有很好地核实。因此，我们有理由怀疑其所说的其余五册是梁氏所购的可靠性。

综上所述，这五册《大典》应该是叶氏而不是梁氏于1919年夏天购自伦敦的。

三　五册《大典》的下落

叶氏所藏这五册《大典》后来到哪里了呢？下面分别对其作一交代。

（一）卷13494~13495、卷13506~13507、卷20648~20649 三册

这三册后来的著录情况相同，依时间顺序为：

袁同礼《〈永乐大典〉现存卷目表》（1929年2月）：新会叶氏。

袁同礼《〈永乐大典〉现存卷目表》（1932年12月）：未详。

袁同礼《〈永乐大典〉现存卷目表》（1939年7月）：未详③。

---

① 丁文江、赵丰田编，欧阳哲生整理《梁任公先生年谱长编初稿》，中华书局，2010。
② 至于为何会出现这样的误记，目前还无法恰当解释，有可能只是翟理斯（Lionel Giles）简单的推理：这两册原来也是由鲁扎克书店（Luzac & Co.）出售，当时已不在英国，很有可能是被梁氏一起买走了。
③ 以上分别见《袁同礼文集》，第117~136、151~173、174~198页。以下再引这些卷目表，不另出注。

岩井大慧《袁氏永乐大典现存卷目表补正》（1940）：未详①。

陈恩惠编《北京图书馆藏永乐大典卷目表》（1960）：原本②。

岩井大慧《永乐大典现存卷目表（新订）》（1963）：北京图书馆③。

可知，起码到1929年，这三册仍存叶氏之手。但是，到1932年，此三册应该不在叶氏之手，故袁氏著录为"未详"。最迟到1960年，此三册已入藏北京图书馆（国家图书馆）。查国图所藏此三册，发现其首卷首叶右下角均钤有"弢斋藏书记"朱文印记，可知其均曾为近代大收藏家、民国大总统徐世昌旧物④，而徐氏收得此三册可能是在1932年前后。又据《中国国家图书馆馆史资料长编（1909~2009）》载，1950年12月，顾子刚将《永乐大典》3册捐赠北图⑤。而据相关记载可知，顾氏所捐的三册原系北洋军阀徐世昌所有，后从徐家散出，为顾子刚购得⑥。在国图所藏的《大典》中，有徐世昌"弢斋藏书记"藏印的只有此三册，因此，笔者推测顾氏所献的即此三册。综上所述，可得出这三册的递藏情况为：叶恭绰—徐世昌（1932年前后）—顾子刚—国家图书馆（1950年）。

（二）卷13991 一册⑦

关于该册的相关著录如下。

袁同礼《〈永乐大典〉现存卷目》（1925年12月）：叶恭绰，京师图书馆录副。

---

① 〔日〕岩井大慧：《袁氏永乐大典现存卷目表补正》，载《池内博士还历纪念东洋史论丛》，东京座右宝刊行会，昭和十五年（1940），第99~162页。
② 陈恩惠：《北京图书馆藏永乐大典卷目表》（油印本），北京图书馆书目索引组，1960年4月。以下再引此书，不另出注。
③ 〔日〕岩井大慧：《永乐大典现存卷目表（新订）》，载《岩井博士古稀记念典籍论集》，岩井博士古稀记念事业会，昭和三十八年（1963），第1~70页。
④ 徐世昌（1855~1939），字卜五，号菊人，又号弢斋、东海、涛斋、水竹邨人，远祖浙江省鄞县人，落籍直隶天津卫，出生于河南省卫辉府（今河南省卫辉市）。1918~1922年任中华民国大总统。徐世昌国学功底深厚，不但著述等身，而且藏书颇丰。
⑤ 李致忠：《中国国家图书馆馆史资料长编（1909~2009）》，国家图书馆出版社，2009，第417页。原文将"顾子刚"误作"顾颉刚"。
⑥ 张忱石：《国之重宝，重放光华——〈永乐大典〉仿真影印出版前言》，载《永乐大典》首册，北京图书馆出版社2004年仿真影印本。
⑦ 关于该册《大典》流传情况更详细的考证，可参康保成《〈永乐大典戏文三种〉的再发现与海峡两岸学术交流》，《文艺研究》2014年第1期。

袁同礼《〈永乐大典〉现存卷数续目》(1927年8月)：徐世昌①。

袁同礼《〈永乐大典〉现存卷目表》(1929年2月)：天津徐氏。北平图书馆录副。

袁同礼《〈永乐大典〉现存卷目表》(1932年12月)：天津徐氏。

袁同礼《〈永乐大典〉现存卷目表》(1939年7月)：番禺叶氏。北平图书馆录副，马氏影印②。

岩井大慧《袁氏永乐大典现存卷目表补正》(1940年)：天津徐氏。

今堀诚二《永乐大典现存卷目表追补》(1940年)：番禺叶氏③。

以上的著录有些混乱，例如，1927年此册已归了徐世昌，而1939年袁氏又将其著录为叶氏；而且，同是1940年，岩井大慧著录为徐氏，而今堀诚二则著录为叶氏。是否这一册曾在两人间交替收藏呢？据康保成考证，此册曾以徐世昌的名义存放在天津一家银行的保险柜里，徐氏去世后重归叶氏④。这一考证有助于我们理解上述著录的混乱。

以往很多人以为这一册已失传，例如，张忱石《永乐大典史话》附录二《现存〈永乐大典〉卷目表》将该册收藏者著录为"未详"，并且说："原为叶恭绰藏，今不知流落何处。北京图书馆、台湾'中央'图书馆均有仿抄本。"⑤事实上，此册原本目前就藏在台北"国家"图书馆（原"中央"图书馆），前引岩井大慧《永乐大典现存卷目表（新订）》(1963)中即已有准确著录："旧天津徐氏。台北'中央'图书馆。"查台北"国家"图书馆所藏该册可知，其首叶有藏印两方："国立中央图书馆考藏"朱文方

---

① 以上分别见《袁同礼文集》，第108、115页。
② 《袁同礼文集》，第192页。
③ 〔日〕今堀诚二：《永乐大典现存卷目表追补》，载《史学研究》十二卷三号，昭和十五年(1940)，第62-72页。
④ 康保成：《〈永乐大典戏文三种〉的再发现与海峡两岸学术交流》，《文艺研究》2014年第1期。
⑤ 张忱石：《永乐大典史话》，中华书局，1986，第148页。钱南扬：《永乐大典戏文三种校注》"前言"，中华书局，1979，第1页亦云："此书已流出国外，一九二〇年，叶玉甫先生恭绰游欧，从伦敦一小古玩肆中购回来的，一直放在天津某银行保险库中。抗战胜利之后，此书遂不知下落。现在流传的仅几种钞本，及根据钞本的翻印本，可惜见不到原书了。"

印、"管理中英庚款董事会保存文献之章"朱文长方印;再查民国年间南京图书馆编《国立南京图书馆甲库善本书目录》,亦有对该册的著录①。据此可以推知,该册于抗战时期由中央图书馆利用英国退还庚款购入,曾藏南京中央图书馆;中华人民共和国成立前被运到了台湾,入藏台北"中央"图书馆。

(三) 卷20478~20479 一册

关于此册的相关著录如下。

袁同礼《〈永乐大典〉现存卷目》(1925年12月):叶恭绰,京师图书馆录副。

袁同礼《〈永乐大典〉现存卷目表》(1929年2月):番禺叶氏。此册北平图书馆录副。

袁同礼《〈永乐大典〉现存卷目表》(1932年12月):番禺叶氏。此册北平图书馆录副。

袁同礼《〈永乐大典〉现存卷目表》(1939年7月):番禺叶氏。此册北平图书馆录副。

岩井大慧《永乐大典现存卷目表(新订)》(1963年):旧番禺叶氏。台北"中央"图书馆。

此册现藏台北"国家"图书馆。查台北"国家"图书馆所藏该册可知,其首叶有藏印两方:"国立中央图书馆考藏"朱文方印、"管理中英庚款董事会保存文献之章"朱文长方印;再查前引南京图书馆编《国立南京图书馆甲库善本书目录》,亦有对该册的著录。据此亦可推知,该册于抗战时期由中央图书馆利用英国退还庚款购入,曾藏南京中央图书馆;中华人民共和国成立前被运到了台湾,入藏台北"中央"图书馆。

四 余论

叶恭绰所藏的《大典》,除上述五册外,还有卷6700~6701、卷10421~

---

① 南京图书馆编《国立南京图书馆甲库善本书目录》,民国间南京图书馆油印本,现收入国家图书馆出版社古籍影印室辑《明清以来公藏书目汇刊》(国家图书馆出版社,2008)第三十册,第391~392页。

10422两册。因此，这里也顺便对这两册的流传情况作一简介，以便我们对叶氏之收藏《大典》有更全面的了解。

（一）卷6700~6701一册

关于此册的相关著录有：

傅增湘《藏园群书经眼录》卷10"子部四·类书类"曾提到过此册①。

南京图书馆编《国立南京图书馆甲库善本书目录》著录有此册。

岩井大慧《永乐大典现存卷目表（新订)》（1963年）：台北"中央"图书馆。

查台北"国家"图书馆所藏该册可知，其藏印有："国立中央图书馆收藏"朱文长方印、"王氏二十八宿研斋秘笈之印"朱文长方印、"恭绰"朱文方印、"遐庵经眼"白文方印、"玉父"白文长方印。

据上述可知，此册也应该是在抗战期间为中央图书馆收得，然后于中华人民共和国成立前夕被运到了台湾，入藏台北"中央"图书馆。

至于"恭绰"朱文方印、"遐庵经眼"白文方印、"玉父"白文长方印均为叶恭绰的藏印，而"王氏二十八宿研斋秘笈之印"则是王荫嘉的藏印，据此又可知此册曾经叶恭绰和王荫嘉收藏②。中央图书馆应该是从叶氏或王氏之手收得此书的，而至于叶氏与王氏收藏此册孰先孰后，目前还不能确定。

（二）卷10421~10422一册

关于此册的相关著录如下。

袁同礼《近三年来发见之〈永乐大典〉》（1932年2月）：吴兴周氏。

袁同礼《〈永乐大典〉现存卷目表》（1932年12月）：吴兴周氏。

袁同礼《〈永乐大典〉现存卷目表》（1939年7月）：吴兴周氏。

今堀诚二《永乐大典现存卷目表追补》（1940）：吴兴周氏。

---

① 傅增湘：《藏园群书经眼录》，中华书局，2009，第711页。其附注"乙丑"，是指乙丑年（1925）傅氏经眼。

② 王荫嘉（1892~1949），原名大森，号苍虬，浙江秀水人，王祖询之子，王欣夫（大隆）之兄，藏书家，室名二十八宿砚斋。其藏书印有"王氏二十八宿研斋秘笈之印"等。

岩井大慧《永乐大典现存卷目表（新订）》（1963年）：旧吴兴周氏。台北"中央"图书馆。

吴兴周氏，即浙江吴兴藏书家周越然①。查台北"国家"图书馆所藏该册可知，其藏印有："国立中央图书馆收藏"朱文长方印、"王氏二十八宿研斋秘笈之印"朱文长方印、"恭绰"朱文方印、"遐庵经眼"白文方印、"玉父"白文长方印。

以上的藏印与前一册藏印完全一样，因此，其流传轨迹与前一册亦应大致相同：此册先后为叶恭绰和王荫嘉收藏（与前一册的情况相近，两人孰先孰后目前亦不太清楚），然后才流入周越然之手；而后中央图书馆在抗战期间收得此册②，中华人民共和国成立前夕将其运到了台湾，入藏台北"中央"图书馆。

总之，梁启超并未曾从英国购回过五册或七册《永乐大典》，至于袁同礼《〈永乐大典〉考》所提到的梁启超购买和收藏的五册《大典》，其实是叶恭绰于1919年夏天从英国伦敦购回的。除这五册外，叶恭绰还曾收藏有另两册《大典》。这七册《大典》，其中三册现藏中国国家图书馆，四册现藏台北"国家"图书馆（原台北"中央"图书馆）。

第三节　关于嘉业堂收藏的两册《永乐大典》

民国时期，浙江湖州嘉业堂主人刘承幹藏有数十册《永乐大典》，而其

---

① 周越然（1885~1946），浙江吴兴人，字之彦，南社社员，曾任商务印书馆函授学社副社长，兼英文科科长。抗日战争后期曾出任伪职。著有《六十回忆》《书书书》等。其藏书楼名"言言斋"。
② 详细情况可参本书下编一"现存《永乐大典》残本"。昌彼得《永乐大典述略》（载昌彼得《增订蟫庵群书题识》，台湾商务印书馆，1997，第213~219页）说："抗战期中，中央图书馆曾先后购回了八册（《永乐大典》）。"这八册中，除卷10421~10422、卷15897~15898两册外，其余六册均被著录入前引《国立南京图书馆甲库善本书目录》。至于这两册未被该目录著录的原因，应该是其入藏中央图书馆的时间较晚。郑振铎代中央图书馆从周越然之手购入的这两册，后转运去香港，后又为日本劫去，于1946年2月才被追回。因此，其余六册，应是此前购入的，而该目录也是在此之前编的。

中的辽字两册（卷5248～5249、卷5251～5252）于1931年以一千元的价钱卖给了金梁①。关于此事的详细经过，笔者在《再谈嘉业堂藏〈永乐大典〉的下落》一文中有论述②。不过，关于此两册在后来的流传情况，笔者在该文中推测：中华人民共和国成立后，这两册《大典》由金梁献给了北京图书馆，现藏于国家图书馆。这两册《大典》现在确实是藏于国家图书馆善本部，但是，最近笔者在查找《大典》聚散线索时发现，中华人民共和国成立后金梁只献了一册《大典》给国图，显然，金梁所献的不应是这两册。那么，金梁究竟献的是哪一册呢？而这两册《大典》又是如何到了国图的呢？本节主要想谈谈这两个问题。

一　金梁献的是哪一册

关于金梁在中华人民共和国成立后（即1958年）所献的那一册《大典》，在陈恩惠编《北京图书馆藏永乐大典卷目表》中有明确记载："卷2401：原本一册（金梁先生捐赠），影本一册。"也就是说，国家图书馆所藏的卷2401这一册原本，是金梁献的。查国家图书馆善本目录可知，国图确实藏有卷2401这一册的原本。但是，张忱石在《永乐大典史话》附表二《现存〈永乐大典〉卷目表》中将该册收藏者著录为："台湾历史语言研究所。原琅琊王氏藏，北京图书馆另藏金梁捐赠影印本一册。"③显然，张氏所记有误，而且，金梁所献的是原本一册而不是影印本一册。至于张氏错误著录的原因，大概是受岩井大慧《永乐大典现存卷目表（新订）》(1963)的影响，该表著录该册的收藏者为："旧琅琊王氏。台北历史语言

---

① 金梁（1878～1962），满洲正白旗瓜尔佳氏，号息侯，又号小肃，晚号瓜圃老人，杭县（今杭州）人，寄居北京；光绪三十年（1904）进士，历任京师大学堂提调、民政部参议、奉天旗务处总办、奉天政务厅厅长、蒙古副都统等职；中华人民共和国成立后迁居北京，在国家文物部门任顾问等职。著述颇丰，有《盛京故宫书画录》《瓜圃述异》《光宣小记》《四朝佚闻》《清帝外纪》《清史稿补》等。
② 张升：《再谈嘉业堂藏〈永乐大典〉的下落》，《图书馆研究与工作》2005年第3期，第78～79页。
③ 张忱石：《永乐大典史话》，中华书局，1986，第111页。

| 第三章 | 《永乐大典》在近代的流传：国内篇

研究所。"①

那么，金梁所献的卷2401这一册的来源是否与刘承幹有关呢？

关于此册收藏者的相关记载还有：袁同礼《近三年来发见之〈永乐大典〉》（1932年2月）："琅琊王氏"；袁同礼《〈永乐大典〉现存卷目表》（1932年12月）："琅琊王氏"；袁同礼《〈永乐大典〉现存卷目表》（1939年7月）："文安王氏"②；今堀诚二《永乐大典现存卷目表追补》（1940）："文安王氏"③。从上述可看出，这一册在金梁收藏之前应是在文安王氏之手，而琅琊王氏应该就是文安王氏。那么，这位王氏究竟是谁呢？袁氏在表中未言明，而历来谈《大典》收藏的论著均未曾一究此王氏是谁。笔者推测此王氏有可能是指王祖彝。查王祖绎、祖彝兄弟纂修的《文安王氏宗谱》④可知，王祖彝一族出自琅琊王氏，与前面推测的琅琊王氏即文安王氏正相合。该书卷四"世系四"收有祖彝之小传，云："祖彝，铜陵公四子，字念伦，一字俨伦，号天叙，行四，又行十三，宣统三年京师译学馆毕业，奏奖举人，七品小京官，签分民政部，未到部中。民国元年，经铨叙局考验，作高等文官初试及第，分发教育部学习二年，借补普通教育司主事。四年，叙官授中士。六年派赴福建、江西等省视察学务。八年，给予本部四等奖章。十一年给予本部三等一级文杏章。十二年给予八等嘉禾章。十七年，任国立北平图书馆馆员，晋文书组组长。十九年，兼任北平华商电灯公司秘书。历充黎明中学校国文教员，北平市体育专科学校史地等科教员。光绪十五年己丑三月初四日丑时生。"从上述看，王祖彝有可能收藏《大典》。而且，民国十七年（1928）之后，王祖彝任职北图，与袁氏恰为同事，故袁氏对其收藏应了解，并能著录入其"《近三年来发见之〈永乐大典〉》"等表中。

综上所述，卷2401这一册《大典》大概是金梁在20世纪40年代得自

---

① 〔日〕岩井大慧：《永乐大典现存卷目表（新订）》，载《岩井博士古稀记念典籍论集》，岩井博士古稀记念事业会，昭和三十八年（1963），第1-70页。
② 以上分别见国家图书馆编《袁同礼文集》，国家图书馆出版社，2010，第137、154、177页。
③ 〔日〕今堀诚二：《永乐大典现存卷目表追补》，载《史学研究》十二卷三号，昭和十五年（1940），第62-72页。
④ 王祖绎、王祖彝修《文安王氏宗谱》，1936。

文安王氏，与刘承幹没有什么关系。

二 两册辽字《大典》的流传

刘承幹是如何获得《大典》卷 5248～5249、卷 5251～5252 这两册的呢？

据叶昌炽《缘督庐日记抄》载："（1916 年丙辰，七月）廿九日，……益庵携《永乐大典》萧韵辽字两册，一部《辽史》，旁及《契丹国志》，几乎包括在内，为周颂芬介绍求售，索三百元。"① 可知，其时周颂芬有这两册《大典》，托益庵介绍出售。周颂芬，不详其人，叶氏《缘督庐日记抄》中除此条外，只有一条提到此人："（庚子三月）初五日，周颂芬来，未见，带到栩缘书一函、玉泉山石刻五通、武当山石刻十三通。"② 推测周氏是位书商，而且与叶氏来往不多。至于益庵，即孙德谦（1869～1935）。孙氏字受之，一字寿芝，号益庵，晚号隘堪居士，江苏苏州吴县人，历任东吴大学、大夏大学、交通大学、国立政治大学教授，著有《太史公书义法》《汉书艺文志举例》《刘向校雠学纂微》《稷山段氏二妙年谱》《诸子要略》《诸子通考》等。辛亥起义后，孙氏到上海寄寓刘承幹家，为其校书。据其《四益宧骈文稿》下卷"希古楼图记"（辛酉）载："余与翰怡晨夕乐数，八稔于兹。今见翰怡春秋四十矣。"③ 辛酉为 1921 年。刘承幹 1881 年生，到 1921 年即有四十岁。而孙氏约于 1913 年到刘家，至此也正好八年。可见，叶氏日记所载出售《大典》之时（1916），孙氏正寄寓刘家。此后不久，此两册《大典》应该是由刘承幹买下了。1927 年 2 月，袁同礼与刘国钧合作发表《永乐大典现存卷数续目》，收录了吴兴刘氏所藏的这两册《永乐大典》④。此目著录的是袁同礼于 1927 年之前所新发现的《大典》，因此，1927 年之前，刘氏嘉业堂肯定收入了这两册《大典》。

如前所述，1931 年，刘承幹将这两册《大典》以一千元之价卖给了金

---

① 叶昌炽著，王季烈辑《缘督庐日记抄》，上海蟫隐庐，1933，卷 16。
② 叶昌炽著，王季烈辑《缘督庐日记抄》，卷 8。
③ 孙德谦：《四益宧骈文稿》，上海瑞华印务局，1936。
④ 国家图书馆编《袁同礼文集》，第 112 页。

梁，而且货款两清，书已交到金梁之手。据《张元济全集·书信》第一卷第449页，附5"刘承幹致张元济函"载："兹又有恳者：辽宁皇宫博物馆金息侯都护去冬迭次函商，欲得《永乐大典》辽字二册。侄藏弄已久，颇类敝帚之珍，后因不忍拂其拳拳之意，允许出让。当时议定代价壹千元，而都护来书欲先寄书再行交款，并云辽沪汇费太昂，最好托商务印书馆划转等语。侄因从前书去而银不来之事数见不鲜，且该馆系公共性质，不得不慎重出之。辗转思维，惟有将《大典》两册送上，拜恳长者函托沈阳商务书馆妥友送去，将书价随手带转，划至沪馆，以便领取。琐琐渎神，不安之至。……（1931年）五月十一日即三月二十四日。"那么，之后这两册去哪里了呢①？

据金毓黻《静晤室日记》载，1933年，金毓黻曾通过金梁借抄得此两册，并撰有《永乐大典辽字二册题记》。其《题记》云："往岁，闻吴兴刘氏嘉业堂藏《辽字永乐大典》二册，以谓其中必谈及辽东事，乃托金息侯先生展转求得之，凡十三萧韵四卷。所录诸书之次：卷五千二百四十八为……；卷五千二百四十九为……；卷五千二百五十一为……；卷五千二百五十二为……。凡此皆属于耶律氏一代之事，与辽东固无与也。……清代纂修《四库全书》，校勘不清，错讹层出，论者每以为病，不知明修《大典》亦正病此。……一叶之内，指不胜屈。又，不仅《契丹国志》之作《契丹志》（志或作誌），前后不同，为足异耳。《历代帝王纂要谱括》今已不传，《四库全书总目》别史类据大典本，附存其目，称为一卷，不著撰人姓氏，又讥为村塾俗书，简陋殊甚，然藉此本聊窥一斑，亦古籍之仅存者。……余既依原式钞成二册，并为考订如右。癸酉四月金毓黻记。"②

此题记作于癸酉（1933年）四月。从题记看，此两册的归属有两种可能：其一，书属于金梁（息侯），金毓黻只是借来录副一份，因为金毓黻没

---

① 袁同礼《〈永乐大典〉现存卷目表》（1932年12月）将其收藏者仍著录为：吴兴刘氏。这肯定是不对的，有可能是袁氏当时并不知道其已卖给了金梁。参国家图书馆编《袁同礼文集》，第157-158页。
② 金毓黻：《静晤室日记》，辽沈书社，1993，第3033页。金毓黻（1887~1962），字静庵，辽宁辽阳人，现代著名的史学家；著作有《渤海国志长编》《东北通史》《中国史学史》《宋辽金史》等。

有说这两册是自己的，也没有说花了多少钱购买。其二，书是金毓黻托金梁买的，书属金毓黻。但是，既然书是金毓黻自己的，为何金毓黻还要如原式抄录一份呢？而且，为何金毓黻在得到书两年后才如原式抄录并作题记呢？另外，金毓黻的著述（包括日记）从没提到过他曾收藏过这两册《大典》原本。因此，笔者觉得前一种可能性大。岩井大慧《袁氏永乐大典现存卷目表补正》（1940）将这两册的收藏者著录为："辽阳金毓黻。"① 前引岩井大慧《永乐大典现存卷目表（新订）》（1963）亦著录为："旧辽阳金毓黻。北京图书馆。"大概是将金毓黻所藏的录副本误为原本。至于前引张忱石《永乐大典史话》附录二《现存〈永乐大典〉卷目表》亦说这两册曾经金毓黻收藏，则可能是参考了岩井大慧的著录。

此外，袁同礼"永乐大典现存卷目表"（1939）将这两册著录为满铁大连图书馆收藏②，更是不对，因为：首先，若其藏满铁大连图书馆，作为日本学者的岩井大慧应该会更清楚，而不会将其著录为金毓黻收藏；其次，满铁大连图书馆1927~1939年的馆藏目录著录有其新入藏的《大典》，均没有包括此两册③。另外，若其在满铁大连图书馆，那么满铁大连图书馆所藏的《大典》后来都被苏联运走，而且于1954年又返还给中国（除三册外），这些《大典》中均没有包括此两册④。可见，这两册《大典》当时并不在满铁大连图书馆。

事实上，这两册《大典》在金梁之手的时间也并不长，因为到1937年它们已出现在上海市面上了。据《张元济日记》载："（1937年3月1日）李紫东来，云有辽字《大典》二册。余还六百元。索价千元"、"（1937年3月6日）李子东来，出示辽字《永乐大典》二册。余以前还价六百元，今

---

① 〔日〕岩井大慧：《袁氏永乐大典现存卷目表补正》，载《池内博士还历纪念东洋史论丛》，东京座右宝刊行会，昭和十五年（1940），第99~162页。
② 国家图书馆编《袁同礼文集》，第181页。
③ 可参满铁大连图书馆编《大连图书馆和汉图书分类目录》第一编，昭和十二年（1937）2月，补收昭和二年（1927年）4月1日至昭和十一年（1936年）3月31日入藏之图书；〔日〕岩田实编《满铁大连图书馆增加图书分类目录》（昭和十四年度），满铁大连图书馆，昭和十七年（1942），收录昭和十四年度（1939）增加的图书。
④ 可参赵万里《苏联列宁图书馆送还给中国人民的永乐大典》，载《文物参考资料》1956年第2期，第22~24页。

日又增一百元"①。李子东为上海忠厚书庄主人,名锡海,字紫东(又作子东)。李紫东精于鉴别宋、元善本,知识渊博,待人接物热情,藏书家都乐于与他为友。他与张元济早有交往,故会向张元济兜售《大典》。至于有学者认为,张氏曾购得此两册,而且此两册在张手上收藏时间不长,约于"孤岛"初期售予了文献保存同志会②,则未必对,因为从日记看,张元济只是还价,似乎并未真正购得;张元济若购得,一般会有记载(其所购其他各册《大典》均有记载),但是,对于此两册,并未见其有已收得的记载。因此,就目前所见材料看,并没有确凿证据证明张氏已购得此两册。笔者推测,这两册当时并非由张氏购得,而是由陈澄中买入。

陈澄中购得此两册,大约是在20世纪40年代前期。陈澄中(1894~1978),名清华,字澄中,号荀斋,湖南祁阳人,中华人民共和国成立前曾任过中央银行的总稽核,是有名的银行家;喜收藏古籍善本和古碑帖拓本,是中华人民共和国成立前上海著名的大收藏家,曾有"南陈北周(叔弢)"之誉,尤以其藏的海内孤本宋版《荀子》闻名于世,为此书屋取名为"荀斋"。抗战胜利后,陈澄中去香港定居。《祁阳陈澄中旧藏善本古籍图录》著录其所藏《大典》有四册(卷5248~5249、卷5251~5252、卷7213~7214、卷8706),其中就包括了此两册③。此两册首页所钤藏印均一样:"御赐金声玉色"朱文长方印、"刘承幹字贞一号翰怡"朱文方印、"吴兴刘氏嘉业堂藏书印"朱文方印、"祁阳陈澄中藏书记"朱文长方印。前三印为刘承幹的藏印,最后一印是陈澄中的藏印。可见,此两册确实曾入陈澄中之手。

那么,此两册怎么又到了国图呢?

原来,1955年,经周总理批示,北图从香港买回一批陈澄中的藏书,其中就包括上述陈清华所藏的四册《大典》。因此,这两册《大典》自1955

---

① 以上分别见张人凤整理《张元济日记》,河北教育出版社,2001,第1168、1170页。
② 参柳和城《张元济与〈永乐大典〉》,《图书馆杂志》1992年第3期;柳和城:《张元济涉园善本藏书钩沉》,载天一阁博物馆编《天一阁文丛》第六辑,宁波出版社,2008,第213~227页。
③ 中国国家图书馆、上海图书馆、中国嘉德国际拍卖有限公司合编《祁阳陈澄中旧藏善本古籍图录》,上海古籍出版社,2006,第131~132页。

年起就入藏了国图。

综上所述，这两册辽字《大典》在民国以来的流传轨迹大致可以描述为：周颂芬—刘承幹—金梁—陈澄中（清华）—国图。顺便一提的是，前述金毓黻曾录副过这两册《大典》，但不知金毓黻的录副本目前是否仍存世间？

第四章
《永乐大典》在近代的流传：国外篇

第一节 董康与《永乐大典》的流传

《永乐大典》现存仅有四百余册，散藏于全球近十个国家和地区。这些《大典》残本是如何流散到世界各地的呢？就目前我们了解的情况看，绝大多数外国所藏的《大典》残本是外国人从中国盗劫或购买出去的。但是，还有一批《大典》残本是被中国人贩运到外国去销售的，这就是董康于民国初年输出日本的十七册《大典》。这一个案在《大典》流传史中颇为特殊，且具有非常深远的影响，而以往关于《大典》流传史的研究均对此不甚了了。因此，这里主要想谈谈董康输出日本十七册《大典》的经过、流传情况及其影响。

一 董康输出日本十七册《大典》

董康（1867～1947），字授经，自署诵芬室主人，江苏武进人，曾任清刑部主事，民国司法总长、财政总长；1937年后出任华北伪政府最高法院院长等职；抗战胜利后遭逮捕，死于狱中。董康先后多次至日本，与日本学人、书商交往密切。辛亥革命爆发不久，董康即避居日本京都。1912年7月，董康因经济困难，将其部分藏书售予日本大仓氏①。1912年9月，董康

---

① 参李云《北京大学图书馆藏"大仓文库"述略》，《大学图书馆学报》2014年第5期。

返回北京购买了一批《大典》到日本销售，应该与其此次售书获得本金有很大的关系。

1912年9月，王国维在日本京都写信给缪荃孙云："谭笃生忽患霍乱逝去，授公与之尚有交涉未了，拟于二十后赴北京一行（一月有半可返）。"①谭笃生即"老谭"，名锡庆，琉璃厂书商，与董康多有来往，于1912年去世。授公，即董康。"二十后"，应指1912年9月底。因此，董康从日本返回北京应在1912年9月底。

大概于此行的10月，董康在北京购得十七册《大典》。1912年10月31日傅增湘致张元济信云："《永乐大典》已为留下，日内寄申。闻授经新在京购数册，每册至一百廿五元。内中有抄《通鉴》《宋史》及《学》《庸》者，不知何以出如此重价也。"② 王国维"致缪荃孙"（1912年11月9日）云："授经北方行未归。闻以重价购得《大典》十余册，又购他书共数千元，而老谭之款尚无著，渠自谓赔了夫人又折兵者，语或然欤？"③《贺葆真日记》载，民国二年（1913）八月"十九日，……翰文斋又出其佳本书，……又曰：昔曾售《永乐大典》，每册三十五金，董康皆以百金一册售诸日本，价又为之昂。书贾之言姑妄听之"。④ 董康"与缪荃孙书（四）"云："图书馆藏书充斥厂中，殊可骇异。侄购获宋元板数种，……皆外间所不经见者，良由经理人疏于防范之故。又《永乐大典》曩存清秘堂，亦被诸太史盗出，侄以二千一百余元收得十七册，中惟《苏辙年表》《宪台通纪》正续各一卷尚成片段，此外关涉古地志者亦佳。该太史等自挟数册，沿门求售，教育部毫不过问。时至今日，固亦书籍之一厄也。"⑤ 以上关于董康此次所购《大典》数量与价格的说法，应以董康自己所述为准。也就是说，董康当时以二千一百余元收得十七册《大典》，每册平均为120余元。傅增湘说每册125元，也应该是比较准确的。

---

① 房鑫亮主编《王国维全集》第15卷"书信日记·致缪荃孙"，浙江教育出版社、广东教育出版社，2010，第45页。
② 张元济、傅增湘：《张元济傅增湘论书尺牍》，商务印书馆，1983，第29页。
③ 房鑫亮主编《王国维全集》第15卷"书信日记·致缪荃孙"，第46页。
④ 贺葆真著，徐雁平整理《贺葆真日记》第二册，凤凰出版社，2014，第58页。
⑤ 顾廷龙校阅《艺风堂友朋书札》，上海古籍出版社，1981，第443页。

前引王国维信说董康于9月底回北京,"一月有半可返",因此,董康返回日本应在1912年11月。据前引董康"与缪荃孙书(四)"云:"定于后日(即二十日)偕罗君乘邮船营口丸东航。"这里的二十日,即指11月20日。另据董康"与缪荃孙书(二)"云:"连日阅此间新闻,惊悉隆裕皇太后上仙之信。……自抵东以来,凡三月,除《词林》外,复校录《宪台通纪》《秘书志》二书。"① 隆裕太后去世是在1913年2月,而信中说其时回到日本已三个月,亦可证董康在1912年11月已返回日本了。

综上,董康于1912年9月底从日本回到北京,在北京购得《大典》十七册后,于11月底带到日本。

二 董康输出十七册《大典》的流向

董康从北京输出日本的十七册《大典》,后来都到哪里了呢?据内藤湖南《宪台通纪考证》载:"几年前,现在的大理院长董康氏借住京都吉田山时,从北京的书店得到十六七册《永乐大典》,并带到日本,分给了我们京都帝国大学、其他的大图书馆和想要的一些人。"② 尾崎康《日本对〈永乐大典〉的收藏、保护、研究情况》载:"据说董康带来17册。现在已经明确的有卷665、666(京都大学人文科学研究所藏)和卷2737、2738(天理图书馆藏)。内藤湖南曾说:'我与朋友各购一本。'因此,在大阪、京都的学者、实业家的旧藏书中很可能有与之相关的《永乐大典》。"③ 可见,这十七册《大典》有的卖给了图书馆,有的卖给了私人。以下分别加以考述。

1. 田中庆太郎十册

董康"与缪荃孙书(五)"云:"今闻杏公办图书馆,如欲收真正宋元善本,侄亦可割爱,以为将来生活之需。又前在北京购获《永乐大典》十七册,今尚存七册,此为图书馆无上之好标本,元价系一百卅元至一百五

---

① 顾廷龙校阅《艺风堂友朋书札》,第441页。
② 〔日〕内藤虎次郎:《内藤湖南全集》第七卷,日本东京筑摩书店,1970,第535页。内藤湖南,本名虎次郎,字炳卿,号湖南,日本秋田县人,是日本近代中国学的重要学者,日本中国学京都学派创始人之一。
③ 中国国家图书馆编《〈永乐大典〉编纂600周年国际研讨会论文集》,北京图书馆出版社,2003,第316页。

十元不等，拟每册作实价二百元。……以上三事，敬恳吾丈代为绍介是叩。"① 此信还提到其时罗振玉在日本京都的新居刚落成、去岁北京之行、本年三四月间拟回常州等事，而据相关记载可知，罗氏新居落成在1913年1月，因此，此信应作于1913年1月。也就是说，董康从北京回到日本没多长时间，即已售去了《大典》十册。这十册应该就是转让给田中庆太郎的十册。其余的七册，则由董康直接在日本销售，其出售时间都在1913年1月之后。

田中庆太郎（以下称田中）是日本近现代著名的书商，其书店文求堂在中日古籍流通中发挥着重要作用。田中在回忆其搜罗《永乐大典》的"业绩"时说："前面说到的罗叔言（罗振玉）来住京都时，经董授经（董康）中介，我们文求堂买下了十册。当时，各图书馆等单位，也只是作为范本买下一册而已。当时，一册作一百五十日元左右，当然这是写本。"② 据此可以看出，当时董康输入的《大典》，有十册被田中买下了。这十册显然就是上述董康信中提到已售出的那十册，原因如下。其一，数量相符。从目前我们所了解的情况看，董康往日本输出《大典》只有这一次，而且在输出不久后即一次性售出了十册，而文求堂恰恰又买下了董康输入的十册。其二，时间相符。辛亥革命后，罗振玉、董康都从中国移居日本京都。1912年，董康刚从北京搜得十七册《大典》带到日本，而田中买下的这十册正好是在罗、董寓居京都之时。其三，董康与田中是相交颇久之朋友。早在宣统元年（1909），董康就曾为田中在北京排印的《邵亭知见传本书目》作序。因此，这里所说的十册，应该就是董康那十七册之中的，而田中早期出售的《大典》，应该都是源自这十册。

从田中所述看，董康输入《大典》应该是《大典》正式输入日本的开始③。因此，最早（约在1912~1917年之间）入藏《大典》的日本各图书

---

① 顾廷龙校阅《艺风堂友朋书札》，第444-445页。
② 〔日〕田中庆太郎编，〔日〕高田时雄、刘玉才整理《文求堂书目》第十六册附录"汉籍书店的变迁·关于《永乐大典》"，国家图书馆出版社，2015，第461页。
③ 私自偷盗而流出至日本者可能也有，但目前没有可靠材料证实这一点。〔日〕富田升著的《近代日本的中国艺术品流转与鉴赏》（赵秀敏译，上海古籍出版社，2005，第40页）认为，庚子事变期间，日本人将翰林院所藏《大典》偷盗而带回日本的可能性较小。

馆和私人，其所收藏的《大典》有可能均来自董康输入的那十七册。由于《大典》在日本书市中还是新事物（首次输入），且董康输入的《大典》较多（达十七册），售价又较高（150元左右），而董康毕竟对日本的情况不是太了解，因此，其将部分《大典》转让给田中来销售应是可以理解的。当然，董康选择田中也是情理之中的：一方面他们两人本就相熟，另一方面，文求堂是当时日本经营中文图书的最大书店。由于田中也是书商，而且购买较多，因而董康可能只是低价将《大典》转让给田中，每册或较150元要低一些，故田中出售的价格也不是很高，大致是每册160~200元。

那么，转让给田中的这十册《大典》又流向了哪里呢？

（1）日本天理大学图书馆三册（卷2398~2399，卷7303~7304，卷14628~14629）

日本天理大学图书馆所藏的三册《大典》（卷2398~2399，卷7303~7304，卷14628~14629），据富田升《近代日本汉籍的流入》记载，其流传轨迹为：文求堂—富冈谦藏—天理大学图书馆[1]。富冈谦藏（1873~1918），字君撝，日本名画家富冈百炼（铁斋）之子。这三册应该都是富冈谦藏于1918年之前购入的。另外，此三册亦被岩井大慧《袁氏永乐大典现存卷目表补正》（1940）所著录，收藏地均为天理大学图书馆[2]。因此，天理大学图书馆入藏此三册应在1940年之前。

关于田中与上述三册的关系，富田升在书中未作详细交代。不过，《文求堂唐本书目（大正三年六月）》正好收载了其中一册：《永乐大典》卷7303~7304 200元[3]。大正三年为1914年。因此，富冈谦藏收得此册在1914年或稍后。此外，前引内藤湖南《宪台通纪考证》载："后来，东京的文求堂也在北京得到几本（《永乐大典》），由富冈谦藏氏收藏了。"此文发表于1917年，因此，富冈谦藏购买这几本《大典》应该是在1917年之前。

---

[1] 〔日〕富田升：《近代日本汉籍的流入》，载王勇主编《书籍之路与文化交流》，上海辞书出版社，2009，第275页。

[2] 〔日〕岩井大慧：《袁氏永乐大典现存卷目表补正》，载《池内博士还历纪念东洋史论丛》，东京座右宝刊行会，昭和十五年（1940）。

[3] 〔日〕富田升：《近代日本汉籍的流入》，第276页。

目前我们只知道富冈谦藏曾收藏过上述三册《大典》，而且这三册的购买时间都在1918年之前①，因此，从时间和数量上来看，内藤湖南所说的那几本《大典》应该就是上述日本天理大学图书馆所藏的那三册《大典》，而且都购自田中文求堂。

需要注意的是，内藤湖南说这三册《大典》是田中从北京搜得的。其实，这一表述是不够准确的。据前引董康"与缪荃孙书（四）"云："侄以二千一百余元收得十七册，中惟《苏辙年表》《宪台通纪》正续各一卷尚成片段，此外关涉古地志者亦佳。"目前存世的《大典》残本中只有卷2398~2399一册完整地收载了《苏颍滨年表》（即《苏辙年表》），因此，富冈谦藏购买的卷2398~2399一册肯定是董康输入日本的十七册之一。既然此册是经由文求堂售给富冈谦藏的，因此，该册肯定是董康转让给文求堂的十册之一。而且，据内藤湖南的表述看，富冈谦藏购买的那三册《大典》的来源都是一样的，又属于田中早期出售的《大典》（参前述，田中早期出售的《大典》应该均来自董康），因此，这三册《大典》中的另外两册也应该是董康转让给田中的那十册之中。当然，董康的十七册《大典》都是从北京搜求来的，田中对购买的人（如富冈谦藏）不说来自董康而直接说来自北京，也没有太大的问题。

（2）美国国会图书馆一册（卷6831~6832）、下落不明一册（卷18628~18629）

前引《文求堂唐本书目（大正三年六月）》除收有卷7303~7304一册《大典》外，还收有另外两册《大典》：卷6831~6832（售价为160元）、卷18628~18629（售价为200元）。从出售时间和价格看，既然卷7303~7304一册来自董康，那么，另两册也应该来自董康。据此还可以看出，尽管董康的十册《大典》是一次性转让给田中的，但田中却是陆续售出的。

---

① 卷14628~14629一册，罗振玉曾假以影印入《吉石庵丛书》四集（民国年间上虞罗氏影印本）。罗氏在该影印本后作跋云："《永乐大典》上声六暮韵部字门宋《吏部条法》二卷，曰关升门、曰磨勘门共一册，乃辛亥国变由北京流入海东，为吾友富冈君搨购得者。……此书为久佚之秘籍，亟请于君搨，影印以传之，君搨慨然许诺。此书得传，君搨与有功焉。爰附记之。丁巳仲冬上澣上虞罗振玉书于海东寓居之梦鄣草堂。"丁巳，为1917年。可见，富冈谦藏购入此册是在1917年（含）之前。

卷 6831～6832 一册并没有在 1914 年售出，因为 1915 年 4 月的《文求堂唐本目录》还收有这一册：永乐大典卷 6831～6832，十八阳王部，一大本，壹百伍拾圆①。较之上一年，其售价还降了十元。1915 年夏天，施永高从田中之手为美国国会图书馆购入了此一册②。袁同礼《〈永乐大典〉考》（1923 年 11 月）著录此册的收藏地即为：美国国会图书馆。此册现藏美国国会图书馆。

卷 18628～18629 一册，现下落不明。

综上，我们比较明确地考出董康转让给田中那十册《大典》中的五册。余下的五册，可能也都售归了日本图书馆或个人。

2. 山本悌次郎一册（卷 2737～2738）

内藤湖南为山本悌次郎购藏的一册《大典》（卷 2737～2738）题跋云："……然此书至清代尚存，康熙间编《古今图书集成》，颇取材于此，乾隆时编《四库全书》，又因朱竹君奏请抄录此书，多得佚篇，至四百余种。文芸阁太史尝语余云：'庚子变前，翰林所藏尚九百余本，乃未十数年，宣统间由翰林移藏学部，仅有六十余本。'盖其散佚者往往为欧西人运去。近年董授经廷尉获十余本，赍以东渡，余与诸友各购藏一本，山本君所获此本亦其一也，乃系隆庆写本，其原本则全佚久矣。大正三年一月念四，内藤虎书。"③ 大正三年为 1914 年。内藤虎，即内藤湖南。跋中明确提到该册购自董康。

关于该册收藏的相关著录如下：岩井大慧《永乐大典现存卷目表（新订）》（1963）"追记"：古屋幸太郎（原注：旧藏山本悌次郎）④。苏振申《永乐大典聚散考》附表：古屋幸太郎（原注：山本悌次郎旧藏。昭和三九

---

① 〔日〕田中庆太郎编，〔日〕高田时雄、刘玉才整理《文求堂书目》第四册，第 226 页。
② 参本书《美国国会图书馆藏〈永乐大典〉的来源》。施永高（Walter T. Swingle，或译"施永格"），美国农业部植物学专家，民国初年在中国和日本为美国国会图书馆搜购了大量典籍。
③ 〔日〕内藤湖南：《内藤湖南汉诗文集》"永乐大典二千七百三十七、二千七百三十八箱书（大正三年）"，广西师范大学出版社，2009，第 460 页。
④ 〔日〕岩井大慧：《永乐大典现存卷目表（新订）》，载《岩井博士古稀记念典籍论集》，岩井博士古稀记念事业会，昭和三十八年（1963）。

年东京古书展览会拍卖，是否卖出，未详。展览会印有"展观入札"，一九九页有此二卷之照像，背页有内藤湖南题跋①。昭和三十九年为1964年。严绍璗《日藏汉籍善本书录》载："此二卷原系山本悌次郎旧藏，后归古屋幸太郎，终藏天理图书馆。"②富田升《近代日本汉籍的流入》载：董康—山本悌次郎—古屋幸太郎—天理大学图书馆③。富田升《近代日本的中国艺术品流转与鉴赏》载："内藤湖南在此本上有题字，日期是大正三年一月二十四日，铭记这是董授经带入的。这本以后经古屋幸太郎氏，于昭和四十年（1965年）七月被天理大学图书馆收藏了。"④

综上，此册于1912年11月由董康带入日本，为山本悌次郎购得，后又归古屋幸太郎，于1965年7月被天理图书馆购入。

3. 内藤湖南一册（卷 2608~2609）

卷2608~2609一册所收为《宪台通纪》及其续编，是属于董康十七册《大典》中比较重要的一册，所以前引董康"与缪荃孙书（四）"云："饪以二千一百余元收得十七册，中惟《苏辙年表》《宪台通纪》正续各一卷尚成片段，此外关涉古地志者亦佳。"董康曾写有一篇"掌故"，对该册《大典》有介绍："是书（指《宪台通纪》）并续集见《永乐大典》二千六百八之二千六百九卷七皆之六十四册台字韵，……新历癸丑元日十有六日毗陵董康识于洛东之东山寄庐。"⑤癸丑，即1913年。东山寄庐，即董康在日本京都的住所。

该册被内藤湖南购入。据前引内藤湖南《宪台通纪考证》载："我自己也从董康氏那儿分得一本（卷2608~2609）。"⑥另据前引内藤湖南为山本悌次郎所藏《大典》题跋云："近年董授经廷尉获十余本，赍以东渡，余与诸友各购藏一本。"内藤购入的《大典》只有一册，此应即前述的卷2608~2609一册。关于该册收藏的相关著录如下：袁同礼《〈永乐大典〉现存卷数

---

① 苏振申：《永乐大典聚散考》，《"国立中央"图书馆馆刊》（1971）新四卷第二期。
② 严绍璗：《日藏汉籍善本书录》，中华书局，2007，第1049页。
③ 〔日〕富田升：《近代日本汉籍的流入》，第274页。
④ 〔日〕富田升：《近代日本的中国艺术品流转与鉴赏》，赵秀敏译，第42页。
⑤ 载《中国学报》1913年4月第6期。
⑥ 〔日〕富田升：《近代日本的中国艺术品流转与鉴赏》，赵秀敏译，第41页。

续目》(1927年8月)：内藤虎次郎①。岩井大慧《袁氏永乐大典现存卷目表补正》：内藤乾吉（按：内藤乾吉为内藤湖南之子）。岩井大慧《永乐大典现存卷目表（新订）》(1963)：武田长兵卫（原注：此册内藤虎次郎影印，内藤乾吉氏旧藏）。富田升《近代日本汉籍的流入》：董康—内藤湖南—武田长兵卫②。可见，此册于1912年11月由董康带入日本，售给内藤湖南，又传于其子内藤乾吉，后又归武田长兵卫。现藏日本武田科学振兴财团杏雨书屋。

不过，关于此册是董康赠送的还是内藤购买的，有不同记载。前面提到，内藤湖南自己说这一册是购买的。但董康《董康东游日记》载："（1934年1月26日，）余等至小林写真制本所。……内有内藤湖南《恭仁山庄书目》，乃大阪陈列时所制作纪念者。余昔年侨寓东山，与湖南定交杵臼，曾赠以《永乐大典》台字韵一册，为《宪台通纪》之全部，亦在此目。"③卷2608~2609属台字韵，董康所赠即指此册。那么，以何者所述为准呢？董氏为二十年后所记，而且是日记中私记，而内藤湖南为当时所记，且是在为他人作跋时所说，应该以内藤湖南所记为准。

4. 上野精一一册（卷665~666）

卷665~666一册现藏日本京都大学人文科学研究所，该册书后有内藤虎次郎（湖南）所作"永乐大典零本"跋文，后署1913年9月17日。据其跋文可知，该册为上野理一购自董康，而此跋正是为上野理一而作。上野理一（1848~1919），日本丹波筱山（今兵库县筱山市）人，室名竹斋，书画收藏家，曾任朝日新闻社社长，其子为上野精一。上野理一的书画藏品于昭和三十五年（1960）由其子上野精一捐赠给了京都国立博物馆。因此，该册也有可能在这个时候被捐给了京都大学人文科学研究所。

关于该册收藏的相关著录如下：岩井大慧《袁氏永乐大典现存卷目表补正》：上野精一。岩井大慧《永乐大典现存卷目表（新订）》(1963)：京

---

① 袁同礼：《〈永乐大典〉现存卷数续目》，收于国家图书馆编《袁同礼文集》，国家图书馆出版社，2010。
② 〔日〕富田升：《近代日本汉籍的流入》，第274页。
③ 王君南整理《董康东游日记》，河北教育出版社，2000，第287页。

都大学人文科学研究所（原注：上野精一旧藏）。富田升《近代日本汉籍的流入》：董康—上野精———京都大学人文科学研究所①。

综上，上野理一于1913年从董康之手购得此册。1963年之前（约于1960年），此册归京都大学人文科学研究所收藏。

5. 京都大学附属图书馆一册（卷910～912）

前引内藤湖南《宪台通纪考证》提到，当时，京都帝国大学图书馆也购入一册《大典》。这一册应该就是现藏京都大学附属图书馆的卷910～912一册。富田升《近代日本汉籍的流入》将卷910～912一册著录为：董康—京都大学图书馆②。不过，其并没有说明著录的依据。就笔者所掌握的情况看，应该可以推断富田升的著录是正确的：京都大学附属图书馆目前所藏只有两册《大典》残本，即卷910～912、卷12929～12930，其中卷12929～12930一册是谷村一太郎于昭和十七年（1942）捐给京都大学图书馆的③，因此，只有卷910～912一册符合京大早期购入的可能④。

综上，此册董康于1912年将其带到日本，被京都大学图书馆购入，现藏该馆。

6. 东洋文库一册（卷554～556）

卷554～556一册现藏日本东洋文库。据前引傅增湘致张元济信云："《永乐大典》已为留下，日内寄申。闻授经新在京购数册，每册至一百廿五元。内中有抄《通鉴》《宋史》及《学》《庸》者，不知何以出如此重价也。"《学》《庸》，指《大学》《中庸》。现存《大典》中并无较完整地抄《大学》者，只有较完整地抄《中庸》者，包括庸字号卷551～553、卷554～556两册，其中只有卷554～556一册现藏日本。因此，该册应该是董康带到日本的十七册之一。

---

① 〔日〕富田升：《近代日本汉籍的流入》，第274页。
② 〔日〕富田升：《近代日本汉籍的流入》，第274页。
③ 〔日〕富田升：《近代日本的中国艺术品流转与鉴赏》，赵秀敏译，第46页。
④ 袁同礼《〈永乐大典〉现存卷数续目》（1927年8月）著录为："卷901～902，京都府立图书馆。"笔者认为，袁氏可能是将京都大学图书馆藏卷910～912，误记为卷901～902，因为卷910～912一册于此前已入藏京都大学图书馆，但袁表反而没有著录，而且，卷901～902一册却又于1939年至1948年间出现在上海，被北图购入。

关于该册收藏的最早著录如下：据袁同礼《〈永乐大典〉现存卷数续目》（1927年8月）：东洋文库。可见，该册在1927年之前已入藏东洋文库。董康带到日本的十七册《大典》主要是通过自己和文求堂出售的，但是，该册并不在田中售给东洋文库的《大典》之中①，因此，该册应是董康直接售给东洋文库的。

7. 存疑三册

（1）日本国立国会图书馆（上野图书馆）一册（卷 2279～2281）

卷 2279～2281 一册现藏日本国立国会图书馆。据富田升《近代日本汉籍的流入》载该册《大典》的流传线索为：董康？—旧上野图书馆—国立国会图书馆（"大正二年三月二十六日求购"的书印）②。大正二年为 1913 年。上野图书馆，即上野帝国图书馆，是日本国立国会图书馆的前身。也就是说，上野图书馆是在 1913 年购入该册的。如前所述，早期在日本销售的《大典》，基本来自董康的十七册，因此，富田升也认为，从出售时间上看，该册应该是董康的十七册之一③。不过，富田升对此又不敢肯定，故在董康名下打了一个问号。另据相岛宏《国立图书馆藏〈永乐大典〉的保存和利用及日本的研究情况》提及该册是上野图书馆于 1913 年从书店采购的④。当时日本出售《大典》的书店只有文求堂，因此，如果是购于书店的话，应该就是指文求堂（其早期出售的《大典》也来自董康）。但是，购于书店的说法并不一定准确，因为其依据可能即是前引的"大正二年三月二十六日求购"印记，但该印记并未表明是购自书店还是个人。因此，笔者认为，从出售时间上看，该册确实应该是董康带到日本的十七册之一，但究竟是由董康还是文求堂售给上野图书馆的，则不是很清楚。

（2）大阪府立中之岛图书馆一册（卷 8647～8648）

卷 8647～8648 一册现藏大阪府立中之岛图书馆。这一册的情况和上一册类似，富田升《近代日本汉籍的流入》载该册《大典》的流传线索为：

---

① 参本书《田中庆太郎与〈永乐大典〉的流传》。
② 〔日〕富田升：《近代日本汉籍的流入》，第 274 页。
③ 〔日〕富田升：《近代日本的中国艺术品流转与鉴赏》，赵秀敏译，第 42 页。
④ 中国国家图书馆编《〈永乐大典〉编纂 600 周年国际研讨会论文集》，第 324 页。

董康？—大阪府立图书馆（登录日为"大正二年十月二十九日"，标价"二〇〇元"）①。大正二年为1913年。富田升认为，从出售时间和价格上看，该册应该是董康的十七册之一②。不过，富田升对此也不敢肯定，故在董康名下打了一个问号。参照上一册的情况，笔者认为，该册确实应该是董康带到日本的十七册之一，但究竟是由董康还是文求堂售给大阪府立中之岛图书馆的，也不是很清楚。

（3）东洋文库一册（卷6826~6827）

据田仲一成《日本东洋文库收集〈永乐大典〉残本的过程》载，1920年前，东洋文库购入的《大典》中包含有卷6826~6827一册，该册有"云村文库"印记③。"云村文库"印记，是东洋文库顾问和田维四郎（1856~1920，号云村）的印章，因此，该册应该原属于和田氏，后于1920年之前归东洋文库。至于和田收进此册的时间，则应该远早于1920年。如前所述，早期在日本销售的《大典》基本上是董康带去的十七册之中的，因此，此册也很有可能出自董康的那十七册。不过，此册是由董康还是文求堂售给和田的，则不太清楚。

综上，我们可以大致考得董康输出日本的十七册《大典》的具体卷次及流传情况如下。

其一，董康带到日本的十七册中，有十三册我们可以确定其具体卷次。

其二，董康带到日本的十七册中，其中十册转让给田中，七册由董康直接出售。田中出售的那十册，其中可以明确流向的有四册，下落不明有一册，剩下的五册，则可能都售给了日本图书馆或个人。董康直接出售的七册中，可以明确流向的有五册。

其三，董康带到日本的十七册中，可以明确知道其中十二册仍存世（包括其收藏地）；另一册不在已知现存于世的《大典》残本之中，有可能已失传；其余四册，应该在日本现存的《大典》残本之中，其中最有可能

---

① 〔日〕富田升：《近代日本汉籍的流入》，第274页。
② 〔日〕富田升：《近代日本的中国艺术品流转与鉴赏》，赵秀敏译，第42页。
③ 中国国家图书馆编《〈永乐大典〉编纂600周年国际研讨会论文集》，第309页。

包括以下三册：卷2236～2237一册，现藏日本小川广已；卷6826～6827一册，现藏日本东洋文库；卷12929～12930一册，谷村一太郎旧藏，现藏日本京都大学图书馆。

此外，前引董康"与缪荃孙书（五）"载："今闻杏公办图书馆，如欲收真正宋元善本，侄亦可割爱，以为将来生活之需。又前在北京购获《永乐大典》十七册，今尚存七册，此为图书馆无上之好标本，元价系一百卅元至一百五十元不等，拟每册作实价二百元。……以上三事，敬恳吾丈代为绍介是叩。"可知，董康还有意向国内买家（如杏公，即盛宣怀）推销《大典》。不过，当时盛氏应该没有购买，因为并没有发现盛氏收藏《大典》的记录；当时国内购入《大典》较其所标的每册200元便宜①，国内买家不太可能从董康之手回购《大典》；田中在此后还多次从北京搜购《大典》回日本销售，董康与其将《大典》卖回国内，还不如转让给田中。

三 董康输出《大典》的影响

民国初年，董康将十七册《大典》带到日本去贩卖，在《大典》流传史中是非常特殊的个案。这一案例在《大典》流传史中有着深远的影响。

其一，这次输出是目前所知唯一由国人将《大典》带往国外销售的输出。

其二，这是目前所知《大典》最早输入日本的事例。也可以说，最早（约在1912～1917年之间）入藏《大典》的日本各图书馆和私人，其所收藏的《大典》有可能均来自董康输入的那十七册。

其三，除了苏联从大连图书馆运走55册《大典》的那一次之外②，这是目前所知《大典》输出国外数量最大的一笔。

其四，这次输出对《大典》在日本的流传影响非常大。日本现藏《大典》残本共60册，其中十余册来自董康所带来的十七册。也就是说，目前

---

① 可参张升《〈永乐大典〉流传与辑佚研究》，北京师范大学出版社，2010，第96-100页。董氏十七册《大典》是每册平均以120余元购入的，这里却说每册130～150元不等，可能是为了抬高价钱出售。

② 王若：《关于嘉业堂所藏〈永乐大典〉的下落》，载《图书馆工作与研究》2002年第6期。

日本所藏的《大典》残本，有近四分之一是由董康输入的。

其五，这次输出直接启发了日本书商田中对《大典》的搜求。董康输入的十七册中，有十册转让给了田中。在此之后，田中多次到北京搜购《大典》，前后一共购入二十册。可以说，田中文求堂是《大典》输入日本的主渠道，而这一主渠道的开启，即是受董康输入十七册《大典》的影响。

第二节　田中庆太郎与《永乐大典》的流传

田中庆太郎（1880～1951，以下称田中）是日本近现代著名的书商，其书店文求堂在中日古籍流通中起着重要作用。田中在回忆其搜罗《永乐大典》（以下简称《大典》）的"业绩"时曾说："前面说到的罗叔言（罗振玉）来住京都时，经董授经（董康）中介，我们文求堂买下了十册。当时，各图书馆等单位，也只是作为范本买下一册而已。当时，一册作一百五十日元左右，当然这是写本。我到北京去的时候，也不断购买，到地震前后一共买了二十册。其中五六册转卖给了美国国会图书馆。另外，前后三次共卖给东洋文库十五册。东洋文库还有得自莫里逊旧藏的，大约一共收集了近二十几册的《永乐大典》。近年来，不再有藏本陆续出现，因此，它的价值越来越贵起来。今天，一册大概要值五六百日元。《永乐大典》在英、美、法等国也被收藏有数十册。"[①] 可以看出，田中经董康中介得到十册《大典》，而后又自己从北京搜购得二十册《大典》，以上即为田中所经手之全部《大典》（三十册）。那么，这些《大典》具体包括哪些卷次呢？除了流向东洋文库、美国国会图书馆外，还流向了哪里呢？是否仍存于世呢？这里主要想谈谈以上这几个问题。

一　来自董康的十册

根据上一节《董康与〈永乐大典〉的流传》可知，董康输入日本的十

[①]〔日〕田中庆太郎编，〔日〕高田时雄、刘玉才整理《文求堂书目》第十六册附录"汉籍书店的变迁·关于《永乐大典》"，国家图书馆出版社，2015，第461页。

七册《大典》,其中有十册转让给了田中庆太郎。这十册的流向如下:

1. 日本天理大学图书馆三册(卷 2398~2399,卷 7303~7304,卷 14628~14629)

2. 美国国会图书馆一册(卷 6831~6832)、下落不明一册(卷 18628~18629)

3. 存疑三册

(1) 日本国立国会图书馆(上野图书馆)一册(卷 2279~2281)

(2) 大阪府立中之岛图书馆一册(卷 8647~8648)

(3) 东洋文库一册(卷 6826~6827)

综上,我们比较明确地考出董康转让给田中那十册《大典》中的五册。余下的五册,可能也都售归了日本图书馆或个人(其中可能包括上述存疑之三册)。

二 从北京购得的二十册

1. 第一次十一册

据前引田仲一成《日本东洋文库收集〈永乐大典〉残本的过程》载,1920 年前,东洋文库董事石田干之助从东京有名的书商文求堂田中庆太郎处一次性购买了《永乐大典》10 册。这十册包括:卷 19416~19424,4 册,卷 19425~19426,1 册,卷 6826~6827,1 册(该册有"云村文库"印记),卷 5199~5205,4 册。笔者认为,东洋文库确实在 1920 年之前一次性从田中手里购买了十册《大典》,但并不完全是上述的十册,其依据如下。

其一,如前所述,"云村文库"印记,是东洋文库顾问和田维四郎的印章,因此,该册应该原属于和田氏,后于 1920 年之前归东洋文库。至于和田收进此册的时间,则应该远早于 1920 年。

其二,据《文求堂唐本书目(大正七年十一月)》载:"《永乐大典》,现存共十九卷,五千元。"其中包括:卷 5199~5205,4 册;卷 9561,1 册;卷 19416~19426,5 册①。大正七年,为 1918 年。除卷 9561 一册外,其余

---

① 〔日〕富田升:《近代日本汉籍的流入》,第 276 页。

九册与石田干之助所购的九册完全相同。而且,这十册现均为东洋文库收藏。因此,石田干之助所购的十册应该就是《文求堂唐本书目(大正七年十一月)》所载那十册,其购入时间即为1918年。

总之,东洋文库从田中之手购入的十册《大典》为:卷5199~5205,4册;卷9561,1册;卷19416~19426,5册。这十册《大典》是田中于1918年9月从北京购回日本的。关于此事的详细经过在《张元济书札》中有相关记载。

张元济"致傅增湘"(民国七年九月十九日)云:"宝瑞臣同年收得《大典》可以见让,闻之甚喜,如《经世大典》可以联贯,或不联贯而章节各有起讫者,弟愿全得之。其舆图两册如绘画精细者,亦祈并购。但五册悉买,价当稍廉。拟请减作八折,还乞婉商。如可见允,即请代为购定。""致傅增湘"(民国七年九月二十三日)云:"《永乐大典》内《经世大典》未知能购入否?甚盼,甚盼。""致傅增湘"(民国七年九月卅日)云:"瑞臣处《永乐大典》弟颇欲得之,前函已详,并托伯恒转达,务乞玉成。""致傅增湘"(民国七年十月三日)云:"《永乐大典》之《经世大典》三册,地图二册,每册百元,亦可购入。但需原装,倘系改装,则请从缓,已托伯恒转告。弟既整购五百元,尚有郎字韵一册,当然不及百元,可否以半数(即五十元)让归敝处。乞代商。购成即向伯恒处兑款可也。""致傅增湘"(民国七年十月六日)云:"瑞臣处《永乐大典》弟颇欲得之,曾托伯恒代达,不知已定议否?务乞玉成。费神,感谢。""致傅增湘"(民国七年十月十日)云:"《永乐大典》五册,想已如价购入,尚余一册,当然较廉,能以五六十元并得之否。""致傅增湘"(民国七年十月十二日)云:"昨日肃奉一函,方谓《永乐大典》五册必已由尊处代为购到,乃今晨得伯恒信,谓得公电话已经售与田中,书共八册,得价千元云云。《经世大典》在我国已不可见,今竟有三册之多,流入东邦,殊为可惜。故发去一电,文为:宝书八册,请照东价壹竿截留,或酌加百番等语。此电即由伯恒译呈,不知能仗大力挽回否。万一不能,所有《经世大典》三册,如与罗叔蕴所印者(似在《雪堂丛书》之内)不相重复,务乞代恳瑞臣同年允我借影一分,俾不至绝迹于中土。不胜感祷之至。如能借到,其书可即交伯恒代照。至托,至托。""致傅增湘"(民国七年十月十八日)云:"《永乐大典》为田中攘夺而去,至为可惜。弟于十二日尚有一电一信,请加价截留,亦姑作万一之想耳。十九日来书谓已成交,必更无望,但不知借影一层能否办到?田中如在京,尚拟托伯恒与之商榷。公如可为力,并乞从旁赞助之。""致傅增湘"(民国七年十月十八日)云:"前函缮就尚未发,又得本月十五日来书,展诵祗悉,《永乐大典》为美人分去,度即为施永高君,已函商借影,不知能办到否?"①

此外,《张元济日记》中也提及此事:"(1918年11月1日,)金佑之来云,明日即行。……又托问,田中让《永乐大典》中之《经世大典》,每册墨银一百四十元,均可代购。如不允,托借抄。"②

综合上述记载可知:

1918年九月,宝熙所藏五册《大典》要出售③,张元济希望傅增湘能帮忙议价、购买。十月初,张氏又知道还有郎字一册《大典》要出售,也要买。十月十二日,张氏知道一共有八册《大典》被田中购买了;而且,施永高也得到了若干册《大典》,应该是田中转让给他的。田中所得八册共千元,册均价为125元,较张氏所开之价(约百元)要高不少,因此,书归田中也是意料的事。

田中这次在北京购买的《大典》,其实即包括《文求堂唐本书目(大正七年十一月)》所收的十册《大典》,因为:其一,田中在北京搜得图书回日本后,往往会很快发布在其所编的《文求堂书目》中。其二,《文求堂唐本书目(大正七年十一月)》所收的《大典》中,就包括了含《经世大典》的五册,以及含舆图的两册(即卷9561,卷5199),这符合张元济信中描述的田中所购《大典》的内容。还需要注意的是,田中将这次所得十册《大典》带回日本销售,开价为五千元,册均价为五百元,可见利润是相当高的。

---

① 以上各信均收于张树年、张人凤编《张元济书札》(增订本),商务印书馆,1997,第1074-1078页。
② 张人凤整理《张元济日记》,河北教育出版社,2001,第630页。
③ 宝熙(1871~1930),字瑞臣,号沉盦,室名独醒庵。河北宛平(今北京)人,隶属满洲正蓝旗,清朝宗室,官至礼部侍郎、总理禁烟事务大臣等职。

但是，张元济信中提到此次出售的《大典》最多只有八册，为何田中带回日本的有十册呢？这多出来的两册从哪里来的呢？而且，从信中看，此次出售的《大典》还有郎字号一册，但并没有包含在田中带回日本的那十册中，又是怎么回事呢？

笔者推测，张元济信中所提及的册数并不能及时准确地反映当时出现在北京交易市场中的《大典》册数，因为参与交易的《大典》册数一直在变化（张氏信中提及的《大典》就从最初的五册变为最后的八册），而张氏身在上海，只能通过别人的信函来了解，有一定的滞后性与误差。例如，他在上述信中提到含《经世大典》的《大典》有三册，但是，在其另外的信中则提到有四册[①]。至于这次在京实际上出售的册数，起码有十二册：田中带回日本十册，郎字号一册，转让给施永高（其为美国国会图书馆采购）一册（卷19785~19786）[②]。由于张元济信中只提到出售者为宝熙，而且含《经世大典》的五册以及含《太原志》的四册都是卷次相连的，因此，这次出售的十二册《大典》应该都是出自宝熙。

总之，1918年十月初，田中在北京购得十一册《永乐大典》，其中一册（卷19785~19786）转让给施永高，其余十册即《文求堂唐本书目（大正七年十一月）》所载的那十册：卷5199~5205，4册；卷9561，1册；卷19416~19426，5册。随后，田中将此十册售予东洋文库。

2. 第二次一册

田中搜得的《大典》，还有一册曾被越南河内远东学院收藏。据《文求堂唐本目录》（1922年2月）著录：《永乐大典》卷8628~8629，十九庚行部，一本，叁百圆[③]。袁同礼于1929年所作《永乐大典现存卷数表续记》

[①] 张元济"致胡适"（1926年2月14日）云："《永乐大典》，……四五年前京师发现四册，皆'站'字，均采自《永乐大典》者。此为人间未见之书，弟托沉叔追寻，不惜重值，后竟为文求堂夺去，旋即归诸静嘉堂。弟托人抄录，竟不见允。真可惜也！"载《张元济全集》第二卷"书信"，商务印书馆，2007，第538页。张元济这里所记有误，静嘉堂应为东洋文库。

[②] 参本书《美国国会图书馆藏〈永乐大典〉的来源》。

[③] 〔日〕田中庆太郎编，〔日〕高田时雄、刘玉才整理《文求堂书目》第六册，第115页。

将该册的收藏地著录为：河内远东学院①。1930～1931年间，北平图书馆还从河内远东学院得到了该册的胶片②。因此，河内远东学院应该是在1922～1929年从田中手里购入该册的。

不过，岩井大慧《永乐大典现存卷目表（新订）》（1963）将该册收藏地著录为：旧河内远东学院，法国国民文库。法国国民文库，应即为法国国家图书馆。也就是说，该册原藏越南河内远东学院，起码从1963年始即移藏法国国家图书馆。但是，目前笔者并未从法国国家图书馆查到此册，也未查到该册现存何处，因而推断该册目前下落不明。

3. 第三次七册

据朱希祖"致张元济"（1926年9月19日）云："近来京中官绅生计窘迫，不可名状，善本书籍出售甚多，如《永乐大典》之佳者，中有未曾辑出孤本，共有八册，先送至北海图书馆，馆员吝于出资，皆为日本人购去，其他珍本为日本人购去者万余金，《大典》出至三百元一册。"张元济"致朱希祖"（民国十五年九月二十六日）载："《大典》未曾辑出之孤本最为可贵，今已为日人购去，亦只可成事不说矣。"③ 张元济"致傅增湘"（民国十五年九月卅日）载："梦旦出示手书，知在都中得《大典》一册，为未见之书，拟印行，甚善甚善。……京友函告，见《大典》有未辑书凡八册，每册三百元，已为日本人买去，与吾兄所见，其一耶，其二耶？"傅增湘"致张元济"（1926年10月11日）云："《永乐大典》拟在京印行，其书为台字，乃《南台备要》一书，似无刻本。……《永乐大典》见者多已辑之书，贵友当有见耳。"④ 京友，即朱希祖。朱氏所见的八册，其实即傅氏所见者。

据上述可知，1926年北京市面上有八册《大典》出售，而傅增湘得到

---

① 载《国立北平图书馆月刊》，1929年第三卷第四期。
② 李致忠主编《中国国家图书馆馆史资料长编（1909～2009）》，国家图书馆出版社，2009，第169页。
③ 以上分别载朱希祖《朱希祖书信集》，中华书局，2012，第80、82页。
④ 以上分别载张树年、张人凤编《张元济书札》（增订本），第329、1119页。

了其中的一册,即含有《南台备要》的台字韵一册。至于另外的七册,应该都被日本人购入了。这位日本人,应该就是田中。

田中将此七册购回日本后,其中四册很快即售予东洋文库。东洋文库于 1926~1927 年新入藏的《大典》中,以下四册傅增湘于 1926 年曾在北京经眼:卷 7237~7238 一册,卷 10539~10540 一册,卷 10812~10814 一册,卷 13139~13140 一册①。可见,东洋文库购入的即是以上四册。

另外的三册,其中可能包括现藏美国国会图书馆两册:卷 15142、卷 15143。这两册均于 1925 年出现在北京书市(傅氏经眼此两册是在 1925 年②)。据施永高(Walter T. Swingle)"Chinese and Other East Asiatic Books Added to the Library of Congress, 1926–1927"载,本年度(1926 年 7 月 1 日~1927 年 6 月 30 日)国会图书馆获得了两册《大典》,即卷 15142、卷 15143 两册③。从美国国会图书馆获得这两册的时间看,其很有可能是购自田中之手。至于田中购得的七册之中的最后一册,则不太清楚其最终的流向,但应该没有卖给美国国会图书馆。

4. 第四次一册

前述傅增湘于 1926 年在北京购得的台字韵一册(卷 2610~2611,内含《南台备要》),傅氏于 1926 年底将此册影印出版后,即将其出售。该册于 1927 年已入藏东洋文库④,推测是田中从傅增湘之手购入而售归东洋文库的,其出售时间应该较上述四册稍晚,或已在 1927 年初。

综上所述,可以得出以下几点结论。

---

① 参傅增湘:《藏园群书经眼录》,中华书局,1983,第 712–715 页;袁同礼:《〈永乐大典〉现存卷数续目》(1927 年 8 月),载国家图书馆编《袁同礼文集》,国家图书馆出版社,2010。前引田仲一成《日本东洋文库收集〈永乐大典〉残本的过程》推测认为,卷 10812~10814 一册是东洋文库于 1939 年 4 月至 6 月购入的 5 册之一。依据袁同礼于 1927 年已将该册著录为东洋文库收藏的情况看,田仲之推测应该是错误的。
② 傅增湘:《藏园群书经眼录》,第 715–716 页。
③ 载 "Report of the Librarian of Congress for the Fiscal Year Ending June 30, 1927",本节及下一节所采用的英文资料均出自"美国国会文献集数据库"(US Congressional Serial Set,简称 USCSS),https://vpnz.nlc.cn/prx/ooo/http/infoweb.newsbank.com。
④ 袁同礼:《〈永乐大典〉现存卷数续目》(1927 年 8 月),载国家图书馆编《袁同礼文集》。

其一，目前考得田中经手的《大典》一共有三十册①，其中十册来自董康转让，另二十册是其分四次从北京购得的：1918 年购入十一册（其中一册转让给施永高），1922 年购入一册，1926 年购入七册，1927 年购入一册。

其二，这三十册《大典》中，我们可以明确考得具体卷次的有 24 册：卷 2398～2399 一册，卷 2610～2611 一册，卷 5199～5205 四册，卷 6831～6832 一册，7237～7238 一册，卷 7303～7304 一册，卷 8628～8629 一册，卷 9561 一册，卷 10539～10540 一册，卷 10812～10814 一册，卷 13139～13140 一册，卷 14628～14629 一册，卷 15142 一册，卷 15143 一册，卷 18628～18629 一册，卷 19416～19426 五册，卷 19785～19786 一册。此外，还有以下一些卷次可能也是田中经手的：卷 2236～2237 一册，卷 2279～2281 一册，卷 6826～6827 一册，卷 8647～8648 一册，卷 12929～12930 一册。

其三，这三十册《大典》，其中主要流向日本（二十余册），其次流向美国（四册），还有一册流向越南（目前下落不明），另有两册下落不明。

日本（二十余册）：东洋文库十五册（田中自己说分三次共售给东洋文库《永乐大典》十五册，即上文考得的：1918 年十册，1926 年四册，1927 年一册）。日本天理大学图书馆三册。其余有可能包括下面各册：东洋文库一册（卷 6826～6827，和田维四郎旧藏），日本国立国会图书馆（上野图书馆）一册（卷 2279～2281）、大阪府立中之岛图书馆一册（卷 8647～8648），小川广巳一册（卷 2236～2237），京都大学图书馆一册（卷 12929～12930，谷村一太郎旧藏）。

美国（四册）：1915 年夏天施永高为美国国会图书馆购入一册（为董康转让给田中的十册之一），1918 年田中在北京转让给施永高（代美国国会图书馆购入）一册，1926～1927 年间美国国会图书馆从田中之手购入两册。

---

① 当然，田中经手的《大典》也可能不止三十册。孙耀卿《日本书商来京搜书情形》云："日本东京文求堂书店主人田中庆太郎，清光绪末叶，每年必至我国北京，搜罗书画法帖一次或两次。……并经常托文友堂代搜《永乐大典》，每册现银壹佰圆，购去数十册。"载孙殿起辑《琉璃厂小志》，北京古籍出版社，2001，第 371 页。田中从文友堂即购入数十册，但这一记述可能有夸大之嫌。

田中自己说其经手之《大典》有五六册售予了美国国会图书馆,但实际上笔者只考得上述四册。因此,田中所述未必准确①。

越南一册:该册于1929年前入藏越南河内远东学院,可能起码从1963年始移藏法国国家图书馆。但是,该册目前下落不明。

综上,这三十册《大典》中,可考得其收藏地的有二十二册,另有五册可能也在日本,其余三册目前下落不明(其中卷18628~18629一册可能已佚)。日本现藏《大典》残本共六十册,其中有二十余册是经田中之手入藏的。因此,田中庆太郎文求堂是《大典》输入日本的主渠道,对《大典》在世界范围内(尤其是在日本)的流散产生了重要而深远的影响。

第三节 美国国会图书馆藏《永乐大典》的来源

王重民于1950年发表的《美国国会图书馆所藏中国古籍简目》一文载:"国会图书馆藏的极珍贵的写本《永乐大典》四十册,内有三十五册就是参加八国联军的美国丘八所劫掠去的,两册是'小李佳白'赠送的,无疑的,那两册也是李佳白在美国侵略军劫掠北京的时候得到的。"② 以上记述存在两点错误。

其一,美国国会图书馆收藏的《永乐大典》(以下简称《大典》)不是四十册,而是四十一册。王重民统计错误的原因是将卷15142、卷15143两册统计为一册。例如,王重民《记国会图书馆藏〈永乐大典〉》③、王重民《中国善本书提要》"永乐大典"条④均将美国国会图书馆收藏的《大典》统计为四十册,其中也将卷15142、卷15143合为一册统计,而在其下又注明:"右两册,合装一函。"也就是说,卷15142、卷15143其实是两册(一函)。

---

① 参本书《美国国会图书馆藏〈永乐大典〉的来源》。
② 王重民:《冷庐文薮》,上海古籍出版社,1992,第838页。
③ 载"辽海引年集"编纂委员会编《辽海引年集》,北京和记印书馆民国年间出版,第68~69页。
④ 王重民:《中国善本书提要》,上海古籍出版社,1983,第367~371页。

第四章　《永乐大典》在近代的流传：国外篇

其二，八国联军入京之前，翰林院中的《大典》已遭浩劫①，因此，八国联军中的美国士兵不太可能劫掠到《大典》。

既然八国联军中的美国士兵不太可能劫掠到《大典》，那么，美国国会图书馆收藏得这么多册《大典》是如何获得的呢？据李华伟《美国国会图书馆中文馆藏与汉学研究资源》载："1923年在美国国会图书馆中文藏书历史上是重要的一年，因为在这一年的春天购藏29册《永乐大典》。连同先前已经拥有的4册，一共是33册。后来又陆续得到了8册，所以美国国会图书馆总共藏有41册《永乐大典》，公认是中国以外收藏最多的了。"②可知，1923年春天是美国国会图书馆收藏《大典》的关键节点，当时新购入了29册，而在此之前已入藏4册，在此之后又入藏8册。因此，本节即从三个阶段分别谈谈美国国会图书馆收藏的41册《大典》的来源。

一　1923年春天之前：四册③

据前引李华伟《美国国会图书馆中文馆藏与汉学研究资源》可知，1923年春天之前，国会图书馆藏有四册《大典》。关于这四册的具体卷次，施永高有明确的记载：卷6831~6832、卷14131、卷15950~15951、卷19785~19786④。以下分别考定这四册的来源。

1. 卷15950~15951一册

何大伟（David Helliwell）《欧洲图书馆所藏〈永乐大典〉综述》载："在全盛时期，鲁扎克书店（Luzac & Co.）曾经出售过好几册《永乐大典》。……1912年他们的广告中又出现两册：现藏于美国国会图书馆的卷

---

① 杜泽逊：《〈四库〉底本与〈永乐大典〉遭焚探秘》，载《中华读书报》2003年2月26日。
② 载《新世纪图书馆》，2008年第1期。
③ 《蔡子民之美游纪略》载："国会图书馆中国书极多，总数七万册，有《永乐大典》三册，《图书集成》原刻全部，殿版书及府县志尤多。"参志希《美国特约通信（二续）》，《申报》1921年8月14日星期增刊（第九十八期）。也就是说，蔡元培（子民）于1921年6月14日参观美国国会图书馆时，图会图书馆有三册《大典》。这三册，应该没有包括寄存的那一册（卷14131）。
④ 〔美〕施永高（Walter T. Swingle. 或译"施永格"，美国农业部植物学专家）："Orientalia: Acquisitions"，载 Report of the Librarian of Congress for the Fiscal Year Ending June 30, 1923。

15950～15951 及现藏于纽约公共图书馆的卷 15957～15958。"① 另外，袁同礼《〈永乐大典〉考》（1923 年 11 月）著录此册的收藏地为：美国国会图书馆。

可见，此册应该是被某位英国人从中国带到英国，出售给英国的鲁扎克书店，而鲁扎克书店在 1912 年或稍后售给了美国国会图书馆。

2. 卷 14131 一册

据 1916 年美国国会图书馆财政年度（1915.7.1～1916.6.30）报告记载，John Gilbert Reid（小李佳白）从上海将一册《大典》（卷 14131）寄存于国会图书馆②。可见，这一册是小李佳白于 1915 年 7 月至 1916 年 6 月之间寄存于国会图书馆的。

除了这一册之外，小李佳白还寄存了另一册《大典》于国会图书馆（参下文），而这两册《大典》，正如前述王重民所言，均应该是小李佳白父亲李佳白（Gilbert Reid，1857－1927）在庚子事变期间所获得的。李佳白，近代美国在华传教士，尚贤堂及其报刊创办人。1900 年 6 月 21 日，清政府对外宣战，义和团和清军开始围攻使馆，当时李佳白就在被围的使馆区内，而且还在义和团围攻使馆的战斗中腕部受伤。在翰林院被焚期间，使馆中许多人参与了救火及搬运图书，其中有一些《大典》就在这期间被使馆中人私自窃藏了。笔者估计，李佳白所得的那两册就是这样来的。

3. 卷 6831～6832 一册

田中庆太郎（1880～1951。以下称田中）《文求堂唐本书目（大正三年六月）》著录了要出售的三册《大典》：卷 6831～6832（售价为 160 元）、卷 7303～7304（售价为 200 元）、卷 18628～18629（售价为 200 元）③。大正三年为 1914 年。这三册应该都来自董康于 1912 年底带到日本销售的十七

---

① 〔英〕何大伟（David Helliwell）：《欧洲图书馆所藏〈永乐大典〉综述》，许海燕译，《文献》2016 年第 3 期。
② "Report of librarian", p. 213. 载 Report of the Librarian of Congress and Report of the Superintendent of the Library Building and Grounds for the Fiscal Year Ending June 30, 1916。
③ 〔日〕富田升：《近代日本汉籍的流入》，载王勇主编《书籍之路与文化交流》，上海辞书出版社，2009，第 276 页。

册《大典》①。其中卷 6831~6832 后来还出现在 1915 年 4 月的《文求堂唐本目录》中:《永乐大典》卷 6831~6832,十八阳王部,一大本,壹百伍拾圆②。较之上一年,其售价降了十元。袁同礼《〈永乐大典〉考》(1923 年 11 月)著录此册的收藏地为:美国国会图书馆③。因此,美国国会图书馆应该是在 1923 年 11 月之前获得此册的,而田中应该是在 1915 年 4 月之后将此册售给了美国国会图书馆。田中在回忆其搜罗《永乐大典》的"业绩"时曾说:"我到北京去的时候,也不断购买,到地震前(前后)一共买了(大约)二十册。其中五六册转卖给了美国国会图书馆。"④ 这次售给美国国会图书馆的卷 6831~6832,应该就是那"五六册"中的一册。

据 1916 年美国国会图书馆财政年度(1915.7.1~1916.6.30)报告记载,1915 年春天和夏天,施永高在中国和日本为国会图书馆购入了大批书籍,而且,本年度(指 1915.7.1~1916.6.30)国会图书馆获得了两册《大典》⑤。原文没有交代这两册的具体卷次,但据获得的时间来推断,笔者认为这两册《大典》应该包括上述小李佳白寄存的一册,以及卷 6831~6832 这一册。因此,这一册可能是施永高在 1915 年夏天为国会图书馆购入的。

4. 卷 19785~19786 一册

据民国教育部 1919 年颁发的"训令第四百五十三号(民国八年十月十五日)·令京师图书馆"载:"本部现准美国国会图书馆函送影本《永乐大典》一册到部,计卷一万九千七百八十五之一万九千七百八十六共二卷,合行发给该馆妥为庋藏,仰即遵照此令。"⑥ 另据袁同礼《〈永乐大典〉考》(1923 年 11 月)著录此册的收藏地为:美国国会图书馆。可见,美国国会图书馆入藏此册是在 1919 年之前。

---

① 可参本书《董康与〈永乐大典〉的流传》。
② 〔日〕田中庆太郎编,〔日〕高田时雄、刘玉才整理《文求堂书目》第四册,国家图书馆出版社,2015,第 226 页。
③ 载张升编《〈永乐大典〉研究资料辑刊》,北京图书馆出版社,2005。
④ 〔日〕田中庆太郎编,〔日〕高田时雄、刘玉才整理《文求堂书目》第十六册附录《汉籍书店的变迁·关于〈永乐大典〉》,第 461 页。
⑤ "Report of librarian", p. 31. 载 *Report of the Librarian of Congress and Report of the Superintendent of the Library Building and Grounds for the Fiscal Year Ending June 30, 1916*。
⑥ 《教育公报》第 6 卷(1919 年)第 12 期,第 8-9 页。

这一册是从哪里购得的呢？据《张元济书札》记载，1918年在北京曾出现了若干册待售的《大典》，被田中购得，且又分了一部分给当时在中国为美国国会图书馆购书的施永高。其中张元济"致傅增湘"（民国七年十月十八日）云："《永乐大典》为田中攫夺而去，至为可惜。弟于十二日尚有一电一信，请加价截留，亦姑作万一之想耳。十九日来书谓已成交，必更无望，但不知借影一层能否办到？田中如在京，尚拟托伯恒与之商榷。公如可为力，并乞从旁赞助之。""致傅增湘"（民国七年十月十八日）云："前函缮就尚未发，又得本月十五日来书，展诵祇悉，《永乐大典》为美人分去，度即为施永高君，已函商借影，不知能办到否？"① 张信并没有提及施氏获得了多少册，但笔者推断其只获得一册，即卷19785~19786这一册，因为：一方面，1923年春天之前美国国会图书馆收藏的《大典》只有四册，除上述三册外，唯有卷19785~19786这一册可以明确是1923年春天之前入藏的；另一方面，施永高为美国国会图书馆购入《大典》是在1918年，随后将其入藏美国国会图书馆，其入藏时间应该在1919年10月之前。

据前引张元济信中说"《永乐大典》为美人分去"，这一册有可能先为田中所得，然后转让给施永高，故也应该属于田中售给美国国会图书馆那"五六册"中的一册。

二 1923年春天：二十九册

据前引李华伟《美国国会图书馆中文馆藏与汉学研究资源》可知，美国国会图书馆于1923年春天购入29册《永乐大典》。关于此事，施永高于1923年7月13日给张元济的信中有稍为详细的叙述："此间图书馆，除中国、日本以外，允推最大，且其中并有在中国亦难得之书，正如最近在欧洲购得 Yung Lo ta tien 不下二十九本之多，始与国会图书馆已存者汇成全部，除北京学务局 The Bureau of Education 存有此书外，当推此为一巨帙矣。"② Yung Lo ta tien，即《永乐大典》。北京学务局，即北京教育部。可知美国国

---

① 张树年、张人凤编《张元济书札》（增订本），商务印书馆，1997，第1078页。
② 陈正卿、彭晓亮整理《张元济来往书札之三·施永高致张元济函译文（1923年8月18日）》，载上海市档案馆编《上海档案史料研究》第6辑，上海三联书店，2009。

| 第 四 章 |　《永乐大典》在近代的流传：国外篇

会图书馆当时是从欧洲购入了二十九册《大典》，购买时间为1923年春天，而约到该年七月才真正入藏美国国会图书馆。

如前所述，袁同礼《〈永乐大典〉考》（1923年11月）著录了美国国会图书馆所藏的三十三册《大典》，除上述四册外，余下的二十九册即为从欧洲购入的，这二十九册的卷次如下：10934～10935；10949～10950；10998～10999；11000～11001；11076～11077；11951～11952；11953～11955；11956～11957；11958～11959；11960；11980～11981；12013～12014；12015～12016；12017～12018；12043～12044；12071～12072；12148；12269；12270～12271；12272～12274；12275～12276；12306～12308；12399～12400；12428～12429；12506～12507；12960～12962；12963～12965；12966～12968；12969～12971①。

关于这二十九册的具体来源，目前笔者没有掌握更多的材料，谨依据《大典》流散史的相关情况作以下推断。

其一，这二十九册《大典》可分成两大部分，即卷10934～10935至卷11076～11077为一部分，卷11951～11952至卷12969～12971为另一部分。这两大部分之内，要么卷次相连，要么卷次相近。更有意思的是，在现存《大典》残本中，除卷11951～11952至卷12969～12971这一部分中间插有卷12929～12930一册外，这两部分之内的各册均是相连的②。也就是说，这二十九册在当时翰林院中应该是分成两部分分别相连存放的。由此可以推断，当时移出翰林院时，应该是由少数几人将其一并移出的，为这几人私自占有。

其二，从《大典》流散史看，庚子事变之前，《大典》都是零星地流散于外，不太可能被集中地搬出，而只有在庚子事变期间，才有可能被集中地搬出。因此，这批《大典》之流出，应该就是在庚子事变期间被使馆中的几个外国人（应为欧洲人）集中搬出的。

其三，从《大典》流散史看，1923年以前出现在英国的《大典》残本

---

① 前引施永高（Walter T. Swingle）"Orientalia: Acquisitions"一文，也载有这二十九册《大典》的具体卷次。
② 其中有卷次不相连的情况，是因为一些《大典》在此之前就已佚失了。

最多，而且，很多《大典》残本是通过英国鲁扎克书店出售的①，因此，这二十九册《大典》中的大部分也很有可能是美国国会图书馆从英国甚至就是从鲁扎克书店购入的。因此，上述搬出这批《大典》的欧洲人，有可能就是当时在使馆中的英国人。

综上所述，我们可以进一步认识到：首先，清末民初流散在欧洲的《大典》残本确实很多；其次，庚子事变期间翰林院所藏《大典》被焚烧的其实不多。笔者之前曾经指出过这一点，兹又可得一有力佐证。据《檐曝丛纪》云：光绪庚子所失宫庙诸物馆阁图书，据鹿传霖折奏，翰林院失去书籍：《永乐大典》六百零七册，又经史载籍四万六千余册②。可见，庚子事变前翰林院所藏《大典》最多也就六百余册。庚子事变之后，英国使馆送还了三百余册（一说 330 册），其余被盗走的也不少（如前述的 29 册，以及莫理循、李佳白等盗走的零册）③，因此，真正被焚的《大典》并不多。

三 1923 年春天之后：八册

美国国会图书馆总共藏有四十一册《永乐大典》，除了上述的三十三册，剩下的八册就是在 1923 年春天之后入藏的。这八册的卷次为：卷 11618～11619，卷 13344～13345，卷 13589～13590，卷 14055～14056，卷 15142，卷 15143，卷 19742～19743，卷 19792。以下分别考证这八册的来源。

1. 卷 15142、卷 15143 两册

据施永高（Walter T. Swingle）"Chinese and Other East Asiatic Books Addes to the Library of Congress, 1926 - 1927"载，本年度（1926 年 7 月 1 日～1927 年 6 月 30 日）国会图书馆获得了两册《大典》，即卷 15142、卷

---

① 可参〔英〕何大伟（David Helliwell）《欧洲图书馆所藏〈永乐大典〉综述》，许海燕译，《文献》2016 年第 3 期。
② 章乃炜、王霭人编《清宫述闻》，紫禁城出版社，1990，第 516 页。另据缪荃孙《永乐大典考》云："癸巳起复，询之，则剩六百余册。"载张升编《〈永乐大典〉研究资料辑刊》，北京图书馆出版社，2005。
③ 可参张升《〈永乐大典〉流传与辑佚研究》，北京师范大学出版社，2010，第 84 - 111 页。

15143 两册①。

从美国国会图书馆获得这两册的时间看，其很有可能是购自田中之手。1926 年，田中在北京搜得七册《大典》，其中四册被田中售给了东洋文库，另外的三册，其中可能有两册被田中售给了美国国会图书馆，即卷 15142 一册、卷 15143 一册②。这两册均于 1925 年出现在北京，并曾被傅增湘在 1925 年经眼③。

2. 卷 11618~11619 一册

据 1940 年美国国会图书馆财政年度报告（1939 年 7 月 1 日~1940 年 6 月 30 日）载，本年度新获得一册《大典》（卷 11618~11619）④。可见，这一册是在 1939 年至 1940 年之间入藏国会图书馆的，但具体的来源不详。

3. 卷 13344~13345、卷 19742~19743、卷 19792 三册

何大伟（David Helliwell）《欧洲图书馆所藏〈永乐大典〉综述》载："翟理斯所藏《永乐大典》中的卷 19789~19790 入藏大英博物馆图书馆（即今大英图书馆），卷 19742~19743 入藏剑桥大学图书馆。入藏美国国会图书馆的三册分别是卷 13344~13345、卷 19742~19743 及卷 19792。只有卷 13344~13345 的入藏情况记录了从翰林院获得该册的人就是翟理斯的儿子翟兰思（Lancelot），这一过程记录在翟兰思的日记里。""翟兰思在其回忆录里写道：'翰林院几乎被付之一炬。人们试图抢救著名的《永乐大典》，但是大量的卷册已经被毁，只好放弃。我得到了卷 13345（!!），仅仅是作为一个标本而已'"⑤。

据上述可知，卷 13344~13345、卷 19742~19743、卷 19792 这三册原属翟理斯（H. A. Giles），后来被他卖给了美国国会图书馆。其中我们可以明确知道的是，卷 13344~13345 一册是翟理斯（H. A. Giles）之子翟兰思（Lancelot Giles）于庚子事变期间从翰林院中得到的。

另据恒慕义（Hummel）"Division of Orientalia"记载，1934 年底，国会

---

① *Report of the Librarian of Congress for the Fiscal Year Ending June 30, 1927.*
② 参本书《田中庆太郎与〈永乐大典〉的流传》。
③ 傅增湘：《藏园群书经眼录》，中华书局，1983，第 715-716 页。
④ 恒慕义（Hummel）："Division of Orientalia"，载 *Annual Report of the Librarian of Congress for the Fiscal Year Ended June 30, 1940.*
⑤ 入藏剑桥大学图书馆的应为卷 16343~16344，而不是卷 19742~19743。

图书馆获得了另外三册《大典》,这样,国会图书馆共有四十册大典;这新获得的三册为卷 13344～13345、卷 19742～19743、卷 19792,原属翟理斯(H. A. Giles)教授收藏①。可见,美国国会图书馆从翟理斯(H. A. Giles)之手购入此三册的时间是在 1934 年底。

4. 卷 13589～13590 一册

据 1928 年美国国会图书馆财政年度(1927 年 7 月 1 日～1928 年 6 月 30 日)报告记载,本年度新获得一册《大典》(卷 13589～13590);这一册是庚子事变使馆被围期间一位美国传教士在北京的街上捡到的;包括新获得的这一册,至此国会图书馆共藏《大典》三十六册②。因此,这一册应该是美国国会图书馆于 1927 年 7 月至 1928 年 6 月之间从这位传教士之手购入的。

5. 卷 14055～14056 一册

据 1932 年美国国会图书馆财政年度报告(1931 年 7 月 1 日－1932 年 6 月 30 日)载,本年度小李佳白(John Gilbert Reid)将一册《大典》(卷 14055～14056)寄存于国会图书馆,而这一册是他的父亲(Gilbert Reid,李佳白)在庚子事变期间获得的③。报告明确指出该册《大典》是李佳白在庚子事变期间获得的,而这也可以在一定程度上证实前面关于这两册《大典》来源的推测(即均为李佳白在庚子事变期间所得)。

四 结论

综上,美国国会图书馆所藏的四十一册《大典》的来源情况如下:1923 年春天购自欧洲二十九册,1934 年底购自英国翟理斯(H. A. Giles)三册,小李佳白寄存两册,1914～1916 年之间分别购自英国鲁扎克书店、日本田中各一册,1927～1928 年之间购自美国某传教士一册;此外,还有四册的来源不是很明确(其中卷 15142、卷 15143、卷 19785～19786 三册有

---

① *Report of the Librarian of Congress for the Fiscal Year Ending June 30,1936*。这三册是 1934 年底获得的,但在 1935 年美国国会图书馆财政年度(1934.7.1～1935.6.30)报告中没有提到。

② "Division of Chinese Literature",载 *Report of the Librarian of Congress for the Fiscal Year Ending June 30,1928*。

③ 恒慕义(Hummel):"Division of Orientalia",载 *Report of the Librarian of Congress for the Fiscal Year ending June 30,1932*。

可能购自田中，卷 11618~11619 一册来源不详）。

如前所述，田中经手的《大典》有"五六册"流向了美国国会图书馆。在四十一册《大典》中，我们能明确来源于田中的只有一册，除此之外只有四册不明确来源，因此，田中最多也只可能出售五册给美国国会图书馆。如果田中确实出售了五册，则以上不明确来源的四册均来源于田中。但是，前引田中的回忆提到，这些《大典》是在关东大地震（1923）前后出售给美国国会图书馆的，而卷 11618~11619 一册是在 1939~1940 年之间入藏美国国会图书馆的，距离 1923 年比较远，因此，这一册可能不属于田中出售的。也就是说，田中出售给美国国会图书馆很可能只有四册。由于田中经手的《大典》是零散地售给美国国会图书馆的，而且出售的时间跨度也比较大（最早约在 1915 年，最晚约在 1927 年），因而多年之后田中只能大致推测出售之数为五六册，其中有误差是可以理解的。

总之，田中出售给美国国会图书馆的《大典》最多也就五册，而且很有可能只有四册。

通过上面的考述，我们也可以明确认识到，王重民认为美国国会图书馆所藏的三十五册《大典》是美国士兵掠夺去的，这是不对的。当然，王重民写作此文时（1950）已从美国回到国内，无法查核相关材料，而且当时中美关系紧张，若雠仇相对，众恶归之，过甚其词，固亦难免。

顺便一提的是，1956 年美国国会图书馆还有机会购入另外四册《大典》。据程焕文编《裘开明年谱》载，一九五六年三月十日，"美国国务院 Gregory Henderson 致函裘开明，我的妻子正在柏林探望她的母亲，她已经与我的老朋友、加州大学 Ferdinand D. Lessing 教授的女儿 Frau Koerner 博士/夫人取得了联系。Koerner 博士/夫人现在是德国民族学博物馆东亚区（the Ostasiatische Abteilung of Voelkekunde Museum，Berlin-Dahlem）的主管。显然，Koerner 博士有 4 册《永乐大典》想出售。我附上她写的有关《永乐大典》册数的纸条（《永乐大典》卷 4908~4999，卷 1033，卷 903~904，卷 13189~13190）。她说她想要 2000 美元一册。我不知道她是否能减少一点。显然，她已经在向美国国会图书馆兜售这些《永乐大典》。她要我写信给哈佛燕京告诉这个信息，并且等你的询问或答复。我没有对这些书作评价，我没有看过这些书，对其价值也无从判断。我能说的是，Koerner博士值得推荐，她在中国领域非常有实力，她出生和生长在中国，中文很流利。"①4999，应为4909之误。雷兴（Ferdinand D. Lessing, 1882-1961）教授，德国汉学家，长期在北京生活。这四册《大典》有可能是他在中国得到的。据上述可知，1956年，德国雷兴教授的女儿Koerner博士想出售四册《永乐大典》给美国国会图书馆。不过，最终美国国会图书馆并没有购买。这四册《大典》现藏于德国柏林民族学博物馆（Ethnological Museum in Berlin）。

第四节　德国汉堡大学所藏两册《永乐大典》的流传

《永乐大典》中的卷975～976、卷10483～10484两册，自民国时期袁同礼《〈永乐大典〉考》（1923年11月）首先著录为德国汉堡大学收藏开始②，一直到现在，各种《大典》存目统计表、目录均沿袭这一说法。例如，岩井大慧《永乐大典现存卷目表（新订）》（1963），张忱石《永乐大典史话》附录二"现存《永乐大典》卷目表"，张升《〈永乐大典〉流传与辑佚研究》附录一"《永乐大典》现存卷目表"③，等等，均将此两册著录为德国汉堡大学收藏。但是，笔者最近通过多方检索后发现，这两册《大典》并没有收藏在德国汉堡大学图书馆，而是收藏在台湾"国家"图书馆④。而且，再查相关资料可知，这两册《大典》是在1965年与北平图

---

① 程焕文编《裘开明年谱》，广西师范大学出版社，2008，第637页。
② 袁同礼：《永乐大典考》，载国家图书馆编《袁同礼文集》，国家图书馆出版社，2010，第93～101页。
③ 参〔日〕岩井大慧《永乐大典现存卷目表（新订）》，载《岩井博士古稀记念典籍论集》，岩井博士古稀记念事业会，昭和三十八年（1963），第1～70页；张忱石：《永乐大典史话》，中华书局，1986，第101～164页；张升：《〈永乐大典〉流传与辑佚研究》，北京师范大学出版社，2010，第239～254页。
④ 卷975～976、卷10483～10484两册，台湾"国家"图书馆馆藏目录查询系统均著录为：明嘉靖隆庆间（1522～1572）内府重写本，本馆前代管北平图书馆藏书，已移置故宫博物院。参见：http://192.83.186.63/F/L78KH41F8SXA8XVHPBTDIIETBTSC3VJENG643V5APKTSH38G9－09814?func=find－b－0。

书馆在抗战时期移藏美国国会图书馆的那批善本书一起,被运回台湾的。那么,这两册原藏在德国汉堡大学图书馆的《大典》,怎么会和北平图书馆移藏美国国会图书馆的善本混在了一起呢?而且,我们都知道,民国时北图移藏美国国会图书馆的《大典》只有六十册,但是,1965年运回台湾的时候,却多出了两册,即六十二册。那么,多出的这两册显然就应该是上述汉堡大学所藏的那两册。令人感到非常奇怪的是,尽管学界都非常清楚北图移藏图会图书馆的《大典》是六十册,但是,目前并没有任何学者(包括台湾方面)解释过为什么送回来的时候又多了两册①。因此,本节即是试图考证清楚此两册《大典》的递藏经过,讲述它们背后的流传故事。

一 多出的是哪两册

1937年"八一三"事变以后,上海沦陷,不久欧战爆发,国内外局势进一步恶化,北图存放在上海租界仓库的珍贵图籍面临危机。代理馆长袁同礼和上海办事处钱存训通过驻美使馆与美国联系,决定将存沪善本再作挑选,而后运往美国寄存。袁同礼负责移运事项,徐森玉、王重民负责挑选,共选取善本近三千种,二万余册,其中有《永乐大典》六十册。这些善本分装102箱,分批由商轮运出,于民国三十年(1941)十月全数运抵美国,由美国国会图书馆代为保管②。1949年,袁同礼赴美后,此批书由其负责管理③,直至其1965年去世。

在袁氏去世后,考虑到此批书无人掌管,台湾方面与美国协商,希望能将此批书运回台湾。1965年,这批善本转运到台湾,归台湾"中央"图

---

① 昌彼得《关于北平图书馆寄存美国的善本书》(载昌彼得《版本目录学论丛(二)》,台湾学海出版社,1977,第211~227页)对北平图书馆在民国时移藏美国国会图书馆的善本书的数量问题提了很多质疑,但是,却对多出的两册《大典》没有作任何解释。
② 陈红彦:《国家图书馆藏〈永乐大典〉述略》,载中国国家图书馆编《〈永乐大典〉编纂600周年国际研讨会论文集》,北京图书馆出版社,2003,第256-263页。
③ 据王重民《冷庐文薮》(上海古籍出版社,1992)"附录一·王重民教授生平及学术活动编年"(刘修业撰)记载,袁氏赴美,是为了接洽运回此批寄存善本书事。

书馆（现台湾"国家"图书馆）收藏（代管）。由于当时台湾"中央"图书馆新馆未建成，而台北故宫博物院新建大楼有善本书库，故将此批书寄存于台湾故宫书库内，保藏迄今。

这批书共102箱，于1965年11月运抵台湾后，有关部门开箱查验，发现与原来初装箱目录比较稍有不符，其中有目无书者11种，有书无目者57种。钱存训推测其原因是：原定一百箱，后来增加了二箱，或临时抽换，而目录未作改正，忙中有错，亦属可能①。

这批书入藏台湾"中央"图书馆后，该馆于1967年编成《"国立中央"图书馆善本书目》，即将此批书收入其中。钱存训等学者对此表示异议，认为这批书所有权仍属原北平图书馆，因此，1969年昌彼得另编《"国立中央"图书馆"典藏"国立北平图书馆善本书目》一册，单独著录此批书籍，并附入胶卷编号及书名、著者索引。

民国时北平图书馆移藏美国国会图书馆的《大典》共有六十册，这是从很多方面可以证实的。例如：其一，一些当事人都提到是六十册，如袁同礼、王重民、钱存训等。其二，一些后来的研究著述也都提到是六十册，如苏振申《永乐大典聚散考》载，据岩井大慧的记载，当时运美之书是六十册，一百一十一卷②；陈红彦《国家图书馆藏〈永乐大典〉述略》载，运美的六十册，包括三十五册当年教育部拨交的，另二十五册是平馆购的③。据国图史料，善本甲库的书都南运了，所有《大典》均应南运，后来运美的六十册，是从所藏《大典》中由王重民等挑选出来的。其三，更为重要的是，这批书在运美后不久，即被摄制成了胶片。据钱存训《北平图书馆善本书籍运美经过·附记迁台经过》载："这批书运到美国国会图书馆后，即由当时在该馆工作的王重民（有三）先生负责编目、撰写提要，并送交缩微部摄制胶卷，历时五年，方始竣事。"④可知，摄制胶片之事由王

---

① 钱存训：《中美书缘》，台北文华图书馆管理资讯公司，1998，第74页。昌彼得认为其出错的原因比较复杂。参前引昌彼得《关于北平图书馆寄存美国的善本书》，第211~227页。
② 载《"国立中央"图书馆馆刊》（1971）新四卷第二期。
③ 载中国国家图书馆编《〈永乐大典〉编纂600周年国际研讨会论文集》，第256~263页。
④ 钱存训：《中美书缘》，第73页。

| 第 四 章 |　《永乐大典》在近代的流传：国外篇

重民主持①。中国国家图书馆藏有此套胶片。该套胶片显示，当时这批书中的《大典》就只有六十册。另据陈恩惠编《北京图书馆藏〈永乐大典〉卷目表》载："以上《永乐大典》存七百十二卷，计原本二百十五册（内六十册寄存美国会图书馆，馆藏有显微胶卷），抄本五十三册，影本二百四十册，共五百零八册。"② 该书将当时北图所有的《大典》均收入，包括原本（指嘉靖抄本）、抄本（指传抄本）、影本（指摄影本）、存美（指上述国会图书馆所摄之胶卷）四部分。笔者依据其著录"存美"部分统计出，共六十册《大典》，亦可证当时运美的《大典》确实只有六十册。

如前所述，此批存美的北图善本书在运回台湾后，进行过严格的清点，并被著录入台湾"中央"图书馆所编的《"国立中央"图书馆善本书目》中③。查《"国立中央"图书馆善本书目》可知，台湾"中央"图书馆藏《大典》共七十册，一百四十卷，其中八册十五卷为原藏④，另六十二册为从美国国会图书馆运回的，即《"国立中央"图书馆善本书目》所著录的《永乐大典》中尾注"北平"者。台湾学者苏振申曾亲往台北故宫书库对存美运回的此批《大典》做过调查，确认其共有六十二册，一百二十五卷⑤。

---

① 据王重民《冷庐文薮》"附录一·王重民教授生平及学术活动编年"（刘修业撰）记载：此批书是于1941年运到美国的，随后，王重民负责摄制此批书的胶片及撰写提要。王重民是在1947年回国的，因此，此批胶卷应是在1947年之前拍摄完成的。

② 陈恩惠编《北京图书馆藏〈永乐大典〉卷目表》（油印本），北京图书馆书目索引组，1960年4月。

③ 台湾"中央"图书馆编《"国立中央"图书馆善本书目》，台湾"中央"图书馆，1967。台湾"中央"图书馆编《"国立中央"图书馆善本书目》（增订二版）第二册（台湾"中央"图书馆，1986），与前目著录的情况完全相同。

④ 这八册是1949年中华人民共和国成立前夕从南京中央图书馆运到台湾的。据昌彼得《永乐大典述略》（载昌彼得《增订蟫庵群书题识》，台湾商务印书馆，1997，第213-219页）说："抗战期中，中央图书馆曾先后收购了八册（《永乐大典》）。"台湾"中央"图书馆编《"国立中央"图书馆善本书目》（中华丛书委员会，1958）"甲编卷三·子部类书类"收《永乐大典》八册：卷485~486，卷3579~3581，卷6700~6701，卷10421~10422，卷13991，卷15897~15898，卷20478~20479，卷20572（实际上是卷20372）。这八册就是上述台湾"中央"图书馆原藏的八册。

⑤ 苏振申《永乐大典聚散考》，《"国立中央"图书馆馆刊》1971年6月新4卷第2期。在该文中，苏氏还对《"国立中央"图书馆善本书目》（增订本）中的著录错误作了改正：卷2800~2801，应为卷2810~2811；卷19637~19638，应为卷19636~19637；卷20221~20222，应为卷20121~20122。但是，遗憾的是苏氏没有进一步研究为何较原来多出了两册。

也就是说，从美运回的《大典》，较之运出时多了两册。那么，多出的是哪两册呢？

前引《"国立中央"图书馆善本书目》有自美运回的六十二册的具体卷目，而国图所藏的胶片和陈恩惠编《北京图书馆藏〈永乐大典〉卷目表》均有运出美国的六十册的具体卷目，两者相较，即可知道多出的那两册为卷975~976与卷10483~10484。而这两册，就是本节开头提到的原藏德国汉堡大学图书馆的那两册。

综上所述，北图运美的《大典》共六十册，但运回台湾时却多了两册，而多的这两册就是原藏汉堡大学的那两册。那么，这两册《大典》怎么会从德国汉堡大学到了美国国会图书馆，而且和寄存在美国会图书馆的六十册《大典》汇聚在一起的呢？

二 从德国汉堡大学到美国国会图书馆

英国学者何大伟（David Helliwell）在《欧洲图书馆所藏〈永乐大典〉综述》一文中曾经提到过这两册《大典》的流传线索："汉堡大学（Hamburg University）曾经拥有两册《永乐大典》，但是这两册后来被傅吾康（Wolfgang Franke）用来与中国交换其他图书。"在随后注释中，他进一步解释说："20世纪初叶，福兰阁（Otto Franke）至少获得了两册《永乐大典》，卷975~976和卷10483~10484，这两册他捐给了汉堡大学。1951年，他的儿子傅吾康从中国回到汉堡（自1935年起，他就在中国求学），后来他用这两册《永乐大典》去同中国交换其他图书。这两册《永乐大典》的下落现在是个谜：他们不在福克斯（Fuchs）的书目中，这说明1966年之前他们就被还给中国了；但是在张忱石的书目中，他们还在汉堡，因此这两册书的下落可谓扑朔迷离——因为他们出现在中华书局1960年的影印版中。"①

据此可知，这两册《大典》大概在1966年之前由Wolfgang Franke通过

---

① 〔英〕何大伟（David Helliwell）：《欧洲图书馆所藏〈永乐大典〉综述》，许海燕译，《文献》2016年第3期。

| 第四章 | 《永乐大典》在近代的流传：国外篇

书籍交换的方式送回了中国，而张忱石《永乐大典史话》附录二"现存《永乐大典》卷目表"仍将其著录为汉堡大学收藏是不对的。

Wolfgang Franke，即傅吾康。傅吾康（1912~2007）是德国著名的汉学家和二战后汉堡学派的主要代表人物，汉堡大学中国语言文化系名誉教授。其父亲为 Otto Franke（即奥托·福兰阁，中文名傅兰克，1863~1946），也是德国汉学家①。傅吾康（Wolfgang Franke）在 *Im Banne Chinas Autobiographie eines Sinologen*（1950–1998）中对《大典》交换一事有更详细的记载：

> 早在1937年日本占领北京之前，雅各教授就与前北京国立图书馆馆长袁同礼博士达成互换协议。据此，袁博士可以获得两册《永乐大典》，而这两册是我父亲在第一次世界大战之前为研究所征集到的。因此，研究所得到了当时在中国印刷的多部大型著作汇编之书。这些书抵达了汉堡，可北京此时已被日本占领，袁博士也已经不再在那里了。因此，应他们的明确要求，在另行通知之前，这两册《永乐大典》要留存在汉堡。战争结束之后，袁博士请求雅各教授把那两册《永乐大典》寄到华盛顿国会图书馆，以便他可以在那里统计在战争期间从北京国立图书馆转移出来的珍本和手稿藏书。然后，我完成了雅各教授委托的任务，确认那两册《永乐大典》已收到了。在袁博士死后，那些藏书当然没有重回北京，而是到了台湾。这是他生前永远不可能想到的事。②

雅各教授，即颜复礼（Fritz Jäger, 1886–1957）教授，德国汉学家。

---

① 福兰阁于1888年来华，为使馆翻译学生。1890年以后在中国各埠德领事馆任翻译和领事。1895~1896年任使馆代理翻译。1901~1907年转任中国驻柏林使馆参赞。1907~1922年任汉堡大学汉文教授，后转任柏林大学汉文教授。一生著述甚丰，文章和著作达200多种，书评100多篇。主要有《中国历史》（五卷）、《关于中国文化与历史讲演和论文集》等。
② Wolfgang Franke, *Im Banne Chinas Autobiographie eines Sinologen 1950–1998*, Dortmund: Projekt Verlag, c1999, p.15. 此段德文的翻译，得到邹震博士的帮助，在此谨致谢忱。该书现有中译本：《为中国着迷——一位汉学家的自传》，欧阳甦译，社会科学文献出版社，2013。

研究所，即指汉堡大学汉学研究中心。当时颜复礼正负责管理汉堡大学所藏的汉文图书。从上引傅吾康记载可知：袁同礼是与颜复礼达成图书交换协议的。袁氏（应该是代表北图）可以得到原藏汉堡大学的那两册《大典》，而汉堡大学可以得到多部当时印刷的中国大型著作（具体是哪些书，不太清楚）。这些重印的大书随后被送到德国，但是，因为日本侵略中国，那两册《大典》无法送到袁氏之手。因此，袁氏要求德国方面等其另行通知后再送到合适的地方。第二次世界大战结束后，袁氏请求将那两册《大典》送到美国国会图书馆，以便与寄存在那里的六十册《大典》汇合。于是，颜复礼托傅吾康代办此事，而傅吾康将那两册《大典》寄出，并确认袁氏已收到了。令袁同礼生前没有料到的是，那两册《大典》会回到台湾，而不是北京。

以上记载已经非常清楚地说明了这两册《大典》是如何与寄存美国国会图书馆的那六十册《大典》汇聚在一起，然后回到台湾的了。不过，其中还有一些细节问题需要在此解释清楚。

其一，为什么要在二战后将此两册《大典》寄往美国国会图书馆呢？自1937年日本全面侵华战争爆发后，袁同礼随北图辗转各地，颇不安宁，故无法获得之前约定的两册《大典》①。1949年，袁氏赴美后，负责管理移藏美国国会图书馆的北图善本书。因此，这时他才要求将那两册《大典》寄到美国国会图书馆，以便与那批北图善本书相汇合。

其二，傅吾康大概是在什么时候将此两册《大典》寄给袁氏的呢？颜复礼是于1957去世的，因此，可以肯定的是《大典》应该是在1957年之前寄出的②。另外，傅吾康是于1950年从中国回德国的，因此，颜复礼托傅吾康寄《大典》，应该是在1950年傅吾康回国之后。综上所述，寄《大典》时间大概是在1950~1957年之间。

---

① 1939年，袁同礼《〈永乐大典〉现存卷目表》还将它们著录为汉堡大学收藏。参国家图书馆编《袁同礼文集》，第174–198页。
② 据傅吾康（Wolfgang Franke），*Im Banne Chinas Autobiographie eines Sinologen 1950–1998*, p.65 所载，傅吾康在1957~1958年到过美国，并见到了袁同礼。但傅氏在记述此事时并没有提到《大典》，应该也可以说明《大典》是在此之前寄给袁氏的。

三 从中国到德国

最后，需要再谈谈这两册《大典》是如何到德国的。

前引傅吾康著作谈到"这两册（《大典》）是我父亲在第一次世界大战之前为研究所征集到的"，也就是说，这两册《大典》应该是奥托·福兰阁在第一次世界大战前为汉堡大学征集到的。那么，福兰阁是如何征集到这两册《大典》的呢？就笔者目前所了解的情况看，其基本的线索大致是这样的。

1912年，商衍鎏受德国汉学家福兰阁之邀，前往汉堡大学任教①。他积极参与汉堡大学中国语言文化系及汉学研究中心的筹建工作。汉堡大学董事会拨款2万马克，由商衍鎏与福兰阁采购中文图书，并以商衍鎏的名义向中国国内定购。他首选了《古今图书集成》及《永乐大典》等一批明清古籍，为汉堡大学图书馆的中文馆藏打下了坚实的基础。

福兰阁在"Zwei wichtige literarische erwerbungen des Seminars für sprache und kultur Chinas zu Hamburg"一文中谈到当时《大典》的收藏时说："本文作者拥有一册，现在中国语言和文化研究所征集到了两册，这就是历史上著名的所有古文献当中最大的文献的结局。"②该文写于1914年。由于汉堡大学曾经拥有的《大典》就只有两册，因此，1912年商衍鎏与福兰阁为汉堡大学采购《大典》，以及傅吾康所提到的福兰阁在第一次世界大战前为汉堡大学征集到两册《大典》，所指的应该是同一件事③。如此说来，汉堡

---

① 商衍鎏（1875~1963），著名文字学家商承祚之父，字藻亭，号又章、冕臣，晚号康乐老人，广东番禺人，1875年生；著名学者、书法家。1894年甲午科举人。1904年为清朝最后一次科举考试，商衍鎏得殿试第一甲第三名，成为清末科探花。在清朝任翰林院编修、国史馆编修、实录馆总校、文渊阁校理等职。民国时任国民政府财政部秘书、江西省财政特派员等职。新中国成立后，他历任江苏省文史研究馆馆长、中国文史研究馆副馆长、广东省政协常委、广东省文史研究馆副馆长等职。
② 参 Otto Franke, *Aus Kultur und Geschichte Chinas*: *Vorträge und abhandlungen aus den Jahren 1902 – 1942*, Deutschland – Institut, 1945, pp. 91 – 108. 此篇德文的翻译，得到孙立新教授的帮助，在此谨致谢忱。
③ 所谓征集，也可以指购买。傅吾康说到《大典》征集（购买）只提其父亲而不提商衍鎏，应该是有偏颇的。

大学购得这两册《大典》（卷975~976、卷10483~10484）应是在1912~1914年之间。

前引何大伟《欧洲图书馆所藏〈永乐大典〉综述》记载："20世纪初叶，福兰阁（Otto Franke）至少获得了两册《永乐大典》，卷975~976和卷10483~10484，这两册他捐给了汉堡大学。"其意思是指：这两册《大典》是福兰阁为自己购买的（属于他自己），然后送给了汉堡大学。显然，这一说法并不符合事实，因为这两册《大典》原来就是福兰阁为汉堡大学征集（购买）的，并不属于福兰阁。

不过，正如前引福兰阁文章所说的，他自己确实曾拥有一册《大典》，而且，他在该文中还提到了其所收藏的该册《大典》的卷目："例如，包括我所拥有的这一册，它包含了卷7078~7080。"可见，《大典》卷7078~7080一册确实曾属于福兰阁，而且应该是在1914年之前购买的。至于该册《大典》的下落，前引何大伟《欧洲图书馆所藏〈永乐大典〉综述》有相关的记载，傅吾康在20世纪80年代将该册《大典》（卷7078~7080）卖给了德国柏林国家图书馆。也就是说，这册《大典》现收藏于德国柏林国家图书馆。张忱石《永乐大典史话》附录二"现存《永乐大典》卷目表"把该册的收藏地著录为"科隆基莫"，不知其依据是什么。这一著录影响很大，此后国内相关书目（包括笔者所编的）关于该册《大典》收藏地都著录为"科隆基莫"，显然，这样著录是不对的[①]。

综上所述，汉堡大学曾经收藏的两册《大典》（卷975~976、卷10483~10484）的流传情况是这样的：它们是在1912~1914年之间，由商衍鎏与福兰阁为汉堡大学从中国购买来的。1937年7月（日本占领北京）前，袁同礼与颜复礼达成图书交换协议，汉堡大学拟将它们送归北图。但是，因第二次世界大战的影响，它们大约在1950~1957年之间才被寄到袁同礼之手，得以与抗战时期移藏美国国会图书馆的北图善本书汇聚在一起。1965年，它们与那批善本书一起被运回了台湾，归台湾"国家"图书馆代管，现藏

---

① "基莫"，不清楚是指地名还是什么。有的目录则在此基础上擅自发挥，将收藏地著录为：德国科隆基莫图书馆或德国科隆大学图书馆。

台北故宫博物院。

通过以上的考察，笔者还有三点感想。

其一，自民国以来，不少国内外学者致力于《永乐大典》残本的搜求，并不断编成各种现存《大典》卷目表。这些卷目表自然成为我们考察《大典》现存情况最常用的、最权威的检索工具，而且，越是最新的卷目表越为我们所采信。但是，由于《大典》散藏于世界各地，要一一检核以往那些卷目表的著录是否准确是非常困难的，因而，卷目表中的一些错误著录就有可能一直被沿袭下来而不为我们所察觉，从而造成非常不好的影响[①]。例如，上述两册《大典》（卷975~976、卷10483~10484）在1957年前已移藏美国国会图书馆，自1965年后又移藏台北故宫博物馆，直至今天，但是，长期以来，我们（包括笔者）一直把这两册《大典》的收藏地著录为汉堡大学，以至于我们在统计世界各地《大典》收藏数时，也将其归于德国或德国汉堡大学。对于这种错误，我们今后要一一加以纠正。

其二，作为我国现代著名的图书馆学家，袁同礼先生在《永乐大典》调查与研究方面做出过许多杰出的贡献，例如，他不但在全世界范围内普查《大典》的下落，编成多种"现存卷目表"，而且想方设法为北平图书馆收集《大典》。关于后者，以往关注的人并不多。事实上，在袁先生任北平北海图书馆副馆长（1926~1929）和北平图书馆副馆长、代馆长（1929~1940）期间，北图收进过不少《大典》，其中多有袁先生之功劳。本节所揭示的《大典》交换事件，也反映了袁先生为北图收集《大典》所做出的一大贡献。为何这样说呢？首先，通过图书交换来收集流散在世界各地的《大典》，应该是一种颇有创意的方法。而且，袁先生当时用新印的大型古籍来交换，应该是比较实惠的，因为《大典》一书在当时已为国内外藏家珍视，得来不易。其次，若是都能通过图书交换的方式得到《大典》，那北图应该可以换回比较多的《大典》。但是，就笔者所知，当时只做成这一单交换，说明交换《大典》并不是一件容易的事。因此，促成此事的，应该

[①] 笔者近年一直在搜集并核实世界各地现存《大典》的情况，已发现以往相关著录存在不少错误。

也有袁先生个人的关系。据相关材料可知,当时袁先生与颜复礼、福兰阁私交均不错,而且,与中德学会的关系也很密切(当时中德学会就是借北图地方来办公的),这些应该都是促成此次交换的有利因素。最后,《大典》交换的协议是在1937年7月前签订的,但是,时移世易,后来几乎没有人知道此事了。到20世纪50年代,袁先生完全可以不管此事,或者在获得这两册《大典》之后据为己有。但是,袁先生始终如一地做北图书籍的忠诚守护者,在条件许可之后,他即要求汉堡大学方面寄还《大典》,并迅速将其与北图善本书汇合在一起[①]。因此,这两册《大典》历经艰辛,在数十年后终回祖国怀抱(现在收藏于台湾),袁先生应该是立下了大功劳。当然,此事的玉成,亦端赖德国学者如颜复礼、傅吾康的不懈努力。可以说,两国学者至诚至真,不背初盟,共同谱写出此段《大典》流传之佳话。

其三,傅吾康在记述此事时,在最后发出了一点感慨:"在袁博士死后,那些藏书当然没有重回北京,而是到了台湾。这是他生前永远不可能想到的事。"(参前引傅吾康文)袁先生应该是一直希望这批北图善本书能回到北京(亦即北平图书馆)的。面对如今原北平图书馆所藏《大典》分隔两地的现实,笔者也只能以深深的慨叹来结束本节对《大典》流传的追述:那批现在藏于台北故宫博物馆的原北图善本书(包括六十二册《永乐大典》),何时能够实现真正的回归与重聚呢?

[①] 考虑到当时的国际大环境,以及西德与中国的关系,这两册《大典》应该不太可能直接送回到北京图书馆。

第五章
《永乐大典》与《四库全书》

第一节 陆锡熊与《四库全书》编修

陆锡熊（1734～1792），字健男，号耳山，上海人，乾隆二十六年（1761）进士，曾任刑部郎中、翰林院侍读、左副都御史等官；四库馆开馆，与纪昀同司总纂；后因《四库全书》错误被罚赴奉天（沈阳）文溯阁校书，旋卒。四库馆总纂官共有纪昀、陆锡熊、孙士毅三人，其中以纪昀与陆锡熊贡献最大，而纪、陆之中又以纪氏功最高、影响最大，故人们一提《四库》，则首提纪昀，以致陆氏之光芒多被纪昀所遮盖。有感于此，司马朝军曾作文鸣不平："当时纪、陆并驾齐驱，陆锡熊之于《四库全书》与《四库全书总目》均为举足轻重之功臣。"① 不过，司马先生所利用的材料还很有限（主要是陆氏《宝奎堂集》、《于文襄手札》以及一些提要稿），仍未足以昭示陆氏在馆中之贡献。因此，本节拟利用新发现的陆氏文集，并与《于文襄手札》《四库》档案材料相参证，进一步揭示陆氏与《四库》编修之关系。

一 陆氏有关《四库》之新文献

在传世的陆氏诗文集中，较常见的是其《宝奎堂集》与《篁村集》。两

---

① 司马朝军：《陆锡熊对四库学的贡献》，《图书·情报·知识》2005年第12期。此外，还可参司马朝军《〈四库全书总目〉编纂考》，武汉大学出版社，2005，第78～100页。目前关于陆锡熊与《四库》关系的研究成果，主要就是这些。

书曾于嘉庆、道光年间被两度刊刻，后又被收入《续修四库全书》（第1451册）及《清代诗文集汇编》（第383册）中，因此比较容易获读，并广为研究《四库》者所利用。至于陆氏诗文集稿本《宝奎堂余集》（以下简称《余集》），以及实为陆氏文集而以往一直被误作陆费墀稿本的《颐斋文集》，亦多载前述两书未收而与《四库》有关之文献，且未被学者利用过，因此，这些文献均为陆氏有关《四库》之新文献。

1.《宝奎堂余集》

南京图书馆藏陆锡熊著《宝奎堂余集》两册：一册为不分卷，清抄本；另一册为一卷，稿本。笔者查对原书发现，此两册均为红格抄本，抄书字体一致，版式同，实为同一版本，均应视为稿本。前一册书衣题"宝奎堂余集上"，后一册书衣题"宝奎堂余集下"，所收文章并无重复之处，显然是一书之前后两册。至于为何会将前一册误认为清抄本，大概是因为前一册书衣上有刘之泗题记："此书徐紫珊旧藏，下册书衣题字□亦出先生手书，兹重摹补上册之首，癸亥亥五偶检群书识此。贵池刘之泗。"可知，此册书衣题名是刘氏仿下册书衣徐氏的题字而写的。将此册定为清抄本，也许是因为编目者误以为此册是刘氏后来重抄的。

此稿本先经上海徐渭仁收藏（两册正文首页均钤有"曾为徐紫珊所藏"篆书朱文长印）①，后为刘世珩所得（上册正文内钤有"葱石所藏书印"）②，传至其子之泗（书中有其藏印"畏斋藏书"、"公鲁校读"及题跋）③。之泗为李详弟子，曾请李氏考此书之作者，故上册书前有李详题记，考证出此书为陆锡熊所著④。

《宝奎堂余集》所收之文（共92篇）与《宝奎堂集》所收之文（共

---

① 徐渭仁，上海人，清代著名藏书家、金石学家、书画家，字文台，号紫珊。他重视地方文献，收藏有陆锡熊书稿多种（如《宝奎堂集》、《于文襄手札》，以及下文提到的《篁村余集》、《颐斋文稿》）。
② 刘世珩（1874~1926），安徽贵池人，光绪二十年（1894）举人，字聚卿，又字葱石，号楚庵，别号楚园，清末著名藏书家。
③ 刘之泗（1900~1937），安徽贵池人，刘世珩子，字公鲁，号畏斋，民国藏书家。
④ 李氏题记又载《李审言文集》（江苏古籍出版社，1989）上册第488页，文字与此稍有出入。

102篇）相较，其中有29篇题目相同（其中6篇题目虽同，但内容不一样或不完全一样），而且，这29篇中大多数在《余集》的篇名前钤有"存"字朱记，意思应该是指拟选其入刊本。由此可知，《余集》应为编刻《宝奎堂集》之稿本。不过，《余集》中虽有一些文章被收入《宝奎堂集》，但是，《宝奎堂集》中所收仍有相当大一部分未见于《余集》，因此，《余集》只是《宝奎堂集》备选稿本之一部分①。

《宝奎堂余集》所收而不入《宝奎堂集》的文章中，与《四库》关系密切的有"为军机大臣议覆安徽学政朱筠采访遗书条奏""恭拟文澜（渊）阁官制条例""谨拟日下旧闻考凡例""谨拟历代职官表凡例"四篇，可以作为我们考证陆氏与《四库》关系的重要新材料。

2.《颐斋文集》

《颐斋文集》，现藏中国国家图书馆善本部，抄本，两册，原题陆费墀著②。其实，此书为陆锡熊著，应题为稿本《宝奎堂集》③。兹考证如下。

其一，集中"桐荫（漫塘文）集题辞（序）"、"谢授翰林院侍读恩札子"两处均载作者自称"锡熊"④，而全书没有任何一处提到作者即陆费氏。

其二，从全书内容看，其所涉作者籍贯、仕履、交游等多与陆锡熊吻合，而与陆费氏不符。

其三，集中数篇文章篇名下注"石埭少作"，而据陆氏《篁村集》及王昶《春融堂集》所收"左副都御史陆君墓志铭"可知，陆氏祖父瀛龄曾官

---

① 当然，也有可能是：《余集》是初次所选剩下的文稿，后来，又从《余集》中选了一些入《宝奎堂集》。但是，从下文《颐斋文集》所收文章看，其中有一些既未入《宝奎堂集》，也未见于《余集》，故应该还有其他的备选文稿。至于《宝奎堂余集》书名中的"余集"之称，应是后来收藏者自拟的。其实，《余集》是编刻正集前备选之稿本，其中有一些诗文与正集同（即选入正集），并非均是汰余之什，故不应视之为"余集"，而应视为稿本《宝奎堂集》。

② 陆费墀（？~1790），复姓陆费，名墀，字丹叔，号颐斋，浙江桐乡人；乾隆三十一年进士，授编修。四库馆开，任总校官兼提调。乾隆五十二年，因已抄成的《四库全书》舛谬丛生，陆费墀被罚出资赔文澜等三阁《四库全书》的面页、木匣、装订、刻字等原料并制作费。

③ 张升《四库全书馆研究》（北京师范大学出版社，2012）第74页即有此误。北京大学历史系博士苗润博君亦曾发现及此，并蒙见告，交换意见，谨此致谢！

④ 李详亦曾举此一证据以证明《宝奎堂余集》为陆锡熊所著。参前引李氏题记。

安徽石埭县教谕，陆氏少年时随其祖父读书石埭，故有此注之由来。陆费氏与石埭则并无关系。

其四，最为重要的是，通过《颐斋文集》与《宝奎堂集》、《余集》比对可知，其所收文章与《余集》相重者占绝大多数，而与《宝奎堂集》相重者亦有二十余篇，毫无疑问，《颐斋文集》即陆氏所著。

那么，《颐斋文集》与《宝奎堂集》、《余集》是什么关系呢？

《颐斋文集》书内有一些改动（包括文字、格式方面），而这些改动在刻本《宝奎堂集》中基本得到体现，这说明刻本是据此本编刊的。例如，《颐斋文集》中的"琰"字，均有墨笔标明"御名应改"（或改为只留左边王字，或改用他字），刻本均照此改正。这说明编刻该集时肯定是在嘉庆（名颙琰）时或之后。但是，《余集》则没有这些改动，且与《颐斋文集》改动前的文字完全相同。而且《颐斋文集》收文81篇，其中与《宝奎堂集》题目相同的有27篇（除6篇题目同而内容不同或不完全相同外，其余21篇内容完全相同），而《宝奎堂余集》收文92篇，其中与《宝奎堂集》题目相同的有29篇（除6篇题目同而内容不同或不完全相同外，其余23篇内容完全相同）。就《宝奎堂余集》所收文章而言，《颐斋文集》不收的，《宝奎堂集》一般也不收。因此，《颐斋文集》应更接近于刻本，它们之间的关系大致应该是：《宝奎堂余集》—《颐斋文集》—《宝奎堂集》。但是，我们还要注意到，《颐斋文集》所收有两篇文章①未见于《余集》，而《余集》所收也有两篇文章②未见于《颐斋文集》而见于《宝奎堂集》，既然《颐斋文集》是《余集》之后的备选稿本，怎么会出现这种情况呢？笔者推测，正如前述《余集》并非包括陆氏所有文稿的稿本一样，存世的《颐斋文集》也并非全本，而只是稿本的一部分，而这一点，从《宝奎堂集》所收之文章仍有很多在《颐斋文集》之外亦可明显看出。

《宝奎堂集》与《篁村集》最初是在嘉庆年间由陆锡熊之长子庆循刻的，道光年间再由陆锡熊之孙成沅重刻。庆循在初刻时，对陆氏之遗稿作

---

① 即"初拟校阅永乐大典条例"与"初拟办理四库全书条例"。
② 即"乔松老人传"与"沈太守砥亭六十寿序"。

过较多编辑工作（《颐斋文集》之改动在此版中已有相应体现），而成沅重刻时则只是据初刊本校对后付梓，故《颐斋文集》（实即《宝奎堂集》稿本，但为避免与传世之《宝奎堂集》相混，故下文仍沿用此称）上之修改应是庆循初刻时所作的。

《颐斋文集》正文首页有印"曾为徐紫珊所藏"，可知其曾为徐渭仁收藏。后此书辗转为国图收入。徐氏亦曾收得陆氏之《宝奎堂余集》与《篁村余集》，故其对《颐斋文集》之作者应是清楚的。因此，《颐斋文集》作者之著录错误，应该是国图收入时弄错了。

《颐斋文集》除收有前述《宝奎堂余集》中与《四库》有关的那四篇文章外，还收有《初拟校阅永乐大典条例》《初拟办理四库全书条例》这两篇更为重要的、与《四库》相关的文章，因此，下文谈陆氏有关《四库》之新文献，即据《颐斋文集》所收的此六篇文章。

二 《四库》新文献解读

以下据《颐斋文集》的收录顺序，详细分析此六篇文章之写作背景或主要内容（为省篇幅，均不迻录全文）。

1. "为军机大臣议覆安徽学政朱筠采访遗书条奏"

乾隆三十七年十一月二十五日，安徽学政朱筠奏陈购访遗书及校核《永乐大典》意见，乾隆批示让大臣议奏。乾隆三十八年二月初六日，大学士刘统勋等奏议覆朱筠所陈采访遗书意见[①]。可见，陆氏此稿是在此期间所拟。其时，于敏中为军机大臣、协办大学士，当亦列名此奏，而且，于敏中与陆氏关系非常密切（参下文），因此，此稿有可能是陆氏替于氏所拟，而以刘统勋、于敏中等军机大臣之名义上奏。

将此稿与《纂修四库全书档案》所收该奏折相较，除极个别文字有差异外，其余完全相同，可见定稿完全采纳了陆氏之拟稿。正是此奏，真正推动了四库馆的开启，故其价值极为重要，亦可视为陆氏对四库开馆之重

---

① 张书才主编《纂修四库全书档案》，上海古籍出版社，1997，第54页，"大学士刘统勋等奏议覆朱筠所陈采访遗书意见折"（乾隆三十八年二月初六日）。

要贡献。至于后来在编修《四库》过程中于氏一直对陆氏多所倚重，让其代拟《大典》《四库》等办理条例，此稿应是开了一个好头。

2.《初拟校阅永乐大典条例》

四库开馆缘于从《大典》中辑佚书。在商议辑佚之初，后来的正总裁刘统勋对辑书并不太赞同，但于敏中则极力支持，因此，四库开馆之初的各项条例（包括本条例），应该是多由于氏主持制订的。而且，据前述推断，本条例应是于氏授意陆氏起草的。

至于"初拟校阅永乐大典条例"的写作时间，据"谕内阁《永乐大典》体例未协着添派王际华裘曰修为总裁官详定条例分晰校核"（乾隆三十八年二月十一日）载："……至儒书之外，阑入释典、道经，于古柱下史专掌藏书、守先待后之义，尤为凿枘不合。朕意从来四库书目，以经史子集为纲领，裒辑分储，实古今不易之法。是书（按：指《大典》）既遗编渊海，若准此以采撷所登，用广石渠金匮之藏，较为有益。……仍将应定条例，即行详议，缮折具奏。钦此。"① 乾隆此时要求详定条例，可见，条例是据此谕之要求而作的。又据"初拟校阅永乐大典条例"载："一、原书分韵隶事，颠倒乖离，毫无义例，今钦奉谕旨，以经史子集四部为纲领，用定排校法程，寔属不易之准则"，"至凡释典道书，俱钦遵圣训，毋庸再加采录。"这些内容正符合乾隆谕旨之意。可见，初拟条例之撰写，应是在乾隆三十八年二月十一日之后。随后，陆氏拟定的条例经由大学士等议定为十三条，于二月二十一日呈进御览，即"大学士刘统勋等奏议定校核《永乐大典》条例并请拨房添员等事折"（乾隆三十八年二月二十一日）所说的："臣等恪遵谕旨，将应行条例，公同悉心逐一酌议，谨拟定十三条，另缮清单进呈，恭请训示。"② 因此，"初拟校阅永乐大典条例"的写作是在乾隆三十八年二月十一日至二十日之间。

《初拟校阅永乐大典条例》共收条例六条。由于上述的"十三条条例"已不存，其与陆氏所拟有何异同，难以详究，因此，我们只能通过对比陆

---

① 张书才主编《纂修四库全书档案》，第57页。
② 张书才主编《纂修四库全书档案》，第60页。

氏所拟条例与《四库》修书之实际情况，来分析其中哪些被采纳，哪些未被采纳：第一条主要谈如何开列《永乐大典》征引书书单。这条基本被采用。第二条主要谈对上述引书单所收之书分类处理。这条基本被采用。第三条主要谈大典本书目应按《文献通考·经籍考》之分类排列。这条未被采用。第四、五、六条分别谈经部、史部、子部书的辑佚标准。这三条均被采用。综上所述，可以看出：

其一，此拟稿有残缺。原稿在第六条之后，应该还会谈到集部书之辑佚标准等，但是，此拟稿没有，应该是佚失了这部分。而且，前述定稿的条例有十三条之多，故此拟稿应远不止六条之数。

其二，条例完全遵循乾隆的谕旨来拟稿，其中如关于《大典》的评价、四部分类、佛典与道经不收录，均如此。将《大典》引书名摘出，写明大意，编成目录，也是乾隆谕旨之意①。

其三，尽管此六条拟稿所论略嫌空泛，但是，其主要意思应该基本被总裁酌定的十三条所吸收，并在四库馆《大典》辑佚过程中得到应用。例如，条例指出：从《大典》中签出的书要先汇编成书目（分类），进呈御览，经乾隆允准后，才能真正开始抄出佚书佚文。四库馆办理大典本的程序就是如此，而《永乐大典书籍散篇目》一卷、《永乐大典书目（残本）》、《永乐大典纂出书目》应该就是汇辑上述应辑之书的书目②。又如，纂修官签佚书的标准是什么呢？也就是说，当时纂修官是凭什么标准来确定哪些书是自己要签出的佚书呢？从此拟稿看，佛经、道经不辑，通行之书不辑，医卜、杂说等书适当择取，就是当时的标准，而且从《四库》大典本看，基本遵循了这些标准，因此，开馆之初，纂修官确实是遵循一定的标准来辑佚的，而以往我们一直认为纂修官在签书时有较大的随机性，进而大加指责馆臣有些书该辑而未辑，有些书不该辑而辑了，显然是不对的。

总之，此拟稿史料价值很高，是我们探讨四库馆辑佚原则的重要依据。

3.《初拟办理四库全书条例》

如前所述，此条例稿也应该是陆氏替于敏中拟的。从条例所述内容看，

---

① 张书才主编《纂修四库全书档案》，第57~58页。
② 参张升《四库全书馆研究》，第69~98页。

其应该是开馆初期（但不是刚开馆时）所拟的。

此条例稿共收 40 条条例。兹将其与《四库》修书之实际情况相比对，总结如下。

其一，条例数量多，涉及《四库》书之选取标准、分类、顺序以及序文的处理等，针对性很强，对修书有指导意义。但是，以上条例并没有涉及四库馆人员的安排、分工、运作程序（如校书、复检、查书、取阅）、奖惩等等这些开馆修书所应有的工作条例，因此，除此条例之外，四库馆还有其他相应的条例。

其二，以上条例基本被采用的（包括完全采用的，基本或大部分采用的）有 24 条，部分被采用的有 6 条，未被采用的有 10 条，可知其中大部分被采用，据此我们可以看出陆氏对《四库》编修之贡献及影响。而且，这些条例在很大程度上反映了四库馆初期对《四库》及《总目》之构想，可以为研究四库馆初期的办书情况提供重要参考。

其三，这些条例只是拟稿，当然有很多不完善的地方，如将《修文殿御览》视为存世之书，对一些分类的认识也不准确，条例之间的逻辑关系不是很清楚（没有按四部顺序来列举）。这也是这些条例后来有的并未被采用的原因之一。另外，尽管这些条例主要是谈书目、分类等，但是，将其与《四库总目》"凡例"相较，"凡例"对其吸收绝少。因此，"凡例"有可能是他人（可能是纪昀）而不是陆氏所拟。

其四，从条例可看出，四库馆重考据、扬汉抑宋，并不仅仅是某些馆臣的倾向，而是办书条例之规定。这有助于我们理解和分析四库馆汉宋之争的问题。

4.《谨拟历代职官表凡例》

乾隆四十五年（1780），多罗质郡王永瑢、大学士阿桂等人奉敕编撰《历代职官表》，于四十八年（1783）十月纂成六十三卷初稿进呈。乾隆帝认为不尽理想，又敕命四库馆总纂官纪昀等人续纂，于五十四年（1789）纂成七十二卷进呈，收入《四库全书》中。陆氏亦曾任该书之续纂，其拟此凡例应是其续修工作之一（其时于氏已去世，此稿当然不是为于氏所拟）。

凡例共 13 条。由于《四库》本《历代职官表》书前没有凡例，故无法进行比较。细考此凡例可知，其内容类似于前述的修书条例，行文语气也是拟如何如何，并不是针对定稿而言的，因此，此凡例实为准备续修而作的，应撰于重新修纂《历代职官表》之初。其中，第1~6、8~11条为修书所采用；第7、12条未被采用；第13条未被完全采用。

总之，此凡例基本被采用。据此，我们可以考察《历代职官表》的纂修原则、程序等，以及陆氏在重修此书中之具体贡献。

5.《谨拟日下旧闻考凡例》

《日下旧闻考》，乾隆三十八年敕撰，依据朱彝尊《日下旧闻》加以增补、考证而成，收入《四库全书》中。于敏中为该书总裁，而陆氏之名则不见于该书职名表，因此，陆氏应该是以私人关系为于氏起草这份凡例的。乾隆三十八年六月十七日，于敏中在给陆氏信中说："昨奉办《日下旧闻考》，命仆总其成。……又此书凡例，茫然无所绪，足下可为我酌定（旁注：除星野、沿革）款式一两样，略具大概寄示，琐事相渎，幸勿辞劳，又拜。此事私办更胜于官办，并与蒋大人商之。"①于氏奉旨承办《日下旧闻考》，认为最合适的方法是私办。那么，其私请陆氏为其拟凡例，当也是情理中之事②。随后（乾隆三十八年六月廿一日），于氏又在给陆氏信中提到托其拟凡例之事："《日下旧闻考》款式极难，愚意欲尽存其旧而附考于后，其式当何如，可酌拟一两样，便当商择妥当，以便发凡起例耳。"没过几天（约在乾隆三十八年六月底至七月初），陆氏即拟出凡例送于氏过目，于氏阅后表示非常满意："来书具悉，所定凡例大致极佳，感佩之至，俟细阅下报再复。"

《日下旧闻考》书前有凡例，将其与陆氏所拟之凡例相较，可看出：

其一，条数之别。拟稿共十四条，定本共十九条，定本较拟稿更详细。

其二，定本基本沿袭了拟稿，但也有不少修改。其中采用之处主要有：第一条参拟稿第1、8条，但有个别文字及内容的差异。第二条参拟稿第11

---

① 于敏中：《于文襄手札》，国立北平图书馆1933年影印本，第9通。
② 陆锡熊《宝奎堂集》（《续修四库全书》第1451册，上海古籍出版社，1996~2003）陆庆循跋云："先子以文章学业受特达之知，自奉敕编辑各书外，《四库全书提要》外有……各种，余如《日下旧闻考》等书亦代定体例。"应即指此事。

条,但也有个别地方不同。第三条合拟稿第3、13条而成。第四条参拟稿第11条。第六条参拟稿第4条。第七条参拟稿第5条。第八条参拟稿第2条。第九条参拟稿第3条。第十条参拟稿第6条。第十一条参拟稿第9条。第十二条参拟稿第7条。第十三条参拟稿第1条。第十四条参拟稿第10条。第十五条参拟稿第11条。第十七条参拟稿第13条。需要注意的是,上述各条中拟稿的主要意思虽然多被定本吸取,但是文字表述、前后顺序甚至内容上两者仍有不少差异之处。

其三,定本中第五条(谈移改之处)、第十六条(据新定国语改正译名)、第十八条(原书序文置书后)、第十九条(标明删节之条),拟稿基本不提及,或即便提及,但意思完全不同。

此外,拟稿是以草拟的语气写的,而定本当然与此不一样。

总之,尽管拟稿与定本有不少差异,但是定本在很大程度上参考了拟稿是可以肯定的。

6. "恭拟文渊阁官制条例"

此稿应该也是陆氏替于氏所拟。条例定本收在《纂修四库全书档案》中,即"大学士舒赫德等奏遵旨详议文渊阁官制及赴阁阅抄章程折"(乾隆四十一年六月二十六日)。据该折载:"乾隆四十一年六月初一日,内阁奉上谕:……。此折系翰林院主稿。"[①] 其时于氏为翰林院掌院学士,亦列名于此折中(舒赫德为满掌院,故排名在于氏之前)。因此,此折大概是由陆氏起草,由于氏裁定,然后上奏的。另据该折所引上谕可知,拟稿也是应此上谕之要求而作的,故此稿之撰写应在乾隆四十一年六月初一日之后,六月二十六日之前。

拟稿为八条,定本为六条,其对应关系是:定本第一条,为合并了拟稿中的前三条而成。定本第二条,参拟稿第5条。定本第三条,参拟稿第4条。定本第四条,参拟稿第7条。定本第五条,参拟稿第6条。定本第六条,参拟稿第8条。总之,定本在主要意思、文字、顺序等方面基本都参考拟稿,只是个别文字有改动、修饰,而且定本内容稍为详细,并加入了一些新内容。

---

① 张书才主编《纂修四库全书档案》,第523~528页。

三 《四库》新文献之研究价值

陆氏所撰与《四库》有关之新文献无疑对四库学研究有诸多重要参考价值，除上文已述及之外，还有一些方面值得我们特别注意。

1. 陆锡熊与纪昀在馆中地位之分析

长期以来，我们习惯了《四库》的最大功臣是纪昀：《四库》"职名表"中纪昀是总纂官之首，《四库》每篇书前提要后的署名总纂官也是纪昀居首，因此，各种关于《四库》或《四库总目》的论著一般均将其主要责任者著录为纪昀。但是，现存的一些《四库》提要稿的总纂官署名却是陆锡熊在前、纪昀在后，而且，四库馆档案记录表明，在相当长的一段时间内，总纂官的排序也是陆锡熊在前、纪昀在后。这是为什么呢？笔者认为，四库馆中总纂官的排序是有变化的，而这种变化主要取决于其所带职衔的高低以及其与总裁的关系。

于敏中为陆锡熊之座师，开馆之前他们的关系就较密切，故于氏请陆氏拟回复朱筠奏议之奏稿。此稿被于氏完全采纳，故此后于氏更信任陆氏，并将职位不高又非现任翰林（刑部郎中）、资历较浅的陆氏荐为四库馆总纂官。和陆氏与于氏之关系相类，纪昀与刘统勋的关系也十分密切[①]。其时，纪氏文名甚盛，资历较深，且由刘氏（在总裁官中刘氏排名在于氏之前）举荐任总纂官[②]，因此，尽管其时纪氏只是从五品的编修，但在总纂官排名中位于正五品的刑部郎中陆氏之前，应是可以理解的。

随着刘氏去世（刘统勋卒于乾隆三十八年十一月），于氏成为四库馆实际的最高总裁，陆氏便取代了纪氏而排名在前。其时，陆氏颇得于氏信任，所拟有关《四库》文稿甚多。关于《四库》修书事，于氏主要依靠的是陆氏而不是纪氏，这可以通过他们之间的通信看出：《于文襄手札》即收有乾隆三十八年至四十一年于氏致陆氏信56通（均涉《四库》编修之事）。虽然有一些信也提"纪、陆同览"，"与晓岚相商"，"晓岚先生并此致意"等

[①] 刘氏为纪氏座师，关系很近。而且，纪氏与刘统勋子刘墉也长期保持非常密切的关系。
[②] 参《清高宗实录》第12册第930卷，中华书局，1986，第514页。

等，但这正说明于氏没有直接写信给纪氏，而是通过陆氏来与纪氏沟通，与纪氏之关系终有一间。其时于氏为四库馆实际之主管，对总纂官中谁更重要当然很清楚，故与陆氏往复相商修《四库》事，即可认定陆氏是总纂之主要负责者。而且，据档案及提要稿记载，大概从乾隆四十年开始，一直至乾隆四十四年正月，总纂官的排序已变为陆前纪后。在此期间，陆氏与纪氏官阶相同或略高一些。不过，到乾隆四十四年三四月，纪氏连续升官（詹事、内阁学士），官阶远较陆氏为高，故其此后排序又在陆氏之前。

公允地说，纪氏之能力及声誉确实要远高于陆氏①，且颇得乾隆信任，故其在馆中的地位不断提高，尤其是在乾隆四十四年十二月于氏去世后，陆氏更无法撼动或超越。从档案中可以看出，自乾隆四十四年十月直至《四库》修成，总纂官中纪前陆后之排序始终未变。乾隆四十七年制成的《四库》职名表，可视为馆臣最终排序之定格，其中总纂官排序亦为纪前陆后。至于此前提要稿中之陆前纪后之署名，到《四库》各阁本提要中也均改为纪前陆后。而且，为避免引起读者的猜疑，这些定本提要署名前均删去了原提要稿中总纂官所带的官衔。

以上关于陆氏与纪氏地位的考察，可以引发我们这样一些思考：如果陆氏一直是排名在前的总纂官，那么，《四库》《四库总目》之首功，当会记在陆氏名下。换言之，就馆臣在修《四库》中的作用与影响而言，今日纪昀之地位，有可能由陆氏取代。另外，诸如上述陆氏所拟条例被采用之比例应会大大增加，而修成的《四库》可能与目前的《四库》会有诸多不同。反之，纪氏作为最终的总纂之首，陆氏所拟条例有一些在后来的定稿中未被采用，则应是可以理解的。

2. 关于修书条例的拟定

《四库》编修期间，需要制定各种条例。那么，这些条例是如何拟定的？其实际运用情况如何？以上陆氏拟稿可以给我们一些启示。

首先，乾隆要求总裁制定相关条例，而总裁往往先让其下属或幕僚拟稿。在初拟条例时，初拟者会尽量秉承、参考乾隆之意旨。拟稿一般会经

---

① 正如前引李详题记所言："是集前为进奉文字，视彭文勤、纪文达相去尚远。"

由总裁修订后再上呈乾隆，但是，由于种种原因（如总裁图省便等），绝大多数拟稿会被总裁完全或基本采用，故初拟者的意见很大程度上决定了条例的基本内容。

其次，四库馆中的条例是陆续提出并制定的，并不是在开馆之初就均拟定完备的。

最后，关于拟稿条例的采用问题。如前所述，拟稿很大程度上决定了定本条例的内容，那么，为何陆氏所拟稿中有很多内容在实际操作中并未体现出来呢？这主要是因为：一方面，修书实际情况与原来想象情况不一样；另一方面，主事者有变化。例如，陆氏替于敏中所拟"谨拟日下旧闻考凡例"与定本的《日下旧闻考》差异较多，是因为：此书经修十年，其中肯定有实际情况与原来想象情况不一样之处；其时主持修此书之于敏中早去世，而且于氏去世后不久即受乾隆批判，故对于氏原订条例作修正，不仅不会有什么障碍，而且甚至是必要的。但是，即便如此，据《于文襄手札》第14通云："所定凡例大致极佳，感佩之至。"修《日下旧闻考》之初，基本遵照陆氏所拟条例来操作，应是肯定的。因此，我们不能据后来的差异来过分低估拟稿对修书的影响。同理，《初拟校阅永乐大典条例》、《初拟办理四库全书条例》对《四库》编修的作用也应如是看。尽管没有这两种条例的定本相参照，尽管后来修书实际情况、《四库》定本在许多方面与这两种条例有差异，但是，我们完全有理由相信，在于氏主持四库馆的情况下，由陆氏所拟并由于氏裁定的这两种四库馆条例在开馆初期应被基本采用并付诸施行（关于这一点，也可从下述陆氏所拟多种章程得于氏之充分肯定可推知）。这种认识，对我们研究四库馆初期的运作以及陆氏对《四库》编修的贡献，应有很大的启发意义。

3. 四库馆相关条例

四库馆开馆时间长、运作复杂，故需制定各种相关条例。除《纂修四库全书档案》所载"功过处分条例"、前述陆氏所拟条例外，兹就目前所知，将四库馆所订条例（或章程）列举如下。

刊刻条例。"军机大臣奏请旨将承办《通鉴长编》未行敬避庙讳各员交部议处片"（乾隆四十七年二月十九日）载："查开馆之始，经总裁·原任尚书王际华发有刊刻条例一张，内称：凡遇庙讳、御名本字，偏旁全写者，俱敬谨缺笔。"① 此刊刻条例有可能是总裁王际华在开馆之初裁定的。

印记章程。《于文襄手札》第1通云："顷奉还书谕旨并议定印记章程，已录稿寄馆，如此得可保无遗失讹舛，但为提调诸公多添一忙耳。"所谓"印记章程"，应即是指在所进遗书上盖印以便返还献书者的办法。此章程有可能是陆氏、纪氏同拟的。

校勘章程。《于文襄手札》第7通云："昨送到马裕家书十种，内《鹖冠子》已奉御题，先行寄回，即派纂修详细校勘，其书计一百三十余页，约计校勘几日，似宜酌定章程，将来虽诸书纷集，办之自有条理。"第33通云："写本原书内阙佚处添注格式，所定章程极妥，即于原字内批〇，寄回希酌定。"此校勘章程是陆氏所拟或陆氏与纪氏同拟的，并得到于氏之充分肯定。

《永乐大典》辑佚条例。《于文襄手札》第22通云："阅酌定散篇条例，妥协周详，钦佩之至。惟末条云'纂定之时另录副本，方无舛漏'，似应略有分别。"第23通云："所定抄写散片、单本之法，皆为妥洽。"此辑佚（包括散篇与整书）条例与前述陆氏"初拟校阅永乐大典条例"应该不是一回事：前者在开馆之初即制订，后者是在乾隆三十八年七月才拟订。据上述可知，《大典》辑佚条例也是陆氏所拟，并且也得到于氏之充分肯定，应该会被基本采纳，即如信中提及"末条"条例规定的录副之事，后来四库馆也是遵行的。

候补誊录章程。候补誊录在未正式充补之前，也可参加抄书，那么，四库馆对他们的这部分工作如何认定呢？《于文襄手札》第24通云："候补誊录即传令抄书，未补之前所写之书如何核计，似当定以章程，方为周妥。"显然，此誊录章程也是于氏托陆氏所拟。

黄签章程。《于文襄手札》第53通云："曹老先生在此，言及纂办黄签一事，只有录出底档，并无原书可查，难于核校，陆少詹所虑亦同。日前两学士酌议章程曾为筹及否？希即核定示知，以便催其趱办，因已屡蒙询

---

① 张书才主编《纂修四库全书档案》，第1467页。

及此事也。率布不一。纪、陆两学士同览。"此章程之具体名称不清楚，由于其涉及黄签之办理，姑称之为"黄签章程"。由此信可知，纪、陆均参与酌定此章程。

综上所述，四库馆有多种条例（或章程），而且多是由于氏委托陆氏所拟（有个别是纪、陆氏同拟），并得于氏之充分肯定。这些条例在开馆之初得到普遍应用，应是可以想见的。由此亦可进一步证明四库开馆期间于氏、陆氏之密切关系与良好合作，以及陆氏对《四库》编修之重要贡献。另外，四库馆之相关条例，当然是我们研究《四库》编修最重要的材料之一，但是，非常遗憾的是，以上列举的条例均没有流传下来。正因如此，陆氏《初拟校阅永乐大典条例》、《初拟办理四库全书条例》就显得尤为重要，应该得到更充分的重视和利用。

总之，作为《四库》总纂官之一的陆锡熊，其被荐入馆与受重用，固然与于氏提携有关；其为于氏拟订各种条例，既是其职分之体现，更有投桃报李之意。从其所拟与《四库》编修有关的各种文稿看，陆氏确实为《四库》编修作出了诸多重要贡献，因此，钱大昕在"封通议大夫日讲起居注官文渊阁直阁事翰林院侍读学士加三级陆公"中说陆氏"领袖四库书局"①，王昶在《诰授通奉大夫都察院左副都御史陆公墓志铭》中提到舆论认为陆氏在四库馆中"功最多"②。谀墓之词虽不可全信，但也不会毫无根据。即从本节所论看，今天我们大概可以说，《四库》首功诚归纪昀，若论其次，则非陆氏莫属。

第二节 《永乐大典》乾隆御题诗考

1945年8月，王重民在给胡适的信中提到他曾在英国获见一册有乾隆题诗的《永乐大典》，但因为价格太高未能购得。胡适在随后的回信中对《永乐大典》内有乾隆御题诗表示怀疑，认为其中有作伪的成分。这两通信

---

① 陈文和主编《嘉定钱大昕全集》第九册，江苏古籍出版社，1997，第755页。
② 陆锡熊：《宝奎堂集》卷首，载《续修四库全书》第1451册，第7页上。

均被收入《胡适王重民先生往来书信集》一书中，分别为——"王重民致胡适（1945年8月5日）"云："在英国时，重民曾以六磅（镑）半为北平图书馆买一册《大典》（农字韵）。又有一册是'馆'字，因有乾隆题诗，索价一百五十磅（镑），当然买不起，据说后来落入日人之手。因为那册内有一书是《清明馆伴录》，乾隆特为那部书题诗。""胡适致王重民（1945年9月29日）"云："顷复检吾兄八月廿四日函，有此语：'如重民在英伦所见乾隆题《清（当作"重"）明节馆伴录》的那一册，当然是题在《大典》上，然后著入《四库》，后来或有忌讳，又改入存目。'……我要请问的是兄所说英伦所见一册《大典》，是否果有御题在《大典》原本之上？我不信《大典》任何一册有御题。所题都是辑抄清本。……若英伦所见之《馆伴录》上有御题，我颇疑此中另有作伪问题。"① 其实，他们关于此事之通信肯定不止这两通，因为胡适在回信中提到王重民还有"八月廿四日函"。笔者推测，胡适在收到王重民8月5日信后，即回信对《大典》中有御题诗表示怀疑，故王重民又在8月24日的信中解释说："重民在英伦所见乾隆题《清（重）明节馆伴录》的那一册，当然是题在《大典》上。"胡适对此还不相信，坚持认为有作伪的成分。至于王重民再如何向胡适解释，由于无法找到其原信，我们不太清楚。那么，《大典》上是否真的有乾隆御题诗呢？《大典》上为什么会有乾隆御题诗呢？本节主要想回答一下这两个问题。

一 《永乐大典》上是否有乾隆御题诗

《大典》上有乾隆御题诗，为王重民亲眼所见，且言之凿凿，应该不会有假。王重民是现代著名的文献学家，对古文献有精湛的研究，其时正为北平图书馆搜求图书（包括《永乐大典》），对其中的真伪应有分辨能力②；而且，王重民也没有必要骗胡适，或者随便敷衍胡适；再者，在胡适最初

---

① 以上分别见北京大学信息管理系、台北胡适纪念馆编《胡适王重民先生往来书信集》，北京图书馆出版社，2009，第413、423页。
② 王重民信中提到为北平图书馆购得的那一册《大典》（农字韵），应是现藏中国国家图书馆的《大典》卷623~624这一册。该册属一东韵，所收内容为"农"字事韵及诗文等。

| 第五章 |《永乐大典》与《四库全书》

表示怀疑后,王重民再次去信说:"重民在英伦所见乾隆题《清(重)明节馆伴录》的那一册,当然是题在《大典》上。"说明其对此事的态度是很慎重的。更为重要的是,王重民看到的那一册《大典》,现在依然存世,收藏在英国伦敦大学亚非学院,其卷次为 11312~11313。该册《大典》卷 11312 所收主要为《重明节馆伴语录》之内容,册前有乾隆御题诗并钤有三印①。其副页上有乾隆御题诗"题倪思《重明节馆伴语录》"(括号内为诗注):"重明馆伴纪倪思,序语无非饰强词。称侄却思称彼虏(宋高宗致书金朝,自称为侄,而倪思此书称金为虏。外附于人以求免祸,而私逞其诋嫚,自欺欺人,不顾后世之非笑,亦何益哉),畏人反诩畏吾仪。岂诚强屈弱伸也(时宋人甚畏金人,而此录所载转自夸金使之畏宋,且如射之一事,金俗所尚,彼东南文弱之人,岂能相胜,顾盛称与使较射屡中,多见其不知量,而其自序乃云强者屈而弱者伸,不亦深可笑乎),祇以言游利啖之(是录纪使者接见并无一语切要,惟每日与之款洽周旋,及饮馔馈遗之类,实亦无关轻重)。南渡偷安颜特腆,千秋殷鉴慎哉斯。乾隆癸巳清和御笔。"上钤有"乾隆御览之宝""乾隆宸翰""得象外意"三印。该诗也被收入乾隆《御制诗集·四集》卷 13 中。与《御制诗集》所收相较,除了注中少了"上声"两字外,其余完全相同。可见,王重民看到的那册《大典》确实是有乾隆御题诗的。

目前存世的《大典》中,除王重民所见的一册外,中国台北"国家"图书馆所收藏的卷 8339 这一册《大典》卷首也有乾隆御题诗一纸,原文为:"题陈规《守城录》:摄篆德安固守城,因而失事论东京。陈规屡御应之暇,汤璹深知纪以精。小县傍州或可赖,通都大邑转难行。四夷守在垂明训,逮迫临衢祸早成。乾隆癸巳仲夏御笔。"诗后钤有"乾隆御览之宝""惟精惟一""乾隆宸翰"三印。该诗也被收入乾隆《御制诗集·四集》卷 15 中。

那么,《大典》中有多少册上会有乾隆御题诗呢?据《纂修四库全书档

---

① 〔英〕何大伟(David Helliwell):《欧洲图书馆所藏〈永乐大典〉综述》,许海燕译,《文献》2016 年第 3 期。该册《大典》属十窂韵,所收内容为"馆"字事韵及诗文等。王重民信中提到此册"据说后来落入日人之手",可能是传闻有误。

案》"军机大臣奏遵查《永乐大典》内有御题诗章者一并呈览片(乾隆五十九年十月二十日)"载:"遵查《永乐大典》,内奉有御题诗章者,共十三册,又卷末一册,谨一并呈览。谨奏。"①可知,《大典》中一共有十三册有乾隆御题诗。这一数量相对于乾隆时尚存的九千余册《大典》来说,只能算是很小的一部分,所以能看到有御题的《大典》是非常不容易的,故金梁《光宣小记》"永乐大典"载:"《永乐大典》藏翰林院内,自庚子后经外务部向各国联军索回者,不足二百本,分装二箱。光、宣之际,章一山同年曾见有乾隆年御题者,尤不多觏。"②可见,章梫(一山)也是看到过《大典》上的乾隆御题诗的。

总之,《大典》中肯定有乾隆御题诗,而且一共只有十三册《大典》有乾隆御题诗,因此,有御题诗的《大典》自然就尤显珍贵,故王重民对其索价太昂也只能慨叹而已:没有御题的《大典》卖六镑半,而有御题的《大典》卖一百五十镑,相差达二十多倍。

二 《永乐大典》上为什么会有乾隆御题诗

我们知道,乾隆有在所阅之书上题诗之习惯,其《御制诗集》中即收有不少这种御题诗。例如,在四库馆开馆期间,乾隆对一些他认为特别好的采进书作了御题诗,这些御题诗就是直接装在这些采进书原本书前的。例如,《四库》底本、明弘治碧云馆活字本《鹖冠子》,现藏国家图书馆善本部,书前有乾隆御题诗③;《四库》底本《钱塘遗事》书前亦有乾隆御题诗。四库馆后来将这些有御题诗的采进本优先发还进书之家,以表彰这些藏书家的献书之功。若据此推测,那么,《大典》上有乾隆御题诗,是否意味着这些御题诗是乾隆在浏览《大典》时题写的呢?显然不是,因为乾隆虽然曾看过一些《大典》原本,但没有证据表明乾隆一一看过他题诗的

---

① 张书才主编《纂修四库全书档案》,上海古籍出版社,1997,第2372页。
② 金梁:《光宣小记》,上海书店出版社,1998,第31页。章梫,字一山,浙江宁海海游(今属三门)人,光绪三十年(1904)进士,由庶吉士授检讨。
③ 王文进《文禄堂访书记》(上海古籍出版社,2007)第181页所收《鹖冠子》三卷,宋陆佃解,即为乾隆御题本。

那些《大典》原本。正如王重民所说"因为那册内有一书是《清（重）明馆伴录》，乾隆特为那部书题诗"，乾隆的题诗是针对于《大典》中所收的佚书（如《重明节馆伴语录》）而言的，也就是针对大典本而言的。因此，乾隆的题诗，最初其实是为大典本而题的，然后才被装入《大典》。关于这一点，我们通过于敏中的信札可以了解得更清楚。

于敏中《于文襄手札》收有多通有关御题诗的信札，例如，其第一通云："御题《井田谱》有注，《经世图谱》有序，因字多未全写，将来誊冠卷首，似需备载。尊处如无准稿，可即寄信来，以便抄寄。"第二通云："御制《经世图谱》、《井田谱》、《春秋辨疑》三篇录稿附寄，可照入。"第七通云："昨送到马裕家书十种，内《鹖冠子》已奉御题，先行寄回，即派纂修详细校勘，……现办写刻篇数，自应各卷各编卷前首冠御题（御制诗合注再行录寄，以便恭载），次及原序，附以提要。……（校勘发写时，首页御笔似应拆下尊藏，俟办毕再行订入。再，凡奉御题之书，应刊者即在京城办理，不必发往各省刻版）。"第八通云："又另札并御制诗连注稿，同《鹖冠子》另寄。"① 以上所提到的《经世图谱》、《井田谱》、《春秋辨疑》为大典本，《鹖冠子》为采进本。据上述可看出如下几点。

其一，乾隆当时题诗时并没有一一查看《大典》原本，而只是审查馆臣办理的采进本、大典本等书。其时大典本的初辑稿本、采进本进呈御览，乾隆看过后，即为其题诗。御题诗一般会装入为大典本或采进本的首页。例如，《鹖冠子》上有御题诗，故在抄写《四库》正本时，其首页御笔就先拆下尊藏，以免污损。

其二，乾隆题诗时，所题有时只有诗而没有诗注及诗序（当然，有时也有，如"题倪思《重明节馆伴语录》"就有注）。例如，前引卷8339这一册《大典》乾隆御题诗"题陈规《守城录》"就只有诗而没有诗注，而《四库》所收陈规《守城录》书前"题陈规《守城录》"、乾隆《御制诗集·四集》卷15所收"题陈规《守城录》"则均有诗注。正因如此，御题

---

① 于敏中：《于文襄手札》，国立北平图书馆1933年影印本。括号内的文字，在原信中是小字。

诗的注及序，于敏中会另外抄寄给四库馆臣，以便抄入《四库》正本。

那么，乾隆为大典本的题诗怎么会出现在了《大典》原本上呢？这应该是后来重装所致。例如，卷 8339 这一册《大典》，其御题诗"题陈规《守城录》"不是书于《大典》原书空白叶上的，而是另纸书写，然后装入为全册首叶的。可见，《大典》中御题诗一叶应是乾隆御题的原件。关于这一点，也可以从其笔迹及所钤的"乾隆御览之宝""惟精惟一""乾隆宸翰"三印看出。

另外，需要特别注意的是：《大典》书衣上的书签一般写为"永乐大典卷××××"，而该册《大典》的书签却写为"御题永乐大典卷八千三百三十九"，多了"御题"两字。笔者推测，凡是有御题诗的《大典》，其原书均经过重装和改签：翰林院官员将乾隆御题诗一叶从大典本中拆下，装入《大典》；将《大典》原本的书签换掉——原书签应为"永乐大典卷××××"，重装后改为"御题永乐大典卷××××"。册面书签增加"御题"两字，说明此册《大典》内有御题诗。前述翰林院官员能够从当时九千余册《大典》中共找出十三册有御题诗的《大典》，大概应是得益于这些书签变动的提示。

如果上述的推测正确，那么，《大典》卷 7602~7603 一册（现藏国家图书馆善本部）亦极有可能有乾隆御题诗，因为：该册书衣上的书签上写有"御题永乐大典卷七千六百二之七千六百三"①；其所收主要是《武林旧事》《西湖老人繁胜录》《都城纪胜》的内容，其中《都城纪胜》的内容最为完整，而乾隆御题大典本诗中恰好就有一首为"题南宋《都城纪胜录》"②；该册似乎被改装过，其衔名叶是乾隆时新抄的，其格式与其他各册《大典》衔名叶格式不太一致③。因此，尽管目前该册卷前并未见有乾隆御题诗，但据上述情况看，笔者推测其原来曾装入过乾隆御题诗，而该御题

---

① 周叔弢《周叔弢藏书经眼录》（国家图书馆出版社，2009）第 656 页载："御题永乐大典（七六〇二，七六〇三，杭字，都城纪胜、西湖老人繁胜录），一本。（赠北京图）。"该册原为周叔弢所藏，周氏于 1951 年 8 月将其捐赠给北京图书馆。

② 《都城纪胜》在《四库》中著录的不是大典本，但是，其大典本亦已辑出（参于敏中《于文襄手札》第 48 通），而且乾隆有题诗（即"题南宋《都城纪胜录》"，收入乾隆《御制诗集·四集》卷 13 中）。

③ 《大典》书后衔名叶在乾隆开四库馆期间均被裁剪过，往往只剩下该叶的一小半或一小片（参张升《永乐大典余纸考》，《史林》2010 年第 2 期）。因此，若该册《大典》要重装，应该会撤换掉原来的衔名叶，而用另纸重抄。

诗后来又遗失了。

另外，《大典》卷 2190～2191 这一册，原为刘承幹嘉业堂藏书，后被日伪满铁大连图书馆购入，抗战后被苏联取走，至今下落不明。该册亦曾经被改装过，册后衔名叶是乾隆时补录的①；该册所收主要为《帝王经世图谱》一书，而乾隆曾作有御题诗"题《帝王经世图谱》"，因此，该册册前亦可能有乾隆御题诗。

最后，还需要说明两点。

其一，据前引《于文襄手札》第七通云："校勘发写时，首页御笔似应拆下尊藏，俟办毕再行订入。"也就是说，怕对书前御笔有污损，在发写时，先将这叶拆下，待办完后再订入原书（底本）。那些采进书的底本，有御题的是奉旨先发还的，据"谕内阁赏鲍士恭等《古今图书集成》周厚堉等《佩文韵府》各一部"（乾隆三十九年五月十四日）载："其进书百种以上者，并命择其中精醇之本，进呈乙览，朕几余亲为评咏，题识简端。……其已经题咏诸本，并令书馆先行录副，即将原书发还，俾收藏之人益增荣幸。""多罗质郡王永瑢等奏请将四库全书底本汇交翰林院收贮折"（乾隆五十一年十月二十六日）载："伏查各省藏书家送到各书，内奉有御题者，业经臣馆随时录副，将原本敬谨发还本人，祗领珍藏；其余选入抄录项下者，俱即将送到之书充作底本，次第发写。"②这其实是对献书人的一种褒奖。

其二，与采进书相同，大典本在办理时，也应该会拆下御笔。不过，与采进书不同的是，大典本在抄成正本后，其稿本（即有御题的大典本）就归翰林院收藏，没有必要再将御笔装订回稿本，因此，那些拆下的大典本御笔，就集中收藏在翰林院中，据"左都御史纪昀奏文源阁书覆勘先完请将详校官等分别议处折"（乾隆五十六年九月二十九日）所说："……伏查御制《永乐大典》诗文，向在翰林院尊藏；御制各省遗书诗文，向系发交武英殿提调缮写。现已行文两处恭录全本，一俟覆到，即敬谨补入。等

---

① 张升编《〈永乐大典〉研究资料辑刊》，北京图书馆出版社，2005，第 692 页。
② 以上分别见张书才主编《纂修四库全书档案》，第 211、1952 页。

语。"① 大概是待《四库》办完后，那些御题诗才被装订入《大典》原本中。

综上所述可知：其一，乾隆原是为大典本而不是《大典》题诗的；其二，有些御题诗后来由翰林院官员重装入《大典》原本中。前引胡适信中说："我要请问的是兄所说英伦所见一册《大典》，是否果真有御题在《大典》原本之上？我不信《大典》任何一册有御题。所题都是辑抄清本。"胡适的怀疑其实是有一定道理的，即认为御题诗只能是题在辑抄清本（即大典本）上②。不过，胡适据此来否定《大典》中有御题诗则是不对的，因为胡适只知其一（御题诗是为大典本而题的），而不知其二（后来有些御题诗被重装入《大典》中）。

三 余论

第一，如前所述，《大典》中一共有13册有御题诗。换言之，《大典》中一共收了13首乾隆为大典本写的御题诗。但是，查《四库》所收大典本书前御题诗及乾隆《御制诗集·四集》可知，乾隆给大典本题的御制诗共有30首，即："题陈规《守城录》"、"题《至正条格》"、"题萧楚《春秋辨疑》"、"题《大金德运图说》"、"题宋仁宗《洪范政鉴》"、"题夏休《周礼井田谱》"、"题《宋中兴圣政草》"、"题《旧五代史》八韵"、"题刘挚《忠肃集》六韵"、"题毛晃《禹贡指南》六韵"、"题傅寅《禹贡说断》六韵"、"题《庆元党禁》"、"题胡宿《文恭集》"、"题倪思《重明节馆伴语录》"、"题《敬斋古今黈》"、"题《九章算术》"、"题《墨法集要》"、"题《元宪、景文集》"、"题《帝王经世图谱》"、"题《南宋两朝纲目备要》二首一韵"、"题郦道元《水经注》六韵有序"、"题袁燮《絜斋集》六韵"、"题李若水《忠愍集》"、"题仇远《金渊集》"、"题《絜斋毛诗经筵讲义》"、"题郝经《续后汉书》"、"题《乾坤凿度》"、"题《易传灯》"、"题

---

① 张书才主编《纂修四库全书档案》，第2238页。
② 关于乾隆御题诗题在大典本辑抄清本上的分析，还可参"胡适致王重民（1945年9月6日）"一札（载北京大学信息管理系、台北胡适纪念馆编《胡适王重民先生往来书信集》，第416~418页）。

袁燮《絜斋家塾书钞》"、"题南宋《都城纪胜录》"。也就是说，这30首御题诗中，只有13首被装入《大典》。那么，装入《大典》的是哪13首御题诗呢？

我们可以从明确知道有御题诗的《大典》来寻找答案。就目前所知，《大典》原本上收有御题诗的是：卷8339一册，所收御题诗为"题陈规《守城录》"；卷11312~11313一册，所收御题诗为"题倪思《重明节馆伴语录》"。《守城录》只有四卷，而且是被《大典》比较完整地收入的，卷8339一册所收大部分即为《守城录》的内容。《重明节馆伴语录》只有一卷，而且是被《大典》比较完整地收入的，卷11312~11313一册中的卷11312所收也主要是《重明节馆伴语录》的内容。因此，有御题诗的这两册《大典》的共同特点是：御题大典本被《大典》比较完整地收入；御题大典本的篇幅一般不大。事实上，我们据常理也可以推知：若御题诗要被装入《大典》中某册，那该册《大典》肯定是比较完整地收载了该御题大典本的佚文，否则装入就无意义。因此，这些御题大典本在《大典》中基本以整书的方式存在，而不是以散片的方式存在（即分散在《大典》各卷中）。而根据以上总结的有御题诗的《大典》的特点，亦可以进一步印证笔者前面的推测——《大典》卷7602~7603一册亦极有可能收有乾隆御题诗"题南宋《都城纪胜录》"，因为《都城纪胜》一书篇幅不大（只有一卷），而且完整地收在该册《大典》中。

总之，在装入《大典》的总共13首御题诗中，肯定是包括"题陈规《守城录》"、"题倪思《重明节馆伴语录》"这两首的，也极有可能包括"题南宋《都城纪胜录》"这一首。至于其余的10首，根据以上总结的有御题诗的《大典》的特点，并结合以上30首御题诗所题大典本的实际情况（主要据《四库全书总目》看其在《大典》中是整书还是散片，篇幅大小），笔者推测有可能是出自"题《乾坤凿度》"、"题《至正条格》"、"题萧楚《春秋辨疑》"、"题《大金德运图说》"、"题宋仁宗《洪范政鉴》"、"题夏休《周礼井田谱》"、"题《宋中兴圣政草》"、"题傅寅《禹贡说断》六韵"、"题《庆元党禁》"、"题《墨法集要》"、"题《南宋两朝纲目备要》"、"题《帝王经世图谱》"这12首御题诗中。

第二，对于四库馆采进书而言，一般有御题的均是乾隆认为特别好的书。但是，对于大典本而言，有御题的则不一定都是特别好的书。因此，有御题的大典本，有的被抄录入《四库》，有的被《四库总目》存目，有的既不被抄录，也不被存目。例如，在所有上述有御题诗的大典本中，入存目之书为：《至正条格》《洪范政鉴》《周礼井田谱》《重明节馆伴语录》。既不被抄录，也不被存目之书为：《宋中兴圣政草》。至于《都城纪胜录》，《四库》所收则为非大典本。此外，其余之御题大典本均被抄录入《四库》。那么，四库馆臣是根据什么标准来处理这些有御题诗的大典本的呢？

其实，在办理之初，总裁认为这些有御题诗之大典本均应被抄入《四库》，据总裁于敏中写于乾隆四十年七月初七的信云："《井田谱》等曾经御题之书，必应抄存。"① 但是，后来大概有馆臣觉得有些大典本御题诗对这些大典本是批评的，对于是否将这些大典本均收入《四库》有疑惑，故于敏中在给总纂官陆锡熊的回信中解释说："至《永乐大典》内御题各书，如《井田谱》未经深斥，自应抄存。其余如《重明节馆伴语录》、《都城纪胜录》、《中兴圣正草》亦在驳饬之列，其应否抄存，自应通行酌核，非匆猝所能遽定也。"② 可见，于氏的态度后来有变化，即认为并不是所有有御题诗者均应抄存，而应该根据乾隆御题诗的评价来处理这些大典本：如果乾隆批评不重的，应抄入《四库》；批评重的，则不抄入《四库》或不存目。

总之，有御题诗的大典本，大部分被抄入《四库》，一小部分则只是存目，而极个别的则连存目也不收。显然，乾隆御题诗对该大典本的评价，对大典本的命运（是否抄入《四库》）是有决定性影响的。

第三，四库馆开馆期间，乾隆对不少四库馆所办之书作有御题（包括上述御题大典本之诗），馆臣曾将其汇编成六卷，置于《四库全书总目》卷首。例如，天津图书馆所藏《纪晓岚删定四库全书总目稿本》在卷首即收入了这些御制诗文（即卷首之二：御制诗，卷首之三：御制诗，卷首之四：御制诗，卷首之五：御制诗，卷首之六：御制诗，卷首之七：御制文）。乾

---

① 于敏中：《于文襄手札》，第38通。
② 于敏中：《于文襄手札》，第48通。

第五章 《永乐大典》与《四库全书》

隆对这一做法表示反对,据"谕内阁著将列朝御纂各书分列各家著撰之前并将御题四库诸书诗文从总目卷首撤出"(乾隆四十六年二月十三日)载:"至阅其总目,特载朕前后修书谕旨及御题《四库》诸书诗文为卷首,所办未为尽协。《四库全书》体大物博,将来书成之日,篇帙浩繁,举何为序?所有历次所降谕旨,列之总目首卷以当序,事属可行。且官撰诸书,亦有以谕旨代弁言者,自不得不如此办理。至朕题《四库》诸书诗文,若亦另编卷首,将来排列,转在列朝钦定诸书之前,心尤未安。虽纂校诸臣尊君之意,然竟似《四库全书》之辑,端为朕诗文而设者,然朕不为也。着将所进诗文六卷撤出,仍分列入朕御制诗文集内,俾各为卷首,则编排在列朝钦定诸书之后,而《四库》书内朕所题各书诗文,列在本集首卷,庶眉目清而开帙了然。将此谕令馆臣遵照办理。钦此。"① 乾隆指示将这六卷诗文从《总目》中撤出,分别列入乾隆《御制文集》和《御制诗集》中,并且分别作为此诗、文集的卷首。至于《四库》各书中所收的乾隆御题诗文,乾隆认为可以列于这些书之前。

显然,四库馆遵照乾隆的指示作了修正:目前《四库全书》中有御题诗的各书,均是将御题诗列于该书之前的,而《四库总目》之卷首确实也没有收乾隆的御题诗文。不过,从《总目》撤出的那六卷御题诗文,并没有按乾隆原来指示的那样,分别置于乾隆诗文集之卷首,而是据写作时间先后散入乾隆诗文集各卷中(其中御题大典本诗均收于乾隆《御制诗集·四集》中)。至于个中原因,可能是乾隆后来觉得没有这个必要。

总之,《永乐大典》中确实有乾隆御题诗,而且是乾隆的御笔。不过,这些御题诗并非是为《大典》而题的,而是为大典本而题的,然后由翰林院官员重装入《大典》。《大典》中只有13册装入了乾隆御题诗,而乾隆御题大典本诗则有30首之多,因此,并非所有的大典本御题诗均被装入《大典》。目前存世的《永乐大典》残本只有四百余册,而就笔者所知,存世《大典》中有乾隆御题诗的只有上文提到的那两册,从这个角度来说,这两册《大典》应该算是珍品中的珍品了,值得我们格外地关注和重视。

---

① 张书才主编《纂修四库全书档案》,第 1289-1290 页。

第六章
大典本研究

第一节 《永乐大典》与清代山东的两部地方志[①]

《(乾隆)东昌府志》五十卷首一卷(胡德琳修,周永年、盛百二等纂)[②]和《(道光)观城县志》十卷首一卷(孙观纂修)[③]这两部清代山东的地方志有一个共同的特点:均引用了不少《永乐大典》之文字。由于《永乐大典》在清代一直深藏于皇史宬和翰林院,咸丰十年以后才陆续大量散出于外,因而在道光以前,社会上的人应该是比较难看到《大典》原书的(即使有人获得散出的《大典》原本,因为是皇家之物,一般也不敢公开使用),那么,这些《大典》文字是从哪里来的呢?是转引自他书(例如,乾隆时开四库馆从《大典》中辑出不少佚书,可以从中转引)?还是直接引自《大典》(到翰林院摘抄)呢?尤其是《(乾隆)东昌府志》,该志是乾隆三十七年(1772)始修,乾隆四十二年印行的,其时《大典》藏于翰林院,一般人很少知道,而且自乾隆三十八年开始《大典》被用以编修《四库全书》(指从中辑出佚书以收入《四库全书》中),外人是很难使用

[①] 本节的写作得到了李广超的帮助,谨致谢忱。
[②] 本节所用的《(乾隆)东昌府志》为中国国家图书馆古籍部所藏乾隆四十二年刻本。
[③] 本节所用《(道光)观城县志》为凤凰出版社2004年影印《中国地方志集成·山东府县志辑》本。

或看到的,那么,《(乾隆)东昌府志》的编者何以能引用《大典》呢?本节主要是想解答一下上述的几个问题。

一 《永乐大典》与《(乾隆)东昌府志》

1.《(乾隆)东昌府志》对《大典》的征引

《(乾隆)东昌府志》一般会在所引用的材料后附注出处,例如,《(乾隆)东昌府志》卷21"经籍一"第1页载:"明李珏《东昌府志》九卷(《明史·艺文志》)。"括号内为该条材料出处(下同),也就是说,此条材料出自《明史·艺文志》。如果是出处相同的几条材料相连在一起,那么该志一般是在第一条材料末尾注明出处,而在第二条材料以后注:"仝上"。另外,该志中有些引用材料,其出处不是附注在末尾,而是标在材料开始,例如,《(乾隆)东昌府志》卷13"建置三·学校上"第1页载:"东昌府学,永乐旧志云:教授一员,……"第8页载:"聊城县学,永乐旧志云:教谕一员,……";卷8"户赋一·户役"第5页载:"明初户口总数(永乐旧志):洪武八年终,总计二万四千二十九户,……"以上情况,我们在统计各条材料出处时均要特别注意。

《(乾隆)东昌府志》标注引书,有时用全称,有时用省称,也是需要注意的。例如,《永乐大典》有时会引为《大典》,据《(乾隆)东昌府志》卷33"宦迹一",第9页载:"羊暨,晋太傅祜之子,……(《大典》)。"第12页载:"羊烈,字信卿,泰山钜平人,……(《大典》)。"另外,由于《大典》是汇引群书而成的类书,因而《(乾隆)东昌府志》在引《大典》时,有时会顺便将其原引书也提及,这些材料当然也应视为引自《大典》,例如,《(乾隆)东昌府志》卷4"地域一·沿革"第4页载:"《永乐大典》引府志:南至应天府……"卷45"列传十·列女一"第5页载:"高氏,适卢,早岁夫亡,……有司旌表。(《永乐大典·东昌志》)"

依据上述的分析,可统计出《(乾隆)东昌府志》征引《永乐大典》有42条。

除此之外,《(乾隆)东昌府志》中还征引了不少"永乐旧志"的内容,这些"永乐旧志"的文字也应该是出自《大典》的,原因如下。

所谓"永乐旧志",即《(永乐)东昌府志》。据《(乾隆)东昌府志》卷22"金石一"第8页载:"今朝廷开四库馆,因得《永乐大典》中明初郡志。"盛百二"观录序"载:"……中所引《永乐大典》,盖明初东昌志也;东昌旧志,则万历时所修也。"① 说明修《(乾隆)东昌府志》时所得的明初《东昌府志》,即出自《大典》。而《(乾隆)东昌府志》中所征引的明初《东昌府志》,只有"永乐旧志",因此,《(乾隆)东昌府志》所征引的"永乐旧志",显然是出自《大典》。下面这两例子也能证明这一点:《(乾隆)东昌府志》卷4"地域一·沿革"第1页载:"府治(《永乐大典》引府志云:郡名壖陵),……"而《(嘉庆)东昌府志》卷1"沿革"第6页载:"东昌府。(永乐旧志云:郡名壖陵)"② 《(乾隆)东昌府志》卷19"古迹三·陵墓"第20页载:"冉子墓,《大典》引东昌志云:在冠县南一十里。"而《(嘉庆)东昌府志》卷45"冢墓"第26页载:"冉子墓,在冠县南一十里。(永乐旧志)"原来《(乾隆)东昌府志》将这两条材料的出处标为《大典》"府志"、"东昌志",而《(嘉庆)东昌府志》则将这两条材料的出处均标为"永乐旧志",可见,在嘉庆志编者看来,"永乐旧志"其实就是《大典》的"东昌府志",而"永乐旧志"的文字显然也是出自《大典》。据《大典》凡例可知,各地府州县志往往较为集中地收载于《大典》中的各府州名下,因此,明初《东昌府志》应该是出自《大典》中的"东昌府"(卷6280~6284)。

依据上面的分析,又可统计出《(乾隆)东昌府志》征引《大典》(永乐旧志)有64条。

2.《(乾隆)东昌府志》征引他书之文字有可能出自《大典》

除《大典》外,《(乾隆)东昌府志》征引之书还有很多,其中有些书,笔者认为其并非征引自原书,而是转引自《大典》。例如,该志征引的《明清类天文分野书》、《元一统志》、《元和郡县图志》、《太平寰宇记》、《晏元献类要》、《九域志》、崔豹《古今注》、《汉武故事》等,这些书在当

---

① 盛百二:《柚堂文存》卷2,乾隆刻本。
② 嵩山修,谢香开、张熙先纂《(嘉庆)东昌府志》,凤凰出版社2004年影印《中国地方志集成·山东府县志辑》本。

时均不好找，而其中的《元一统志》、《太平寰宇记》、崔豹《古今注》、《汉武故事》在当时根本就是佚书，乾隆志的编者不可能找到其原书。而且，我们通过对《大典》各府内容考察可知，除主要征引该府方志文字外，其往往还征引《明清类天文分野书》、《元一统志》、《元和郡县图志》、《太平寰宇记》、《九域志》等书中的文字。因此，《大典》"东昌府"部分，其中除大量征引"东昌志"的文字外，应该还会征引《明清类天文分野书》《元一统志》等书的文字。据此我们有理由推测：乾隆志的编者在将《大典》所引的明初《东昌府志》摘抄入乾隆志的同时，当然也会顺便摘入其所引的他书的内容。

乾隆志编者在摘抄这些材料时，其出处往往标注原书名，而不标注《大典》，给读者造成一种该志所引的材料——出自原书、其编者广收博取的错觉。其实，乾隆志对这些书的征引只是转引，下面的这些材料完全可以证实笔者这种推测。

《（乾隆）东昌府志》卷17"建置七·城聚"第14页载："四口故关，《新唐书》于聊城下注云：……（永乐旧志）"第24页载："贝邱故城，《寰宇记》云：贝邱在今临清，……（永乐旧志）"卷18"古迹二·亭馆"第21页载："文杏堂，《一统志》云：在冠氏赵家庄，有名贤题咏，今废。有杏园。（永乐旧志）"卷22"金石一"第26页载："葛同清碑，《晏元献类要》云：唐县令葛同有清德，民为立碑。（永乐旧志）"卷42"列传七·孝义上"第2页载："王师威，……《唐书·孝友传》。（《永乐大典》）"第3页载："李肆，……《唐书·孝友传》。（《永乐大典》）"如果乾隆志编者能看到《晏元献类要》、《（元）一统志》、《（太平）寰宇记》、《（新）唐书》原书，怎么会在后面标注其出自《大典》（"永乐旧志"也出自《大典》）呢？可见，乾隆志所引的《（元）一统志》等书的文字均是转引自《大典》的。况且，《（新）唐书》其实是比较普通的书，连这样的书都转引自《大典》，我们更有理由推测，乾隆志所征引大量他书的文字，应有相当多是转引自《大典》的。

总之，《（乾隆）东昌府志》对《大典》的征引是比较普遍的，包括以下两种情况：其一为直接征引《大典》，会标明出自《大典》或"永乐旧志";其二为虽未标明征引自《大典》,但实际上转引自《大典》。

3.《(乾隆)东昌府志》所引《大典》的来源

前引《(乾隆)东昌府志》云:"今朝廷开四库馆,因得《永乐大典》中明初郡志。"已经清楚地说明了当时所得的明初(永乐)《东昌府志》是出自四库馆中的《永乐大典》。那么,这些《大典》材料是如何从四库馆流到乾隆志编者之手的呢?笔者认为,这些《大典》材料是馆臣周永年从四库馆中抄出寄回的。

周永年字书昌,号林汲山人,济南历城县人,乾隆三十六年进士;乾隆三十八年征入四库馆,改庶吉士,授编修;乾隆五十六年卒。在入四库馆之前夕,周永年正在东昌府参与编修《东昌府志》。其时东昌府知府是胡德琳,周永年是其聘请的修志者,也可以说是胡氏的私幕。胡德琳,广西临桂县人,乾隆十七年进士。胡德琳于乾隆年间在山东历任知县、知州、知府等职,与周永年过从甚密。早在胡氏任山东历城知县时,即聘周永年参与修《历城县志》①,据桂馥"周先生(书昌)传"载:"县令胡德琳延先生与青州李文藻同修历城县志,即出其书,肆力搜讨。既成,学士朱筠目以详慎。"② 此后,胡氏调任济宁州知州,并倡修当地志书,而周永年亦跟随胡氏参与编修了《济宁志》③。

胡德琳是在乾隆三十五年(1770)任东昌府知府的,四十年离任,至四十二年又复任。《(乾隆)东昌府志》始修于乾隆三十七年,至乾隆三十九年修成初稿,而直到胡氏复任知府时(乾隆四十二年)才梓行。乾隆三十七年,周永年与一同参修《东昌府志》的盛百二均在东昌府,据盛百二"佑亭张君墓志铭"载:"岁壬辰(乾隆三十七年),在东昌,周林汲永年向

---

① 《(乾隆)历城县志》五十卷首一卷,胡德琳主修,李文藻、周永年编纂,成书于乾隆三十六年(1771),乾隆三十八年(1773)刻印面世。
② 桂馥:《晚学集》卷七,上海古籍出版社 1996-2003 年影印《续修四库全书》本。
③ 胡德琳、蓝应桂修,周永年、盛百二纂《(乾隆)济宁直隶州志》,清乾隆五十年(1785)刻本。胡德琳在乾隆三十四年任济宁知州,开始编此志,召集盛、周等人同纂,并于乾隆三十五年之夏完成初稿。随后,胡氏升任东昌府知府,估计周、盛也跟着他到了东昌修志。可见,周氏、盛氏在当时可能是胡氏的幕客。

余言张子茂初之好学，余心识之。……"① 因此，周氏在当时就应已开始参与《东昌志》的编修了。

乾隆三十八年闰三月周永年被征召入京编修《四库全书》，据《清史稿》卷109"志八十四"载："（乾隆）三十八年，诏开四库馆。延置儒臣，以翰林官纂辑不敷，大学士刘统勋荐进士邵晋涵、周永年，尚书裘曰修荐进士余集、举人戴震，尚书王际华荐举人杨昌霖，同典秘籍。后皆改入翰林，时称'五徵君'。此其著者也。"② 除偶尔出任地方考试官外，此后至乾隆四十七年，周永年一直在北京修《四库》，不可能直接参与修《东昌府志》之事。不过，其时周氏在馆中担任校勘《永乐大典》纂修兼分校官，主要负责大典本编纂与校对，正可以利用其身份摘抄出《大典》"东昌府"部分，提供给《东昌府志》编者参考。因此，尽管周永年实际参与修《东昌府志》的时间不长，但《（乾隆）东昌府志》仍将其列为首席主纂者，显然应是对其提供《大典》材料工作的充分肯定。

关于周永年抄录《大典》材料一事，还可以从以下两个方面来证明。

其一，四库馆开馆期间，录副大典本的现象非常普遍③，而周永年正好是其中一个突出的代表。程晋芳《勉行堂文集》卷5"周官新义跋"载："《周官》旧二十二卷，此吾友周书沧从《永乐大典》录出者，得十六卷，而地官、夏官缺焉。……余与书沧、孔荭谷各抄一本。"可知，《周官新义》是周永年（字书昌，一作书沧）从《大典》中辑出的，程晋芳和周永年等均将此书录副。另据《标点善本题跋集录》载："《斜川集》六卷二册，宋苏过撰，周永年辑，清乾隆间济南周氏林汲山房钞本，近人邓邦述手书题记。……封面有林汲山房传钞字，林汲为山东周书昌先生斋名，与邵二云同在史馆，同辑《永乐大典》，一时竞写未见之书，故往往一书而互有详略，不独此书然也。乙丑春，群碧再记。"④ 这里提到周氏不但录出有大典

---

① 盛百二：《柚堂文存》卷4。
② 赵尔巽等：《清史稿》，中华书局，1976，第3187页。
③ 参张升《〈永乐大典〉流传与辑佚研究》，北京师范大学出版社，2010，第167~179页。
④ 台北"中央"图书馆特藏组编《标点善本题跋集录》下册，台北"中央"图书馆，1992，第525页。

本《斜川集》，而且说其"竟写未见之书"。因此，周氏录副的大典本应是不少的。

当时馆臣录副，固然有时是他们自己誊抄，但更多的时候是雇抄手抄录，故当时馆臣家中活跃着众多抄手的身影，例如，周永年家即雇抄手十人帮其抄书，据前引桂馥"周先生（书昌）传"载："……后成进士，欲入山治《仪礼》，被征纂修《四库》，……借馆上书，属予为《四部考》，佣书工十人，日钞数十纸，盛夏烧灯校治，会禁借官书，遂罢。"有这么多抄手帮助，周永年摘抄出《大典》"东昌府"部分应该是比较容易的。

其二，四库馆臣替在外地者录副大典本的现象也很普遍①。周永年录副之大典本，亦有投寄外地者，据汪辉祖"书金楼子后"载："太史（指周永年）从《永乐大典》辑录《金楼子》六卷，命致鲍君以文者，亦俨然在焉。"② 可见，周永年曾从《大典》中辑出《金楼子》并投寄给在外地的鲍廷博（字以文）。另据周永年"致桂未谷函"云："宋元人医书，《大典》甚多，不知何者为外间所无。求陈先生速开一单，从荭谷处寄来。此刻王史亭先生现办此门故也。要先开其最难得者。"③ 可见，周氏还能根据需求者所开书单，按书单从《大典》中抄出佚书或相关材料寄回。因此，周永年完全有可能将《大典》"东昌府"部分录出寄回东昌府。

综上所述，笔者推测《（乾隆）东昌府志》中所引的《大典》材料是周永年从四库馆中录出寄回的。《（乾隆）东昌府志》初稿修成于乾隆三十九，但在后来还不断续修，直至乾隆四十二年胡德琳复任东昌府知府后才刊行，因此，周永年完全有时间从容摘抄《大典》材料以寄回，而《东昌府志》编者亦能从容利用周氏所抄的《大典》材料以助修志。

二 《永乐大典》与《（道光）观城县志》

《（道光）观城县志》十卷首一卷，是道光十八年知县孙观纂修的，于

---

① 参张升《〈永乐大典〉流传与辑佚研究》，北京师范大学出版社，2010，第171-172页。
② 萧绎：《金楼子》附，中华书局1985年影印《丛书集成初编》本。
③ 王献唐辑录《顾黄书寮杂录》，齐鲁书社，1984，第3页。王嘉曾（号史亭）当时为四库馆中《永乐大典》纂修兼分校官。

道光十九年修成梓行。该志也征引了一些《大典》的文字，那么，这些文字又是从哪里来的呢？

1. 《（道光）观城县志》对《大典》的征引

《（道光）观城县志》对《大典》的征引，一般会在其后标注出处为《永乐大典》，例如，该志卷2"舆地志"第16页载："弓兵三十名（《永乐大典》）。"卷2"舆地志"第11页载："慈善坊，在县治南。仁义坊，在县治北（《永乐大典》。今废）。"《（道光）观城县志》共征引《大典》14条。

需要注意的是，《（道光）观城县志》有时对《大典》的征引是间接引用的，例如，该志卷2"舆地志"第16页载："《永乐大典·东昌志》：范县、朝城并有急递铺。观独无，以其僻也（《观录》）。""东昌府崇武水驿。（崇武，《永乐大典·东昌府志》作荣武）。"以上的间接征引给我们两点启示：其一，《（道光）观城县志》所引《大典》应多与《大典》"东昌志"有关。其二，《（道光）观城县志》所引的《大典》"东昌志"应来自《观录》，因为如果《（道光）观城县志》是直接引自《大典》原书，为何还要在其后标注《观录》呢？

2. 《（道光）观城县志》所引《大典》的来源

既然《（道光）观城县志》所引《大典》是来自《观录》，那么，我们先来看看《观录》中所引《大典》的来源。

《观录》为盛百二所著，已佚。盛百二，字秦川，又字相舒，号柚堂，浙江嘉兴人，乾隆二十一年举人，官山东秀水、淄川知县，所著有《柚堂文存》《观录》等。据《（道光）观城县志》孙观序载："……乾隆丙戌，秀水盛秦川先生权篆斯邑，欲修邑志，以瓜期迫促，事不果行。后纂东昌、济宁诸郡志，每见有涉于观者，辄手书之，条分类析，编为四卷，名曰观录。……而于前明一代典故尤加详焉，阅今有七十年矣。"卷9"艺文志"第37页"观录序（姓名无考）"载："壬寅秋，柚堂先生自泺源移席曹南，示余以《观录》四卷，盖丙戌、丁亥间先生曾守观城篆，以其志之阙略模糊，不能忘情，十余年来历修历城、东昌、济宁诸志，博采群籍，见有涉于观事，笔而记之。"可见，盛氏在任观城县知县期间，欲修志书未果，但此后一直留意关于观城的资料，每遇这方面的材料即记录下来，分类编排，终成《观录》一书。

如同周永年与胡德琳之关系一样，盛百二与东昌府知府胡德琳关系也不错①，亦曾随胡氏修过多种志书。乾隆三十七年胡德琳倡修《东昌府志》时，盛氏与周永年等一起参与其事。随后，周永年入四库馆修书，从中摘抄出《大典》"东昌府"材料以供修志，而盛氏当时仍在志局，当然能看到这部分《大典》材料。而且，观城原就属于东昌府，至清朝雍正八年才改属濮州，《大典》"东昌府"中肯定会收有关于观城的内容，而盛氏又一直留心观城的材料，因此，他自然会趁机将有关材料抄入其《观录》一书中。前引盛百二"观录序"载："……中所引《永乐大典》，盖明初东昌志也；东昌旧志，则万历时所修也。"这说明：其一，《观录》确实引用了《大典》的材料；其二，《观录》中所引的标注为《大典》的材料，均出自《大典》明初"东昌志"（也就是上述的"永乐旧志"）。这恰好可以证明《观录》中所引的《大典》材料是盛百二利用其修《（乾隆）东昌府志》的机会从《大典》"东昌府"中摘抄的。

那么，《观录》所引的《大典》材料为何出现在了《（道光）观城县志》中呢？

前引《（道光）观城县志》孙观序载："……公余多暇，偶检得先生是书（《观录》），乃进邑之绅士广为采访，而于长夏枯坐，宵灯不寐之时，手自钞辑，凡旧志所载与通志、《观录》有异同者，皆悉存之。于引用诸条之下，各著其书名，以备参考。"可见，《观录》中所收的材料，《（道光）观城县志》是尽可能收入的。《观录》中所引的《大典》，该志当然也会抄入。

另外，需要注意的是，正如前述《（乾隆）东昌府志》征引他书之文字有一些可能是出自《大典》一样，《（道光）观城县志》征引他书之文字也有一些可能是出自《大典》，因为：其一，《（道光）观城县志》征引之书中有很多是与前述《（乾隆）东昌府志》转引自《大典》之书相同的，如《明清类天文分野书》《元一统志》《元和郡县图志》《太平寰宇记》《九域

---

① 周永年与盛百二的关系也不错，据周永年《林汲山房遗文》（上海古籍出版社影印《续修四库全书》本）"盛秦川六十寿序"载："余交于先生二十年矣，……己亥春仲为先生六十览揆之辰，因书一时问答之语侑觞焉。"

志》等，其中《元一统志》本就是佚书，既然《（乾隆）东昌府志》的编者不可能看到，《（道光）观城县志》的编者也不可能看到。其二，《（乾隆）东昌府志》在转引《大典》他书材料时，往往不标注《大典》而直接标注原引书名，这种标注法，显然也有可能影响盛百二。盛氏在《观录》中标注出处时，只将出自《大典》"东昌府志"的文字标注为《大典》，而有可能将一些转引自《大典》的材料只标注原引书名。其三，据《（道光）观城县志》卷1"舆地志"第19页载："《元一统志》：三乡，曰安定，曰崇福，曰里仁。《东昌府志》：三乡，吴娄，宗娄，耿堌（《永乐大典》）。"如果《（道光）观城县志》是直接引自《元一统志》，为何还要在其后标注《大典》呢？这说明《（道光）观城县志》（包括《观录》）所引的《元一统志》，其实都是转引自《大典》。

三　结论和思考

综上所述，可以得出以下两点结论。

其一，《（乾隆）东昌府志》和《（道光）观城县志》均征引了不少《大典》中的材料，而这些材料都是来源于周永年从四库馆中录出的《大典》"东昌府"部分。其中《（道光）观城县志》引用《大典》材料的过程稍为曲折一些：盛百二利用其参与纂修《（乾隆）东昌府志》的机会，得以将《大典》"东昌府"中涉及观城的内容摘抄入其所著的《观录》一书；其后，孙观将《观录》一书所收的相关材料抄入《（道光）观城县志》中。

其二，《（乾隆）东昌府志》所征引的"永乐旧志"以及《明清类天文分野书》《元一统志》《元和郡县图志》《太平寰宇记》《九域志》等书的文字，均应是出自《大典》"东昌府"。《（道光）观城县志》征引的《明清类天文分野书》《元一统志》《元和郡县图志》《太平寰宇记》《九域志》等书的文字，也均应是出自《大典》"东昌府"。

另外，通过探讨《永乐大典》与这两部山东地方志关系，我们可以从中得到两点启发。

其一，长期以来，学界一直十分关注《永乐大典》残本的下落及《大典》材料的利用情况（包括各种大典本），但是，还从未有学者提到过这两部方志征引过《大典》，因此，本文是首次披露这一新发现——《大典》材料的新发现。这一发现，应该会对《大典》及大典本研究有一定的推动作用。而且，当时四库馆臣非常多，他们中是否也会有人与周永年一样录出《大典》材料以供修志之用呢？是否在其他方志中也会新发现有引用《大典》的情况呢？由四库馆臣录出而流传至今的《（嘉泰）吴兴志》《（淳祐）临安志》《（嘉定）镇江志》《（至顺）镇江志》等大典本，既没有《四库》提要又不收入《四库》，甚至四库馆签佚书单中也不见著录，是否也是当时馆臣私自从《永乐大典》录出的呢？这些问题都值得我们进一步思考。

其二，我们可以利用《（乾隆）东昌府志》和《（道光）观城县志》进行辑佚书的工作。例如，目前，《大典》"东昌府"（卷6280～6284）、《（永乐）东昌府志》均已佚，我们可以将上述《（乾隆）东昌府志》和《（道光）观城县志》所有征引自《大典》的材料摘抄出来，再参考马蓉等编《永乐大典方志辑佚》中所收的两条《东昌府志》材料，可以在一定程度恢复《大典》"东昌府"及《（永乐）东昌府志》的原貌。又如，赵万里曾从《大典》残本中辑出过《元一统志》，但并没有利用到《大典》"东昌府"（卷6280～6284）所引的《元一统志》的材料，因而我们可以对其进行补辑。还有，盛百二《观录》目前已遍寻不见，可能已佚，我们完全可以从《（道光）观城县志》中辑佚出一部较完整的《观录》。

第二节　法式善藏大典本宋元人集考

法式善（1752～1813），清代文学家、诗人，蒙古察哈尔正黄旗（今察右前旗）人，乌尔吉氏，原名运昌，字开文，号时帆，又号梧门；乾隆庚子（1780）进士，改庶吉士，散馆授检讨，后官至国子监祭酒；著有《清秘述闻》《槐厅载笔》《梧门诗话》《八旗诗话》《朋旧及见录》《诗龛声闻集》《陶庐杂录》《存素堂诗集》《存素堂文集》等。法式善嗜书（尤其是诗）如命，利用自己特殊的身份，再加上勤奋及用心，曾经购买和录副了一大批《四库》大典本稿本宋元人集（主要是诗集），共有一百余种。尽管当时有不少学者曾录副和购买过《四库》大典本稿本，但如此巨数，实为空前绝后。由于《四库》大典本的特殊性，以及法氏所购买、抄录的是大典本稿本，因此，这批书自然应该成为我们研究宋元诗文集及《四库》编修的珍贵材料。但是，除个别学者零星使用之外，学界对这批书的流传及真正面貌并不清楚。因此，本节拟对这批书的基本情况及流传过程作详细的考察，以便今后学界更好地了解和利用这些珍贵的书籍。

一 大典本稿本

1. 法式善购得

《四库》修成后，其底本、稿本大多集中收藏于翰林院。由于翰林院管理不善，这些《四库》底本、稿本后来大量地流散于外，其中一些被法式善购得。

据法式善《陶庐杂录》载："十年前，余正月游厂，于庙市书摊买宋、明《实录》一大捆，虽不全之书，究属秘本，未及检阅，为友人携去，至今悔之。又得宋元人各集，皆《永乐大典》中散篇采入《四库》书者，宋集三十二种，元集二十三种，统计八百二十三卷。北宋人《文庄集》三十六卷，夏竦撰；《金氏文集》二卷，金君卿撰；《都官集》十四卷，陈舜俞撰；《郧溪集》三十卷，郑獬撰；《王魏公集》八卷，王安礼撰；《云溪居士集》三十卷，华镇撰；《日涉园集》十卷，李彭撰。南宋人《初寮集》八卷，王安中撰；《横塘集》二十卷，许景衡撰；《庄简集》十八卷，李光撰；《忠穆集》八卷，吕颐浩撰；《紫微集》三十六卷，张嵲撰；《相山集》三十卷，王之道撰；《大隐集》十卷，李正民撰；《澹斋集》十八卷，李流谦撰；《北海集》十六卷附录三卷，綦崇礼撰；《浮山集》十卷，仲并撰；《方舟集》二十四卷，李石撰；《香山集》十六卷，喻良能撰；《宫教集》十六卷，崔敦礼撰；《尊白堂集》六卷，虞俦撰；《东塘集》二十卷，袁说友撰；《涉斋集》十八卷，许纶撰；《缘督集》二十卷，曾丰撰；《山房集》九卷，周南撰；《鹤林集》四十卷，吴泳撰；《东涧集》十四卷，许应龙撰；《涧泉集》二十卷，韩淲撰；《臞轩集》十六卷，王迈撰；《敝帚藁略》八卷，包恢撰；《梅埜集》十二卷，徐元杰撰；《碧梧玩芳集》二十四卷，马廷鸾撰。元人《墙东类稿》二十卷，陆文圭撰；《青山集》八卷，赵文撰；《紫山大全集》二十六卷，胡祗遹撰；《青崖集》五卷，魏初撰；《养吾斋集》三十二卷，刘将孙撰；《双溪醉隐集》八卷，耶律铸撰；《东庵集》四卷，滕安上撰；《畏斋集》六卷，程端礼撰；《陈秋岩诗集》二卷，陈宜甫撰；《兰轩集》十六卷，王旭撰；《西岩集》二十卷，张之翰撰；《勤斋集》八卷，萧㪺撰；《榘庵集》十五卷，同恕撰；《伊滨集》二十四卷，王沂撰；《积斋集》五卷，程端学撰；《瓢泉吟稿》五卷，朱晞颜撰；《子渊诗集》六卷，张仲深撰；《吾吾类稿》三卷，吴皋撰；《性情集》六卷，周巽撰；《樗隐集》六卷，胡行简撰；《庸庵集》六卷，宋禧撰。外附《庐山集》五卷，元董嗣杲撰；《英溪集》一卷，不著撰者姓氏。书写不工，似未及校对之本。余维物少见珍，什袭藏之。有人许易二千金，靳弗予也。"①

以上这些大典本稿本的数量，法氏本人的统计为：宋集32种，元集23种。其中《庐山集》五卷、《英溪集》一卷是作元集两种计算的。其实，此两集均为宋董嗣杲撰，因此，法氏的统计数不对，应改为：宋集34种（33家），元集21种（21家），合计55种（54家）。至于卷数，法氏统计为：823卷。笔者据上文著录重新统计，实为807卷。其时法氏并未对这些稿本进行整理（如将《庐山集》、《英溪集》误为元集），故在统计上有疏误是可以理解的。

法式善所购得的这批书均为《四库》大典本稿本，现绝大多数藏于国图，其卷首均钤有法氏藏书印（如"诗龛藏书印""诗龛书画印""诗龛居士存素堂图书印""存素堂珍藏印"等）。笔者一一查看过国图所藏的这批书原本的胶片，发现确实有不少书如法氏所说的"书写不工"。考虑到这批书均没有钤翰林院印，而且它们是在《四库》修成后不久即流出于厂市，为法氏购得，因此，笔者推测它们有可能是四库馆淘汰下来的抄本，并未经翰林院正式入藏。但是，其中有些书抄写也算工整，为何还会淘汰呢？笔者推测，淘汰可能还有别的原因。此存以待考。

2. 为刘喜海所得

在嘉庆十八年（1813）法式善去世后，此批藏书很快就流入刘喜海之

---

① 法式善：《陶庐杂录》，中华书局，1997，第62~63页。

手（参下文所引翁氏父子日记）。刘喜海是清代道、咸年间著名的金石学家、古泉学家和藏书家，字燕庭（又作燕亭、砚庭）、吉甫，山东诸城人。刘氏在京城任职期间，收得了大量图书，其中有不少是《四库》底本、稿本等，而且，他还大量地抄书。因此，法氏之藏书流入刘氏之手，也是很正常的。国图所藏的法氏原藏大典本稿本中，就有四种（《东庵集》、《日涉园集》、《畏斋集》、《紫微集》）卷端有刘氏藏印（"燕庭藏书"）。

刘喜海于咸丰三年（1853）卒于京师，其藏书归其长子刘虞采（字载卿，官通判）所有。咸丰十年，刘虞采拟离京返诸城，将其藏书售予书商，而法氏所藏的大典本稿本也在所售书之中。

3. 为翁同龢所得

刘氏当时散出之书，有不少被翁同龢购得。翁同龢（1830～1904），翁心存之六子，字叔平，号松禅，晚号瓶庵居士，江苏常熟人，晚清书法家和藏书家；官至户部、工部尚书，军机大臣兼总理各国事务衙门大臣，是同治帝和光绪帝的两代帝师。翁心存（1791～1862），字二铭，号邃庵，道光壬午（1822）进士，改庶吉士，授编修，官至体仁阁大学士。关于刘氏藏书散出及购得法氏原藏大典本稿本之事，翁氏父子在日记中均有记载。

《翁心存日记》载，咸丰十年（1860），"（十一月）十三日，……三槐堂书肆以书目来求售，索直甚昂，力不能购也，或择取数种尚可耳。其书皆出刘燕庭家，其郎君将归诸城，遂以所藏书贱鬻于书估，止得三百金，可叹也。"咸丰十一年（1861），"（二月）十四日，……六儿得□□□（引者按：此三字疑为'刘燕庭'）出（皆从《永乐大典》抄出，《四库提要》已著录）宋人集三十二家，元人集二十三家，□□百四十六册，为整齐之。"①

《翁同龢日记》载，咸丰十年（1860），"（十一月）十三日，……修伯以书目见示，云是燕庭先生家物，书凡数百种，多宋人集并金石、地理等书，索五百金。得书目七十七本于三槐堂书坊，亦刘氏物。"咸丰十年

---

① 以上分别见张剑整理《翁心存日记》第四册，中华书局，2011，第1569、1591页。

(1860),"（十一月）十八日，……到三槐堂遍观刘燕庭家书籍。"咸丰十一年（1861），"（二月）初九日，……三槐堂书贾来，以诗龛所藏抄本宋、元人集五十余种来，亦刘氏物也（皆从《永乐大典》录者，即《四库》著录本）。"①

从上述可看出，刘氏藏书被三槐堂书店购得，翁氏父子均见到此批书，但是，因价格太贵，翁同龢在咸丰十年十一月只购得其中的书目七十七本②。到次年二月，翁氏最终还是购入了法氏原藏大典本稿本，共"□百四十六册"（据下文可知，应为146册）。此批稿本中的《涉斋集》十八卷，孙衣言曾在翁家见过，据其《逊学斋文钞》卷十"跋翁叔平庶子所藏写本许及之集"载："许深甫《涉斋集》十八卷，……此集仅有《四库》本，今年予在京师居南横街同年袁筱坞学士所，与翁叔平庶子同巷，偶属庶子觅乡先生集，庶子以此集见示，盖法时帆祭酒诗龛所藏《四库》副本，既命友人录副，复为校勘所疑者，仍以归之庶子。"③

后来，此批大典本稿本又流入了樊增祥之手。

4. 为樊增祥所得

樊增祥（1846~1931），原名樊嘉，又名樊增，字嘉父，别字樊山，号云门，晚号天琴老人，湖北省恩施市人；光绪进士，历任渭南知县、陕西布政使、护理两江总督；辛亥革命爆发，避居沪上；袁世凯执政时，官参政院参政；著有《樊山全集》。

这批书归了樊增祥后，傅增湘在1927年（丁卯）曾见到过，据傅增湘《藏园群书题记》"校四库馆钞本双溪醉隐集跋"载："岁在丁卯，偶谒樊云门前辈，言箧中有宋、元人集百许册，皆乾隆时写本，为法梧门诗龛故物。因请观之，凡宋人三十二家，元人二十三家，咸由《大典》辑出，即《陶

---

① 以上分别见陈义杰整理《翁同龢日记》第一册，中华书局，2006，第8、87、100页。
② 后来，这批书目一直藏于翁家。到1950年，北图从翁家后人之手购得，现藏国图善本部。参冀淑英《冀淑英古籍善本十五讲》，北京图书馆出版社，2009，第88~89页。
③ 孙衣言：《逊学斋文钞》，上海古籍出版社1996~2003年影印《续修四库全书》本，第1544册，第419页下。

庐杂录》所记得诸庙市四库馆之副本也。"① 傅氏曾借校过其中十余种②，据《藏园群书题记》卷13"校钞本公是集跋"载："余尝谓宋元人集，凡辑自《永乐大典》者，多苦无旧本可校，然若得当时四库馆钞本，于文字必多所补正。盖馆中初辑出时，犹是《大典》原文，指斥之语不及芟除，忌讳之词未加修。及经馆臣辑编，则有移易卷第，删落文字（如青词之类删至全卷，防御、边夷之属删及全篇及数百字者），及修饰词句之弊，已非本来面目矣。十余年前，曾见得法梧门家钞录宋元人集数十家，余曾校十数种，所获佳胜至多。嗣得孔荭谷、李南涧家钞本亦然，可知钞本之可贵。""雪山集残本跋"载："余尝谓《大典》辑出之书要以得馆中初编本为贵，缘尚未经馆臣之笔削，则去古犹未远耳。余昔年曾获见法梧门藏宋、元人集四十种，皆馆中初钞本，偶取勘数帙，知其胜于聚珍版本者实多。"③

在借校期间，傅氏还居中作介拟将此批稿本售予商务印书馆，据《张元济傅增湘论书尺牍》所收1927年5月15日傅信载："樊山托售《四库》底本宋元人集五十余部，其中未刻者占八九成，言售五千元，不知馆中可留否（有数部非馆钞）？此可为《四库全书》之预备也。如要，俟钞目寄上。"④

张元济对此批书非常感兴趣，随即表示希望傅氏能抄寄详细书单："樊山所藏《四库》底本宋元人集是否原稿？抑系清本？来示谓有数部非馆钞，然则多数皆馆中誊正清本矣。可否请代乞一目寄示，再行商办。"⑤

随后，傅氏即抄寄了一份樊增祥要出售的《四库》底本（实为稿本）宋元人集细目，据民国十六年六月四日张元济致傅增湘函附"傅沅叔寄来樊樊山托售书目及张氏批注"载："《北海集》四十六卷附录三卷，计五本，宋綦崇礼。……（傅沅叔寄来樊樊山托售书目，云尚有十余种未曾列入，索价六

---

① 傅增湘：《藏园群书题记》，上海古籍出版社，1989，第785页。另可参傅增湘《藏园群书经眼录》（中华书局，1983）第1311页"双溪醉隐集八卷"载："清写本。法式善旧藏，即《陶庐杂录》中所记之得诸庙市四库馆副本也。樊樊山老人增祥藏。"
② 国图所藏傅氏手校本《日涉园集》、《双溪醉隐集》、《吾吾类稿》，均为傅氏据法氏藏本校过，校勘时间在1927年5月至10月间。此条信息为国家图书馆研究馆员王涵女士提供，谨致谢忱。可见，在此期间，傅氏一直可以借观樊氏所藏的这批大典本稿本。
③ 以上分别见傅增湘《藏园群书题记》，第657、731页。
④ 张元济、傅增湘：《张元济傅增湘论书尺牍》，商务印书馆，1997，第785页。
⑤ 张人凤编《张元济书札》（增订本），商务印书馆，1997，第1129页。

千元，称多数系《四库》清本。张元济，十六年六月三日）、（书凡五十五种，共一百四十一本。本馆所有者只十二种，共一百四十一本。商之同人，多以为际此时局，金融停滞，凡此不亟之支出，拟一概停止。机缘不巧，未能应命，负歉之至。并祈向樊山先生婉言为幸。十六年六月四日复）。"① 看过书单后，张氏表示因资金问题不予购买。此后，傅氏又去信表示价钱仍可商量："钞本宋元人集中有四十余种是未刻者，然昨借来《双溪醉隐集》、《吾吾类稿》二种，较之刻本均大胜，恐是《四库》初成书时馆中抄存之本。然五千终觉太贵（为册约一百五六十，每册百余叶），公意何如？可惜红格书手不精，不能付印耳。公处不收，则恐归日本矣。"② 但是，张元济仍无意购买："钞本《宋元人集》写本不精，不能付印，即价可酌减，亦只可作罢。"③ 傅氏对此一结果只能表示遗憾："宋元集实可惜，此间有人拟合力购之。"④

不过，到九月，傅氏又表示可落价为四千："库钞宋元人集与梦旦谈及，渠以未刻者有四十余种之多，钞虽不精，然用仿宋字排印大可行销。盖宋人元人集五十五种，印成亦是巨观，大可哄动一时也。现落价四千元，只合廿余元一册（每册在百叶外），亦不为贵。梦旦亦为函达，想公必有卓见。恃总以散去可惜，馆中留之为宜也。"⑤ 然而，张氏对此反应仍不积极，只是在回信中简单一提："樊氏《宋元人集》亦已并告梦翁酌议。"⑥ 此后再无下文。可见，商务印书馆最终还是没有购入此批书。

据上述出售书单细目可知，共有宋元人集55种，这正符合法氏所藏那批大典本稿本之数量。不过，笔者经过与法氏所藏55种相比对发现，此书单缺《庐山集》《英溪集》两种，但多了《文忠集》六卷（一本）、《中庵集》二十卷（三本）。也就是说，尽管种数相同，但是所收之书仍略有差异。不过，需要注意的是，多出的两种，虽然并不在法氏原来所购的稿本中，但是，法氏藏书目录《存素堂书目》、《诗龛藏书目录续编》分别著录

---

① 张人凤编《张元济书札》（增订本），第1130~1132页。
② 张元济、傅增湘：《张元济傅增湘论书尺牍》，第159页。1927年6月9日傅信。
③ 张人凤编《张元济书札》（增订本），第1134页。1927年6月19日。
④ 张元济、傅增湘：《张元济傅增湘论书尺牍》，第162页。1927年6月20日傅信。
⑤ 张元济、傅增湘：《张元济傅增湘论书尺牍》，第170页。1927年9月1日傅信。
⑥ 张人凤编《张元济书札》（增订本），第1138页。1927年9月14日。

了这两种书①，而且国图所藏的翰林院抄本《文忠集》卷端就有法氏藏印，因此，这两种书应该也是法氏购入的大典本稿本，只不过不是与《陶庐杂录》所载的那批书一并购入的。可见，法氏除了整体购入 55 种大典本稿本外，还零星购入过另外一些大典本稿本。

张氏在批注中提到此批书共为 141 册，但是，笔者据樊氏售书单统计，这 55 种实共为 146 册。联系到前述翁氏日记中的"□百四十六册"，可知翁氏所记应该就是 146 册。由于《庐山集》五卷和《英溪集》一卷②不太可能与《文忠集》六卷（一本）、《中庵集》二十卷（三本）的册数相同，因此，这 55 种，应该就是翁氏所见到的那 55 种。也就是说，到翁氏之手时，这 55 种已不包括《庐山集》和《英溪集》，而是包括了《文忠集》、《中庵集》。

前引张元济信中提到"傅沅叔寄来樊樊山托售书目，云尚有十余种未曾列入"，另据《藏园订补郘亭知见传本书目》载："《北海集》四十六卷附录三卷，宋綦崇礼撰。……清四库馆写本，朱栏，八行二十一字，白口，四周双栏。钤翰林院印。法式善旧藏，即《陶庐杂录》所记得诸庙市之四库馆宋元集副本也，约存七十余种，今在樊增祥处，此其一也。"③ 也就是说，樊氏应该有此类大典本稿本约七十余种（包括书单所列的 55 种）。但是，《陶庐杂录》所记得诸庙市之四库馆宋元集副本（稿本）只有 55 种，为何这里会有七十余种呢？而且，据《藏园订补郘亭知见传本书目》载："《双溪醉隐集》八卷，元耶律铸撰。……清四库馆写本，八行二十一字，白口，四周双栏。法式善旧藏，即《陶庐杂录》所记得诸庙市之四库馆副本也。凡五十余种，今均藏樊增祥先生许，余曾借阅、借校，改定时本颇多。"④ 也提到只有五十余种。同样是《藏园订补郘亭知见传本书目》，为何会有两种不同的统计数呢？其实，这两种数字都对。《陶庐杂录》所记确实只有 55 种，但是，法氏所藏的大典本稿本总数应该有 70 余种，因为：其

---

① 法式善：《存素堂书目》四卷、《诗龛藏书目录续编》一卷，二册，稿本，藏国家图书馆善本部。
② 这两种均为宋董嗣杲撰，往往合编成一册，如国图所藏的《四库》底本《庐山集》五卷、《英溪集》一卷就是合为一册的。
③ 莫友芝撰，傅增湘订补：《藏园订补郘亭知见传本书目》，中华书局，2009，第 1179 页。
④ 莫友芝撰，傅增湘订补：《藏园订补郘亭知见传本书目》，第 1304 页。

一，如前所述，法氏除了整体购入55种大典本稿本外，还零星购入过另外一些大典本稿本；其二，查法氏《存素堂书目》、《诗龛藏书目录续编》可知，其共收有大典本宋元人集70余种，其中就包括了《陶庐杂录》所提到的55种；其三，55种是《陶庐杂录》所记之数量，而70余种则是法氏实际的收藏数量。不过，傅氏也提到，这70余种中有数部非馆抄，至于哪几部非馆抄，由于没有原书可供核对，则不得而知了。

另外，还需说明的是，樊氏既然共有法氏原藏的大典本70余种，为何所开的出售细目中只开具55种呢？笔者认为，樊氏为了取信于张元济，在开书单时是参考了《陶庐杂录》的著录的。因此，尽管与《陶庐杂录》所记的55种相较少了《庐山集》《英溪集》而多了《文忠集》《中庵集》，但多出的这两种既是法氏所藏的大典本稿本，又是元人文集（而《陶庐杂录》正好也将《庐山集》《英溪集》归入为元集），与《陶庐杂录》所记还是基本契合的。由此亦可证，樊氏所藏的法氏原藏大典本中是没有《庐山集》《英溪集》的。

5. 入藏北图（国图）

除《庐山集》《英溪集》《秋岩诗集》《澹斋集》《中庵集》五种外，法氏所藏的这批大典本稿本（包括《陶庐杂录》著录的和樊氏售书单中的）现绝大多数已入藏国图。那么，这批书（应该是作为整体入藏国图的）是何时入藏国图的呢？查这批书原本可知，其不但卷首有法氏藏章，而且卷首和末页均钤有"北京图书馆藏"印。北京图书馆使用此印是在1949年中华人民共和国成立之后（此前则钤北平图书馆、京师图书馆等印），因此，这批书应该是在中华人民共和国成立后入藏北图的。再查北图编《北京图书馆善本书目》，这批书已收入其中。该书目主要是著录中华人民共和国成立十年（1949~1959）新入藏之书的，据此亦可证这批书应是中华人民共和国成立后入藏北图的①。

---

① 北京图书馆编《北京图书馆善本书目》（中华书局，1959）"编例"云："一、本编所收，以建国十年来新入藏书为主。……一九三七年至一九四八年陆续收入之书，亦随同编入。"尽管其提到该目也包括1937~1948年间收入之书，但结合上面的藏章看，应该还是中华人民共和国成立后收入的可能性更大。另外，樊氏是在1931年去世的，而此批书是北图在中华人民共和国成立后收入的，那么，在1931年至北图收入期间，此批书是否一直在樊家？而北图具体于何时、何人之手收得？均不清楚。此存以待考。

综上所述，这批法式善原藏大典本稿本的流传轨迹大致可以描述如下：四库馆（翰林院）——法式善——刘喜海——三槐堂——翁同龢——樊增祥——北图（国图）。

二 大典本录副本

法式善一生酷爱藏书、抄书，故于入四库馆后，发现其中多有外间难得一见的秘本，即想方设法进行录副，据其《存素堂文集》卷3 "存素堂书目跋"载："余束发嗜书，北地书值昂贵，贫士尤难力办，三十年来，一瓿一袭，悉以易书。自壬子年后，海内藏书家多以副本远贻，翰林院官书又得时时借抄。"① 壬子年，即乾隆五十七年。其时七阁书均已抄完且基本复校完，在京的众多书手无事可做，法氏当时又任翰林院提调官②，正可以利用此机会借抄官书。因此，他大规模地抄大典本，应该是在乾隆五十七年之后。

法氏当时所抄的对象，主要是收藏在翰林院的大典本稿本。据法式善《陶庐杂录》载："……借钞官书，不得过多时日，携归又恐污损。是年因誊写七阁书甫毕，书手闲居京师者甚多，取值特廉，余以提调院事，小史亦有工书之人，拣《永乐大典》中世所罕见而卷帙较略者，分日钞缮，受业生徒十余人亦欣然相助。阅三月而功蒇，钜集则不暇及矣。"③ 当时仅用了三个月就抄完了这套《宋元人诗集》，可见速度之快。另据《存素堂文集》卷3 "古夫于亭杂录钞本跋"载："《古夫于亭杂录》五卷，为带经堂三十六种所未载，朱珈坡同年觅此三十年不可得，若饥渴然，属余借秘阁本钞之，楮墨之费，委诸乃弟野云山人。山人集钞手六七人于瀛洲面水小

---

① 关于法式善录副大典本的情况，可参张升《〈永乐大典〉流传与辑佚研究》，北京师范大学出版社，2010，第194－201页。另据法式善《存素堂文集续集》卷四"孙学斋书库记"载："迨入翰林，司四库书局，奇文秘册，弗忍释手，每假小史钞之。旬日辄过书肆流览。贾人知余嗜书，未见之本，必留以待归余。而官书难购，特藉余钞之，故于余亦不昂其值也。"（《续修四库全书》本，第1476册，第767页上）法氏还代书商抄官书，更可证法氏抄书规模之大。

② 乾隆五十七年（1792），法式善任翰林院功臣馆提调官，负责对翰林院中修《四库》余下的大量图书进行清理。参阮元编《梧门先生年谱》，清嘉庆二十一年（1816）刻本。

③ 法式善：《陶庐杂录》，第67－68页。

阁间，阅十日，始蒇事。"可见，当时召抄手入翰林院中抄书，应该是比较容易的，故法氏能这么快地抄得如此多的大典本。

法式善《陶庐杂录》记录了其录副大典本宋元人诗集的成果："余既抄《江湖小集》九十五卷（旧本题宋陈起编，凡六十二家），《江湖后集》二十四卷（宋陈起编，原本久佚，今从《永乐大典》录出。按《大典》有《前集》、有《后集》、有《续集》、有《中兴江湖集》，较世传《江湖小集》多四十七家，诗余二家，又有已见小集中而诗未载者十七家），《两宋名贤小集》一百五十七卷（旧本题宋陈思编，元陈世隆补），复借抄《四库》底本宋人杨亿《武夷新集》诗五卷、……于石《紫岩诗选》三卷（以上五十九家，二百二十七卷，存素堂墨格纸抄）；……复借四库底本抄元人艾性夫《剩语》二卷、……赵汸《东山存稿》诗一卷（以上二十二家，八十二卷，皆用存素堂墨格纸抄）。"①

以上共计 81 家（种），309 卷。不过，法氏的统计有误。笔者对以上书单重新统计发现，其实只有 301 卷。这种误差是可以理解的，因为法氏在前引《陶庐杂录》文后接着说："粗校一过，底本即归大库，其中缺略讹舛极多，卷数与原书亦有不符处，则小史之所为。何日得同志排纂勘阅，补缺删复，勒为成书，亦学士大夫所乐观厥成者也。"可见，当时法氏还未对这些抄稿作整理。

大概没过多久，法氏即对这些抄稿进行整理，其整理成果应该就是《诗龛藏书目录续编》所著录的"宋元人集钞"。后来，这一套录副本基本完整地保存了下来，即现藏于国家图书馆善本部的法式善辑《宋元人诗集》82 种、270 卷。查该书可知，其共有 30 册，为存素堂抄本，卷首有藏印："北京图书馆藏""陶庐藏印""诗龛鉴藏""诗龛书画印""西涯""梧门""法式善印""诗龛墨缘""法式善鉴藏印"等。其所收书与前引《陶庐杂录》所载的 81 种相较，多了《北海集》一种（《陶庐杂录》可能是漏记了）。至于卷数，国图著录为 270 卷，其实不对，因为笔者据其细目统计为 275 卷。另外，关于此书的卷数统计，还有两点需要注意。其一，尽管法氏

---

① 法式善：《陶庐杂录》，第 67~68 页。

| 第 六 章 | 大典本研究

本人原来就是希望抄诗集，而且，此集所收绝大部分也是诗，但是，可能是由于抄胥粗心所致，其中仍然收有个别文章（例如，《胡澹庵先生文集》六卷附录一卷，其中正文六卷中有五卷为文，附录一卷也是文；《梁溪遗稿诗钞》一卷《文钞》一卷，其中《文钞》一卷也是文）。当然，在统计全书卷数时，这些文章（包括附录中的）也是要统计进去的。其二，此集所抄的诗，其卷次往往保留其在原集中的卷次，而不作重新编次。例如，原集第五卷才是诗，那么法氏抄本开头一卷即标为第五卷。如果原集所收的诗只有一卷，此集在抄录时往往就不标卷次。

综上所述，《宋元人诗集》共收宋元人集应为82家，83种（《庐山集》《英溪集》为两种一家），275卷。

那么，《宋元人诗集》的流传过程又是怎样的呢？

据叶昌炽《缘督庐日记抄》卷九载，光绪二十七年五月二十七日，"至薇孙斋，久谈。见法梧门所钞宋元人小集，董绶金同年以八金得之，共八十册，书痴有此奇遇，不觉令人生妒心！"① 八十册，疑为八十家之误。《宋元人诗集》实有82家，记录偶误，或只举其整数而言，是可以理解的。薇孙，即恽毓鼎（1862~1917），字薇孙，一字澄斋，河北大兴人。光绪二十七年，为1901年。可见，其时此书已流入董康（字授经，又作绶金）之手。

此后，郑振铎在其日记中也提到了此书："（1940年）2月5日，……杨君送来法式善钞本'宋元人诗集'目录一纸，计八十二种，都是从《永乐大典》抄撮下来的。他参与《全唐文》编校之役，曾翻检《大典》一遍，他自己把宋元人文集之篇幅不多者钞录成册。其中必有今日失传之作在内。当详细检查一下，便可购入。……灯下，将法氏抄本宋元人文集目录细阅，又翻出几部书目来查对，其中有明刊者凡八种，有清刊及近刊者凡五十三种，仅二十一种未见刊本。且法氏所抄者仅为诗集，凡有文者皆删去，故

---

① 叶昌炽：《缘督庐日记抄》，上虞罗氏蟫隐庐，1933。另可参苏精《近代藏书三十家》，（台北）传记文学出版社，1983，第64页"董康诵芬室"条载："董康自早年任官刑部后，便经常流连厂肆搜访旧书，他曾以仅以八元的廉价，获得法式善（梧门）手抄的'宋元人小集'八十册，被叶昌炽羡叹为'书痴有此奇遇，不觉令人生妒心！'"

多为不足不全之集子。然即此二十多种久佚之宋元人诗，亦已足令人心喜神怡。如果书价不太昂，决当收下。惜仅见目录，未睹其书耳。"① 另据郑振铎"文献保存同志会第四号工作报告（1940年8月24日）"载："所余十万左右，拟再选购刘晦之藏宋元刊本中之最精华者及法梧门抄之宋元人集。四五万元余款，仅敷作为保管、编目及零购之费用耳。"② 可见，郑氏还想代中央图书馆购买此书。

不过，郑氏当时应该并未购入此书，因为此书后来入藏于北图（若是郑氏代购成功，则此书应该会有民国中央图书馆藏印，而且会与中央图书馆其他善本书一起而被运到台湾），并在1959年出版的《北京图书馆善本书目》中有著录："宋元人诗集八十二种二百七十卷，清法式善编，清法氏存素堂抄本，三十册。"与前述法式善原藏大典本稿本一样，此书也只有法氏和北京图书馆的藏印，应该也是在中华人民共和国成立后（1959年前）入藏国图的。

《宋元人诗集》是法氏据翰林院所藏《四库》大典本稿本录副的，与《四库》正本颇有异同，但是，笔者还未见有学者利用过此书，更遑论以之作为校勘的资料，因此，此书的真正价值还有待我们作进一步的发掘。

三 《宋元人集钞存》

法式善"宋元人集钞存序"载："乾隆三十七年诏开《四库》书馆，各省疆吏所搜采，江浙藏书家所献纳，以及绅士词臣所进，殊寥寥焉。继允学士朱筠请，就《永乐大典》各韵采缀成书，而宋元人集克顿复旧观，而订讹阐误，凡经御定，义例灿然，不啻贡芜萃精，较原书更称美善焉。法式善备员编纂，十年中三役其事，因得借稿本广付钞胥，书有关系而世罕传本，又篇叶较少，易于蒇功者，先录之。零金碎玉，积渐而成，阅十五年，得宋人集八十九家七百七十卷，元人集四十一家三百二十八卷，装潢

---

① 陈福康编《郑振铎日记全编》，山西古籍出版社，2006，第111页。杨君，不详，可能是个书商。
② 载陈福康《郑振铎等人致旧中央图书馆的秘密报告（续）》，《出版史料》2004年第1期。

为一百七十七册。"① 也就是说，法氏曾经将其所钞的大典本宋元人集合编为《宋元人集钞存》，共为130家，1098卷，177册。那么，此书与上述的《宋元人诗集》（《宋元人集钞》）是什么关系呢？

笔者认为，《宋元人集钞存》是合并前述的《宋元人诗集》和法氏所购的大典本稿本而成的，因为：其一，《四库》开馆期间，从《永乐大典》中辑出的宋元人集也就是一百多种，基本在《宋元人诗集》和法氏所购的大典本稿本范围内。如果这100多种都是法氏抄的，那法氏为何还要购买其中的55种呢？反之，既然法氏已经购买了其中的55种，则不必再抄了。而且，既然买了，自己还有抄本，为何人家出高价还舍不得卖呢？事实上，法氏所抄的《宋元人诗集》和法氏所购的大典本稿本相重复之书很少（只有七种六家），两者正可互补，因而可以汇编成《宋元人集钞存》。其二，如前所述，法氏已将所抄的宋元人集82家汇编为《宋元人集钞》，后来再加上所购的大典本稿本，不好再用原名，故改称为《宋元人集钞存》。其三，笔者查看过《宋元人诗集》和国图所藏的法氏所购大典本稿本原书胶片，发现他们的装帧方式是一致的，包括封面用纸、封面署名均同，应该是曾经被作为一个整体装帧过的。其四，若是其所抄的即有177册，130家，1098卷，那么，为何流传至今的只有《宋元人诗集》30册呢？其他147册都去哪里了呢？而且，《宋元人诗集》是作为相对独立的一套书流传下来的，也就是说，虽然法氏说是合编，实际上应该是较为松散的合编，大典本录副本（《宋元人诗集》30册）和大典本稿本均是作为相对独立的一套书而存在的。因此，另外的147册应该就是法氏所购的大典本稿本。其五，最为重要的是，我们将《宋元人诗集》和法氏所购的大典本稿本所收之书合并在一起，删除其中重复的部分，即与《宋元人集钞存》所收之书的家数、卷数、册数相当，这不会是纯粹的巧合。

以下我们即通过册数、家数、卷数的比较来分析《宋元人集钞存》与《宋元人诗集》、法氏所购大典本稿本的关系②。

---

① 法式善：《存素堂文集》卷2，《续修四库全书》本，第1476册，第685页上。
② 需要注意的是，《宋元人集钞存》是经过初步整理的，而《陶庐杂录》中所载的家数、卷数、册数则反映的是未经整理的情况，两者有一定的差距，应是情理之中的。

1. 册数

所抄大典本：国图藏《宋元人诗集》共 30 册。

所购大典本稿本：如前所述，为 146 册。

以上合计为 176 册，而《宋元人集钞存》共为 177 册，两者只相差一册。不过，这 146 册是包括《文忠集》六卷（一本）、《中庵集》二十卷（三本）的，而没有包括《庐山集》五卷、《英溪集》一卷。但是，据《陶庐杂录》所载，法氏所购大典本稿本是包括有《庐山集》五卷、《英溪集》一卷的，也就是说，法氏手里肯定有此两种书，因此，若加上《庐山集》《英溪集》（共一册），就应该是 147 册，与《宋元人集钞存》之册数正相符。

2. 家数

所抄大典本：83 种，82 家。

所购大典本稿本：55 种，55 家①。

以上合计为 137 家。其中 6 家（《北海集》《陈秋岩诗集》《山房后稿诗》《畏斋集》《香山集》《子渊诗集》）重复，故合计实为 131 家。《宋元人集钞存》则为 130 家，两者只相差一家。

关于家数的统计，还有一种可能，即 130 家是法氏据原来的数据统计得出的。

所抄大典本：据《陶庐杂录》，宋人集，59 家（其中《庐山集》、《英溪集》合为宋集一家计）；元人集，22 家，合计为 81 种（家）②。

所购大典本稿本：据《陶庐杂录》载，宋集 32 种（32 家），元集 23 种（23 家），合计为 55 种，55 家③。

以上合计 136 家，删除重复的七种六家（《庐山集》《英溪集》《陈秋岩诗集》《山房后稿诗》《畏斋集》《香山集》《子渊诗集》），合计应为 130 家。这一家数正与《宋元人集钞存》所收的家数相符。但是，这一统计的

---

① 包括《文忠集》六卷（一本）、《中庵集》二十卷（三本），而没有包括《庐山集》五卷、《英溪集》一卷。
② 法式善：《陶庐杂录》，第 67 页。
③ 法式善：《陶庐杂录》，第 62 页。

问题是：这里没有包括《文忠集》、《中庵集》，而前述的册数统计是包括这两家的。不过，我们不能否定法氏采用这种统计的可能性。

3. 卷数

由于统计上的误差以及整理前后的卷数差异，不同情况下记载的卷数会有不同，因此，这里的卷数统计只是取一个范围值①。

所抄大典本：最大值为 275 卷，最小值为 270 卷。

所购大典本稿本：最大值为 863 卷，最小值为 807 卷。

以上合计，其总卷数应在 1077～1138 卷之间。《宋元人集钞存》共 1098 卷，正在此范围内。由于有一些集子有附录，还有一些诗集收有文章，因此，在统计时法氏如何处理，不得而知，因此，其中有一些误差是可以理解的。

关于卷数的统计，还有一种可能：

所抄大典本：如前所述，《宋元人诗集》82 种，笔者统计为 275 卷。

所购大典本稿本：据前引《陶庐杂录》，法式善统计为 823 卷。

以上合计 1098 卷，正与《宋元人集钞存》之总卷数相符。

综上所述，无论是册数、家数还是卷数，法氏所抄、购的大典本，其总数均与《宋元人集钞存》之总数基本相符，因此，笔者认为，《宋元人集钞存》应该就是汇集法氏所抄大典本和所购大典本稿本而成的。

最后，本小节的主要观点可总结为：法式善曾经购买和录副了一大批《四库》大典本稿本宋元人集（主要是诗集），共有 100 余种，其中，所购的宋元人集大典本稿本共 147 册，其流传轨迹如下：法式善—刘喜海—三槐堂—翁同龢—樊增祥—北图（国图）；录副的大典本《宋元人诗集》共 30 册，其流传轨迹如下：法式善—董康—杨君—北图（国图）。至于《宋元人集钞存》，则是法氏将所抄大典本（即《宋元人诗集》）和所购大典本稿本整理合并而成的，共计 177 册。

---

① 例如，如前所述，法氏对自己所购的大典本稿本统计为 823 卷，而笔者据其细目统计为 807 卷。类似的统计差异还有一些，据此而得出的最后统计数自然会有最大值、最小值之分。法氏所藏大典本宋元人集的卷目表附于本节之末（"附表"），以下统计的范围值是据此表而来的。

四　关于大典本提要

法式善所藏的《四库》大典本稿本，不仅可以校正定本文字，补充所删各篇，而且，有的稿本还收有《四库》提要稿，可以与《四库总目》提要及《四库》书前提要相比勘，是我们研究《四库》提要稿撰写与删改过程的重要资料。法式善原藏大典本稿本共有十部有书前提要稿，其中《王魏公集》八卷、《金氏文集》二卷、《忠穆集》八卷、《宫教集》十二卷四部书书前提要稿已被笔者收入《四库全书提要稿辑存》一书中，兹将其余未收的六部书的书前提要稿迻录于此，并与《（文渊阁）四库全书》（以下省称"阁本"）书前提要作比较①，略加按语，以供学界利用和参考。

1.《瓢泉吟稿》五卷

元朱晞颜撰，清乾隆翰林院抄本，一册。书前有提要一篇。

> 臣等谨案：《瓢泉吟稿》，元朱晞颜撰。考元代有两朱晞颜，其一为吴人，宋元旧以晞颜字行，而冒朱姓，故所作《鲸背吟》亦自题作朱晞颜。其书已别著录。其一为长兴人，字景渊，即著此稿者是也。其父名文进，字野夫，吴澄尝表其墓，极称晞颜之能诗文而为良吏。其仕履虽不概见，而以集中考之，则初以习国书被选为平阳州蒙古掾，又为长林丞司煮盐赋，又曾为江西瑞州监税，盖以郡邑小吏终其身者。其集藏书家罕见著录，惟焦竑《国史经籍志》载有《瓢泉集》四卷，而世无传本。顾嗣立《元百家诗选》亦不及其名。今据《永乐大典》各韵所载，抄撮编次，厘为诗二卷、诗余一卷、文二卷。又牟巘、郑僖原序二首尚存，仍以弁诸卷首。观晞颜所与酬赠者，为鲜于枢、揭奚斯、杨载诸人，其师法甚正，故所作虽边幅稍狭，而神理自清。牟巘序所称拟古之作，今具在集中，颇合汉魏遗音，非以吞剥为工者可比。至杂文亦刻意研练，不失绳墨。惟郑僖所赏《曲生》、《菊隐》二

---

① 提要加工的模式大致是：从提要稿到书前提要，再到《总目》提要。因撰修官所拟书前提要与阁本书前提要关系最直接，故只取《（文渊阁）四库全书》书前提要作比较。

传，乃沿《毛颖》、《革华》之体，而作文人游戏，不足见长。僖顾以奇赡许之，殊未为定论也。

按：提要基本观点相同，但文字表述差异较大，如此作"其一为吴人，……其书已别著录"。阁本则简写为"其一为作《鲸背吟》者"。此作"观晞颜所与酬赠者，为鲜于枢、揭傒斯、杨载诸人，其师法甚正"，而阁本作"集中所与酬赠者为鲜于枢、揭傒斯、杨载诸人，故耳目熏濡，具有法度"。此作"惟郑僖所赏《曲生》、《菊隐》二传，乃沿《毛颖》、《革华》之体，而作文人游戏，不足见长。僖顾以奇赡许之，殊未为定论也"，阁本作"惟郑僖所赏《曲生》、《菊隐》二传，沿《毛颖》、《革华》之体。自《罗文》、《叶嘉》以来，已为陈因之窠臼。僖顾以奇赡许之，殆所谓士俗不可医欤"。可以明显看出，阁本是在此提要稿的基础上所作的修改。

2.《吾吾类稿》三卷

元吴皋撰，清乾隆翰林院抄本，一册。书前有提要一篇。

臣等谨案：《吾吾类稿》，元吴皋撰。皋，《元史》无传，《江西通志》亦失载其姓名，独《永乐大典》各韵中颇采录其诗文，题作吴舜举《吾吾类稿》。又别收入胡居敬等原序三篇，略具行履，知其为临川人，乃宋丞相吴潜诸孙，早游吴澄之门，尝官临江路儒学教授，元亡后抗志不出，遁迹以终，而不详舜举之为名与字。惟王圻《续文献通考》载有吴皋《吾吾类稿》之目，而集中祝文内亦自称皋忝游宦等语，始知其名为皋，而舜举乃其字也。皋工于韵语，所作大都以朴澹为主，不涉元末佻巧纤靡之习。诗中纪年多有庚寅、壬辰至癸卯、甲辰等岁名，时正值至正之季，盗贼纵横，目击艰危，每深忧愤，如《和刘闻廷拟右十章》，反复于国步将倾，藩维弛节，而继之以"堂堂寻阳守，重义和所本"云云。特表李黼之忠烈，以激厉当时臣子，其志殊有可悯者。虽其骨干不为挺拔，未能及古，而缠绵悱恻，要不失变雅之遗意焉。惜其集沦佚已久，诸家书目从未著录，顾嗣立《元诗选》搜罗最广，亦阙而不载。今从《永乐大典》裒辑，共得诗一百九十余首，厘为三卷。其杂文仅序铭赞祭文祝文十余首，疑已非完帙，难以别编，附之于后，以略存梗概云。

按：此提要与阁本提要基本相同，包括内容与文字，只有个别文字稍有区别，如：此作"而不详舜举之为名与字"，阁本作"而不著其名"；此作"未能及古"，阁本作"尚不能抗行古作者"；此作"诗一百九十余首"，阁本作"诗一百二十余首"；此作"疑已非完帙，难以别编，附之于后，以略存梗概云"，阁本作"亦附于后备考核焉"。此有错字，如"拟右（应为古）十章"，"重义和（应为知）"，阁本均作了改正。可见，阁本提要是在其基础上修改而成的，尤其是改正了错字。

3.《樗隐集》六卷

元胡行简撰，清乾隆翰林院抄本，一册。书前有提要一篇。

臣等谨案：《樗隐集》，元胡行简撰。行简字居敬，新喻人，至正二年进士，授国子监助教，历翰林修撰，除江南道御史，迁江西廉访司经历。遭乱乞归，专以经学教授乡里，事迹见《江西通志》中。考《明史·礼志》载，洪武二年，诏郡县举高洁博雅之士同修《礼书》，至者八人，而行简与焉。是明初尚存，故集中《晏公庙》、《喻真人》二碑，均有洪武年号。然《明太祖实录》又载，征江西儒士刘于、胡行简等至京，欲官之，俱以老病辞，各赐帛遣还。则固未尝受明官也。行简文章以温和淡雅为宗，虽波澜未广，而能确守法度，不为缔绘（涂为宗，虽波波元末），殆李祁《云阳集》之流。其诗什无多，《墨竹》一章，于故君旧国之思，再三致意，亦颇可见其节操。焦竑《经籍志》所列元末明初人文集最夥，而独无《樗隐》之日，是明代传本已尠。今从《永乐大典》搜辑编缀，厘为六卷，著之于录，俾得与徐一夔、刘崧诸集并存于世。以其人明不仕，故仍从王楘、张宪之例，击之于元焉。乾隆四十一年□月恭校。

按：此处抄错的字较多，如"《樗隐》之日（应为'目'）"，"以其人

（应为'人'）明不仕","击（擊）[应为'繫（系）']之于元"。又如，"涂为宗，虽波波元末"一句，意思不明，应该是甯行抄错了。另外，最后一句"著之于录，俾得与徐一夔、刘崧诸集并存于世。以其人明不仕，故仍从王楳、张宪之例，击之于元焉"，阁本则简写为"存其概焉"。除此之外，其余文字基本相同，可见，阁本是在此提要上修改而成的。还有，此提要多有错字，而阁本则予以改正，并对有些文字作了必要的润色。

4.《榘庵集》十五卷

元同恕撰，清乾隆翰林院抄本，三册。书前有提要一篇。

"臣等谨案：《榘庵集》，元同恕撰。恕字宽甫，其先太原人，徙于奉元。恕年十三，以《书经》魁乡校，至元间拜国子司业，三召不起。陕西行台侍御史赵世延请置鲁斋书院，以恕领教事。延祐六年，立皇太子，召恕为奉议大夫左赞善。明年，英宗继统，以疾归。致和元年，拜集贤侍讲学士，复辞不赴，卒，赠翰林直学士，封京兆郡侯，谥文贞，事迹具《元史·儒学传》。所著《榘庵集》本三十卷，至正初，陕西行台御史观音保、潘惟梓等始刊布于江淮，赵郡苏天爵为之序。杨士奇等《文渊阁书目》亦载有《榘庵文集》一部八册。焦竑《经籍志》乃作二十卷，疑传写之误。其书自明初以来久佚不传，故叶氏《菉竹堂书目》、晁氏《宝文堂》并无其目。惟《永乐大典》中颇散见其诗文，谨抄撮要集，分类排比，厘为文十卷、诗五卷，虽视原本仅十之五六，而崖略已具，亦可得其概矣。恕为学由程朱上溯孔孟，务贯浃事理，以利于行，不为空疏无用之言，当时与萧㪺齐名，士论称之曰萧同。乡里但称先生，不待举姓名而皆知为恕。平生著作不事粉饰，而于淳厚敦朴之中，时露峻洁峭厉之气，盖其人品既高，虽无意为文，而义正词严，往往自能合格。贾仁《行状》称其于诗喜陆放翁，于文慕周益公。富珠哩翀《神道碑》又称，至元三十一年，国史修《世祖帝纪》，采事四方，陕西行省平章政事咸宁王辟为掾典，司编录，故于元初典故最为详赡。集中志状诸作，多有可与金、元正史相参订者。惟祈禳青词，本非文章正体，恕素以明道兴教自任，更不宜稍涉异端，乃率尔操觚，殊为疎于检点。今以其原集所有，姑附之，而并纠其失于此焉。乾隆四十二年七月恭校上。总纂官侍读学士臣陆锡熊，侍读学士臣纪昀；纂修官编修臣俞大猷。

按：内容基本相同，但文字上有一些删改，其中差异较大者，如"虽视原本仅十之五六，而崖略已具，亦可得其概矣"，阁本作"视原本尚得半焉"。"恕为学由程朱上溯孔孟，务贯浃事理，以利于行，不为空疏无用之言，当时与萧斅齐名，士论称之曰萧同。乡里但称先生，不侍（应为'待'）举姓名而皆知为恕。平生著作不事粉饰，而于淳厚敦朴之中，时露峻洁峭厉之气，盖其人品既高，虽无意为文，而义正词严，往往自能合格"，阁本作"其平生著作不事粉饰，而于淳厚敦朴之中，时露峻洁峭厉之气"。显然，阁本对品德的评价比较谨慎。关于青词之类，《四库》原来是不删的，故此提要云："今以其原集所有，姑附之，而并纠其失于此焉。"后来则要删去，故阁本云："今凛遵圣训，概从删削，庶不掩其全美焉。"此提要更为重要的是，一方面，保留有最初的校上时间"乾隆四十二年七月恭校上"，而阁本则为后来的校上时间（乾隆四十六年九月恭校上）；另一方面，保留有该书的纂修官之姓名"纂修官编修臣俞大猷"，这在阁本中是没有的，也是别的材料没有记载过的。此提要稿有错字。

5.《伊滨集》二十四卷

元王沂撰，清乾隆翰林院抄本，三册。卷首有提要一篇。

臣等谨案：《伊滨集》，元王沂撰。沂字师鲁，其先世云中人，徙于真定。父元父，官至承事郎监黄池税务，苏天爵《元文类》中有马祖常所作元父墓碣铭，叙其家世甚详。而《元史》不为沂立传，故其行事不概见。今以集中所自述，与他书参考之，尚可得其大略。盖据马祖常碣铭称与沂同榜，则当为延祐初进士。又据集中《送李县尹序》，则当为临淮县尹。又《义应侯庙记》称延祐四年佐郡伊阳，考《地理志》，伊阳在元为嵩州，则尝为嵩州同知。又诗中有"纶巾羽服卧伊滨"之句，则集名"伊滨"，亦即起于此时。又据《祀南镇北岳》诸记，则至顺三年尝为国史院编修官。又据《送翟生序》及《胡节母》

诗序》诸篇，则元统三年尝在国子学为博士。又《送余阙序》称"元统初佐考试，见阙对策"云云，则尝入试院同考，而余阙实为所得士。又据《祀西镇记》、《御书跋》诸篇，则至元六年尝为翰林待制，并尝待诏宣文阁。又宋、辽、金三《史》成于至正五年，而书前列修史官员，有总裁官中夫夫礼部尚书王沂之名，则是时已位至列卿。其后迁转，遂不可考，疑即致仕以去。而集中《壬寅纪异》诗有"壬寅仲春天雨雹，南平城中尽惊愕。自从兵革十年来，澒洞风尘亘沙漠"之句；又《邻寇逼境仓皇南渡》诗有"邻邑举烽燧，长驱寇南平。中宵始闻警，挈家遂远行"之句；又有《寓吉安林塘避桃林兵警》诗。案：壬寅为至正二十二年，正中原盗起之时，距沂登第已五十载，尚转侧兵戈间，计其年亦当过七十矣。沂自释褐以后，历跻馆阁，皆居文字之职，庙堂著作，多出其手，与傅若金、许有壬、周伯琦、陈旅等俱相友善，故所作诗文春容和雅，犹有先正轨度。惜其名不甚著，集亦流传绝少，藏书家罕见弄录，选元诗者并不知有其人。今从《永乐大典》中裒掇编次，厘为二十四卷，庶梗概尚具，不至遂就湮没。而其生平出处之迹，则并详加考证，著其颠末，以补《元史》之阙焉。乾隆四十二年七月恭校上。

按：提要内容基本相同，只有一些文字上的差异。此作"苏天爵《元文类》中有马祖常所作元父墓碣铭"，而阁本作"马祖常《石田集》有所作元父墓碣铭"，其提供的出处较提要稿更合适。此作"而《元史》不为沂立传，故其行事不概见"，阁本作"而沂始末不槩见"。此作"藏书家罕见弄录，选元诗者并不知有其人"，阁本作"选元诗者并不能举其名氏"。此作"而其生平出处之迹，则并详加考证，著其颠末，以补《元史》之阙焉"，而阁本删此句。阁本修改是对的，因为作传不一定是要补《元史》之阙。另外，还有一些文字稍有不同。此提要稿还有一处错字："总裁官中夫（应为'大'）夫"。提要稿后署"乾隆四十二年七月恭校上"，应是最初的校上时间，与阁本"乾隆四十六年九月恭校上"不同。

6.《勤斋集》八卷

元萧㪺撰，清乾隆翰林院抄本，一册。书前有提要一篇。

《勤斋集》八卷，臣等谨案：《勤斋集》八卷，元萧㪺撰。㪺字维斗，奉元人，历官集贤学士、国子祭酒，谥贞敏，事迹具《元史·儒林传》。㪺卒于仁宗延祐五年，诗文多散佚。顺帝至正四年，苏天爵官西台，始裒辑其遗稿，得文八十篇，诗二百六十首，乐府二十八篇，分为十五卷，官为刊板于淮东，盖距㪺之没几三十年矣。自明以来，刊板又佚，惟《永乐大典》所载尚存崖略，谨依类编辑，得文四十二首，诗二百六十一首，词四首，厘为八卷。按：焦竑《国史经籍志》称萧㪺《勤斋贞敏集》，而《永乐大典》但题作《勤斋集》，颇不相合。然姚广孝等修辑《永乐大典》距至正刊板时未远，其所据本当即天爵所编，不容有误，殆焦竑误记其文也。又按：天爵《滋溪集》载㪺墓志铭一首，称㪺于六经百氏无不通，尤精《三礼》及《易》，且邃于六书。初凿土室终南山下，以经传列左右，思索其义，至于忘寐者三十年，乃表里洞彻。关辅自许衡倡明理学之后，㪺实继之。为文悉本诸经，《元史》亦称㪺"制行甚高，真履实践。其教人必自小学始，为文辞立意精深，言近指远，一以洙泗为本，濂、洛、考亭为据，为一代醇儒"。今考其文，气格虽不甚高，而质实简洁，往往有关名教。其《辞儒学提举书》及《辞免祭酒司业》等状，尤可见其出处进退之大节。诗非所长，而陶冶性灵，绝去纤秾流派，亦足觇其志趣之高焉。乾隆四十五年九月恭校上。

按：提要稿与阁本提要几乎完全相同，只有两处稍异：此提要作"倡明理学"，阁本作"昌明理学"；"往往有关名教"，阁本无"往往"两字。另外，此提要稿还保留有较早的校上时间（乾隆四十五年九月恭校上），与阁本提要的校上时间（乾隆四十六年九月恭校上）不同。

总之，法式善藏《四库》大典本稿本的书前提要的错字较多，一些文字表述也不够规范，但是，其保留了较多定本提要之前提要稿的信息，如初次校上时间、纂修官姓名等。因此，这些提要还是颇有研究价值的。

附表

说明：

1. 第一、二列是法式善所抄的大典本（即录副本），而第三、四列是其所购的大典本稿本，第五列是其原藏大典本现存国图的情况。

2. 为方便检阅，表中图书按书名首字拼音顺序排列。

《宋元人诗集》82种（国图藏本）①	《陶庐杂录》第67页载法氏所抄宋元人集81家（其中宋人集59家，227卷；元人集22家，82卷）②	《陶庐杂录》第62页载法氏所购宋元人集55种③	樊氏所售之法氏原藏《四库》大典本底本（稿本）55种④	国图藏法氏原藏大典本稿本⑤
《安晚堂诗集》四卷，（宋）郑清之撰	《安晚堂诗集》七卷，（宋）郑清之撰			
《北海集》一卷，（宋）綦崇礼撰		《北海集》十六卷附录三卷，綦崇礼撰（按：疑"十六"前抄漏了"四"。）	《北海集》四十六卷附录三卷，五本	《北海集》四十六卷，（宋）綦崇礼撰，附
		《敝帚藁略》八卷，包恢撰	《敝帚藁略》八卷，二本	《敝帚稿略》，八卷，（宋）包恢撰
		《碧梧玩芳集》二十四卷，马廷鸾撰	《碧梧玩芳集》二十四卷，三本	《碧梧玩芳集》，二十四卷，（宋）马廷鸾撰
《藏海居士集》一卷，（宋）吴可撰	《藏海居士集》二卷，（宋）吴可撰			
《郴江百咏》一卷，（宋）阮阅撰	《郴江百咏》一卷，（宋）阮阅撰			
		《初寮集》八卷，王安中撰	《初寮集》十卷，二本	《初寮集》，八卷，（宋）王安中撰
《翠寒集》一卷，（元）宋无撰	《翠寒集》一卷，（元）宋无撰			
《存雅堂遗稿》一卷，（宋）方凤撰	《存雅堂遗稿》诗一卷，（宋）方凤撰			
		《大隐集》十卷，李正民撰	《大隐集》十卷，二本	《大隐集》十卷，（宋）李正民撰
		《澹斋集》十八卷，宋李流谦撰	《澹斋集》十八卷，三本	

续表

		《东庵集》四卷，滕安上撰	《东（安）庵集》四卷，一本	《东庵集》四卷，（元）滕安上撰。有刘喜海藏印
		《东涧集》十四卷，许应龙撰	《东涧集》十四卷，二本	《东涧集》十四卷，（宋）许应龙撰
《东莱先生诗集》二十卷，（宋）吕本中撰	《东莱诗集》二十卷，（宋）吕本中撰			
《东山存稿》一卷，（元）赵汸撰	《东山存稿》诗一卷，（元）赵汸撰			
		《东塘集》二十卷，袁说友撰	《东塘集》二十卷，四本	《东塘集》二十卷，（宋）袁说友撰
		《都官集》十四卷，陈舜俞撰	《都官集》十四卷，二本	《都官集》十四卷，（宋）陈舜俞撰
《鄂州小集》一卷，（宋）罗愿撰	《鄂州小集》诗一卷，（宋）罗愿撰			
		《方舟集》二十四卷，李石撰	《方舟集》二十四卷，四本	《方舟集》，二十四卷，（宋）李石撰
《斐然集》三卷，（宋）胡寅撰	《斐然集》诗四卷，（宋）胡寅撰			
		《浮山集》十卷，仲并撰	《浮山集》十卷，二本	《浮山集》七卷，（宋）仲并撰
《覆瓿集》九卷，（宋）赵必瑑撰	《覆瓿集》诗二卷，（宋）赵必瑑撰			
《高东溪》一卷，（宋）高登撰	《东溪集》二卷，（宋）高登撰			
《艮斋集》十四卷，（元）侯克中撰	《艮斋诗集》十四卷，（元）侯克中撰			
		《宫教集》十六卷，崔敦礼撰	《宫教集》十二卷，二本	《宫教集》十二卷，（宋）崔敦礼撰
		《鹤林集》四十卷，吴泳撰	《鹤林集》四十卷，六本	《鹤林集》四十卷，（宋）吴泳撰
		《横塘集》二十卷，许景衡撰	《横塘集》二十卷，三本	《横塘集》二十卷，（宋）许景衡撰
《胡澹庵先生文集》六卷附录一卷，（宋）胡铨撰。原书收有此七卷。包括五卷文，一卷诗，另外附录一卷也是文	《澹庵集》六卷（文在内），（宋）胡铨撰			

续表

《海陵集》一卷，(宋) 周麟之撰	《海陵集》诗一卷，(宋) 周麟之撰			
《寒松阁集》一卷，(宋) 詹初撰	《寒松阁集》一卷，(宋) 詹初撰			
《花溪集》一卷，(元) 沈梦麟撰	《花溪集》三卷，(元) 沈梦麟撰			
		《积斋集》五卷，程端学撰	《积斋集》五卷，一本	《积斋集》五卷，(元) 程端学撰
《嘉禾百咏》一卷，(宋) 张尧同撰	《嘉禾百咏》一卷，(宋) 张尧同撰			
《夹漈遗稿》一卷，(宋) 郑樵撰	《夹漈遗稿》诗一卷，(宋) 郑樵撰			
《建康集》二卷，(宋) 叶梦得撰	《建康集》诗一卷，(宋) 叶梦得撰			
		《涧泉集》二十卷，韩淲撰	《涧泉集》二十卷，四本	《涧泉集》二十卷，(宋) 韩淲撰
《金台集》一卷，(元) 乃贤撰	《金台集》一卷，(元) 纳新撰			
		《金氏文集》二卷，金君卿撰	《金氏文集》二卷，一本	《金氏文集》二卷，(宋) 金君卿撰
《近光集》一卷，(元) 周伯琦撰	《近光集》三卷、《扈从诗》一卷，(元) 周伯琦撰			
《鲸背吟集》一卷，(元) 朱晞颜撰	《鲸背吟集》一卷，(元) 朱晞颜撰			
《菊磵集》一卷，(宋) 高翥撰	《菊磵集》一卷，(宋) 高翥撰			
		《榘庵集》十五卷，同恕撰	《榘庵集》十五卷，三本	《榘庵集》，十五卷，(元) 同恕撰
《康范诗集》一卷，(宋) 汪晫撰	《康范诗集》一卷，(宋) 汪晫撰			
《可斋杂稿》六卷，(宋) 李曾伯撰	《可斋杂稿》诗一卷，(宋) 李曾伯撰			
《客亭类稿》三卷，(宋) 杨冠卿撰	《客亭类稿》诗二卷，(宋) 杨冠卿撰			
《兰皋集》一卷，(宋) 吴锡畴撰	《兰皋集》三卷，(宋) 吴锡畴撰			

续表

		《兰轩集》十六卷，王旭撰	《兰轩集》十六卷，二本	《兰轩集》，十六卷，（元）王旭撰
《阆风集》九卷，（宋）舒岳祥撰	《阆风集》九卷，（宋）舒岳祥撰			
《莲峰集》二卷，（宋）史尧弼撰	《莲峰集》诗二卷，（宋）史尧弼撰			
《梁溪遗稿》诗钞一卷、文钞一卷，（宋）尤袤撰。原书也收有文钞，即文章	《梁溪遗稿》一卷，（宋）尤袤撰			
《林湖遗稿》一卷，（宋）高鹏飞撰	《林湖遗稿》一卷，（宋）高鹏飞撰			
《龙洲道人诗集》十卷，（宋）刘过撰	《龙洲集》诗十五卷，（宋）刘过撰			
《庐山集》五卷，（宋）董嗣杲撰	《庐山集》五卷，（宋）董嗣杲撰	《庐山集》五卷，元董嗣杲撰		
		《梅埜集》十二卷，徐元杰撰	《梅（楳）埜集》十二卷，三本	《梅埜集》，十二卷，（宋）徐元杰撰
《默成集》一卷，（宋）潘良贵撰	《默成集》诗一卷，（宋）潘良贵撰			
《默斋遗稿》二卷，（宋）游九言撰	《默斋遗稿》诗一卷，（宋）游九言撰			
《南湖集》九卷，（宋）张镃撰	《南湖集》诗九卷，（宋）张镃撰			
《欧阳修撰集》三卷，（宋）欧阳澈撰	《欧阳修撰集》诗三卷，（宋）欧阳澈撰			
《盘洲文集》二卷，（宋）洪适撰	《盘洲集》诗三卷，（宋）洪适撰			
		《瓢泉吟稿》五卷，朱晞颜撰	《瓢泉吟集》五卷，一本	《瓢泉吟稿》五卷，（元）朱晞颜撰
《平斋文集》一卷，（宋）洪咨夔撰	《平斋集》诗一卷，（宋）洪咨夔撰			
《屏岩小稿》一卷，（元）张观光撰	《屏岩小稿》一卷，（元）张观光撰			
《蒲室集》一卷，（元）释大欣撰	《蒲室集》诗一卷，（元）释大欣撰			
		《墙东类稿》二十卷，陆文圭撰	《墙东类稿》二十卷，四本	《墙东类稿》二十卷，（元）陆文圭撰

续表

		勤斋集八卷，萧㪺撰	《勤斋集》八卷，一本	《勤斋集》八卷，（元）萧㪺撰
		《青崖集》五卷，魏初撰	《青崖集》五卷，二本	《青崖集》五卷，（元）魏初撰
		《青山集》八卷，赵文撰	《青山集》八卷，二本	《青山集》八卷，（元）赵文撰
《秋声集》四卷，（宋）卫宗武撰	《秋声集》四卷，（宋）卫宗武撰			
《秋岩诗集》二卷，（元）陈宜甫撰	《秋岩诗集》二卷，（元）陈宜甫撰	《陈秋岩诗集》二卷，陈宜甫撰	《秋岩诗集》二卷，一本	
		《臞轩集》十六卷，王迈撰	《臞轩集》十六卷，附逸诗一卷，四本	《臞轩集》十六卷，（宋）王迈撰
		《日涉园集》十卷，李彭撰	《日涉园集》十卷，二本	《日涉园集》十卷，（宋）李彭撰。有刘喜海藏印
《三余集》二卷，（宋）黄彦平撰	《三余集》诗一卷，（宋）黄彦平撰			
《山房集》二卷，（宋）周南撰	《山房后稿》诗一卷，（宋）周南撰	《山房集》九卷，周南撰	《山房集》九卷，二本	《山房集》八卷，《后稿》一卷，（宋）周南撰
		《涉斋集》十八卷，许纶撰	《涉斋集》十八卷，二本	《涉斋集》十八卷，（宋）许及之撰
《省斋集》二卷，（宋）廖行之撰	《省斋集》诗八卷，（宋）廖行之撰			
《剩语》二卷，（元）艾性天撰	《剩语》二卷，（元）艾性天撰			
《疏寮小集》一卷，（宋）高似孙撰	《疏寮小集》一卷，（宋）高似孙撰			
		《樗隐集》六卷，胡行简撰	《樗隐集》六卷，一本	《樗隐集》六卷，（元）胡行简撰
		《双溪醉隐集》八卷，耶律铸撰	《双溪醉隐集》六卷，二本	《双溪醉隐集》六卷，（元）耶律铸撰
《俟庵集》一卷，（元）李存撰	《俟庵集》诗一卷，（元）李存撰			
《太仓稊米集》三十九卷，（宋）周紫芝撰	《太仓稊米集》诗三十九卷，（宋）周紫芝撰			
《陶邕州小集》一卷，（宋）陶弼撰	《陶邕州小集》一卷，（宋）陶弼撰			

续表

《铁庵集》一卷，(宋)方大琮撰	《铁庵集》诗一卷，(宋)方大琮撰			
		《王魏公集》八卷，王安礼撰	《王魏公集》八卷，一本	《王魏公集》八卷，(宋)王安礼撰
《唯室集》一卷，(宋)陈长方撰	《唯室集》诗一卷，(宋)陈长方撰			
《惟实集》一卷，(元)刘鹗撰	《惟实集》四卷，(元)刘鹗撰			
《畏斋集》四卷，(元)程端礼撰	《畏斋集》六卷，文三卷附，(元)程端礼撰	《畏斋集》六卷，程端礼撰	《畏斋集》六卷，一本	《畏斋集》六卷，(元)程端礼撰。有刘喜海藏印
《文定集》一卷，(宋)汪应辰撰	《文定集》诗一卷，(宋)汪应辰撰			
			《文忠集》六卷，一本，(元)王结	《文忠集》六卷，一册，(元)王结
		《文庄集》三十六卷，夏竦撰	《文庄集》三十六卷，五本	《文庄集》三十六卷，(宋)夏竦撰
		《吾吾类稿》三卷，吴皋撰	《吾吾类稿》三卷，一本	《吾吾类稿》三卷，(元)吴皋撰
《午溪集》一卷，(元)陈镒撰	《午溪集》十卷，(元)陈镒撰			
《五峰集》一卷，(宋)胡宏撰	《五峰集》诗一卷，(宋)胡宏撰			
《武夷新集》五卷，(宋)杨亿撰	《武夷新集》诗五卷，(宋)杨亿撰			
《西塘集》一卷，(宋)郑侠撰	《西塘集》诗一卷，(宋)郑侠撰			
		《西岩集》二十卷，张之翰撰	《西岩集》二十卷，二本	《西岩集》二十卷，(元)张之翰撰
《香山集》十六卷，(宋)喻良能撰	《香山集》十六卷，(宋)喻良能撰	《香山集》十六卷，喻良能撰	《香山集》十六卷，二本	《香山集》十六卷，(宋)喻良能撰
		《相山集》三十卷，王之道撰	《相山集》三十卷，四本	《相山集》三十卷，(宋)王之道撰
《小亨集》五卷，(元)杨弘道撰	《小亨集》(六)，(元)杨弘道撰			
《性善堂稿》四卷，(宋)度正撰	《性善堂稿》诗四卷，(宋)度正撰			

续表

		《性情集》六卷，周巽撰	《性情集》六卷，一本	《性情集》六卷，（元）周巽撰
《杏庭摘稿》一卷，（元）洪焱祖撰	《杏庭摘稿》一卷，（元）洪焱祖撰			
《燕堂诗稿》一卷，（宋）赵公豫撰	《燕堂诗稿》一卷，（宋）赵公豫撰			
		《养吾斋集》三十二卷，刘将孙撰	《养吾斋集》三十二卷，五本	《养吾斋集》三十二卷，（元）刘将孙撰
《野处类稿》二卷，题（宋）洪迈撰	《野处类稿》二卷，题（宋）洪迈撰			
		《伊滨集》二十四卷，王沂撰	《伊滨集》二十四卷，三本	《伊滨集》二十四卷，（元）王沂撰
《一山文集》二卷，（元）李继本撰	《一山集》诗二卷，（元）李继本撰			
《颐庵居士集》二卷，（宋）刘应时撰	《颐庵居士集》二卷，（宋）刘应时撰			
《彝斋文编》二卷，（宋）赵孟坚撰	《彝斋文编》诗二卷，（宋）赵孟坚撰			
《英溪集》一卷，（宋）董嗣杲撰	《英溪集》一卷，（宋）董嗣杲撰	《英溪集》一卷，不著撰者姓氏		
		《庸庵集》六卷，宋禧撰	《庸庵集》十四卷，一本	《庸庵集》十四卷，（元）宋禧撰
《玉斗山人集》一卷，（元）王奕撰	《玉斗山人集》三卷，（元）王奕撰			
《玉井樵唱》一卷，（元）尹廷高撰	《玉井樵唱》三卷，（元）尹廷高撰			
《豫章文集》一卷，（宋）罗从彦撰	《豫章文集》诗一卷，（宋）罗从彦撰			
		《缘督集》二十卷，曾丰撰	《缘督集》二十卷，四本	《缘督集》二十卷，（宋）曾丰撰⑥
《筠轩集》八卷，（元）唐元撰	《筠轩诗集》八卷，（元）唐元撰			
		《云溪居士集》三十卷，华镇撰	《云溪居士集》三十卷，五本	《云溪居士集》三十卷，（宋）华镇撰
		《郧溪集》三十卷，郑獬撰	《郧溪集》二十八卷，四本	《郧溪集》二十八卷，（宋）郑獬撰

续表

《云庄刘文简公文集》二卷，题（宋）刘爚撰	《云庄集》诗二卷，题（宋）刘爚撰			
《真山民集》一卷，（宋）真山民撰	《真山民集》一卷，（宋）真山民撰			
《忠正德文集》二卷，（宋）赵鼎撰	《忠正德文集》诗一卷，（宋）赵鼎撰			
			《中庵集》二十卷，三本	
		《忠穆集》八卷，吕颐浩撰	《忠穆集》八卷，二本	《忠穆集》八卷，（宋）吕颐浩撰
		《庄简集》十八卷，李光撰	《庄简集》十八卷，四本	《庄简集》十八卷，（宋）李光撰
《拙轩集》四卷，（宋）张侃撰	《拙轩集》诗四卷，（宋）张侃撰			
《拙斋文集》一卷，（宋）林之奇撰	《拙斋集》诗一卷，（宋）林之奇撰			
		《紫山大全集》二十六卷，胡祗遹撰	《紫山大全集》二十六卷，七本	《紫山大全集》二十六卷，（元）胡祗遹撰
		《紫微集》三十六卷，张嵲撰	《紫微集》三十六卷，六本	《紫微集》三十六卷，（宋）張嵲撰。有刘喜海藏印
《紫岩诗选》二卷，（宋）于石撰	《紫岩诗选》三卷，（宋）于石撰			
《子渊诗集》六卷，（元）张仲深撰	《子渊诗集》六卷，（元）张仲深撰	《子渊诗集》六卷，张仲深撰	《子渊集》六卷，一本	《子渊诗集》六卷，（元）张仲深撰
《祖英集》二卷，（宋）释重显	《祖英集》二卷，（宋）释重显			
		《尊白堂集》六卷，虞俦撰	《尊白堂集》六卷，二本	《尊白堂集》六卷，（宋）虞俦撰

注：① 《庐山集》五卷、《英溪集》一卷，若合为一种，则以下共82种，若分开计，则为83种。国图著录为270卷，笔者据此目统计为275卷。

② 本列所引《陶庐杂录》均为中华书局1997年版。宋人集中，《庐山集》五卷、《英溪集》一卷合为一家，共为59家。以上合计309卷。但是，笔者据下面著录统则只有301卷。

③ 《庐山集》五卷、《英溪集》一卷，算两种元集。因此，宋元人集共为55种。法氏统计为：823卷。笔者统计为：807卷。

④ 参《张元济书札》，第1130页。亦可参莫友芝撰，傅增湘订补《藏园订补邵亭知见传本书目》，中华书局，2009。共55种，857卷，146册。

⑤ 均有法氏藏印。另外个别有刘喜海藏印。

⑥ 此书在国图未找到胶片，故未能看到。但是，因为其他都有法氏藏印，估计此本也不例外。

第三节　大典本《维扬志》考

民国初年，版本目录学家缪荃孙在《永乐大典考》中说："乾隆壬寅（辰），诏修《四库全书》，大兴朱笥河学士筠请将《大典》中古书善本世所罕见者择取缮写，各自为书，以复旧观，得旨允行。编入《四库》者三百六十五种，附存目者又一百有六种。第诸书辑散为整，考订不易。有业经辑出而未及进呈者，如宋元两《镇江志》、《嘉泰吴兴志》、《嘉定维扬志》、《奉天录》、《九国志》之类，亦复不少。"① 后来谈四库馆辑佚者，多据此认为以上这些大典本是四库馆臣辑出而为《四库全书》及《四库全书总目》失收者②。其实，缪氏的说法并不准确，以上这些书并不都是四库馆臣辑出的，例如，《嘉定维扬志》（以下称大典本《维扬志》）就不是馆臣辑出的，而是阮元于嘉庆十四年冬在全唐文馆中辑出的。因此，大典本《维扬志》当然也就不可能被《四库全书》及《总目》收入了。由于上述大典本除《维扬志》外均有传本存世，而《维扬志》则早已失传，今人对该书之辑佚经过、辑本内容及流传情况均不甚了了，故就有关问题考证如下。

一　大典本《维扬志》的辑佚

焦循"寄阮中丞"（庚午正月廿七日）云："新岁接到《永乐大典》中《维扬志》五本，日内稍冗杂，少间即为检摘付仲嘉也。佐修府志事，所分办之件，去腊已缴讫。"③ 庚午，为嘉庆十五年（1810）。阮中丞，即阮元，清扬州府仪征县人，曾任浙江巡抚（中丞）。后因事革职，于嘉庆十四年九

---

① 张升编《〈永乐大典〉研究资料辑刊》，北京图书馆出版社，2005，第245页。
② 参顾力仁《永乐大典及其辑佚书研究》，台北私立东吴大学，1985，第310页；曹书杰：《中国古籍辑佚学论稿》，东北师范大学出版社，1998，第142页；史广超：《〈永乐大典〉辑佚述稿》，中州古籍出版社，2009，第304页；张升：《〈永乐大典〉流传与辑佚研究》，北京师范大学出版社，2010，第204页。
③ 焦循：《焦循杂著九种·里堂札记·庚午手札》，广陵书社，2016，第160页。

月底入京，补授翰林院编修，入全唐文馆任总阅官。仲嘉，即阮元从弟阮亨。焦循于嘉庆十五年正月收到的大典本《维扬志》，应该是阮元在嘉庆十四年底从北京寄出的。阮元将此书寄与焦氏，可能是希望焦循修扬州府志时作参考。但是，其时焦循所负责撰写《嘉庆扬州府志》的那部分稿件已于嘉庆十四年十二月交稿①，因此，焦循只是答应方便的时候将大典本《维扬志》整理后交给阮亨。

那么，阮元寄给焦循的大典本《维扬志》五本又是如何得来的呢？

据阮元《仪征县志序》载："嘉庆己巳（嘉庆十四年）冬，余在翰林院检《永乐大典》，见其中有《绍熙仪征志》、《嘉定真州志》，命小史抄一副本，藏诸箧笥。道光癸卯（道光二十三年）春，里第为邻火所焚，此书遂遗失，惟门下士摘录之本仅存，殊堪惋惜。"②可见，阮元于嘉庆十四年冬在翰林院辑出了大典本《绍熙仪征志》、《嘉定真州志》。仪征（真），即真州，属扬州府，旧称维扬。那么，这些方志会不会就是大典本《维扬志》五本中的一部分呢？

道光二十年（1840），阮元把《扬州志》五本交给其门人刘文淇审阅。刘文淇审阅后，给阮元写了一通很长的信（即"上阮相国书"），详细地讨论了该志的内容："前蒙示抄本宋《扬州志》五本，其《通州志》一本，……其《重修真州志》一本，系嘉定时所修。《嘉庆扬州府志》云：《嘉定真州志》二十二卷。今按抄本《真州志》卷首有韩梃序，系《绍兴（应为熙）真州志》序。府志载韩梃《绍舆（应为熙）真州志》七卷。其书久亡，其序仅见于此。……其《广陵续志》一本，……《宝祐惟扬志》三十六卷，……今抄本第有六卷。……统按《嘉定真州志》及《嘉泰广陵续志》、《宝祐惟扬志》三书，体例略相似，皆仿《绍熙广陵志》为之，虽非完书，然遗文轶事颇资见闻。又所载诗词最为详备，大率隋唐以前，本鲜于俊《扬州集》，有宋一代，本陈洪范《扬州后集》，府县志不载者多矣。今以《隆庆仪征志》校《嘉定真州志》，以新《扬州府志》校嘉泰、宝祐二志，其所失

---

① 《嘉庆扬州府志》全书于嘉庆十五年四月完稿，其中并没有征引大典本《维扬志》的内容。
② 刘文淇、张安保纂《道光重修仪征县志》卷首，江苏古籍出版社1991年影印本，第2页。

载及有删节者,俱下一签。谨将原书五本缴上,并贡所疑,伏乞诲政。"①据该信可知,《扬州志》五本包括:《通州志》一本、《嘉定重修真州志》一本、《嘉泰广陵续志》一本、《宝祐惟扬志》六卷(应该为两本)。显然,这五本《扬州志》即上述大典本《维扬志》五本,其中包括了阮元辑出的《嘉定真州志》。因此,这五本《扬州志》(即大典本《维扬志》)应该都是阮元于嘉庆十四年冬从《永乐大典》(以下简称《大典》)中辑出的。

综上所述,嘉庆十四年冬,阮元在翰林院《大典》中辑得《维扬志》(其实为扬州地区的旧志)五本,很快即寄回给焦循。嘉庆十五年正月焦氏收到此书后,答应为阮元整理此书。道光二十年,阮元又将此书交给刘文淇审阅。

但是,这里还有一个疑问:阮氏说其辑佚所得包括《绍熙仪征(真)志》,为何大典本《维扬志》五本中没有包括《绍熙仪征志》呢?查刘文淇所纂《道光重修仪征县志》可知,仪征旧志中确实有《绍熙真州志》(又可写作《绍熙仪真志》)②,因此,阮元所说的《绍熙仪征志》,亦即《绍熙真州志》。大典本《维扬志》五本中有《嘉定重修真州志》一本,其卷首收有《绍熙真州志序》一文。阮元有可能据此误以为此本还收有《绍熙真州志》。刘氏《道光重修仪征县志》修成于道光二十九年,其时阮元所藏之大典本《维扬志》早已亡佚,阮氏在序中只是凭记忆来追述,出现误差是可以理解的。

顺便指出的是,阮元在全唐文馆期间除辑出上述的大典本《维扬志》外,还辑得其他一些佚书:"嘉庆庚午,相国(指阮元)以少詹事在文颖馆总阅《全唐文》,于《永乐大典》中钞得杨辉《摘奇》及议古等百余番。嗣督漕淮安,属江上舍郑堂藩排比整齐之。然掇拾残剩之余,究非全帙也。"③

---

① 刘文淇:《青溪旧屋集》卷3,清光绪九年刻本。王章涛认为该信写于道光二十年。参王章涛《阮元年谱》,黄山书社,2003,第962页。
② 刘文淇、张安保纂《道光重修仪征县志》卷48,第732页。
③ 阮元等撰,冯立升等校注《畴人传合编校注》,中州古籍出版社,2012,第421页。

二　大典本《维扬志》的内容

大典本《维扬志》现已亡佚，兹据前引刘文淇"上阮相国书"简述其内容如下。

（1）《通州志》一本。"内一卷，所附杂诗皆系咏扬州者。考通州在宋为静海军，不属扬州，且所附诗词又有元明人厕其间，必非宋人原本。"刘氏认为通州不属扬州，故《维扬志》不应收入此书。但是，通州，即南通，在明初属扬州府。《大典》所收各府，依据的是明初建制①，故《通州志》也收入扬州府中。据此亦可推知，阮元所辑的大典本《维扬志》应该就是抄自《大典》"扬州府"。《大典》"扬州府"起卷6072至卷6108。查《永乐大典存目》②，其中卷6072~6099在乾隆时期已佚，故阮元所能利用的只有卷6100至卷6108共九卷。正因为嘉庆时《大典》"扬州府"已残缺不全，故阮元只辑得大典本《维扬志》五本，且其中之内容多不完整。否则，以阮元作为扬州人对扬州旧志的关心程度来看，当会把《大典》"扬州府"之宋代旧志全部辑出。至于此《通州志》还收有元、明人之诗词，有可能因为：一方面《大典》各府名下杂收各志，宋、元、明志均混编在一起，而阮元辑佚此书时并未细加甄择；另一方面，此《通州志》可能不是宋代方志，而是明初方志。

（2）《嘉定重修真州志》一本。卷首收有韩梴《绍熙真州志序》、永嘉黄氏《嘉定真州志序》。原志共廿二卷，而此抄本仅存六卷，包括：碑记二卷，文章二卷，城池一卷，杂录一卷。"碑记文章所载，多府县志所未载，即其所载者亦多删节，抄本均载全文。又碑记、文章均载撰人及书丹篆额姓氏年月，后来府县志皆削去书石者，仅留撰人，殊嫌未备。真州当南渡后为戎马之地，城池守备尤为紧要，城池一卷，所载案牍之文甚详，府县志亦多删节。"可见，刘氏认为该志内容还是很有价值的。不过，刘氏虽然认为此志为嘉定时所修，但又指出："而《吕真人祠堂记》、《刘宰新翼城

---

① 黄燕生：《〈永乐大典〉征引方志考述》，《中国历史文物》2002年第3期。
② 载张升编《〈永乐大典〉研究资料辑刊》，北京图书馆出版社，2005。

记》、《放生池记》皆宝庆间所作，《孙虎臣丽光园湖光亭记》、《吕师龙重修学记》乃咸淳间所作，均在嘉定之后。"因此，他怀疑《嘉定重修真州志》有后人续补的内容。宋代方志，后代续补者多有之①，故刘氏之怀疑亦理所当然。另外，如前所述，由于《大典》杂收各志，阮元辑佚时未细加甄择而造成误辑，也有可能会出现这种情况。

（3）《嘉泰广陵续志》一本。共六卷，包括：御书诏敕一卷，碑记石刻一卷，上梁致语一卷，诗词一卷，诗话词话一卷，城池一卷。诗词附仪真诗词数十首。刘氏考证认为，此书应为《嘉泰广陵续志》，刘昌诗所编。但是，他又指出："诏敕碑记诗词各门，多载嘉定、宝庆、淳祐、宝祐时事，而末卷附家坤翁宝祐城纪事诗，皆在嘉泰之后。……则亦非刘昌诗所编之原本也。""小序谓：仪真为淮左胜地，异时骚人墨客登眺于此者，皆能寄兴高远，发为词章，表而录之，得数十首。以仪真为淮左胜地，特载诗词数十首。其实真州在宋为建安军，不叙扬州也。"参考前面的考述，《嘉泰广陵续志》收有嘉泰之后的内容，既有可能是后人续补者，亦有可能是阮元误辑者。至于刘氏认为真州在宋代不属扬州，亦可参考前述可解其疑惑：真州（即仪征）在明初属扬州府，据《大典》各府之体例，当然会收于"扬州府"之下。

（4）《宝祐惟扬志》六卷（二本）。原志共三十六卷，今抄本只有六卷，包括：诏令一卷（子目为：历代诏札、敕令），词翰二卷（子目为：遗刻、遗文、遗书。遗书之末又附书板，遗文之中以序、表、上书、简启、墓志为次），诗词一卷，杂录一卷（子目为：诗话、词话、牧守杂事、辨证、拾遗），城池一卷。刘氏考证指出："据杂录序云，……故叙之以杂录终焉。是杂录当在卷末。抄本城池在后，误矣。"认为其顺序与原志不合。其实，收入《大典》中的各书，是据《大典》的体例重新组合编排的，而阮元辑佚时是据《大典》之体例顺序辑出的，故其所辑之书与原书在体例顺序上当然会有不符之处。这种情况在大典本方志中普遍存在②。

---

① 黄燕生：《〈嘉泰吴兴志〉初探》，《中国地方志》1989年第4期。
② 黄燕生：《〈永乐大典〉征引方志考述》，《中国历史文物》2002年第3期。

综上所述，大典本《维扬志》五本包括：《通州志》一本、《嘉定重修真州志》一本、《嘉泰广陵续志》一本、《宝祐惟扬志》六卷（两本）。各志之内容，我们依据前引刘文淇的考述亦大致可以了解。这四种方志均为明初扬州府所属地区的方志，故均收于《大典》"扬州府"中。阮元从《大典》中将这四种旧志辑佚出来，以作为扬州府之宋代旧志。至于各志所收的卷数与原书多有不符之处，主要是因为当时《大典》"扬州府"有残缺造成的。而各志的内容、体例等与原志书亦多有不符，则有可能是后人续补、阮元误辑、《大典》各府之体例与原志书体例之差异等因素综合造成的。这些问题其实是大典本方志普遍存在的问题。我们只有将其与大典本方志辑佚联系起来，才比较好理解。刘文淇在信中并未提到《大典》，可能并未意识到这四种方志是出自《大典》的辑本，故对其中有些问题颇感费解。

大典本《维扬志》只是上述四种旧志之组合，阮元从《大典》中辑出这些书时可能并没有定一总书名，故焦循称其为"《永乐大典》中《维扬志》"，而刘文淇称其为"宋《扬州志》"。至于缪荃孙称其为《嘉定维扬志》，则不知其所据为何①。如果一定要将这四种旧志组合取一个总书名，笔者认为就称为大典本《维扬志》或大典本《扬州志》比较合适，因为这四种方志确实都属于明初扬州府（旧称维扬）地区的方志。

三　大典本《维扬志》的亡佚

大典本《维扬志》现已亡佚，而其亡佚的原因，前引阮元《仪征县志序》已提到了："道光癸卯（道光二十三年，1843）春，里第为邻火所焚，此书遂遗失，惟门下士摘录之本仅存，殊堪惋惜。"关于此次火灾，张鉴《雷塘庵主弟子记》卷八亦载："（道光二十三年）三月初三日公携子福赴道桥扫墓。是夜福寿庭毁于火（公诗注云：御赉皆得护出，书物皆烬，幸而在乡，否则老夫跛卧，将困郁攸矣）。"刘文淇《青溪旧屋集》卷三《与王

---

① 历史上也没有出现过《嘉定维扬志》。查姚文田等纂《嘉庆重修扬州府志》（江苏古籍出版社1991年影印本）卷62"艺文志一"附录可知，宋代只有《宝祐惟（维）扬志》，并无其他《维扬志》。明杨士奇等编《文渊阁书目》（中华书局1985年影印《丛书集成初编》本）卷四收有《维阳志》十五册。《永乐大典》中所收的《宝祐惟扬志》，应该即为此书。

子涵司马论修县志书》亦载："府志以《嘉靖维扬志》为最古，阮太傅处藏有一部，癸卯年毁于火，世间遂无其书。"这次火灾，阮氏藏书遭焚者颇多，其所藏的大典本《维扬志》自难幸免。

至于阮元《仪征县志序》还提到其门下士有采摘之本，目前也未有发现。参考前述，这个采摘本有可能是其门人刘文淇所作的，但是刘氏纂《道光重修仪征县志》时并未提到有此采摘本，也未见其所修县志中有采用。此姑存以待考。

四　余论

既然《嘉定维扬志》（大典本《维扬志》）不是四库馆臣辑出的，那么，缪荃孙所提到的其他各书如宋元两《镇江志》、《嘉泰吴兴志》、《奉天录》、《九国志》等是否就是四库馆臣辑出的呢？笔者认为也不一定。兹一并考证如下。

《九国志》　该书为四库馆臣邵晋涵所辑。据《守山阁丛书》本《九国志》周梦棠题识云："其书向无刊本，惟散见《永乐大典》中，邵二云太史摘录散篇，欲为编辑，因阙轶过半不果成。乙未冬，二云南旋，留稿于孔荭谷农部处。今年夏，荭谷出底本属予编次。虽卷帙残缺，而所存诸传，俱首尾完善，可补五代正史之遗，因为分国类叙，得列传一百三十六首，厘为十二卷。"[①] 邵二云即邵晋涵（号二云）。但是，该书可能只是邵氏私辑的，因为该书不见载于《永乐大典书目》及现存四库馆辑佚《大典》之签单。尽管现存《永乐大典书目》只是残本，但其所收四库馆签出之佚书达一千余种，《四库总目》著录（包括存目）之大典本、四库馆签佚书单所载之佚书大都在其上有反映，因此其基本能代表四库馆辑佚之总书单。而且，现存《大典》残本中仍保存有个别四库馆签佚书单，可以作为前者之补充。因此，如果不见载于《永乐大典书目》及现存四库馆签佚书单的大典本，应基本上可以被认定为并不是当时馆臣代表四库馆签出之佚书，而是馆臣

---

① 路振：《九国志》，中华书局1985年影印《丛书集成初编》本，第2~3页。

私自辑出的。四库馆开馆期间，馆臣私辑之现象非常普遍①，《九国志》应该就是邵氏在四库馆中私自辑出的。这些馆臣私自辑出之大典本，当然不会呈进四库馆，因而也不会被《四库总目》著录。

《奉天录》 该书久佚，清中期复现于世，最早的版本为徐松家藏抄本。秦恩复《奉天录后跋》云："唐赵元一《奉天录》四卷，元明藏书家均未著录，然今文备载《永乐大典》中，不审当时何以不收入《四库》，意其与正史抵牾，文义错谬，无从考证耳。四川龙观察万育得诸徐太史崧家，未及校正，以活字版印行，不分卷数，截然四段，细按之，即原书四卷也。"②徐松于嘉庆年间主持《全唐文》编纂，曾私自从《大典》中辑出了一些佚书，包括《宋会要辑稿》等。《奉天录》很有可能就是徐松于编修《全唐文》期间私自辑出之书。当然，假如该书真是四库馆臣辑出的，但其并不见载于《永乐大典书目》及四库馆签佚书单，亦只能算是馆臣之私辑。

宋元两《镇江志》 即《嘉定镇江志》《至顺镇江志》。乾隆六十年，张焘将宋元两《镇江志》抄本送给阮元③。后来，阮元将其进呈嘉庆皇帝，并写有提要，但未提及其为大典本。道光二十二年，刘文淇父子校宋元两《镇江志》，始疑其有可能辑自《大典》，且被馆臣初步整理过④。陈庆年在1923年所作《读钞本至顺镇江志》中说，此两志为从《大典》中辑出，但馆臣未经编定⑤。刘、陈等人只是据原书之内容来推测其为馆臣辑佚之大典本，未可遽为定论。其实，如果要考证其为馆臣之辑本，应该从此两志在清代最初面世情况来推论。此两志最早见诸著录是乾隆六十年由张焘送给阮元的，从其面世之时间看，当时正好是四库馆闭馆不久，确实很有可能是馆臣辑出的。更为重要的是，张焘就曾是四库馆臣。张焘，字慕清，号涵斋，江南宣城人，乾隆二十八年进士，选庶吉士，曾任四库馆提调官、荟要处分校官。当然，此两志不太可能是作为宣城人的张焘自己从《大典》

---

① 张升：《四库全书馆研究》，北京师范大学出版社，2012，第280-307页。
② 赵元一：《奉天录》，清道光十年秦氏享帚精舍刻本。
③ 阮元序，载俞希鲁编纂，杨积庆等校点《至顺镇江志》，江苏古籍出版社，1999，第1页。
④ 刘文淇：《宋元镇江志校勘记序》，载俞希鲁编纂，杨积庆等校点《至顺镇江志》，第5页。
⑤ 俞希鲁编纂，杨积庆等校点《至顺镇江志》，第901页。

辑出的，而很有可能是同馆之人辑出，然后为其所得。同馆之人中辑出宋元两《镇江志》者最有可能的是来自扬州或镇江的大典本纂修官，而大典本纂修官中只有于鼎是扬州（金坛县）人，因此，此两志有可能是于鼎辑出的。此两志亦不见载于《永乐大典书目》及四库馆签佚书单，因而应该仍属于馆臣之私辑。

《嘉泰吴兴志》 此志亦不见载于《永乐大典书目》及四库馆签佚书单，因此，其如果确实是当时四库馆臣辑出的，也只是某位馆臣之私辑。参考上述关于宋元两《镇江志》的考证，大典本纂修官中来自湖州（旧为吴兴）的有三位：徐天柱（德清人）、孙辰东（归安人）、闵思诚（乌程人），因此，《嘉泰吴兴志》有可能出自以上三人之私辑。

总之，缪氏所说的宋元两《镇江志》等书，要不并不是馆臣所辑，要不即便是馆臣所辑，也只是其私辑，而作为私辑，当然就不会进呈四库馆，也不会被《四库总目》著录。因此，缪氏认为以上这些大典本是四库馆臣辑出而为《四库全书》及《四库全书总目》失收者，是不准确的。此外，上面的考述对我们认识四库馆臣的辑佚会有新的启示：四库馆臣私辑之书中，应该有相当一部分是方志。为什么会出现这种情况呢？笔者认为主要是因为：四库馆并不辑佚方志，而《大典》中却存有大量的佚志。《四库总目》著录的大典本中未有一部真正的方志，而且，《永乐大典书目》及四库馆签佚书单也没有收录真正的方志（《元一统志》这样的总志除外），可见，四库馆不辑佚前代佚志是有意为之的。也就是说，前代佚志并不是四库馆规定的辑佚对象。因此，面对《大典》中普遍存在的大量佚志材料，一些馆臣因为留意乡邦文献、修志、受人所托等原因，可能会比较多地进行这方面的私辑。除了上面提到的宋元两《镇江志》以及《嘉泰吴兴志》有可能出自馆臣私辑外，周永年也从《大典》中辑出山东《东昌府志》以为东昌府修志之用①。尽管馆臣私辑的大典本方志共有多少种我们难以考知，但是肯定不止上面提到的几种，而且，可能还有一些这样的大典本方志仍存于世而有待我们去发现。

---

① 张升、李广超：《〈永乐大典〉与清代山东的两部地方志》，《中国地方志》2013年第1期。

第四节 《古泉汇考》抄本、流传及与《永乐大典》关系考

翁树培（1765～1811），字宜泉，号申之，清顺天府大兴（今北京市）人，翁方纲（号覃溪）次子，著名泉币学家；乾隆五十二年（1787）进士，官至刑部员外郎。他一生潜心于古泉学，著《古泉汇考》《古泉汇》等①。《古泉汇考》为未刊稿，原稿现已散佚难考②，但其在流传过程中曾被整理和辗转传抄，一些抄本还流传至今，其中山东图书馆所藏的抄本分别被北京图书馆出版社于1994年和山东大学出版社于2006年（收入《山东文献集成》第一辑）影印出版，得以广为流播。那么，存世的传抄本一共有多少种？它们是如何流传至今的？另外，《古泉汇考》中多引《永乐大典》之文，那么，《古泉汇考》与《永乐大典》是什么关系呢？本节主要想解答以上三个问题。

一 《古泉汇考》的抄本及流传

就笔者所见，目前存世的抄本《古泉汇考》有三种。

（一）山图本

山东图书馆所藏抄本，共八册，是王献唐于民国年间抄自刘喜海（字燕庭、吉甫）之整理批注本（该本出自翁氏稿本），其详细情况可参张书学《王献唐与翁氏〈古泉汇考〉之流传》一文③。那么，刘氏所据以整理的翁氏稿本又是从何而来呢？史料记载有两种说法。

其一，购自翁家臧获（即仆人）之手

据翁树培之好友金锡鬯记载："（宜泉）专心收辑古钱，积数十年不倦，所得亦多，重见叠出，藏弄摩挲，不轻示人。所著《古泉汇考》一书，终日随身，闻其夜卧亦置之枕畔，签改粘缀，不遗余力。……翁君无子，闻

---

① 此外，翁树培还著有《三十汉瓦轩遗诗》二卷、《翁比部诗钞》一卷附一卷。
② 目前只知道南京博物院藏有翁树培《古泉汇考》稿本一卷。
③ 载《文献》1994年第2期。

其殁后所积古金一散而尽。道光辛巳，予于刘生喜海斋头见其遗书，知刘生购之伊家臧获，不觉为之太息。"① 另据李佐贤《古泉汇》首集卷三"历代著录"载："《（古泉）汇考》八卷，……又无伦次，……则仍系未成之书。……未及刊刻而宜泉谢世，其草本被臧获窃出，幸为刘燕庭方伯所购得，为之补缺订讹，抄录成帙。"② 以上均说此书是刘氏从翁家臧获（仆人）之手购得的。不过，需要注意的是，翁树培去世时，翁方纲还在，而且曾给翁树培作小传："（树培）于洪、顾诸家《泉志》，更为该悉。予亦望其将来从此博涉考订之学，庶几有成，而孰意竟止于此。……著有《钱录》若干卷，应镌板以成其志。"③ 所谓"钱录"，应指的是《古泉汇考》。翁方纲有意将其刻印出来，当然不会任其流散。据此分析，如果说《古泉汇考》真的是被翁家仆人窃出卖掉，那也应该是在翁方纲去世（1818）后，而不应该是在翁树培去世（1811）后。

其二，借自叶志诜④

据刘喜海《嘉荫簃古泉随笔》书前题记载："道光初元，从叶东卿处借得大兴翁宜泉《古泉汇考》稿本八册，手自编葺成书，后有所闻见辄书于简端，积有年所，未曾收拾。"⑤ 其时，刘喜海与好友叶志诜（字东卿）、徐松、许瀚、许梿、吴式芬等朝夕过从，互观所藏金石书画，因此，刘氏于道光元年（辛巳，1821）从叶志诜处借得翁树培所撰《古泉汇考》稿本是有可能的。前述金锡鬯在京师"于刘生喜海斋头见其遗书"，应即此本。

以上两说互有出入，以何者为准呢？笔者认为，相对来说，刘氏自己的说法应该更可信。也就是说，刘氏所得的翁氏稿本是借自叶志诜的，而

---

① 金锡鬯：《晴韵馆收藏古泉述记》附录，南京图书馆藏稿本，第14页。另可参该书"自序"第2页载："道光辛巳，又至都下，于刘吉甫案头见翁宜泉所著《古钱汇考》稿本，已有残缺，因询所得之由，知得自彼家，臧获出以售人耳。"
② 李佐贤：《古泉汇》，北京出版社1993年影印本，第115－116页。
③ 翁方纲：《复初斋文集》卷13"次儿树培小传"，上海古籍出版社1996~2003年《续修四库全书》影印本。
④ 叶志诜（1779~1863），翁方纲门人，清代金石家、藏书家，字东卿，晚号遂翁、淡翁，湖北汉阳人；贡生出身，官至兵部武选司郎中；著作有《咏古录》、《识字录》、《金山鼎考》、《平安馆诗文集》等。
⑤ 刘喜海：《嘉荫簃古泉随笔》八卷，清刘氏嘉荫簃抄本，一册，藏国家图书馆善本部。

非购自翁家之仆人。那么,叶氏何以得到翁氏《古泉汇考》稿本呢?

叶志诜作为翁方纲的门人,与翁方纲交往颇多(尤其在翁氏晚年)。翁方纲于嘉庆二十三年(1818)去世时,其子均已不存,唯一的孙子翁引达还不满五岁①,因此,叶氏不但亲理其丧,而且还以抚育翁氏后人自任:"我师覃溪老夫子,于本月二十六日夜半逝矣,痛哉!痛哉!……茕茕弱孙,举目无亲,诜与一二子弟,亲视含殓,附身衬棺,可称无憾。现在酌筹葬地,抚育孤儿,颇不易易,然不敢弛此重负也。"②

翁方纲的藏书与遗稿,在其去世时即受到多方的关注,其中既有人觊觎,亦有人设法护持:"覃溪师上元前尚寄手示,不意竟归道山。……吾师一生心血,全在书籍金石,所藏卷轴碑版不少,而生平著作已刻及未刊皆有,闻此时琉璃厂店户业经勾串零售,殊可浩叹!望为分别检点妥贮,造册二本,一存尊处,一交四世嫂收存,每年晒晾一次,以免损失。"③ 据上述可知,其时已有翁氏之遗稿因内外串通而流出于外。况且,翁家主事者终属女流,而翁孙引达后来亦颇不肖,加之维持大家庭的日用不足,故其藏书及遗稿不可避免地很快流入他人之手④,其中获得最多者,除叶志诜外,还有同是翁氏门人的孙烺⑤。更有甚者,翁氏的故居不久也归了叶氏⑥。

叶氏在翁氏身故后获致其遗稿、藏书及故居,不免予人巧取豪夺之嫌疑,但是,就笔者所见,当时人及后人并未有因此而责难叶氏的。这是否说明,当时叶氏之所为是正常地救助翁家呢?此姑存以待考。不管如何,

---

① 翁引达,是翁方纲第六子树崑之子,嘉庆十九年出生。参沈津《翁方纲年谱》,中研院中国文哲研究所,2002,第471页。另据申纬《警修堂全稿》(韩国民族文化推进会编《韩国文集丛刊》本,韩国景仁文化社,2002)第21册"北辕集(二)"小注载:"覃溪孙引达,别字苏孙。"可知,"苏孙"为翁引达之号。
② 沈津:《翁方纲年谱》,第491页,叶志诜致朝鲜金正喜札。
③ 沈津:《翁方纲年谱》,第492页,蒋攸铦致翁方纲婿札。
④ 参沈津《翁方纲年谱》,第492页,蒋攸铦致翁方纲婿戈宝树札所附叶昌炽按语。
⑤ 翁方纲《复初斋集外文》(民国间嘉业堂刻本)刘承干跋云:"(方纲)晚年颇窘,殁后仅存一子,诸孙幼弱。门人杭州孙侍御烺,赒以千金,完厥葬事,所藏精拓及手稿均归之。手稿四十巨册,按年编次,内缺十余年,诗文联语笔记全载。"
⑥ 参申纬《警修堂全稿》第18册"北禅院续稿四"(道光十一年)载:"鹤田言,覃溪之孙亦夭而不寿,故宅文藻遂无人可传云云。"第23册"祝圣三稿"(道光十六年)载:"保安寺街覃溪旧宅,闻已易主,今属叶东卿云。"

让翁氏在地下略感欣慰的是，叶氏此后不断整理与刊刻翁氏之遗稿，例如，请刘喜海整理翁树培《古泉汇考》，并拟将其刊入《连筠簃丛书》；咸丰二年（1852）刊刻翁方纲《焦山鼎铭考》一卷；刊刻翁方纲《孔子庙堂碑唐本存字》一卷；道光间摹刻翁方纲《金石图像四种》四卷；道光二十五年（1845）补刻翁方纲《复初斋诗集》七十卷；校勘抄本翁方纲《苏斋笔记》。此外，道光年间，陶梁辑刻《国朝畿辅诗钞》，来向叶氏索翁树培遗稿，叶氏即录副奉赠，并以所藏翁树培小印印于卷端①。从上述看，叶氏所得只是翁氏遗稿中的一部分，其中主要是翁方纲编著的金石类书籍及翁树培的遗著。这与叶氏喜好金石学有密切关系。

综上所述，叶志诜在翁方纲去世后获得了翁树培《古泉汇考》稿本，然后借给刘喜海整理。据刘喜海云："北平翁学士覃溪先生子宜泉比部著《古泉汇考》，其家止存稿本，涂乙几不可读。余为费三年功，校录正本藏之。"② 可知，刘氏将此稿本整理成清本后自己收藏，而有可能再过录一部清本和原稿一起交还给叶氏。此后，刘氏陆续在此整理本上加批注（一般是加在书眉，也有加在正文中的）。此整理批注本在刘氏去世后辗转为福山王懿荣、安邱赵孝录收藏，山图本即是王献唐于1933年据赵氏收藏的刘氏整理批注本传抄而来的。

此外，还需说明的一点是，《古泉汇考》既然是刘氏借自叶氏的，那么，金锡鬯为何说此书是刘氏购自翁家的呢？笔者推测，刘氏当时有可能是说此书是叶氏购自翁家仆人之手，而后来金氏追记此事，误记为刘氏购自翁家仆人之手。至于李佐贤《古泉汇》所记，则可能也是受金氏所述的影响。

（二）北大本

北京大学藏旧抄本《古泉汇考》及翁氏泉拓《古泉汇》，是1937年秋容庚从北平琉璃厂文奎堂为燕京大学购入的，其中《古泉汇考》计八卷（共1019页），泉拓《古泉汇》共十册。容庚曾撰《记翁树培〈古泉汇考〉

---

① 参翁树培《三十汉瓦轩遗诗》书前叶志诜题识，载《清代诗文集汇编》，上海古籍出版社2010年影印本，第478册，第558页。
② 刘喜海：《嘉荫簃论泉绝句》下廿三注，民国十二年（1923）扫叶山房影印本。

及〈古泉汇〉》一文对两书作了介绍，并提到《古泉汇考》是一部待刻之书，历经叶志诜、杨继震递藏①。但是，容文并没有谈到叶氏此本是从何而来的，也没有谈到其与刘氏整理本的关系，因此，有必要作进一步的考证。

1. 北大本之概况

查北大藏《古泉汇考》，2函，六册，抄本；每半叶9行，每行24字；书衣有两印："燕京大学图书馆珍藏"、"苏陆斋"。内封有王懿荣题记一纸："翁氏古泉汇考十四卷，幼云尊丈藏弄。懿荣署"。前护页及正文首页有杨继震、杨彦起等印。护页背面贴有一纸（该纸是印纸，版心上印"灵石杨氏刊连筠簃丛书"），为提示刊印之样式：

古泉汇考卷之一上

　　　　　　　　　　　大兴翁树培　申之　　著

　　　　　　　　　　　汉阳叶志诜　东卿　　摹篆

　　　　　　　　　　　平定张　穆　石州　　覆审

　　　　　　　　　　　光泽何秋涛　愿船

易曰上古至（为卷三）汇考卷之一（穆案：今区为上中下三卷）

上古

　遂人氏

　　管子揆度……

此叶之栏外还有墨笔题："每卷之式皆同。"

据上述刊印样式可以看出：其一，张穆等拟将原书卷一分为上、中、下三卷。其二，刊本拟以《管子·揆度》引文为首，而原书则以金履祥《通鉴前编》引文为首，表明刊本拟对原书的顺序作调整。其三，"汉阳叶志诜东卿摹篆"，"篆"原写作"式"，旁边用红笔改为"篆"。叶氏"摹篆"，大概是指由叶氏对抄本中摹写的钱币篆文作核对、修正。此本第一册

---

① 容庚：《颂斋述林》，《容庚学术著作全集》本（中华书局，2011），第869~874页。杨继震（1820~1901），晚清古泉名家，字幼云，号莲公，室名差不贫于古斋，汉军镶黄旗人，官至工部郎中。

中一些篆文旁即加了"△"符号,提示其需要核对。其四,"平定张穆石州覆审"①、"光泽何秋涛愿船"之下有墨笔题"覆审写两行中",意思是指:张穆、何秋涛均为覆审,"覆审"两字应写在两人名与字上下行的中间。据此可知,此书应该是先由张氏覆审,最后再由何氏覆审。其五,"光泽何秋涛愿船",原稿用墨笔写为"灵石杨尚文墨林校梓",之后用红笔删去,在旁改写为"光泽何秋涛愿船"。也就是说,此书原定为杨氏校,后改由何秋涛校。书中写在天头的蓝笔字,前有"涛案"或"秋涛案",即是何氏之修改。

从上述看,此书是拟刻入《连筠簃丛书》的。《连筠簃丛书》是山西杨尚文主持编刻的一套丛书②,参与校对者有张穆、何秋涛等人。但是,因为此套丛书是陆续开印的,一共要印多少种书,杨氏并没有一个明确的规划。目前存世的该套丛书一共收 16 种书,但这只是表明已印的种数,至于计划要印的书有多少种,则不得而知③。从北大本《古泉汇考》看,显然,该书亦拟刻入丛书,而这一点是以往研究该丛书者绝少提及的。据"张石洲致许印林书第二札"云:"翁宜泉《古泉考》,东翁已许借刻。"④可见,此书为叶氏借给张穆(字石洲、石州)来刻入丛书的。杨氏与张氏均爱好金石,因此选择刻《古泉汇考》入丛书是可以理解的。而且,叶氏与张穆关系不错⑤,故得以借刻此书。不过,此书中的改动,第一册稍多,第二册也有一些,而第三册以后则绝少,只有个别疑是后来收藏者所加的按语。可见,此本之校改远未完工。

尽管如此,北大本《古泉汇考》曾经多人校对,对一些错字作了改正,又补充了一些文字,与山图本相较互有短长。

---

① 原写为审,后改为编,后又将编字删去。
② 连筠簃,是杨尚文在北京的居所。杨氏为山西灵石人,但长期寓居北京,故丛书局其实是开在其北京之居所。不过,丛书局的实际主持者基本上是张穆。
③ 参郭丽萍《〈连筠簃丛书〉刊印始末》,《晋阳学刊》2012 年第 2 期。该文提到,张穆拟刻《营造法式》、《古泉汇考》而未果。
④ 王献唐辑《顾黄书寮杂录》,齐鲁书社,1984,第 23 页。
⑤ 叶氏《御览集》所附《周鼎题咏》一卷中收有张穆《遂启諆鼎记》,参《清代诗文集汇编》,第 531 册,第 358 页。

2. 北大本之源流

以北大本与山图本相较可看出，两者实是同源的，不但文字相同，而且所摹写的钱图篆文也同，因此，北大本应该也是出自刘喜海的整理本。而据《张石洲所藏书籍总目》"史部二号"（即史部的第二部分）载："翁氏古泉汇考（叶氏书，取出），六本。"[①] 取出，是指取出还给叶氏。因此，此书应该在张穆去世后还给了叶氏。

另据杨继震在《古泉汇》的题记云："大兴翁宜泉三十汉瓦之轩所藏历代古泉拓本，己巳三月得于京师琉璃厂宝名堂，盖汉阳叶东翁故物，受之翁孙引达者。伯龡。"可知，叶氏从翁方纲之孙引达手里获得了翁树培的稿本《古泉汇》。联系到前述的叶氏从翁家获得稿本《古泉汇考》的情况看，估计稿本《古泉汇》、《古泉汇考》两书应该是叶氏同时得自于翁家的。己巳为同治八年，叶氏刚去世不久，其藏书已流散于外。

综上所述，大致可以推断北大本的流传情况如下：

叶志诜从翁家获得稿本《古泉汇考》及《古泉汇》。叶氏将《古泉汇考》借给刘喜海，请其襄助整理。整理完后，刘氏将稿本与过录的整理本交还叶氏。叶氏将此整理本借给张穆，拟刻入《连筠簃丛书》中。张穆去世后，此整理本又还给叶氏。叶氏去世后，此本与稿本《古泉汇》从叶家流出，被杨继震于同治八年从琉璃厂购得[②]。杨氏去世后，此两书复流入厂肆，被燕大于1937年购得，现藏北京大学图书馆。

3.《古泉汇考》、《古泉汇》之卷、册数

北大本《古泉汇考》最末一册跋文（应是杨继震所作）云："翁比部平生笃嗜古泉，旁搜类比，汇为钜编，起癸巳，讫甲寅，共成《古泉汇考》

---

① 张穆：《张石洲所藏书籍总目》，稿本，一册，国家图书馆善本部藏，为张穆去世后其藏书的清点目录。该目"其单内之目查检不着者"载："古泉考（七本，叶东卿）。"此书应与前述的六本之书不同，因为前面已记载的书，此单内是不收的，例如，该目"子部二号"载："说铃（出，叶氏书）廿九本。"此《说铃》就不收在此单内。如此说来，张氏可能还从叶氏手借得一部七本之《古泉考》，而这七本之书则有可能是翁氏之原稿本。

② 关于叶氏藏书散入厂肆的情况，还可参孙殿起《琉璃厂小志》（北京古籍出版社，2001）第104页引缪荃孙《琉璃厂肆后记》载："路北有宝名斋，主人李衷山，山西人，才具开展，结交权贵，为御史李璠所纠，发配天津；汉阳叶氏藏书归之，装潢最佳。"汉阳叶氏，即叶志诜。

十四卷，删定蜕本十五册，计泉四千五百九十又四枚。……余得二稿于叶氏，考只八卷，蜕本共九册，……非甲寅覆定之旧。然稽之时代后先，品制沿革，次第厘然，不得谓非全袭。或甲寅后又经删定，亦未可知。拓本则仅阙刀钱一种，暇日拟为补之。仍依翁氏旧例，取昭代泉法为首，卷次上古列国秦汉三国六朝唐五代宋辽金元明，附以僭伪各国、不知年代及外洋、厌胜、撒帐、吉语、马格之类，都为十钜册，亦云备矣。"（此跋最后有缺文）可见，杨氏在获得稿本《古泉汇》后，又对其作了不少补充。又据翁树培《古泉汇》自序载："乃蒐集史乘，为《古泉汇考》十四卷，成于壬寅之九月。至壬寅除夕，总计所藏古钱为一万二千四百有十枚。……爰排次前后，拓装为十五册，统计四千五百九十四枚。……时乾隆甲寅除夕。"（壬寅为乾隆四十七年，甲寅为乾隆五十九年）可知，乾隆四十七年九月，翁氏已编成《古泉汇考》十四卷。至于《古泉汇》十五册，则是乾隆五十九年编成的。在此之后，翁氏又对此两书不断修订，到刘喜海获见翁氏稿本时，《古泉汇考》已只有八卷。从每卷卷首均有翁氏之引言看，八卷应是翁氏确定的最终卷数。至于《古泉汇》原有十五册，到杨氏购入时只有九册。杨氏将其修订、补充为十册，即今之北大本《古泉汇》。

（三）国图本

刘喜海据翁氏稿本整理出清本后，应有多个传抄本，据鲍康《鲍臆园文手札》载："簠斋书来云：燕翁《古泉苑》一百一卷，底稿在伊处，宜为代刻。……翁氏《汇考》，所见皆写本而无图，采取过多，未经删削，二书皆未可付梓，强为之亦不能惬心。"① "所见皆写本"，可见，当时此书之写本不止一种，前述的北大藏本即是其中之一。此外，传世的还有国图本。

据查，国家图书馆藏《古泉汇考》，清翁树培撰，清抄本，9行21字，无格，8卷8册。此书没有刘喜海的眉批按语，除此之外，正文部分（包括正文内的小字注。这些小字注均应为翁氏的原注）与山图本均同，可见，此本与山图本是同源的，也是出自于刘氏整理的清本。而且，可能为誊抄方便，此书每行的字数、抄写格式（包括留空）等与山图本都相同，只不

---

① 《石刻史料新编》第三辑第35册，台湾新文丰出版公司，1982，第375页上。

过,此本每半叶 9 行,而山图本每半叶 12 行。

那么,此本传抄于何时,流传情况如何呢?

此本最后部分的文字较山图本多了三叶余,内容为:"彦超银鹿,背乌雅,二种,容轩藏。……"以上约补入三十余种打马格钱。其内容一般只是简单记录钱名及出处,而其出处包括:容轩(不详何人)、燕庭(刘喜海)、刘青园①、《吉金所见录》、《泉志新编》。前三者均为直接引自其人之收藏,而不称引自何书,可推知此本之过录者应该是与刘喜海、刘青园同时期之人,而且与他们均有交往,故知其所藏。山图本最后部分也有不少刘喜海补入的打马格钱,但是,与此本相较,颇有异同,亦可推知此本并未过录刘氏之校语。综上,此本应是抄自刘氏整理出的清本,但抄写时间应在刘氏自己加校语之前(约在道光年间)。

最后,谈谈此本之流传。此本卷一正文首页有印两方:"元方心赏"、"曾在赵元方家"。全书末页有印:"无悔斋校读记"。以上三方印均为赵钫(1905～1984,字元方)的藏书印,据此推测,此本之流传过程比较简单:其约在道光年间抄成后,于民国时期流入赵元方之手,然后约于 1949～1959 年间入藏北图(国图)②。

二 《古泉汇考》与《永乐大典》的关系

北图影印本《古泉汇考》书前《翁树培〈古泉汇考〉及其流传》一文云:"著者曾费数年时间,全部抄录《永乐大典》有关记载,然后分系于各条目之下。《永乐大典》久已缺佚,而其中'古泉'一门,今全赖《古泉汇考》一书得以保存。"③那么,《大典》"古泉"一门是怎么回事?《汇考》中哪些内容是出自《大典》呢?以下主要想讨论这两个问题。

---

① 刘师陆,清代藏书家、金石学家,字青园,号子钦,山西洪洞人,嘉庆五年(1800)进士,官编修;著有《女直字碑考》《女直字碑续考》《虞夏赎金释文》等。
② 北京图书馆编《北京图书馆善本书目》(中华书局,1959)"史部·金石类·钱币"载:"《古泉汇考》八卷,清翁树培撰,清抄本,八册。"该书目主要收载 1949～1959 年新入藏北图之善本。
③ 翁树培:《古泉汇考》卷首,北京图书馆出版社 1994 年影印本,第 3 页。下文所使用的《古泉汇考》均据此影印本。

(一)《大典》所收钱币

《大典》中其实并没有所谓"古泉"一门，其中关于"古泉"的内容是收在《大典》卷 4668 – 4673 中，共六卷，包括：卷 4668 "历代钱币一，伏羲神农至汉"，卷 4669 "钱币二，汉至宋"，卷 4670 "钱币三，宋"，卷 4671 "钱币四，宋辽金元，国朝"，卷 4672 "僭伪钱，异品钱一"，卷 4673 "异品钱二，外国钱"①。除此之外，《大典》中再无集中记载古钱币的内容，因此，所谓"古泉"一门，应该就是以上内容，而翁氏《汇考》所抄自《大典》者，也主要是此部分内容。

《古泉汇考》分为八卷，其中卷一自上古至商周，卷二自秦汉至三国，卷三自晋至隋，卷四自唐至五代，卷五两宋，卷六自辽金至明末，卷七为外国钱和不知年代品，卷八为撒账、吉语等钱。与《大典》卷 4668~4673 相较，两者基本相同，唯最后两卷有些差异。

那么，《古泉汇考》的内容是否全部抄自《大典》呢？显然不是，因为：其一，《古泉汇考》中还有不少内容是《大典》所没有的，如所引的一些清人著作，以及与翁氏同时人的言论等。此外，每卷卷首引言，引文后的按语，均是翁氏自撰的。其二，《古泉汇考》是翁氏陆续编成的，在他获得《大典》材料以前，已经有一部分初稿；而且，利用《大典》之后，翁氏也续有增改。例如，《汇考》如果基本都是抄自《大典》，那么原稿应该很整齐，而不会像刘喜海描述的那么乱。又如，《大典》"历代钱币一"是从伏羲、神农讲起的，而《汇考》在此之前还增加了一些钱币。可见，《汇考》中有不少非《大典》的内容。其三，《大典》卷 4668~4673 共六卷，每卷约为二万字，共约十二万字②，而《汇考》则有三十余万字③，可见，即使《大典》六卷内容均收入《汇考》中，也仅占《汇考》的三分之一。综上所述，《古泉汇考》的内容并非全是出自《大典》。那么，《汇考》中哪些内容是出自《大典》的呢？

---

① 这六卷《大典》已亡佚。艾俊川《读〈永乐大典〉校本〈泉志〉札记》（载中国国家图书馆编《〈永乐大典〉编纂 600 周年国际研讨会论文集》，北京图书馆出版社，2003，第 212 – 239 页）认为钱书在《大典》中是打散排列的。
② 虞万里：《有关〈永乐大典〉几个问题的辨正》，《史林》2005 年第 6 期。
③ 张书学：《王献唐与翁氏〈古泉汇考〉之流传》，《文献》1994 年第 2 期。

（二）《古泉汇考》所引《大典》

《古泉汇考》对《大典》的利用，可以分为如下几种情况①。

1. 明言出自《大典》者

《古泉汇考》中明言出自《大典》者见表一。

表一

原文	出处	书名	备注
永乐大典张淏云谷杂记：王观国学林云：……	588 页	云谷杂记	佚书。有四库馆辑大典本
永乐大典学斋佔毕冯鉴事始载：……于此（永乐大典引于此二字作此非也三字），……	589 页	学斋佔毕	有传本。《四库》著录为通行本
永乐大典考古质疑：学林谓：……（培按，此说非确论，学林所云为是） 永乐大典，考古质疑，王观国学林新编谓：五代有天祐、天福、唐国等钱，…… 永乐大典，考古质疑：……	671 页 749～750 页 782 页	考古质疑	佚书。有四库馆辑大典本
永乐大典通志……	704 页	通志	有传本
永乐大典，乾元重宝，泉志按…… 永乐大典，泉志：……	705 页 770 页	泉志	有传本
永乐大典，敬斋泛说……	705 页	敬斋泛说	佚书。有四库馆辑大典本《敬斋古今注》，其中附录部分收有该书少量的佚文
培案：永乐大典引吴氏能改斋漫录辨误篇，王观国学林新编云云	749～750 页	能改斋漫录	有传本
永乐大典，唐书食货志：……	752 页	唐书	有传本
永乐大典，事林广记：……	797 页	事林广记	有传本
永乐大典，五代史：乾亨重宝…… 永乐大典，五代史：天德重宝…… 永乐大典，五代史（十四巧宝字所引，有引杂传二字①）：仁恭之子得罪于父……	802 页 812 页 815 页	（旧）五代史	佚书。此三段引文均不见于目前的《旧五代史》及《新五代史》，因为《旧五代史》为辑本，会有遗缺，而《新五代史》无缺文，故此三段应为《旧五代史》之佚文，可补目前之《旧五代史》

---

① 由于目前存世的《古泉汇考》版本（包括北图影印本）均源于刘喜海整理本，而刘氏整理本肯定与翁氏原稿有差异，因此，《古泉汇考》中一些地方的引书出处有可能被刘氏改动过（或修正，或误改，或删省，或添加）。但是，目前我们无法厘清其中的改动情况，故只好将《古泉汇考》所标之出处均视为翁氏原稿即如此。

续表

原文	出处	书名	备注
永乐大典曰，陶岳货泉录，王审知云云，……	810 页	（陶岳）货泉录	佚书。李佐贤《古泉汇》引此书，但无此条。
永乐大典，齐王倧，唐逸史：……	813 页	唐逸史	佚书
永乐大典曰，续通鉴长编：……	828 页	续通鉴长编	即《续资治通鉴长编》。有传本，但有缺。四库馆有大典辑本（辑补）
永乐大典曰，续通鉴长编：……	856 页		
永乐大典曰，续通鉴长编：……	857 页		
永乐大典曰，续通鉴长编：……	868 页		
永乐大典曰，续通鉴长编：……	915 页		
永乐大典曰，宋史：太平兴国元年铸	832 页	宋史	有传本
永乐大典曰，宋史：……	837 页		
永乐大典曰，宋史：……	838 页		
永乐大典曰，宋史：……	845 页		
永乐大典曰，宋史：……	847 页		
永乐大典曰，宋史：……	849 页		
永乐大典曰，宋史：……	853 页		
永乐大典曰，宋史：……	858 页		
永乐大典曰，宋史：……	895 页		
永乐大典曰，宋史：……	901 页		
永乐大典曰，宋史：……	903 页		
永乐大典曰，宋史：……	983 页		
永乐大典曰，宋史：……	990 页		
永乐大典曰，宋史：……	994 页		
永乐大典曰，宋史：……	1004 页		
永乐大典曰，宋史：……	1005 页		
永乐大典引宋史：……	1006 页		
永乐大典曰，宋史：……	1013 页		
永乐大典曰，宋史：……	1016 页		
永乐大典曰，宋史：……	1041 页		
永乐大典曰，宋史：……	1042 页		
永乐大典曰，宋史：……	1050 页		
永乐大典曰，宋史：……	1061 页		
永乐大典曰，宋史：……	1072 页		
永乐大典曰，宋史：……	1091 页		
永乐大典曰，宋史：……	1096 页		
永乐大典曰，宋史：……	1104 页		
永乐大典曰，宋史：……	1110 页		
永乐大典曰，宋史：……	1112 页		
永乐大典曰，宋史：……	1121 页		
永乐大典曰，宋史：……	1122 页		
永乐大典曰，宋史：……	1124 页		
永乐大典曰，宋史：……	1126 页		

续表

原文	出处	书名	备注
永乐大典曰，金史：…… 永乐大典引金史：……	1138 页 1167 页	金史	有传本
永乐大典曰，王黄州小畜集：……	836 页	王黄州小畜集	有传本
永乐大典曰，宋会要：…… 永乐大典曰，宋会要：……	863 页 864 页	宋会要	佚书
永乐大典曰，三槐王氏杂录：……	882 页	三槐王氏杂录	佚书
永乐大典曰，毕衍备对：……	886 页	（毕衍）备对	佚书。毕仲衍《中书备对》
永乐大典曰，朱彧萍州可谈：……	957 页	萍州可谈	佚书。四库馆辑有大典本
永乐大典曰，蔡絛（通考有国字）史补：……	964 页	（国）史补	佚书。李佐贤《古泉汇》有此条
永乐大典曰，朝野杂记：……	1071 页	朝野杂记	即《建炎以来朝野杂记》。有传本
永乐大典曰，晋王子年拾遗记：……	1426 页	王子年拾遗记	有传本
永乐大典，图经志书：……	1269 页	图经志书	具体书名不详
永乐大典曰，历代钱谱（培按，四字初见于此）：…… 永乐大典曰，历代钱谱：…… 永乐大典曰，历代钱谱：…… 永乐大典曰，历代钱谱：…… 永乐大典曰，历代钱谱：……	883 页 913 页 929 页 934 页 938 页	历代钱谱	可能是照抄了《大典》事目名
永乐大典所云熙宁中铸圣宋钱也……	940 页	不详	此处非照录《大典》原文，而只是节引
永乐大典曰（无引书名，后仿此②）：…… 永乐大典曰：…… 永乐大典曰：…… 永乐大典曰：…… 永乐大典曰：…… 永乐大典曰：…… 永乐大典曰：…… 永乐大典曰：…… 永乐大典曰：…… 永乐大典曰：…… 永乐大典曰：…… 永乐大典曰：……	874 页 878 页 881 页 887 页 891 页 918 页 920 页 960 页 968 页 976 页 978 页 980 页 985 页	不详	

续表

原文	出处	书名	备注
永乐大典曰：……	992 页		
永乐大典曰：……	1000 页		
永乐大典曰：……	1001 页		
永乐大典曰：……	1065 页		
永乐大典曰：……	1067 页		
永乐大典曰：……	1086 页		
永乐大典曰：……	1116 页		
永乐大典曰：……	1118 页		
永乐大典图，小钱折二，背俱有星月 永乐大典图，面文楷书，熙在右，上舒下同，与此合 永乐大典图二种，……	1008 页 1024 页 1116 页	不详	《大典》是有钱图的。此外，932、952，也提到《永乐大典》钱图

注：①《大典》十四巧宝字在卷 11572~11579，可见，翁氏搜检《大典》很广泛，并非只从"钱"字韵中找材料。

②此小注北图本亦有，应是翁氏的原注。该小注可能说明：有些抄自《大典》的材料没有标明原引书名，翁氏只好标为引自《永乐大典》。

以上明言引自《大典》者，又可分为四类。A. 佚书。当时翁氏不太可能从其他地方找，只能抄自《大典》。B. 传世之书，包括《学斋佔毕》《通志》《泉志》《能改斋漫录》《唐书》《事林广记》《续通鉴长编》《宋史》《金史》《王黄州小畜集》《建炎以来朝野杂记》《王子年拾遗记》。这些书绝大多数是常见之书，那么，翁氏为何要引自《大典》呢？这可能是：翁氏将《大典》中有关古泉内容基本抄出了，然后分置于《古泉汇考》相应条目之下，而不管这些材料是否在传世之书中。C. 只提《大典》，不提原引书名。这可能是翁氏或刘喜海在将《大典》相关内容剪贴或迻录于《古泉汇考》相应条目之下时，没有标明《大典》原引书名所致。D. 只提《大典》"历代钱谱"、"图经志书"、"钱图"（这些并不是准确的书名），有可能是翁氏在标注时只标了《大典》的事目名（如"历代钱谱"），或者是在标注时忘了具体的引书名，而只是据其内容大致标示（如"图经志书""钱图"）。

据上述可知，翁氏应该是将《大典》有关古泉的内容基本抄出了，并且分置于《古泉汇考》相应条目之下。

2. 未明言出自《大典》者，也有可能出自《大典》

《古泉汇考》所征引之佚书，虽有一些未明言出自《大典》，但其中大部分应该也是出自《大典》①，见表二。

表二

书名	出处	备注
张台《钱录》	15 页	《古泉汇考》中有时引书只标作者，而不标书名。例如，56，"张台曰……"。此处所引也应该是出自张台《钱录》。
李孝美《钱谱》	22 页	另可参：67，74，83，李孝美曰……
董逌《钱谱》	22 页	另可参：130，146，董逌曰……
封演《钱谱》	37 页	
顾烜《钱谱》	74 页	
《刘冯事始》	85 页	
姚元泽《钱谱》	247 页	
施青臣《继古丛编》	369 页	
严有翼《艺苑雌黄》	371 页	
黄瑞节《蔡子成书》	422 页	
阙名《献帝春秋》	477 页	
裴子野《宋略》	526 页	
《三国典略》	594 页、1664 页	
郑虔《会粹》	667 页	李佐贤《古泉汇》有此条
《肃宗实录》	704 页	应为《唐肃宗实录》
宋白《续通典》	757 页	李佐贤《古泉汇》引此书，但无此条
薛居正《旧五代史》	759 页	
《五代开皇记》	760 页	
《开谭录》	766 页	李佐贤《古泉汇》有此条
《大定录》	787 页	
《十国纪年》	790 页	李氏《古泉汇》多处引此书，但无此条
黄秉石《书奕》	835 页	黄秉石，原文误为"黄董石"

---

① 当然，也有极个别的例外，例如，翁树培《古泉汇考》第1502页载："今考《鸡林类事》曰……（与《泉志》所引小异，兹于《说郛》本采出）。"可见，其所引的《鸡林类事》虽为佚书，但却是采自《说郛》，而不是《大典》。

续表

书名	出处	备注
《漏刻经》	835 页	
熊克《中兴小纪》	1004 页	
《神宗国史》	1425 页	
《宝楼记》	1427 页	
韦节《西番记》	1440 页	
杜还《经行记》	1440 页	
张骞《出关志》	1441 页	
《广州记》	1445 页	
《国朝会要》	1446 页、1448 页、1508 页	应为《宋会要》
《诸蕃风俗》	1447 页	
宋陈振孙《书录解题》	1755 页	即《直斋书录解题》，四库馆辑有大典本。李佐贤《古泉汇》有此条
崔豹《古今注》	1767 页	

上表所列的这些书应出自《大典》，原因有二：A. 这些书均为佚书，除了《大典》外，翁氏不太可能从别处抄得；B. 同书异名，承前而省，例如，《古泉汇考》所引的《国朝会要》，实即《宋会要》，为佚书。前一表中已提到《汇考》所引《宋会要》出自《大典》，那么，《国朝会要》应该也是出自《大典》。因此，《汇考》所引的一些佚书，虽未标《大典》，但大多应是出自《大典》。换言之，翁氏在引用《大典》材料时，并没有都标明"永乐大典"字样。而且，尤其需要注意的是，《汇考》征引许多佚书时，只标作者名，而不标书名，其实这些征引的内容也应该多出自《大典》。

3. 据《大典》校勘者，《大典》中应有相应之内容

《汇考》中有的引文，虽不出自《大典》，但以《大典》引文校过，说明《大典》肯定收载这些内容，而且应该被翁氏从《大典》中抄出了，因为翁氏不太可能将《大典》原本拿来校对。例如：

第340～341 页，"王恽《秋涧文集·周景王大泉说》曰：……。培案：……几（《永乐大典》作岁）……被（《永乐大典》作弊）……。"

第 836 页，"赵德麟《侯鲭录》曰：……皇帝（《说郛》本、《永乐大典》并有此二字）……谪（《说郛》本、《永乐大典》俱作责）……。"

第 871 页，"《归田录》曰：……著（按：《永乐大典》引江少虞《类苑》，著作铸）……。"

第 875 页，"傅求（《永乐大典》作傅永）传曰：……。"①

第 886 页，"至和重宝。培按：此钱楷书径九分，折二钱也。和字在右，《永乐大典》图与此合。……"

第 917~918 页，"《（文献）通考》曰：……。"该段文字翁氏据《永乐大典》等校过。

据上述可推知，翁氏将《大典》古泉部分基本都抄出了，在分置于《汇考》各条之下时，若为《汇考》原稿已有之内容（即获得《大典》材料之前翁氏已搜集并编入《古泉汇考》的内容），则用之以为校勘之资料。与此相对，那些正文为《大典》内容，而翁氏在按语中以传世之本作校的，则应是翁氏原稿（获得《大典》材料之前）中没有的。

4. 其他有可能出自《大典》的内容

据表一可知，《汇考》所引的传世文献中也有不少是出自《大典》的；而据表二可知，《汇考》所引《大典》的内容，有时候并不标明出自《大典》。那么，《汇考》所引之传世文献而不标明是出自《大典》的内容中，除上述外，还会有哪些是出自《大典》呢？笔者认为这些内容如符合以下两个条件就有可能是出自《大典》：A. 出自《永乐大典》征引之书。目前《永乐大典》只剩下百分之四的篇幅，因此，我们无法获知《大典》所有征引之书，但是，明初《文渊阁书目》可以作为考察其征引书的基本依据。也就是说，如果是收入《文渊阁书目》之书，则基本上有可能被《大典》征引。与之相对，未收入《文渊阁书目》之书，则一般不会被《大典》征引。B. 与表一中的传世本相同之书，包括《学斋佔毕》《通志》《泉志》《能改斋漫录》《唐书》《事林广记》《续通鉴长编》

---

① 该段引文出自《宋史·傅求传》。

《宋史》《金史》《王黄州小畜集》《建炎以来朝野杂记》《王子年拾遗记》等。例如，《汇考》第903页，"永乐大典曰，宋史：……。"同一页随后一条引文载："又曰，宋史：………。"显然后一条是承前而省"永乐大典"四字。又如，第1426页，"永乐大典曰，晋王子年拾遗记：……。"说明此段引自《拾遗记》的文字是出自《大典》。但是，在此前还有一段出自《拾遗记》的引文，却只标"王子年拾遗记曰"而没有标"永乐大典曰"。如果此处所据是传世之本，那么为何紧随其后所引同一部书的文字又引自《大典》呢？因此，笔者估计《汇考》所引的王子年《拾遗记》均出自《大典》。

综上所述，本节的主要观点可以归纳如下。

其一，目前存世的抄本《古泉汇考》共三种，即山图本、北大本和国图本。其流传过程分别为：山图本，1933年山图馆长王献唐抄自山东安邱赵孝录所藏的刘喜海整理批注本，保藏至今；北大本，经由叶志诜——张穆——叶志诜——杨继震——燕京大学——北京大学递藏；国图本，曾经赵元方收藏，中华人民共和国成立后入藏国家图书馆。这三种抄本均来源于刘喜海整理本，但互有优劣，可以相互校勘、补正。

其二，翁氏以以下方式处理所获得的《大典》古泉部分内容：将其内容直接抄入《汇考》相应条目之下；如果《汇考》原有这部分内容，则以其作为校勘材料。不过，由于过录、编纂或整理时不够注意，引自《大典》的内容不是特别准确、完整、清晰地反映在《汇考》中①。尽管如此，通过对《汇考》原文进行仔细分析，我们还是可以大致获知其中哪些内容是征引或参考了《大典》古泉部分的：A. 明言引自《大典》者；B. 《汇考》所引的绝大多数当时的佚书；C. 以《大典》内容校勘过的材料，《大典》中应有相应的内容；D. 《汇考》所引之传世文献而不标明是出自《大典》的内容中，也有相当一部分是据《大典》转引的。

---

① 例如，关于外国钱、厌胜钱部分，《古泉汇考》基本不提《大典》，但《大典》是有这部分内容的，而且翁氏肯定参考并引用过。

总之，随着《古泉汇考》的影印出版，其在古泉学上的研究价值越来越受到相关学者的重视，但其在辑佚学、大典本研究等方面的价值则有待我们去进一步开发和利用。因此，本节关于《古泉汇考》抄本、流传及与《永乐大典》关系的探讨，应该对我们今后校勘与整理《古泉汇考》、复原《永乐大典》、辑佚古书等均有一定的参考价值。

第七章
《永乐大典》之复原[*]

复原《永乐大典》，这是一个奇想。或以为异想天开，但是，为什么不试试呢？我们起码可以把《大典》复原一事提出来，让大家讨论一下。

《永乐大典》共22937卷（其中目录60卷），装成11095册，是我国古代最大的类书，自明成祖永乐六年抄成后，没有印行。嘉靖末年又抄一副本，正本于明末流传已不清楚，副本则历经劫难，至今只有八百余卷。尽管如此，此书一直以来颇受人们重视，尤其是清乾隆年间从中辑得佚书数百种，此后《大典》辑佚之风甚盛，影响至今，仍有人乐此不疲，形成了史上颇负盛名的大典本。可以说，大典本是中国典籍的一道靓丽的风景，很特殊，也很有意义。它是辑佚的范例，也是版本中独有的一类。但是，我们都想从《大典》中辑佚书，可《大典》本身也是佚书（即残佚，部分佚）[①]，是否需要辑呢？这是很有意思的问题。也就是说，《大典》虽已亡佚绝大部分，但是在其亡佚之前，人们已从《大典》辑出很多佚书，因此，我们可以通过这些已辑出之佚书来复原《大典》，也即是通过大典本来复原《大典》。这是一种反哺式的辑佚：大典本辑佚书为《大典》之子，兹又回馈《大典》。事实上，这样一种文献整理方法和思路还可以进一步推广，成为今后辑佚的一个重要方向。

既然是辑佚，为什么题目称为《大典》复原而不称《大典》辑佚呢？

---

[*] 本章为与张舰戈博士合作而成，谨致谢忱。
[①] 对这种部分佚之书的辑佚，一般称为补辑，也是辑佚之一种。

这主要是因为：以往谈《大典》辑佚，均指从《大典》中辑佚书，而这里谈《大典》辑佚，是指对《大典》本身的辑佚，因此，为与之前的概念相区别，故用《大典》复原。

最早有复原《大典》之认识者，应数程千帆（程会昌）。他在民国时期即指出："若干旧籍，原赖《大典》以传；今《大典》云亡，则有翻依辑出诸书，略存面目，此亦空宗所谓因缘也。"[①] 他意识到可以通过大典本来了解《大典》。此后，杨家骆又倡"辑永乐大典佚卷"，其恢复之道即从诸辑本寻其原始脉胳线索[②]。杨家骆还曾于1985年给顾力仁《永乐大典及其辑佚书研究》作序时称："今《大典》辑出书五百余种，其原辑之卷已不存者，赖有《大典》目录，其可录归原卷者约在三千卷以上。"

不过，以上的认识还是比较初步的。真正从设想到可行性操作、举例论证方面来探讨复原者还要算台湾顾力仁。他在《永乐大典及其辑佚书研究》中专门设一节"辑本还原大典"来讨论此事，其中提出了从大典本、传世本还原《大典》的思路，并举例说明。除通卷之还原外，他还讨论了阙页之还原，以及对《大典》目录的利用[③]。这是到目前为止关于《大典》之复原最好的、最充分的论证。可惜此后很少有学者关注此事，遑论在此基础上作进一步探索。

当然，某些关于大典本的个案研究，也对复原《大典》有一定的启示作用。例如，陈智超《〈旧五代史〉辑本的得失》《论重新整理〈旧五代史〉辑本的必要与可能》[④] 及陈尚君之《旧五代史新辑会证》（复旦大学出版社，2005），皆提出通过将辑本佚文还原回《永乐大典》的方法，来分析辑本产生之经过。尽管他们的工作只是局部地复原《大典》，而且其目的也不是为了复原《大典》本身而是为了完善大典本，但是，其思路有借鉴意

---

① 程会昌：《清孙冯翼四库全书辑本永乐大典本钞本跋》，载程会昌《目录学丛考》，中华书局，1939，第98页。
② 杨家骆：《中国学术名著要旨第四辑——永乐大典民国五二年三月三十日全书出齐时发表之要旨》，载顾力仁《永乐大典及其辑佚书研究》，第390页。
③ 顾力仁：《永乐大典及其辑佚书研究》，第390~400页。此外，该书第508页也对"大典之还原"作了总结。
④ 均收入陈智超《陈智超自选集》，安徽大学出版社，2003。

义，我们可以据此推测其他大典本还原回《大典》的方法。

最近，常州图书馆王继宗新发现《（洪武）常州府志》十九卷是清人从《大典》"常州府"中抄出的，只是格式已经有些变化，因此，他希望将其复原回《大典》，并将其视为《永乐大典》残卷之新发现。他的尝试也促使我们进一步思考《大典》复原问题。

第一节 为什么要复原

一 《大典》本身的价值

《大典》是中国古代最有名的、最大的一部类书，是中国传统文化的一个著名品牌、一个标志，有深远的影响，和《四库四全》比肩于文献之林。《四库全书》的编修，即是由辑佚《大典》而促成的。在一定程度上可以说，没有《大典》，就没有《四库》。但是，现在世上只有《四库》而无《大典》（指全本而言），可谓"书缺有间"。如果能复原，为艺林添一标志，双峰并峙，洵称盛事。

《大典》内容丰富，包罗万象，集明初以前典籍之大成。

《大典》残本被公认为国图四大镇馆之宝之一。即使一叶《大典》，亦往往被收藏者珍若拱璧。现在，若能复原《大典》，其重要性更不待言。

近代以来，学者多以不能看到《大典》全书为憾，我们若能复原一部分《大典》，可以在一定程度上弥补其缺憾。

总之，《大典》就如《四库》一样，其价值如何评价都不过分。

二 辑佚的价值

自宋代开始辑佚逐渐兴起，至清代达到繁盛，辑得之古书很多。古代的佚书，几乎能辑的都有人进行辑佚。而且，《大典》一直是辑佚之渊薮，被辑佚者频繁利用。这样就产生了非常奇怪的现象：人们汲汲于一些小书的辑佚，而且翻来覆去地利用《大典》作为辑佚资料，但是，《大典》本身就是佚书，怎么没想到去辑佚呢？笔者认为，这最主要是因为以往的学者不敢想到这一点。因此，就辑佚而言，辑一部像《大典》这样前所未有的大佚书，可以获见此书之大概，这就是最大的意义。

许多小书（有的佚文只有一两条）都已辑佚，《大典》当然有必要辑佚。也许有人认为，只要知道佚文出处就可以了，不必辑佚《大典》。既然这样，那些小书也只要指出其佚文出处就可以了，也无必要辑，为何还要辑呢？既然许多小书都辑，为何不辑《大典》？难道许多小书很有价值，唯独《大典》无价值？

《大典》复原成功，还可以为辑佚提供一种新思路与范式，包括：其一，辑本回馈、反哺原书。其二，我们可以辑一些原来不敢去辑的超大型佚书。换言之，现在辑佚只是小修小补，若有此新思路，辑佚还可以有更大的作为。其三，超大型佚书如何辑佚，《大典》辑佚可以提供一个示范。

三 重大的文化工程

《大典》复原，无论从哪个角度来看，都是一个系统性的重大文化工程，而不单单是一部书的辑佚。因此，其对相关的文化工程建设也有一定的启示意义。而且，《大典》复原可以带动相关的研究。

1. 推动《大典》研究

《大典》研究涉及面很广，有人甚至据此而提出建立大典学的构想。《大典》复原当然首先可以促进《大典》研究，从而推动大典学的建立与发展。

2. 推动大典本研究

《大典》复原是以大典本为主要材料的，因此，在利用这些大典本之前，首先，我们要全面调查存世的大典本及其底本。其次，我们要对大典本本身开展研究，如其中哪些内容是《大典》的，哪些不是；哪些有过改动；出自《大典》的内容具体在《大典》哪一卷；如何将其复原；等等。可以说，通过《大典》复原，为全面整理与研究大典本提供了重要契机。

3. 推动相关古籍的研究、开发与利用

《四库》与《大典》关系密切，因此，《大典》复原一定会推动四库学相关研究。另外，在《大典》复原中，其他非大典本的材料也会得到广泛应用，也会推动相关古籍的开发与研究。

4. 为古文献整理与研究开创新局面

《大典》复原可以带动类书、版本、辑佚等方面的研究，为古文献整理与研究开创新局面。现在古文献研究越来越难于突破，如校勘学、辑佚学、版本学等，还是在原先的范围内转来转去，很难有新的发展。复原工程是古文献整理与研究中的重大事件，肯定会对目前的古文献整理与研究产生深远而全面的影响。例如，我们可以借此机会重新定义大典本，为版本学提供新的版本类型；系统总结辑佚方法和原则，为辑佚学发展提供新的理论指导。此外，我们还可以借助《大典》复原将《大典》数字化。目前，《四库》以及其他一些重要古籍已经数字化，但《大典》还没有数字化。《大典》中收佚书很多，不少人利用其作辑佚和校勘，但没有数字化，用起来就非常不便。因此，我们可以首先将现存的《大典》残本数字化，然后将复原的《大典》数字化，肯定能大大方便学者的治学和研究。

四 时代发展的需要

如前所述，以往学者不敢想的事，现在可以想了。也就是说，现在《大典》复原的条件已基本成熟。

（1）所有已知存世《大典》残卷的内容，我们已可以轻易获得。而且，在短时间内很难有更多《大典》残本的发现。

（2）目前学界对《大典》的研究已较为深入，尤其是对其编排体例、目录等的了解已比较清楚，如一卷大概有多少字、抄写的格式等，可以为《大典》复原提供必要的参考。而且，《大典》是类书，其编排有一定的体例和规律可循，具有可逆推的特点，比较有利于复原，这就是类书特殊的"还原性"①。例如，有原材料，知道其体例、目录等，即可复原类书。这与其他典籍的复原不同。

（3）目前关于大典本（包括其底本）的调查也已比较清楚，而且，随着大量影印古籍丛书的出现，这些大典本也比较容易获得。此外，通过互

---

① 顾力仁：《永乐大典及其辑佚书研究》，第508页。

联网检索全球范围内的汉籍也比较方便,而《中国古籍善本书目》《中国古籍总目》等古籍书目的出版可以有助我们进一步查找新的大典本及其底本。

(4) 现在的技术、物质条件较好,使《大典》复原变得简单方便。例如,我们可以充分利用电子资源搜索和复制有关《大典》的材料,也可以在电脑上直接处理这些材料,直至完成复原工作,而不会耗费大量的财物和时间。也就是说,从节约成本和方便角度出发,可以先复原出一个电子版的《大典》。如果有必要,我们再考虑出纸质本《大典》。

总之,《大典》复原是历史赋予我们的责任。由于工程浩大,复原的意义肯定最终会远远超出《大典》复原本身。例如,复原可以解决大典本的一些问题,如哪些是真正的《大典》内容,哪些不是。通过复原,能让世人对《大典》有更直观的认识,有助于解决大典学研究中的一些疑难问题。

第二节 如何复原

顾力仁在其《永乐大典及其辑佚书研究》中提出了一些复原思路[①],兹参考顾书,进一步将其思路完善如下。

一 现存《大典》残本的利用与校补

现存《大典》残本有800余卷。这800余卷是我们复原《大典》最重要的基础,因而要利用好这部分内容。这些内容,现在收入最全的是中华书局2012年版《永乐大典》(全十一册)。但是,其仍有不足,我们在利用时要注意几点。

(1) 应补入最新发现的两册《大典》,即《永乐大典》卷2272～2274"模"字韵的"湖"字一册及卷10270～10271一册。当然,以后肯定还会有新发现,我们要随时关注新的发现。

(2) 应补入《永乐大典韵总歌括》及《韵总》。与中华书局本《大典

[①] 可参顾力仁《永乐大典及其辑佚书研究》,第390～400、508页,以及附录二"辑永乐大典佚卷卷目表"。

目录》相比，国图藏姚氏抄本《大典目录》还多出了《永乐大典韵总歌括》及《韵总》这两部分内容。《歌括》及《韵总》肯定是《大典目录》原有的内容，尽管其并不是按照《大典》的格式抄录的，但完全应该补入。

（3）补入《永乐大典·顺天府》等。有些书籍是直接从《大典》中抄出的，比较完整，没有改动或增删，且基本保留了原来的格式，因此，这些书籍可以视作为《大典》原本之内容而进行复原。这些内容亦如同《大典》之新发现。

例如，清中叶以来，一些学者不断从《大典》中抄出佚书，其中有些是直接抄自《大典》中某部分，其所抄之内容是《大典》中某一部分的完整呈现，尽管其抄录格式并不是完全依照《大典》的格式，但也应补入而作为《大典》残本之内容。其实，中华书局影印之《大典》就收有类似的内容，如李文田所抄《永乐大典·广州府》三卷二册①，抄本《永乐大典》玄字韵《太玄经》十八卷十六册等，均是如此。同理，缪荃孙所抄的《永乐大典·顺天府》抄本八卷（以往多著录为大典本《顺天府志》），是从《大典》直接抄出的，应补入《大典》。

又如，上海图书馆有张穆辑本《秘书监志》，是从《大典》卷19509~19511辑出的，凡三卷②，亦应补入。

（4）补入新发现的《永乐大典·常州府》19卷。常州图书馆古籍部王继宗最近发现，上海图书馆所藏《（洪武）常州府志》十九卷实际上是《大典》卷6400~6418"常州府一至十九"之完整内容③。这一发现非常重要，又可新增《大典》19卷之内容。

（5）校正现存《大典》残本的讹误。现存《大典》残本，其中有正文

---

① 李文田所抄《永乐大典·广州府》三卷二册，收入中华书局1986年影印本《永乐大典》第九册。该册第8347页收有李文田题记："《大典》自乾隆中馆臣抄校后置翰林院，自后多散失，今存五百余本耳。萍乡文芸阁孝庭（廷式，光绪壬午举人），馆志伯愚庶子家（锐，庚辰翰林，清秘堂办事），遍读之，手录其菁华，为言：当日辑《大典》，只是随意采取耳，惜不能及未佚之时而读之也。此册即孝庭属抄出者。宋元间广州舆地之书，大半今人所不得复见，真可宝也。光绪戊子四月装治甫毕，漫记于卷端。顺德李文田记。"
② 参史广超《〈永乐大典〉辑佚述稿》，中州古籍出版社，2009，第305页。
③ 可参王继宗《〈永乐大典〉十九卷内容之失而复得》，《文献》2014年第3期。

与目录对不上的地方，有正文与目录均抄错的地方，有该抄成红色而未抄成红色的地方，有该加分隔符"○"而未加的地方，等等，这些讹误均应该予以修正，以恢复《大典》之真正面目。

还有，现存《大典》残本中，由于书商改易封面、卷目或重装等原因，原标卷目中有一些是错误的，需要改正。例如，原卷2400，现误题为卷3401；原卷7327，现误题为卷7527；原卷20372，现误题为卷20572；原卷20373，现误题为卷20573。

此外，现存《大典》残本中也有一些错简现象，也需改正。例如，中华书局1986年影印本《大典》中，卷3401的前14叶，加第26叶（应为第15叶），应为卷2400（共15叶）；该卷第16叶至25叶，应为卷2401的第16叶至25叶①。

（6）《大典》目录之校正。《大典》目录是我们了解《大典》的基础和根本。在目前只有百分之四《大典》残本存世的情况下，我们更只有依赖《大典目录》来推想《大典》的全貌。换言之，《大典》复原工作主要是围绕《大典》目录开展的，因此，首先要做的工作必然是复原和校正《大典》目录。目前最为通行的中华书局影印本《大典》目录存在不少问题，需要修正。例如，《大典》目录中有相当大部分的小韵首字缺分隔符"○"，我们据《永乐大典韵总歌括》所收的小韵首字可以将其补全。总之，我们以姚氏抄本《大典目录》为底本，以《连筠簃丛书》本《大典目录》为主校本，再据现存《大典》残本正文、现存八十韵本和七十六韵本《洪武正韵》作参校，就一定能整理出完善的《大典目录》。

（7）可以先补现存《大典》中的一些阙叶。现存《大典》残本中有一些阙叶。这些阙叶，因为内容较少，而且有前后内容相参照，相对来说较为容易补辑。顾力仁即认为阙叶较容易补："卷内阙页之复原尤易，如《大典》卷一二三〇七（宋太祖十）页四后半及页五前半辑《长编》时尚存，今则亡矣，据辑本卷十五之页十、页十一即可补之。"② 因此，《大典》残本

---

① 可参史广超《〈永乐大典〉辑佚述稿》，第231页注。
② 参顾力仁《永乐大典及其辑佚书研究》，第399页。

中相关阙叶的补辑均可仿此例。

总之，我们据现存之《大典》残本可以复原《大典》之序、进书表、凡例、目录、《永乐大典韵总歌括》、《韵总》以及约900卷的正文。

二 大典本之利用

大典本的主要内容或部分内容是从《大典》中辑出的，而存世的大典本非常多，因此，据大典本复原《大典》是复原《大典》的最主要途径。兹分论如下。

1. 什么是大典本

大典本之名（全称为"永乐大典本"）最初出自《四库全书》，是指四库馆从《大典》辑出之佚书及一些据《大典》作校补之书[①]。自《四库》之后，大典本之名即为世所公认，并不断推而广之，以致于将所有从《大典》中辑出之书均称为大典本。因此，大典本实有两个概念，狭义之大典本指的是《四库》中之大典本，广义之大典本指凡是从《大典》辑得之佚书。本章所用是广义的大典本。

2. 现存大典本之统计

前人对大典本有过较多次的统计，我们依据这些成果作进一步的甄选，即可将以往的大典本搜罗殆尽。

首先，将现存的大典本编一个总的目录。我们可以参考史广超《永乐大典辑佚述稿》中所附大典本目录、曹书杰《中国古籍辑佚学论稿》中所附大典本目录、喻春龙《清代辑佚研究》中所附大典本目录以及其他论著中提及的大典本目录，去除重复，编排成表，即可基本上反映现存大典本的全貌。

其次，在搜集大典本时还要注意：《四库》开馆期间辑出的但未入《四库》的大典本，其中有一些还存世，但有的知为大典本，而有的可能未知其为大典本，这需要借助四库馆签条来判定；开馆期间馆臣或其他人私自

[①] 一般来说，大典本的内容主要或全部是出自《大典》的，但是，也有例外，如《四库》大典本中有一些却是以《大典》补辑的，其中出自《大典》的内容并不多。

辑出的大典本，如《大典·东昌府》等，我们也要注意搜集；全唐文馆辑出的大典本还有哪些，也要进一步搜集。

此外，我们既要仔细区分大典本中哪些其全部或主要内容来自《大典》，哪些其只是据《大典》作补辑或校补，前者是我们主要利用的对象，后者只能起拾遗补缺的作用。我们还要区分大典本中哪些是据现存的《大典》残本辑出的，哪些是据佚失的《大典》辑出的。比较而言，前者价值不大，我们主要利用的当然是后者。

综上，据笔者初步统计，现存大典本有6000余卷。

3. 对大典本的利用，可分两步来处理

其一，标佚文出处者。

这部分可以先利用。有很多《四库》大典本稿本是保留有《大典》佚文出处的，这样更方便复原《大典》。例如，《宋会要辑稿》、《旧五代史》（熊罗宿影印武英殿抄本）均有《大典》佚文出处。此外，关于《旧五代史》、《宋会要辑稿》的研究较多，其中关于有可能出自《大典》的一些内容（即现存辑本没有的部分）的考证也可参考，以为复原提供更多可能之补充材料。当然，据大典本还原，我们还要注意辑本标错佚文出处的现象。关于此点，我们可参考陈垣、陈智超关于《旧五代史》、《宋会要辑稿》佚文出处的纠误。

其二，没标佚文出处者。

如果没有标明出处，我们就要据《大典》之体例先考明其出处，然后据以复原。例如，李焘《续资治通鉴长编》520卷（《四库》所收之大典本）没有标明《大典》佚文出处，但我们可以考清其出处以进行复原①。大典本《经世大典》在《大典》中的出处，我们也可以考得。甚至，由其他典籍辑得之《经世大典》佚文，亦可据以复原《大典》②。又如，史广超关于大典本《中兴礼书》出处的考证，亦可参考③。至于清朝乾隆初年三礼馆从《大典》所辑录《三礼》稿，如果将其与《永乐大典》内所载《周礼》、

---

① 参顾力仁《永乐大典及其辑佚书研究》，第396页。
② 顾力仁：《永乐大典及其辑佚书研究》，第394~395页。《经世大典》其实也是大典本。
③ 史广超：《〈永乐大典〉辑佚述稿》，第196~206页。

《仪礼》注解的相关卷次作比对，亦可大致复原《永乐大典》相关佚卷之内容①。

综上，我们利用大典本应该能复原《大典》6000余卷之内容。

三 其他曾引用过《大典》之书籍的利用

除了大典本之外，还有一些书籍因这样那样的原因而引用过《大典》，而这部分引文又为现存《大典》或大典本阙佚之部分，我们即可据其来复原《大典》。例如，《日下旧闻考》、清《观城县志》中引用了一些《大典》材料，翁树培《古泉汇考》也引用了不少《大典》材料。类似的书应该还有不少，我们还要不断地去搜集。

我们在利用这部分材料时要注意以下两点。

其一，有些书只是利用《大典》材料作校勘，而不是直接引用《大典》原文。对于这部分内容我们要合理地使用。例如，《古泉汇考》中有的引文虽非直接出自《大典》，但以《大典》引文校过，说明《大典》肯定收载这些内容，应视同为《大典》之原文。

其二，有些书所引材料并不直言出自《大典》，但我们据相关材料可推知其出自《大典》。这种情况比较多，也比较复杂。例如，前述的《观城县志》曾引用了一些《大元一统志》的内容，但《大元一统志》早已亡佚，其所引内容应该转引自《大典》。与此相类，《古泉汇考》中所引当时已佚之书的材料，笔者认为其中有一些也转引自《大典》。甚至，其所引传世之书的材料，有的也可能转引自《大典》②。据金毓黻在《大元大一统志·考证》中说："清代诸书以《满洲源流考》、《热河志》二书所引最为繁富，不下三百五十余事。初疑此或修书诸公得见《大一统志》残本使然，及读《四库全书总目提要》，始知其所引多出自《永乐大典》。"由此我们可以推想，《四库》开馆期间对《大典》的利用比较多，其中有一些书转引了《大典》的内容，但未明言，需要我们去进一步发掘。又如，《全唐文》中肯定

---

① 张涛：《三礼馆辑录〈永乐大典〉经说考》，《故宫博物院院刊》2011年第6期。
② 可参本书《〈古泉汇考〉抄本、流传及与〈永乐大典〉关系考》。

有不少内容是转引自《大典》的，但又没有明言，这些都需要我们去发掘。

四 其他可补《大典》之书籍

据《大典》目录可知，其中有明言采自何书的，可以推断出《大典》某卷是什么内容，若其所采之书存世，即可据以补入。例如，《大典》目录卷4201下标"淮南鸿烈解人间训"，说明该卷收入此篇，我们可据《淮南子》复原此卷。《大典》收很多常见之书以及佛经、道经等，其中不少佛经、道经，版本比较简单，而且基本都存世，较容易复原。顾力仁亦曾举以传世之书复原《大典》的例子，即是利用目录来操作的，我们可以参考①。

《大典》是类书，其所收内容是有一定规律的，只要我们把握其规律，就可以充分利用存世之书进行复原。例如，《大典》所收每字的开头，其格式比较固定，我们可以据相关的字书来复原：我们既可以利用抄本《大典》目录所收的《韵总》，又可利用存世的《洪武正韵》八十韵本及其他字书。其中，如果是出自《洪武正韵》的字，《大典》所收该字开头部分的解释，都直接引用《洪武正韵》的内容。因此，只要是出自《洪武正韵》的字，我们均可据《洪武正韵》复原此部分内容。至于《洪武正韵》之外的字，我们可以据抄本《韵总》和其他字书来复原。

那么，我们如何确定《大典》引过哪些书？哪些书现仍存世？我们可以做以下几方面工作。

第一步，制定"《大典》目录引书存佚表"。这是据《大典》目录制作的，可以直接用于复原。以往对《大典》引书的讨论，不太注重利用《大典》目录，这是不对的。

第二步，制定"现存《大典》残本引书存佚表"。我们主要参考栾贵明《永乐大典索引》，并加入存佚标注，即可制成此表。该索引若有标注讹误的地方，我们可据现存《大典》残本来校核。

第三步，制定"《文渊阁书目》所收书存佚表"。《文渊阁书目》所收

---

① 顾力仁：《永乐大典及其辑佚书研究》，第392页。

书在很大程度上可以覆盖《大典》所引书，但也有个别例外。

最后，我们综合以上三表，再进行校正、去重（要注意有的书名异实同、有的书名同实异的情况），就应该可以得出比较完整准确的《大典》引书存佚表。我们据此表统计可知，《大典》引书现存者（包括辑佚本）有多少，亡佚者有多少，即可推算出我们复原《大典》所能复原到的最大程度。

综上所述，以上四个方面其实就代表了《大典》复原的四个程序和阶段，可以依次实施。

第一个阶段是对现存《大典》残本的充分整理与利用。这一工作前人并未做过。前人只是利用其进行辑佚与研究。其实，现存《大典》残本本身亦有问题，通过我们的整理，可以提供给人们更完善的《大典》目录和正文：既增加了《大典》残本之内容，又校正了《大典》残本之错误（如错简、卷次错误等），并补其阙叶。这一阶段推出的成果是：《现存永乐大典校正本》。

第二阶段是对现存大典本的全面、系统的搜集与利用。其成果主要有：《大典本总目（存佚表）》。

第三阶段是对大典本之外引用《大典》材料的全面清理。其主要成果有：《征引大典书目表》。

第四阶段是对《大典》引书目的系统整理，为复原提供更广泛而全面的支持。其主要成果有："《大典》引书存佚表"。

利用第一、二阶段的成果，我们即能复原《大典》约 7000 卷。利用第三、四阶段的成果，我们肯定还能复原出更多的《大典》卷数。

第三节　余论

为了把复原工作做好，我们还要注意以下一些方面。

第一，我们要对困难有充分的估计。复原工作量很大，困难也很大，其难度甚至超过编《大典》，因为编《大典》有现成的材料，而复原《大典》既要找材料，又要核查，又要编。

为了方便开展工作，我们可以分阶段来进行复原，逐步推进。复原

《大典》，可能会引起不少争议，我们通过逐步推进，既可以不断拿出成绩以反驳异议者，又可以不断吸收不同的意见以改进我们的工作。也就是说，我们的复原可以在边讨论边改进中前行。我们要用成绩证明，复原工作虽然面临很大的困难，但绝不是虚靡岁月，浪掷钱财。

第一阶段，在五年时间内完成上述的前三项工作。也就是说，我们把现在明确的、所有的《大典》内容收罗齐全，按《大典》原体例编在一起。当然这几项工作也要分先后来进行，做成一部分，推出一部分。例如，我们可以先校正出一部善本"《大典》目录"，等等。

第二阶段，在三年时间内完成前述的第四项工作。此项工作有推理的成分，较难把握。当然，前一阶段工作也有与此项工作相交叉之处，我们要注意积累经验，不断修正和改进研究方案。

第二，复原是一个开放的过程，也是一个不断发现的过程，而且，很多问题要边做边解决，因此，在复原的过程中必然会不断补充完善。鉴于复原后的《大典》篇幅太大（估计有一万多卷），为节省物力，也为了便于修改，我们可先在电脑上进行复原，制成电子版的《大典》。

第三，尽量做到客观、忠实地复原。这包括三个方面的要求。首先，忠实于原书。例如，《大典》对引文是否有改动？如何回改？这就需要特别注意。《大典》的改动肯定是有的，但是，具体哪些地方改了，哪些地方没有改，要谨慎对待。其次，争取最大限度地复原。也就是说，复原之内容越多越好。这也是辑佚工作本身的要求。最后，要遵循原书之体例。例如，引用之书的书名均要标成红色。正文要尽量编排成符合原书的版式、行款，并采用繁体、竖排。

但是，我们也要充分认识到：辑佚永远是相对的，绝对的复原是不可能的。这就注定了我们的工作是有局限性的。首先，在内容上，不可能百分之百复原全部《大典》。《大典》中有些内容久已失传，又无其他材料可参考，再努力也无法复原。其次，在形式上也不可能百分之百复原，也无此必要。例如，我们首先采用的是电脑复原，与原书不同。另外，即使以后要制成纸本，在用纸、用墨、字体、装帧、开本等也不可能与原书完全一致，因为这样既费钱财人力，亦无必要。事实上，文献上的辑佚，一般就是指内容、体例上的复原,而不是形式、物质上的复原。以往的辑佚书都是如此操作的,并没有刻意地去恢复辑佚对象原来的版本形式,因为大家都明白,这样做既没必要,也不一定能做到真正符合原书形式,有时反而会适得其反。

总之,我们的复原不可能是百分之百的复原,也不可能与原书完全一样。例如,一个瓶子碎了,将碎片粘成瓶子的样子,这是文物上的复原。文献辑佚所说的复原,不是这样的复原,因为不可能有原来的墨、纸,也不可能完全抄成原来的样子。文献辑佚上的复原,是文字内容、体例上的复原,而不是形式、物质层面的复原。因此,辑佚虽也可比喻为古书的"起死回生"和再发现,但是,这只是内容上的"重生"与发现,而不是真正意义上的原书重现。无论辑佚做得再好,它都不能完全等同于原书。这才是辑佚应秉持的科学态度。

第四,恢复《大典》并不是我们复原工作的唯一目的。在复原过程中,我们可以不断开拓和深化对《大典》及其辑佚书、引书等的相关研究,进而推动大典学的建立。此外,我们的复原工作不但会推出一系列的副产品,如"《大典》引书目"等,而且还会推进对古籍整理、辑佚学和四库学的相关研究。

下　编

说明：

1. 下编共分三部分内容：一、现存《永乐大典》残本；二、现存《永乐大典》零叶；三、待访《永乐大典》卷目。"待访《永乐大典》卷目"所收为1911年之后曾明确存世而现已失踪之《大典》。

2. 以考察原本（指嘉靖抄本）为主，顺便附记个别抄本和摄影本。若原本不存，只有仿抄本、抄本或胶卷，则视之若原本而予以著录。

3. 收藏者均据现称谓著录，如：原中国台北"'中央'图书馆"，现称中国台北"'国家'图书馆"。英国大英博物馆的图书，已于1972年归入新成立的英国国家图书馆，故原记录收藏者为英国大英博物馆的，均改为英国国家图书馆。

4. 中国国家图书馆，简称国图。

5. 为省篇幅，征引文献一般只标作者、题名，其详细情况请参看所附"主要参考文献"。

一

现存《永乐大典》残本

序号	卷次	韵部	现藏
1	480~481	一东	国图

该册正文首叶有印："刘承幹字贞一号翰怡"、"吴兴刘氏嘉业堂藏书印"、"南满洲铁道株式会社大连图书馆"（按：该印中间还有编号："825265"、"昭：141211"。前者应是图书编号，后者应为钤印时间，即：昭和十四年十二月十一日）。

袁同礼《〈永乐大典〉现存卷数续目》（1927年2月）：嘉业藏书楼。

袁同礼《〈永乐大典〉现存卷目表》（1929年2月）：吴兴刘氏。

《嘉业堂所藏永乐大典引用书目》（1931年前）、《嘉业堂钞校本目录》（1932年）均有著录。

按：赵爱学《国图藏嘉靖本〈永乐大典〉来源考》载："关于嘉业堂所藏《大典》的来源，尚无专门研究，文献记载不过一鳞半爪。如张崟《南浔刘氏嘉业堂观书记》载1935年5月赴嘉业堂观书，其中《大典》四十二巨册，并注明'此盖得自朱邸者'；《嘉业堂志》'大事记'载1913年章梫代刘承幹购《大典》3册，价416元；朱小燕《嘉业堂藏书之聚散考略》载'从李紫东处购入《大典》数册'。至于其入藏详细经过，有待进一步研究。"

《满铁大连图书馆增加图书分类目录》（昭和十四年度，1939年）著录。

袁同礼《〈永乐大典〉现存卷目表》（1939年7月）：大连满铁图书馆。

《王子霖古籍版本学文集》（王雨著，第三册，第133页）"海源阁珍本流东记"载："次年（1946年），苏联派遣了所谓波波夫调查团到大连满铁图书馆检查图书，名为借阅有关苏联与近东中外资料，依库逐架检查半月之久。当中抽出中外各善本，有关交通、宗教、考古，以及珍贵稿本三千余部册，连同善本书库全部图书四千余部册，由日本人大谷武男造册存馆。这批珍贵图书后被捆装了50个大木箱，运往苏联莫斯科列宁图书馆。在这批所谓借书当中最为世人珍视的是世界闻名的《永乐大典》四十二册，和海源阁旧藏的宋刊子集六种。中华人民共和国成立后，苏联于五十年代归还《永乐大典》五六十册，可惜海源阁宋刊子集六种仍未还归，真是憾事。"

赵万里《苏联列宁图书馆送还给中国人民的永乐大典》（1954）著录。

岩井大慧《永乐大典现存卷目表（新订）》（1963）：旧大连图书馆；北京图书馆。

陈恩惠编《北京图书馆藏永乐大典卷目表》：原本一册（苏联移赠）。抄本一册。

中华书局1986年影印《永乐大典》收入。

递藏线索：此册原藏刘氏嘉业堂。1938年卖予大连满铁图书馆。1945年10月苏联从大连图书馆选走了55册《永乐大典》（包括此册）。1954年6月，苏联政府归还给中国政府其中的52册（包括此册），入藏北京图书馆。

| 2 | 485～486 | 一东 | 中国台北"'国家'图书馆" |

此册藏印有："国立中央图书馆收藏"朱文长方印、"周暹"白文方印。

按："周暹"，为周叔弢藏印。

柳和城《张元济涉园善本藏书钩沉》云："卷四百八十五之下半至卷四百八十六，一东忠字韵（《忠经》《忠传》）一册。1914年9月22日傅增湘致信张：'又见《永乐大典》一本，忠字号（《忠经》《忠传》皆全），内附图数十叶（工笔画人物），真乃罕见之物。湘所见数十册矣，然有图者绝少。公如收入楼中，亦罕见之秘笈。《忠传》一书未见著录，亦无撰人名。第此册索价一百元，不知公愿收否？'最后以 86 元成交。1916 年春，孙毓修辑印《涵芬楼秘笈》，即将此册冠以《忠传》书名，作为该丛书第一集第一种影印出版，开启《大典》影印流通之先河。此册疑即 1916 年 10 月 14 日《张元济日记》中所提到的四册《大典》之一。1933 年春，陈乃乾得知张元济有出让善本之举，致函询问。张在复函中说：'敝藏《永乐大典》四册（售贰千元）、宋刊《广韵》（售伍千元），今均有人正在谐价。尊处可出若干，敬祈示悉。如前途作罢，当奉归邺架。'《广韵》售与蒋谷孙，《大典》买家则是周叔弢，但周似乎只买去了忠字韵、村字韵和杭字韵三册。今忠字韵《大典》藏于台北'中央'图书馆，系由周氏出让所致。"

《张元济书札》（增订本）第 858 页，"致袁同礼"："奉四月二日手教，谨诵悉。承询敝藏《永乐大典》四册，前岁以资用告竭，货于周君叔弢。其卷数及隶属何韵，均不复记忆，可就近一询便知。商馆藏二十一册无支均也。"

《张元济日记》第 64 页："（1916 年 4 月 22 日）送《永乐大典》一册与梦翁，内有《忠传》可影印。"

袁同礼《〈永乐大典〉现存卷目表》（1929 年 2 月）：海盐张氏。

袁同礼《〈永乐大典〉现存卷目表》（1939 年 7 月）：秋浦周氏。

按：周氏即周叔弢。

《周叔弢古书经眼录》第 656 页："永乐大典（四八五、四八六，东字，忠经、忠传。售去），一本。永乐大典（三五七九至三五八一，村字。售去），一本。"第 729 页："今年收书四种，而左传卷一来归，尤可欣慰。惟以永乐大典二册易钱，收铜器泥□汉印唐经，为得为失，未可知耳。"

按：今年，指 1946 年。查李国庆编著《弢翁藏书题跋·年谱卷》第 242 页可知，此条系年为 1946 年（除夕）。

南京图书馆编《国立南京图书馆甲库善本书目录》第 391~392 页："永乐大典，明嘉靖间内府重写本。"著录有该册。

按：据昌彼得《永乐大典述略》载，抗战时期中央图书馆购得《大典》八册，即包括此册。

中华书局 1986 年影印《永乐大典》收入。

递藏线索：此册 1914 年由张元济购得。于 1933 年卖予周叔弢。周氏于 1946 年卖予中央图书馆。1949 年，此册运往台湾，现藏台北"'国家'图书馆"。

| 3 | 489~490 | 一东 | 中国台北故宫博物院 |

《中国国家图书馆馆史资料长编（1909—2009）》第 169 页载，1930~1931 年度平馆影摄、影钞、购买、受赠《永乐大典》情况。经高曙青公使介绍由巴黎购得 10 卷（国立北平图书馆：《国立北平图书馆馆务报告》，民国十九年七月至二十年六月，21~25 页，北平：国立北平图书馆，1931）。

按：《北京图书馆月刊》1930 年第四卷第六期"馆讯"中提到该次购买，说明 1930 年已购得。查袁同礼《近三年来发见之〈永乐大典〉》（1932 年 2 月），共有 13 卷为北图新得的，其中由美国 John Inglis 夫妇捐赠 3 卷为：卷 8091~8093，另外的 10 卷为：卷 489~490，卷 2257~2259，卷 7393~7394，卷 18207~18209，共四册。这四册应该是从巴黎购回的。高鲁（1877~1947），字曙青，号叔钦，福建长乐人。早年就读于福建马江船政学堂，1905 年去比利时布鲁塞尔大学留学，后来获该校工科博士学位。1929 年任驻法国公使。关于本册，另据赵爱学《国图藏嘉靖本〈永乐大典〉来源考》载："馆藏采访卡片记录为'法使馆代购，20/4/10（与 2257~2259、7393~7394、18207~18209 一起购买）'。"

袁同礼《近三年来发见之〈永乐大典〉》（1932 年 2 月）：北平图书馆。

中华书局 1986 年影印《永乐大典》收入。

递藏线索：由驻法公使高鲁（曙青）介绍，北平图书馆于 1930 年从巴黎购得。抗日战争期间，此册迁美，由美国国会图书馆代为保管。1965 年，此册运回台湾。现藏台北故宫博物院。

| 4 | 538~539 | 一东 | 国图 |

袁同礼《近三年来发见之〈永乐大典〉》（1932 年 2 月）：俄京大学语言部。

一 现存《永乐大典》残本

按：俄京大学，即列宁格勒大学。

袁同礼《〈永乐大典〉现存卷目表》（1939年7月）：俄京大学语言部。

今堀诚二《永乐大典现存卷目表追补》（1940）：俄京大学语言部。

按：据俄国学者 Irina Popova 说，有64册（《大典》）从中国流传出来被 A. V. Rudakov（A. V. 鲁达科夫）带到俄罗斯，直到1935年一直保存在远东学院。在得到苏联科学院远东分院的认可之后，《永乐大典》的11册被移至列宁格勒，在那里它们被保存在列宁国立大学图书馆（9册）和苏联科学院东方研究院（2册）①。除了这11册，另外的53册都是指哪些？不太清楚。另外，起码到1947年，这11册已集中存放于列宁格勒大学图书馆。

1947年2月27日，茅盾曾在列宁格勒大学图书馆看到过此册。据《茅盾全集》第13卷"散文三集·苏联见闻录·日记"第112～113页载，（1947年2月27日）旋又至大学图书馆看《永乐大典》残本。这一共是二十卷，计第五三八卷～五四一卷，"一东"之部，凡五目——容，颂，溶，蓉，庸；第五二九六～五二九七卷，"十三萧"之部，凡一目——昭；第五四五三卷，"十四爻"之部，亦一目——郊；第一〇二八六～一〇二八七卷及一〇三〇九～一〇三一〇卷，"二纸"之部，凡二目——子（内收道家子书五种），死；第一四〇五三卷，"四霁"之部，凡子目一——祭（祭文十一及十二）；第一八四〇二～一八四〇三卷，"十八漾"之部，凡子目一——状（谢状三及四）；第二〇二九～二〇三一卷，"三术"之部，凡子目一——律（内收：沙弥尼戒经，舍利佛问经，目连问戒律百轻百重事经）；第三二一八〇～三二一八一卷，"八陌"之部，凡子目二——陌，麦；第三二五七六～三二五七八卷，"九缉"之部，凡子目一——集（大方等大集经十至十二）。

按：大学图书馆，即列宁格勒大学图书馆。此处所记的《大典》共应为11册。王重民《冷庐文薮》第852页，"苏联还我国十一册《永乐大典》"载："列宁格勒大学东方系图书馆所藏的十一册，沈雁冰先生在一九四七年二月二十七日曾去参观过，卷数和内容，在他的《苏联见闻录》一

---

① 〔俄〕Irina Popova：《俄罗斯〈永乐大典〉的研究》，载中国国家图书馆编《〈永乐大典〉编纂600周年国际研讨会论文集》，中国国家图书馆，2002年4月，第135页。

一七页有详细的记载。"不过，茅盾所记的卷数与下文北图受赠后卷次统计相较既有遗漏（其统计为二十卷，但其所记有二十二卷，另又遗漏了三卷），又有错讹。

《北京图书馆馆史资料汇编》（二）第 224~227 页载，"1951 年 7 月 6 日中央人民政府文化部文物局通知抗字第 1464 号，《永乐大典》拾壹册拨交你馆希即派人来局点收由"："通知北京图书馆：苏联列宁格勒大学东方学系图书馆赠送我国《永乐大典》拾壹册，兹拨交你馆庋藏，希即派人来局点收，并造册五份报局。特此通知。"后附有："文化部文物局拨交北京图书馆苏联所赠《永乐大典》目录"。此目包括卷次、叶数、韵目及每册之缺损情况。卷次为：538~539，540~541，5296~5297，5453~5454，10286~10287，10309~10310，14053~14054，18402~18403，21029~21031，22180~22182，22576~22578，共十一册，二十五卷。第 228~232 页载，1952 年 2 月 23 日中央人民政府文化部（52）文秘字第 42 号，望即转嘱北京图书馆径函答谢苏联列宁格勒大学东方学系图书馆赠还我国《永乐大典》由，附有北图所拟函谢稿（中、俄文）。

中华书局 1986 年影印《永乐大典》收入。

递藏线索：A. V. Rudakov 将此册带到俄罗斯，1935 年以前一直收藏于苏联科学院远东分院。1935 年，拨藏列宁国立大学图书馆及苏联科学院东方研究院。1947 年藏列宁格勒大学东方学系图书馆。1951 年送还我国，由文化部文物局接收后，转归当时北京图书馆收藏。

| 5 | 540~541 | 一东 | 国图 |

袁同礼《近三年来发见之〈永乐大典〉》（1932 年 2 月）：俄京大学语言部。

中华书局 1986 年影印本收入。

递藏线索：与卷 538~539 一册同。

| 6 | 551~553 | 一东 | 国图 |

该册正文首叶有印："刘承幹字贞一号翰怡"、"吴兴刘氏嘉业堂藏书印"。末叶有印："大连图书馆藏"。

一 | 现存《永乐大典》残本

该册有两张四库馆签条。

中华书局 1986 年影印《永乐大典》收入。

递藏线索：与卷 480～481 一册同。

| 7 | 554～556 | 一东 | 日本东洋文库 |

袁同礼《〈永乐大典〉现存卷数续目》（1927 年 8 月）：东洋文库。

中华书局 1986 年影印《永乐大典》收入。

递藏线索：董康于 1912 年将该册带到日本后，约于 1913 年售给东洋文库。参本书《董康与〈永乐大典〉的流传》。

| 8 | 623～624 | 一东 | 国图 |

该册封底里叶有印：Norwich Missionary Loan Exhibition。下面还有墨笔写：Portion of very old Chinese dictionary from ruins of Hanlin。

按：此册应是在庚子事变中为英人于翰林院中获得，流入英国，后还曾在英国借展。

《胡适王重民先生往来书信集》，"王重民致胡适"（1945 年 8 月 5 日）云："在英国时，重民曾以六磅半为北平图书馆买一册《大典》（农字韵）。又有一册是'馆'字，因有乾隆题诗，索价一百五十磅，当然买不起，据说后来落入日人之手。因为那册内有一书是《清明馆伴录》，乾隆特为那部书题诗。"

袁同礼《〈永乐大典〉现存卷目表》（1939 年 7 月）：北平图书馆。

按：袁同礼《〈永乐大典〉现存卷目表》（1932 年 12 月）及以前的卷目表中均未著录，《国立北平图书馆馆刊》第八卷（1934）第四期"本馆新旧善本书目异同表"亦未著录（此表反映的是 1934 年 8 月以前的情况），可知北图于 1934 年 8 月至 1939 年 7 月之间收得此册。王重民于 1935 年 12 月利用圣诞假期到英国伦敦参观中国艺术展览会。前述 Norwich Missionary Loan Exhibition，有可能是指 Norwich Missionary 将此册《大典》借给此次展览会。因此，王氏大概是在此展会获见此册，并决意代北图购入。据赵爱学《国图藏嘉靖本〈永乐大典〉来源考》载："据《王重民教授生平及学术活动编年》，王重民 1934 年至 1938 年在法、英二国进行学术考察期间，1938 年在英国伦敦阅览斯坦因敦煌经卷。则此册约于 1938 年王重民自英国为北平图书馆购入。"赵氏认为王重民购入时间为 1938 年。姑备一说。

《北京图书馆善本书目》（1959），卷 5，子部下·类书类：永乐大典，明内府抄本，一百二十二册，存二百三十六卷。卷 623～624，一册。

陈恩惠编《北京图书馆藏永乐大典卷目表》：原本一册。

中华书局 1986 年影印《永乐大典》收入。

递藏线索：此册应是在庚子事变中为英人于翰林院中获得，流入英国，后还曾于 1935 年借给在英国伦敦举办的中国艺术展览会展出。王重民约于 1936 年代北图购得此册。北图入藏此册的时间约在 1937 至 1939 年 7 月之间。

| 9 | 661～662 | 一东 | 中国台北故宫博物院 |

袁同礼《永乐大典现存卷目续表》（1927 年 8 月）没著录。

傅增湘《藏园群书经眼录》第 709 页有著录：一册。除此册外，徐坊还有两册：卷 21025～21026，卷 22061。傅氏看到此三册是在戊辰年（1928）。

按：徐坊（1864～1916），字士言，又字悟生，号矩庵，34 岁后号蒿庵，后来又号别画渔师、止园居士、楼亭樵客。山东临清人。宣统元年（1909），京师图书馆创立，缪荃孙、徐坊分别任正副监督。傅氏所记此三册中最后一册的卷次有误，卷 22061 应为卷 22761。

袁同礼《〈永乐大典〉现存卷目表》（1929 年 2 月）：北平北海图书馆。

按：关于徐坊所藏的这三册（卷 661～662，卷 21025～21026，卷 22761），据赵爱学《国图藏嘉靖本〈永乐大典〉来源考》载："馆藏采访卡片记录为'购自文禄堂，17/10/15'；另据《藏园群书经眼录》，此 3 册皆为徐坊旧藏，附记经眼时间为'戊辰'（1928 年）。则以上 3 册当是从徐坊归朴草堂流出后，为文禄堂收得，傅增湘可能正于此时经眼，1928 年 10 月为北平北海图书馆购藏，1929 年北平北海图书馆并入北平图书馆，成为北平图书馆藏品。"

赵万里编《北平图书馆善本书目》卷三，第296～298页：《永乐大典》，明内府抄本，存一百六十二卷。

按：记有各册卷数，其中包括该册。这是两馆合并后，北图著录北海图书馆所藏之该册。

中华书局1986年影印《永乐大典》收入。

递藏线索：此册原为徐坊旧藏，后流入文禄堂书店。1928年由北海图书馆购入。抗日战争期间，此册迁美，由美国国会图书馆代为保管。1965年，此册运回台湾。现藏台北故宫博物院。

| 10 | 665～666 | 一东 | 日本京都大学人文科学研究所 |

京都大学人文科学研究所网页（http://kanji.zinbun.kyoto-u.ac.jp/db-machine/toho/html/top.html）有该册书影。书签已非常模糊，方签为：一东，二百八十八。封里贴有两张四库馆签佚书单。边上贴有一小纸签，上写"上野氏"。

正文首叶钤"东方文化研究所"印。书后有内藤虎次郎（湖南）跋"永乐大典零本"。

岩井大慧《袁氏永乐大典现存卷目表补正》，第99～162页著录：上野精一。

岩井大慧《永乐大典现存卷目表（新订）》（1963）：京都大学人文科学研究所。上野精一旧藏。

中华书局1986年影印《永乐大典》收入。

递藏线索：董康于1912年将该册带到日本后，于1913年售归上野理一。1963年之前（约于1960年），此册由上野理一之子上野精一捐给京都大学人文科学研究所。参本书《董康与〈永乐大典〉的流传》。

| 11 | 782～784 | 二支 | 中国台北故宫博物院 |

该册末叶有"京师图书馆收藏之印"。

夏曾佑《京师图书馆善本简明书目》著录。

按：教育部最初拨交京师图书馆的六十册之一。

《中国国家图书馆馆史资料长编（1909—2009）》，第 18 页：1906 年罗振玉《京师创设图书馆私议》："……与夫翰林院所存《永乐大典》之烬余者，均宜奏请颁赐图书馆存储。"第 19 页："宣统元年（1909）已酉：七月二十四日，学部奏筹建京师图书馆。……又奏翰林院所藏《永乐大典》……发交图书馆。"第 26～27 页："《永乐大典》。……原藏在翰林院劫余的《大典》残帙，在修英国兵营时（在当时东交民巷使馆区），尚有 64 册，直到 1911 年 7 月 16 日教育部才派人从陆润庠家中取回，把 60 册移交京师图书馆，留下 4 册，置教育部图书室展览，1928 年也随其他图书一并交还当时的北京图书馆。以后《永乐大典》又陆续稍有增加，至 1929 年京师图书馆与北平北海图书馆合并时馆藏大典又有 80 册，1949 年馆藏大典原本 110 册。"第 27 页：宣统元年（1909）八月初五，学部奏请饬将内阁、翰林院所藏《永乐大典》等书籍移送京师图书馆储藏。"再查翰林院所藏《永乐大典》，在乾隆年间已多残缺。庚子（1900）以来，散佚尤甚。今所存者，仅数十百册。而其中所引，尚多稀见之书。……拟请饬下内阁、翰林院，将前项书籍，无论完阙破碎，一并移送臣部，发交图书馆妥慎储藏。……（《学部官报》第 100 期，本部奏章 3～4 页）。"

《北京图书馆馆史资料汇编（1909—1949）》第 30 页：1912 年 7 月 16 日教育部函告翰林院所存《永乐大典》残本送京师图书馆收藏。"敬启者：翰林院所存《永乐大典》残本，前经本部咨请国务院送归本部，交由贵馆储藏，昨国务院函称此项书籍仅余六十四本，在陆凤石先生处，当即派员往取到部。兹由本部酌留四本，庋置本部图书室，以资展览，藉留纪念。其六十本专差送上，即请贵馆妥为整理储藏可也。敬请公安。教育部启。"第 31 页：1912 年 8 月 11 日呈教育部报告筹备就序，定于 8 月 27 日开馆，"为咨呈事。……其调取翰林院之《永乐大典》暨南学存储各书，均已接收。"

袁同礼《〈永乐大典〉考》（1923 年 11 月）：京师图书馆。

袁同礼《〈永乐大典〉现存卷目》（1925 年 12 月）：京师图书馆。

袁同礼《〈永乐大典〉现存卷目表》（1929 年 2 月）：北平图书馆（此卷有残缺）。

中华书局 1986 年影印《永乐大典》收入。

递藏线索：此册原藏翰林院，1911 年 7 月 16 日教育部派人从陆润庠家中取回 64 册（包括此册），藏教育部图书室。教育部于 1912 年 7 月将其中的六十册（包括此册）拨归京师图书馆收藏。抗日战争期间，此册迁美，由美国国会图书馆代为保管。1965 年，此册运回台湾。现藏台北故宫博物院。

| 12 | 803～806 | 二支 | 爱尔兰都柏林切斯特·比蒂图书馆（Chester Beatty Library） |

〔英〕何大伟（David Helliwell）《欧洲图书馆所藏〈永乐大典〉综述》载："1954 年 9 月 21 日，切斯特·比蒂通过 H. C. Lowe（供职于大英博物馆东方印本及写本部，切斯特·比蒂的顾问）购买，同时购入的还有卷 10110～10112。当天写给 James Vere Stewart Wilkinson（曾任大英博物馆同一部门的副部长，但是 1946 年被切斯特·比蒂挖去当了图书馆馆长）的一封信里记录了这段购买的佳话。这封信证实了当天早些时候的一个电话：'今天早上 Col. Brazier 走了进来，我碰巧在 Mac（应该是 Henry McAleavy）的办公室；当时他正打算将这两册《永乐大典》以 100 英镑的价钱卖给 K. & P. 。我说我可以帮他卖到 110 英镑，他说他希望卖到 120 英镑，我们最终以这个价格成交；他很高兴，我更高兴。'据次日（1954 年 9 月 22 日）的另一封信记载，切斯特·比蒂的秘书 John Wooderson 中午 12 点去大英博物馆取回了这两册《永乐大典》。这两封信现在都保存在切斯特·比蒂图书馆的档案室（切斯特·比蒂档案 474）。卷 803～806 及卷 10110～10112 都存放在黄绢封面的函套里，其结构和题签表明是在北京制作的。Col. Brazier 就是 William Russell Brazier，1897 年出生于阿伯丁，白莱喜（James Russell Brazier）的儿子。白莱喜于 1922 年将一册《永乐大典》（见卷 11907）捐给了阿伯丁大学。因此这三册的来源都可追溯至使馆之围。"

按：Alfred Chester Beatty（阿尔弗雷德·切斯特·比蒂）1875 年出生于美国纽约，于 1911 年移居伦敦。由于其在二战时期对盟军开采战略资源做出的重要贡献,他被英女王授予了爵士称号。比蒂晚年移居爱尔兰,并在都柏林成立了一家专门展出其藏品的博物馆,并免费向公众开放。据何大伟文可知,该册是切斯特·比蒂于1954年从Col. Brazier之手购入的两册《大典》之一。而且,这两册与卷11907一册都是Col. Brazier的父亲白莱喜在庚子事变使馆被围时获得的。

傅路特(或译作富路德,Luther Carrington Goodrich)《再谈永乐大典》(More on the Yung-lo ta tien),载《不列颠和爱尔兰皇家亚洲学会香港分会学报》(*Journals of The Royal Asiatic Society Hong Kong Branch*, Vol. 10, 1970), p. 21:The Chester Beatty Library (Dublin) has three volumes not otherwise accounted for (*chuan* 803/4, 805/6, and 10, 110/1)。

按:"10, 110/1",应该为"10, 110/2"。而且,卷803~806应为一册。

《海外新发现〈永乐大典〉十七卷》收入。

递藏线索:白莱喜(James Russell Brazier)于1900年庚子事变期间从翰林院获得,带回英国。1954年,白莱喜之子将其售予切斯特·比蒂。

| 13 | 807~808 | 二支 | 英国牛津大学博德利图书馆 |

〔英〕何大伟(David Helliwell)《欧洲图书馆所藏〈永乐大典〉综述》载:"7册《永乐大典》都是1950年11月由东方图书部部长A. F. L. ('Freddie')Beeston从James Cleugh手里购买的,价格是100英镑(博德利图书馆新馆127房间,一个标注'中文'的盒子里的通信)。这7册《永乐大典》'据说曾经归宝士德(H. B. Bristow)所有,他在19世纪70年代曾经是英国驻天津领事馆工作人员'(Beeston, 199)。Bristow是South Lynn, Norfolk一个酒吧老板的儿子,1867年18岁的时候开始从事外交工作。后来成为英国驻芝罘和天津的领事。1897年,他因健康原因退休,似乎不曾参与使馆之围。但是,他的儿子宝述德(H. H. Bristow),一位'实习译员'曾经参与了使馆之围(翟兰思,180),这7册《永乐大典》很可能是他当时获得的。这几册《永乐大典》上均没有任何题词。"

按:以上提到的七册《大典》,包括此册。

中华书局 1986 年影印《永乐大典》收入。

递藏线索：此册于 1900 年庚子事变期间由英国实习译员 H. H. Bristow 在翰林院获得，带回英国。后又转入 James Cleugh 之手。1950 年 11 月 A. F. L. Beeston 为牛津大学博德利图书馆购入。

14	821～823	二支	国图

本册正文首叶右下角有印："藏园秘籍"。正文末页有印："傅增湘印"、"莱娱室印"、"双鉴楼珍藏印"。末叶左下角有两印："佩德斋"、"晋生心赏"。

按："晋生心赏""佩德斋"是傅增湘子忠谟（字晋生）藏印，其余为傅增湘藏印。

史宝安《枣花阁图书题跋记》（载《国家图书馆藏古籍题跋丛刊》，第 27 册），第 103 页："钞本永乐大典乙册，内三卷：八百二十一卷、八百二十二卷、八百二十三卷。"

傅增湘《藏园群书经眼录》第 709 页有著录：一册。徐坊梧生遗书，其婿史宝安求售，乙亥（1935）十月收。

按：《藏园群书题记》"永乐大典跋"条云："《永乐大典》旧藏于翰林院敬一亭中。至辛丑以后，翰林院裁撤，其残帙乃时时流入厂市，余所见者不下数十册，往往为介于南北友好及图书馆中，所自藏者只《水经注》四册、《南台备要》一册而已。未几，是五册者亦举以让人，而箧中俄空矣。前岁过史吉甫太史家，出所藏两册相示，一为《堪舆图说》，一为《诗话》，心窃羡之。已而吉甫卧病，医药无资，乃言愿得五百五十金以《诗话》一册归余，急诺其请。……是册凡三卷，卷第为八百二十一至二十三。……时国论方新，古学旧书多不措意，寺胥厂估潜移密取，流入坊肆者一册可售十金，筦钥益以疏弛。辛亥革命，官寺一空，微闻清秘堂诸君职司典守者协议朋分，人得十许册以去。残余之物点付教育部者，只六十四册。余领部务时，署中图书室存留四册，余皆发给图书馆收藏。"[1] 收有《堪舆图说》的一册，应是指卷 14217～14218 一册，现藏国图（可参此册

---

[1] 傅增湘：《藏园群书题记》，上海古籍出版社，1989，第 482 页。

之介绍)。《张元济傅增湘论书尺牍》第381页载,1941年11月13日傅信:"《大典》乃得之史吉甫,虽属诗话,而所收佚书僻籍仍不少,曾撰一详跋,兼详考《大典》存佚原委及卷册确数,有新证数事,探寻不易。友人刊之《公论报》中,兹拆取一分奉寄,请公雅正。如有疏失之处,切盼指示,缘此文尚可存,不惮再三改定也。"

袁同礼《〈永乐大典〉现存卷目表》(1939年7月):江安傅氏。

《北京图书馆善本书目》(1959),卷5,子部下·类书类:永乐大典,明内府抄本,一百二十二册,存二百三十六卷。其中:卷821~813,一册。

按:据赵爱学《国图藏嘉靖本〈永乐大典〉来源考》载:"馆藏采访卡片记录为'傅晋生处购入,1948.8.10'。据《藏园群书题记》卷九《永乐大典跋》,此册最初是傅氏购于史吉甫太史家。则此册原为史宝安旧藏,后归傅增湘,1948年8月傅忠谟转让北平图书馆。"

岩井大慧《永乐大典现存卷目表(新订)》(1963):旧江安傅氏。北京图书馆。

陈恩惠编《北京图书馆藏永乐大典卷目表》:原本一册。影本一册。

中华书局1986年影印《永乐大典》收入。

递藏线索:此册先后由徐坊、史宝安收藏,1935年十月傅增湘购自史宝安。1948年,傅氏将此册转让北图。

15	849~851	二支	日本东洋文库

傅增湘《藏园群书经眼录》第711页有著录:一册。癸丑年(1913)经眼。

袁同礼《〈永乐大典〉现存卷目表》(1929年2月):海盐张氏。

袁同礼《〈永乐大典〉现存卷目表》(1932年12月):海盐张氏。

1934年4月16日,据北平来的消息,有北平某氏希望一起出售其所藏《永乐大典》,如果可能的话,全部购买为合适,价格定为每册五百元。不过,东洋文库只购入1册(卷849~851,1册),从松筠阁购买①。

---

① 〔日〕田仲一成:《日本东洋文库收集〈永乐大典〉残本的过程》,载中国国家图书馆编《〈永乐大典〉编纂600周年国际研讨会论文集》,第311~312页。

富田升《近代日本汉籍的流入》（收入王勇主编《书籍之路与文化交流》）第 274 页：昭和九年五月二十五日。

按：昭和九年为 1934 年。昭和九年五月二十五日应该是东洋文库收到该册的时间。

袁同礼《〈永乐大典〉现存卷目表》（1939 年 7 月）：未详。

岩井大慧《袁氏永乐大典现存卷目表补正》著录：东洋文库。

中华书局 1986 年影印《永乐大典》收入。

递藏线索：此册傅氏曾于 1913 年经眼。1929 年，已为张元济所得。于 1933 年前后此册为张氏卖出，流入北京松筠阁书肆。1934 年 5 月 25 日，东洋文库从松筠阁购入。

| 16 | 895～896 | 二支 | 国图 |

中华书局 1986 年影印《永乐大典》收入。

递藏线索：与卷 480～481 一册同。

| 17 | 899～900 | 二支 | 国图 |

正文首叶有印："刘承幹字贞一号翰怡"、"吴兴刘氏嘉业堂藏书印"、"南满洲铁道株式会社大连图书馆"（按：该印中间还有编号："825268"、"昭：141211"）、俄文印、"大连图书馆藏"。末叶有印："大连图书馆藏"。

该册有一张四库馆签条。

中华书局 1986 年影印《永乐大典》收入。

递藏线索：与卷 480～481 一册同。

| 18 | 901～902 | 二支 | 国图 |

袁同礼《〈永乐大典〉现存卷数续目》（1927 年 8 月）：京都府立图书馆。

按：有可能是将京都大学图书馆藏卷 910～912 一册，误记为该册。因为卷 910～912 一册于此前已入藏京都大学图书馆，但袁氏反而没有著录。

袁同礼《〈永乐大典〉现存卷目表》（1929 年 2 月）：京都府立图书馆。

袁同礼《〈永乐大典〉现存卷目表》（1932年12月）：京都府立图书馆。

袁同礼《〈永乐大典〉现存卷目表》（1939年7月）：京都府立图书馆。

《北京图书馆善本书目》（1959）卷5，子部下·类书类：永乐大典，明内府抄本，一百二十二册，存二百三十六卷。其中卷901~902，一册。

按：赵爱学《国图藏嘉靖本〈永乐大典〉来源考》载："袁同礼1927至1939年各《表》均记收藏地为'京都府立图书馆'；张忱石《史话》著录此册旧藏地阙。馆藏采访卡片记录此册来源为'沪1，37.7'；馆藏中文登录簿第肆拾捌册（沪1-390）记录此册信息为：'第沪1号，永乐大典，存二卷，一册，明解缙等辑，明钞本，三十七年七月收藏，存卷九百一之九百二。'此册《大典》当为1939年至1948年间由北平图书馆上海办事处采进，后于1948年运回北平。据袁《表》，此册原藏日本京都府立图书馆，后不知因何原因流回国内。"

岩井大慧《袁氏永乐大典现存卷目表补正》著录：未详。此册袁氏误记京都府立图书馆。

陈恩惠编《北京图书馆藏永乐大典卷目表》：原本一册。

中华书局1986年影印《永乐大典》收入。

递藏线索：北京图书馆于1939年至1948年间购于上海。

| 19 | 903~904 | 二支 | 柏林民族学博物馆（Ethnological Museum in Berlin） |

〔英〕何大伟（David Helliwell）《欧洲图书馆所藏〈永乐大典〉综述》载："1928年9月29日购自柏林（潘科）的斯泰老（Strauch）夫妇，同时购入的还有卷1033及13189~13190。这三册都看不出来源。斯泰老（E. A. W. von Strauch）参与了使馆之围，并因其在保卫公使馆中的表现而被莫理循大加赞赏，后者对他非常了解。使馆被围期间，他供职于大清皇家海关。骆惠敏编的《莫理循通信集》有一个脚注对他进行了详细介绍（Lo，545）。柏林人种博物馆所藏4册《永乐大典》在20世纪70或者80年代均被重新装订过，只有封面被保存了下来，而且是分开保存的。天头地脚处有水渍。"

按：柏林人种博物馆，即柏林民族学博物馆。

《北京图书馆月刊》1929年第3卷第5期袁同礼《永乐大典现存卷数表再补》著录：柏林人种博物院除前表著录卷4908~4909一册外，还有三册：卷903~904，卷1033，卷13189~13190。

袁同礼《近三年来发见之〈永乐大典〉》（1932年2月）：柏林人种博物院。

程焕文编《裘开明年谱》第637页载，一九五六年三月十日，"美国国务院Gregory Henderson致函裘开明，我的妻子正在柏林探望她的母亲，她已经与我的老朋友、加州大学Ferdinand D. Lessing教授的女儿Frau Koerner博士/夫人取得了联系。Koerner博士/夫人现在是德国民族学博物馆东亚区（the Ostasiatische Abteilung of Voelkekunde Museum, Berlin-Dahlem）的主管。显然，Koerner博士有4册《永乐大典》想出售。我附上她写的有关《永乐大典》册数的纸条（《永乐大典》卷4908~4999，卷1033，卷903~904，卷13189~13190）。她说她想要2000美元一册。我不知道她是否能减少一点。显然，她已经在向美国国会图书馆兜售这些《永乐大典》。她要我写信给哈佛燕京告诉这个信息，并且等你的询问或答复。我没有对这些书作评价，我没有看过这些书，对其价值也无从判断。我能说的是，Koerner博士值得推荐，她在中国领域非常有实力，她出生和生长在中国，中文很流利。"

按：4999，应为4909。雷兴（Ferdinand D. Lessing）（1882~1961）教授，德国汉学家，长期在北京。这四册有可能是他在中国得到的。

程焕文编《裘开明年谱》第640页载，一九五六年三月二十六日，"裘开明先生致函美国国务院Gregory Henderson：非常感谢你3月10日有关Frau Koerner博士/夫人兜售4册《永乐大典》的来信。我已经查过这4册《永乐大典》，发现石井大慧（Iwai Hirosato）博士在《还历纪念东洋史论丛》（东京，1940年，108~160页）上发表的一篇论文中全部有记载。这4册《永乐大典》属于我25年以前曾经参观过的德国民族学博物馆所有。在做了这个查证以后，叶理绥（Serge Elisséeff）教授很想知道我们是否有合法的权利去购买属于他国公共机构的东西。我们想知道你的夫人是否能够在柏林通过某种私有渠道而不是直接从 Koerner 博士那里，查出这 4 册《永乐大典》珍本的合法拥有权是否在 Koerner 博士手中。可能石井大慧（Iwai Hirosato）教授在做《永乐大典》存本调查时误把属于 Ferdinand D. Lessing 教授个人的一些东西列入了德国民族学博物馆的馆藏。不管怎么说，在我们开始遇到试图获得这些珍本的麻烦以前，我们想知道这 4 册《永乐大典》的确切合法拥有者。至于这 4 册《永乐大典》的价格，当然没有定数，而是'随行就市'（charge what the traffic will bear）。根据我个人了解的战前《永乐大典》在各市场上销售的价格，我感到其价格太高。在北京每册的售价在 300～500 美元之间。在欧洲则是 1000 美元一册。正是在这个价格上，经后来的伯希和（Paul Pelliot）推荐，我们从一个法国女士那里购买了一册《永乐大典》。"

沈津《哈佛燕京图书馆所藏二本〈永乐大典〉》（收入《哈佛燕京图书馆藏〈永乐大典〉（全三册)》附录）载："在《裘开明年谱》1956 年 3 月 10 日，载有美国国务院赫德生致裘开明函，谈及他的妻子在柏林探望她的母亲，她已与加州大学来逊教授的女儿考瑞博士取得了联系。考瑞是德国民族学博物馆（即柏林人种博物馆）东方部主管，她有四册《大典》想出售，分别为卷 903 至 904、卷 1033、卷 4908 至 4999、卷 13189 至 13190，想要 2000 美元一册。她还在向美国国会图书馆兜售这些《大典》。她要我写信给哈佛燕京，并等你的询问或答复。考瑞出生和生长在中国，中文很流利。……由于《大典》为博物馆所有，'燕京'也就停止了企求。"

中华书局 1986 年影印《永乐大典》收入。

递藏线索：德国的斯泰老（E. A. W. von Strauch）于庚子事变期间从翰林院中获得三册《大典》（包括该册及卷 1033、卷 13189～13190 两册）后，于 1928 年 9 月 29 日售归德国柏林民族学博物馆。

| 20 | 905～907 | 二支 | 国图 |

正文首叶有印："刘承幹字贞一号翰怡"、"吴兴刘氏嘉业堂藏书印"、"南满洲铁道株式会社大连图书馆"（按：该印中间还有编号："825269"、"昭：141211"）、俄文印、"大连图书馆藏"。末叶有印："大连图书馆藏"。

中华书局1986年影印《永乐大典》收入。

递藏线索：与卷480～481一册同。

| 21 | 908～909 | 二支 | 日本天理图书馆 |

岩井大慧《永乐大典现存卷目表（新订）》（1963）：天理图书馆。

中华书局1986年影印《永乐大典》收入。

递藏线索：自1963年起至今藏日本天理图书馆。

| 22 | 910～912 | 二支 | 日本京都大学附属图书馆 |

中华书局1986年影印《永乐大典》收入。

递藏线索：董康于1912年将该册带到日本，被京都大学图书馆购入，现藏该馆。参本书《董康与〈永乐大典〉的流传》。

| 23 | 913～914 | 二支 | 英国国家图书馆 |

此册有一张四库馆签单。

〔英〕何大伟（David Helliwell）《欧洲图书馆所藏〈永乐大典〉综述》载："1943年由Cecil Kirke先生捐赠，同时捐赠的还有另外5册：卷3002，6850～6851，7389～7390，8089～8090及20181～20182（McAleavy，36）。Cecil Kirke先生1943年11月14日写给大英博物馆的信里写道：'在1900年的使馆之围事件中，我得到了6册来自翰林院的《永乐大典》。如果这些书对博物馆有用，我非常乐意将他们捐给博物馆。'（大英图书馆档案）Kirke很可能就是C. C. A. Kirke，使馆被围时他是'实习译员'（翟兰思，180）。日戳是1944年。有《四库全书》的签条。"

卷914这一册，袁同礼《〈永乐大典〉现存卷目表》（1932年12月）著录：长兴王氏。

按：长兴王氏，即王季欢。王季欢（1898～1936），名修，字季欢，又号杨弇、云蓝，长兴雉城镇人。民国九年，在北洋政府任财政部佥事，偕夫人温甸至北京居住。伉俪咸喜藏书，公余至琉璃厂隆福寺，搜求善本书籍，旁及钟鼎甲骨，盈屋充栋。季欢祖居长兴仁寿堂，藏书甚富，因购得七世祖王继贤知蒙城时所刻《古蒙庄子》一书，将藏书楼取名"诒庄楼"，以示不忘先祖之志。王修非常重视乡贤著作，曾钞录不少文集，还保存着一些乡贤稿本，《瓢泉吟稿》五卷就是从《永乐大典》所载钞撮编次而成。《文澜学报》第二卷第二期，《书林·长兴王季欢先生作古》载："君讳修，字季欢，……又尝拟为《永乐大典考》，自谓所得材料，远出缪筱珊及近人李正奋、袁同礼辈之上云。编者且预与面订馆刊发表优先权，不谓人事旁午，终未脱稿，而子敬已逝。"

《诒庄楼书目》（收入《中国著名藏书家书目汇编》近代卷第 38 册），王修藏并编，1930 年长兴王氏铅印本，卷 5 "子部·类书类"载："永乐大典残本二册，明隆庆写本。存：卷九百十四一册，卷三千四百六半册，卷五千四百十六半册。"

按：据该书目自序："蒙弱冠以薄宦居京师，己未以前所蓄书及先人述庐旧藏，以重累不随行縢。……乙丑南还，琴剑飘零，舍书籍书画古器外无他长物。……黄浦小住，丁卯四月灾罹无妄，跳走居武林。明年夏，彝罂携剩余箱篋由上海载至杭州。既检点，视原有亡十之五六。书藏本不富，然有目七本：……一，癸亥岁暮在京师，彝罂写留归装稽考者二册，即此本。……念诒庄楼藏书之厄，虽异于绛云一炬，顾掠夺者非人，不得猥以人亡弓人得弓自解。抑散佚者不皆属癸亥以前所有，获于甲子后者并目亦勿存矣。……庚午七夕后十又四日长兴王修自序。"跋："……其所藏书，以沪上遭劫散失者半，此本盖幸而获存者。……中华民国十九年十一月愚表兄金涛拜识。"彝罂为王氏夫人温匋之字。据上述可知，书目所记录的图书是王氏夫妇自 1920 年（庚申）至 1923 年（癸亥）在京师所得。1927 年（丁卯）四月王氏藏书遭劫，此二册《大典》亦下落不明。此有几个问题待考。

其一，卷 914 一册曾为王氏所藏，而上述卷 913～914 自庚子事变后即为英人收得。那么，其中之一所记有误？若两者均无误，那么，此两册为不同的《大典》，是否其中一册为正本或仿抄本？

其二，英人卷 913～914 是否得自王氏呢？应该不是，因为王氏只有一卷，而英人有两卷。这一册有《四库》签单，也是两卷并列的，可见这一册就应该收的是两卷。据此亦可判定英人所藏是嘉靖副本。

其三，关于王氏遇劫之藏书是否包括《大典》，还需查考。1987年《长兴县志》收有唐云《王季欢传》："民国十六年丁卯，《鼎脔》周刊编至第六十期，因出奇祸，遽尔停刊。是年四月八日，王家印刷所因印刷打倒新军阀蒋介石传单，为人告发，当局派宪警包围王家印刷所，抄去传单，逮捕钱一飞。有工人越墙而出，至王家告知情况。季欢易服仓皇出逃，至门外，即遇前来查捕之宪警，问：'你从何处来？'答：'王季欢家。'问：'王季欢现在何处？'答：'在家楼上看书。'宪警遂拥入王家，幸机智得脱。又赖日本朋友护持，只身潜往日本避难。因营救无效，钱一飞被杀害，终成牺牲；季欢按年拨款抚恤其家属。而王家印刷所被洗劫一空，与没收等；王家所藏书籍文物损失甚多，形同抄家。"正如王氏所说的，这种掠夺，不得以"人亡弓，人得弓"相喻，可见对图籍或有毁亡之虑。只不过抄走者不知是否包括《大典》。此外，据传文可知，民国二十一年（1932），长兴王氏仁寿堂藏书亦毁于火，若《大典》存于仁寿堂，亦有可能被毁。

其四，金子长《鼎脔福墨》（1926年第20期）载金子长"面城楼笔记：永乐大典现存册数"后有王修（杨弇）按语："永乐大典有永乐原写本，有乾隆时重写本。余亦藏有二册，俱入声韵，朱丝栏、棉纸，与京师图书馆所藏一式，然未能定其为原本与否焉。"上述王氏所藏之《大典》并未见有入声韵者，难道其还藏有另外两册大典？抑其所记有误？

岩井大慧《永乐大典现存卷目表（新订）》（1963）：大英博物馆。

中华书局1986年影印《永乐大典》收入。

递藏线索：同卷913~914一册。英国实习译员C. C. A. Kirke在1900年庚子事变使馆解围期间得到此册及另外5册（卷3002，卷6850~6851，卷7389~7390，卷8089~8090及卷20181~20182）。1943年Kirke将此六册均捐给了大英博物馆。

| 24 | 917~919 | 二支 | 国图 |

正文首叶有印："刘承幹字贞一号翰怡"、"吴兴刘氏嘉业堂藏书印"、"南满洲铁道株式会社大连图书馆"（按：该印中间还有编号："825270"、

"昭：141211")、俄文印、"大连图书馆藏"。末叶有印："大连图书馆藏"。本册有两张四库馆签条。

中华书局1986年影印《永乐大典》收入。

递藏线索：与卷480~481一册同。

| 25 | 920~922 | 二支 | 国图 |

〔英〕何大伟（David Helliwell）《欧洲图书馆所藏〈永乐大典〉综述》载：剑桥大学博德利图书馆所藏《大典》卷14607~14609这一册中附有"1922年11月5日来自科隆（Colonge）的 J. G. Birch 中校的一封信以及三张照片。信里说：'1900年北京的翰林院失火的时候，一小部分《永乐大典》被抢救出来；其中大部分被归还给中国政府，小部分被欧洲人带走。其中一册由翟理斯赠给剑桥大学图书馆。照片里的三册是由一个德国军官抢救出来的，现在打算出售。我觉得这些应该被英国收藏。大英博物馆说他们想要但是没钱。如果你们有兴趣，我可以帮忙联系。'三张照片分别是卷920、5343及13450的第一页。结果，这三册被莱比锡大学（Leipzig University）获得，1955年12月被德意志民主共和国归还中国政府，现在都在中国国家图书馆。西式封面，原书封面丢失。"

按：这三册包括：卷920-922、卷5343、卷13450。其中卷5343一册有铅笔德文题记，大意为："1900年6月30日至7月1日，得自翰林院废墟。"①

袁同礼《〈永乐大典〉考》（1923年11月）：考龙（Cologne）某书店。

按：考龙（Cologne），即德国科隆。这个消息是英国牛津大学图书馆馆长告诉他的（于1932年秋天），袁氏并未亲见。

袁同礼《〈永乐大典〉现存卷目》（1925年12月）：莱比锡大学（寄存）。1955年12月被东德政府送还了中国。

按：赵爱学《国图藏嘉靖本〈永乐大典〉来源考》："馆藏采访卡片记

---

① 赵大莹：《〈永乐大典〉与英格利斯夫妇》，载《文津学志》第八辑，国家图书馆出版社2015年版。

一 | 现存《永乐大典》残本

录为'德意志民主共和国移赠，1955.12.13'；馆藏档案有文化部文物局1955年12月12日此3册拨交清单，同月20日文物局正式发函拨交。"

岩井大慧《永乐大典现存卷目表（新订）》（1963）：旧莱比锡大学。北京图书馆。

陈恩惠编《北京图书馆藏永乐大典卷目表》：原本一册（德意志民主共和国移赠）。

中华书局1986年影印《永乐大典》收入。

递藏线索：该册与另外的两册（卷5343、卷13450）由一位德国军官在庚子事变中获得，1922年在科隆出售。1925年入藏莱比锡大学（Leipzig University）图书馆。1955年东德政府将其归还中国，现存国图。

| 26 | 975～976 | 二支 | 中国台北故宫博物院 |

其正文首叶天头钤有"'国立中央'图书馆保管"印。书中多有水渍痕。正文末叶左下角钤有"'国立中央'图书馆保管"印。

中华书局1986年影印《永乐大典》收入。

递藏线索：在1912～1914年之间，商衍鎏与德国汉学家福兰阁从中国为汉堡大学买入两册《大典》（卷975～976、卷10483～10484）。1937年7月（日本占领北京）前，袁同礼与颜复礼达成图书交换协议，汉堡大学拟将它们送归国立北平图书馆。但是，因第二次世界大战的影响，它们大约在1950～1957年之间才被寄到袁同礼之手，得以与抗战时期移藏美国国会图书馆的国立北平图书馆善本书汇聚在一起。1965年，它们与那批善本书一起被运到台湾。现藏台北故宫博物院。参本书《德国汉堡大学所藏两册〈永乐大典〉的流传》。

| 27 | 978 | 二支 | 国图 |

《北京图书馆馆史资料汇编》（二），第672页"北京图书馆1956年工作总结"："湖南龚氏寄来一卷《永乐大典》，是有关小儿医学的，从来不见于著录。"

按：笔者估计是卷978。赵爱学《国图藏嘉靖本〈永乐大典〉来源考》载:"此册无相关信息可供参考。1951年8月《大典》展览50册目录,尚未包括此册。另据此册与他册索书号推断,当为1955~1958年间入藏。"

《北京图书馆善本书目》(1959),卷5,子部下·类书类:"永乐大典,明内府抄本,一百二十二册,存二百三十六卷。"其中有卷978,一册。

岩井大慧《永乐大典现存卷目表(新订)》(1963):北京图书馆。

陈恩惠编《北京图书馆藏永乐大典卷目表》:原本一册。

中华书局1986年影印《永乐大典》收入。

递藏线索:1956年以前,由湖南龚氏收藏,1956年赠给北图。

| 28 | 980 | 二支 | 国图 |

正文首叶有印:"徐世章印"、"濠园秘笈"。

本册有一张四库馆签条,为卷3250~3251的签条。

袁同礼《〈永乐大典〉现存卷目表》(1929年2月):天津徐氏。

袁同礼《〈永乐大典〉现存卷目表》(1932年12月):天津徐氏。

袁同礼《〈永乐大典〉现存卷目表》(1939年7月):天津徐氏。

岩井大慧《袁氏永乐大典现存卷目表补正》著录:天津徐氏。

《北京图书馆善本书目》(1959),卷5,子部下·类书类:"永乐大典,明内府抄本,一百二十二册,存二百三十六卷。"其中有卷980,一册。

按:据赵爱学《国图藏嘉靖本〈永乐大典〉来源考》载:"馆藏采访卡片记录为'徐濠园处购入,1948.8.9,与其他九册共700000000元'。则此10册为天津徐世章旧藏,1948年8月转让北平图书馆。"

岩井大慧《永乐大典现存卷目表(新订)》(1963):北京图书馆。

陈恩惠编《北京图书馆藏永乐大典卷目表》:原本一册。

中华书局1986年影印《永乐大典》收入。

递藏线索:此册原为天津徐世章旧藏,1948年转让北图。

| 29 | 981 | 二支 | 美国哈佛大学哈佛燕京图书馆 |

书衣有墨笔题记:"南海康氏万木草堂宝藏。康有为题。孔子二千四百六十六年乙卯正月二十四日。"后有"康有为"朱白文方印。

正文首叶右下栏外有墨笔题记:"是书藏北京翰林院,庚子之乱散出,昔在巴黎见之。甲寅九月以八十金购得之(一册),希世之宝也。康有为。"后有"康有为"朱白文方印。首叶右下还盖有"南海康有为更生珍藏"朱文方印。

封底内叶有墨笔题跋:"余既得《图书集成》,为清朝巨典之秘笈,明世以《永乐大典》为至巨,又抄本藏之中禁,非人间所得见。自经庚子之劫,又散在外国,余亟欲得之而苦其难,今不意竟落吾手。此虽重录,非永乐原本,然亦三百余年物,至可宝矣。更生记。"

按:乙卯,为1915年。甲寅,为1914年。更生,为康有为之号。

中华书局1986年影印《永乐大典》收入。

递藏线索:傅增湘曾于1913年看到过此册。康有为在1914年9月于上海购得。大约于1916年归了张元济。在此之后此册又归一位法国女士之手。约在1931年或稍后,哈佛大学从这位法国女士之手购入此册。可参本书《关于康有为所藏的一册〈永乐大典〉》。

| 30 | 1033 | 二支 | 柏林民族学博物馆 |

中华书局1986年影印《永乐大典》收入。

递藏线索:参卷903~904一册可知,德国的斯泰老(E. A. W. von Strauch)于庚子事变期间从翰林院中获得该册后,于1928年9月29日售归德国柏林民族学博物馆。

| 31 | 1036~1037 | 二支 | 英国牛津大学博德利图书馆 |

这一册有一张四库馆签单。

中华书局1986年影印《永乐大典》收入。

递藏线索:与卷807~808一册同。

| 32 | 1056 | 二支 | 日本东洋文库 |

1939年4月至6月，东洋文库购入5册（卷1056，卷1192，卷1200，卷2254~2255，卷10812~10814）①。

按：富田升《近代日本的中国艺术品流转与鉴赏》第42页载，昭和十四年四月二十四日为东洋文库领收时间。那么，东洋文库入藏此册是在1939年4月24日。

袁同礼《〈永乐大典〉现存卷目表》（1939年7月）：未详。

岩井大慧《袁氏永乐大典现存卷目表补正》著录：东洋文库。

岩井大慧《永乐大典现存卷目表（新订）》（1963）：东洋文库。

中华书局1986年影印《永乐大典》收入。

递藏线索：1939年4月东洋文库购入此册。

| 33 | 1188 | 二支 | 日本东洋文库 |

1940年，东洋文库购入《大典》1册（卷1188）②。

按：富田升《近代日本的中国艺术品流转与鉴赏》第42页载，昭和十五年六月二十五日为东洋文库领收时间。那么，东洋文库入藏此册是在1940年6月25日。

今堀诚二《永乐大典现存卷目表追补》（1940）：东洋文库。

中华书局1986年影印《永乐大典》收入。

递藏线索：1940年6月东洋文库购入此册。

| 34 | 1191 | 二支 | 上海图书馆藏第四叶。南京图书馆藏第五叶。其余第二、三、七叶，未详。 |

袁同礼《〈永乐大典〉现存卷目表》（1939年7月）：未详。

今堀诚二《永乐大典现存卷目表追补》（1940）：未。

岩井大慧《永乐大典现存卷目表（新订）》（1963）：未详。

陈恩惠编《北京图书馆藏永乐大典卷目表》：影本一册（残）。

---

① 〔日〕田仲一成：《日本东洋文库收集〈永乐大典〉残本的过程》，载中国国家图书馆编《〈永乐大典〉编纂600周年国际研讨会论文集》，北京图书馆出版社，2003，第312页。

② 〔日〕田仲一成：《日本东洋文库收集〈永乐大典〉残本的过程》，第312页。

中华书局 1986 年影印《永乐大典》收入。

按：中华书局影印本收二、三、四、五、七共五叶，应该是据北图收藏的影本收入的。上海图书馆存该卷第四叶。郝艳华《〈永乐大典〉史论》第 37 页载，上海图书馆所藏的残叶，是 1951 年由夏玉琛处购得。南京图书馆藏该卷第五叶。南图此叶，装成一册，前题：永乐大典残叶，玄览堂珍藏。盖有"玄览堂"印。书口题名、卷数、叶数已缺失。沈津《答客问——古书中的残本残页事》载：又如南京图书馆有《永乐大典》残页一页，有玄览堂藏印（见《南京图书馆珍本图录》，江苏人民出版社，2007），那就和过去六十年代时，上海图书馆也有一张残页的《永乐大典》相比美了①。

递藏线索：此册第四叶藏上海图书馆，第五叶藏南京图书馆，另外之第二、三、七叶之收藏不详。

| 35 | 1192 | 二支 | 日本东洋文库 |

1939 年 4 月至 6 月，东洋文库购入 5 册（卷 1056，卷 1192，卷 1200，卷 2254～2255，卷 10812～10814）②。

按：富田升《近代日本的中国艺术品流转与鉴赏》第 42 页载，昭和十四年四月二十四日为东洋文库领收时间。那么，东洋文库入藏此册是在 1939 年 4 月 24 日。

袁同礼《〈永乐大典〉现存卷目表》（1939 年 7 月）：未详。

今堀诚二《永乐大典现存卷目表追补》（1940）：东洋文库。

陈恩惠编《北京图书馆藏永乐大典卷目表》：影本一册（残）。

中华书局 1986 年影印《永乐大典》收入。

按：中华书局 1986 年影印本收入有二十八叶半，《东洋文库所藏汉籍分类目录》子部第 173 页："永乐大典，存卷第一千一百九十二零叶。"中华书局 1960 年影印本"影印说明"："第一一九二卷原缺第二十叶和第二十

---

① 沈津"书丛老蠹鱼"博文，http://blog.sina.com.cn/harvardduyu。
② 〔日〕田仲一成：《日本东洋文库收集〈永乐大典〉残本的过程》，第 312 页。

三叶，用吴慰祖先生所藏嘉靖抄本单叶配补。"吴慰祖，苏州人，版本目录学家，曾校订过《四库采进书目》（原名《各省进呈书目》，1960 年商务印书馆出版）。

递藏线索：此册之大部分于 1939 年 4 月由东洋文库购入。另有两叶为吴慰祖收藏，目前这两叶藏于何处不详。

| 36 | 1200 | 二支 | 日本东洋文库 |

1939 年 4 月至 6 月，东洋文库购入 5 册（卷 1056，卷 1192，卷 1200，卷 2254～2255，卷 10812～10814）①。

案：富田升《近代日本的中国艺术品流转与鉴赏》第 42 页载，昭和十四年四月二十四日为东洋文库领收时间。那么，东洋文库入藏此册是在 1939 年 4 月 24 日。

《东洋文库所藏汉籍分类目录》子部第 173 页："永乐大典，存卷第一千二百零叶。"

袁同礼《〈永乐大典〉现存卷目表》（1939 年 7 月）：未详。

今堀诚二《永乐大典现存卷目表追补》（1940）：东洋文库。

陈恩惠编《北京图书馆藏永乐大典卷目表》：影本一册（残）。

中华书局 1986 年影印《永乐大典》收入。

递藏线索：此册于 1939 年 4 月由东洋文库购入。

| 37 | 1310 | 三微 | 中国台北中研院历史语言研究所傅斯年图书馆 |

此册现存台湾中研院史语所傅斯年图书馆，书已改为线装，封面也不是原来的，改用蓝色硬纸。书中格式等看起来与原书一样，但是，其文字部分是抄在一纸上，然后贴于一张底纸上的，最外面的栏线是后来画上的。不知是重装，还是后来抄的？笔者怀疑是后来抄的。只是正文所抄看似原书。傅图定为朱丝栏精钞本，没有给出年代，是比较谨慎的，而其著录其他《大典》原本均标明为明内府钞本。有虫蛀迹。

---

① 〔日〕田仲一成：《日本东洋文库收集〈永乐大典〉残本的过程》，第 312 页。

首叶正文右下角有两印:"'国立中央'研究院历史语言研究所图书之记","史语所收藏珍本图书记"。

岩井大慧《永乐大典现存卷目表(新订)》(1963):台北历史语言研究所。

中华书局1986年影印《永乐大典》收入。

递藏线索:此册起码自1963年以后一直藏中研院史语所。

| 38 | 2190~2191 | 六模 | 原书下落不详,国图仅有仿抄本 |

袁同礼《〈永乐大典〉现存卷数续目》(1927年2月):嘉业藏书楼。

袁同礼《〈永乐大典〉现存卷目表》(1929年2月):吴兴刘氏。

袁同礼《〈永乐大典〉现存卷目表》(1932年12月):吴兴刘氏。

《嘉业堂所藏永乐大典引用书目》(1931年前)、《嘉业堂钞校本目录》(1932年)均著录。

按:据《〈永乐大典〉研究资料辑刊》第691页可知,此册曾经改装过,署名叶的衔名是乾隆时补录的。该册所收主要为《帝王经世图谱》一书。乾隆作有"题帝王经世图谱"诗。此册原来有可能收有此御题诗。但御题诗要装在书前,而衔名叶已经剪裁过,只剩一小半或一小片,不好回装,所以将其撤掉,而用新纸过录,以便重装。

袁同礼《〈永乐大典〉现存卷目表》(1939年7月):大连满铁图书馆。

《满铁大连图书馆增加图书分类目录》(昭和十四年度,1939)著录。

满铁大连图书馆1944年著录〔参岛田好《本馆所藏稀见书解题(一)》〕。

岩井大慧《永乐大典现存卷目表(新订)》(1963):旧大连图书馆。北京图书馆。仿钞本。

中华书局1986年影印《永乐大典》收入。

递藏线索:此册流传与卷480~481一册同,只不过在被苏联人带走后,至今下落不明。估计仍存原苏联境内的可能性较大。国图仅有仿抄本。

| 39 | 2217~2218 | 六模 | 国图 |

首叶右下角有两印:"徐世章印"、"濠园秘笈"。

中华书局 1986 年影印《永乐大典》收入。

递藏线索:与卷 980 一册同。

| 40 | 2236~2237 | 六模 | 日本小川广己(小川雅人) |

袁同礼《〈永乐大典〉现存卷数续目》(1927 年 8 月):小川睦之辅。

袁同礼《〈永乐大典〉现存卷目表》(1929 年 2 月):小川睦之辅。

袁同礼《〈永乐大典〉现存卷目表》(1932 年 12 月):小川睦之辅。

袁同礼《〈永乐大典〉现存卷目表》(1939 年 7 月):小川睦之辅。

岩井大慧《袁氏永乐大典现存卷目表补正》著录:小川睦之辅。

岩井大慧《永乐大典现存卷目表(新订)》(1963):小川广己。

中华书局 1986 年影印《永乐大典》收入。

递藏线索:1927 年已入藏日本小川家。

| 41 | 2254~2255 | 六模 | 日本东洋文库 |

1939 年 4 月至 6 月,东洋文库购入 5 册(卷 1056,卷 1192,卷 1200,卷 2254~2255,卷 10812~10814)[①]。

按:富田升《近代日本的中国艺术品流转与鉴赏》第 42 页载,昭和十四年四月二十四日为东洋文库领收时间。那么,东洋文库入藏此册是在 1939 年 4 月 24 日。

袁同礼《〈永乐大典〉现存卷目表》(1932 年 12 月):未详。

袁同礼《〈永乐大典〉现存卷目表》(1939 年 7 月):未详。

岩井大慧《袁氏永乐大典现存卷目表补正》著录:东洋文库。此册袁氏记未详。

岩井大慧《永乐大典现存卷目表(新订)》(1963):东洋文库。

中华书局 1986 年影印《永乐大典》收入。

递藏线索:此册于 1939 年 4 月由东洋文库购入。

[①] 〔日〕田仲一成:《日本东洋文库收集〈永乐大典〉残本的过程》,第 312 页。

| 42 | 2256 | 六模 | 日本静嘉堂文库 |

袁同礼《〈永乐大典〉现存卷目表》（1929年2月）：□□吴氏。北平北海图书馆藏有影本。

按：吴氏有可能指吴怀清，其于1928年去世。有可能在此之后售予静嘉堂文库。

袁同礼《〈永乐大典〉现存卷目表》（1932年12月）：□□吴氏。北平北海图书馆藏有影本。

袁同礼《〈永乐大典〉现存卷目表》（1939年7月）：未详。北平图书馆藏有影本。

李绮生《永乐大典志略》（1940）：吴氏藏。

岩井大慧《袁氏永乐大典现存卷目表补正》著录：静嘉堂文库。

岩井大慧《永乐大典现存卷目表（新订）》（1963）：静嘉堂文库。

中华书局1986年影印《永乐大典》收入。

递藏线索：1929年由吴氏收藏。1940年已入日本静嘉堂文库。

| 43 | 2257~2259 | 六模 | 中国台北故宫博物院 |

中华书局1986年影印《永乐大典》收入。

递藏线索：与卷489~490一册同。

| 44 | 2260~2261 | 六模 | 法国国民文库（存疑） |

Leonard Aurousscau（莱昂纳尔·奥鲁索）：Miao Ts'iun–souen：Catalogue des ouvrages précieux de la Bibliothèque du Ministère de l'Instruction publique des Ts'ing（《缪荃孙〈清学部图书馆善本书目〉述评》）提到，法国远东学院（河内）收藏的《永乐大典》有卷2260~2261、卷2266~2267、卷20404~20405三册。

按：其中卷20404~20405为误记，应为卷2404~2405，因为该文提到该册属于六模韵苏字。

《新中国评论》（*The New China Review*）第一卷第二期（1919年）第213页，收有Professor N. Peri介绍河内远东学院图书馆的文章，其中提到该学院藏《永乐大典》卷 2260～2261、卷 2266～2267、卷 2406～2409 三册。

按：这里将卷 2404～2405 误记为卷 2406～2409。

袁同礼《〈永乐大典〉考》（1923 年 11 月），著录安南汉诺瓦（河内）远东学院收藏三册《大典》，即卷 2260～2261、卷 2266～2267、卷 2406～2409。但是，袁氏在文中又提到，伯希和告诉袁氏，此三册已不在汉诺瓦（河内）。

按：袁氏沿袭了之前的错误著录，卷 2406～2409 应为卷 2404～2405。从下文的相关著录看，伯希和说这三册已不在河内是不对的。但是，由于没有伯希和的原话作参考，因而不清楚是伯希和的问题，还是袁氏理解的问题。

袁同礼《〈永乐大典〉现存卷目》（1925 年 12 月）：河内远东学院。《北京图书馆月刊》1929 年第 3 卷第 4 期袁同礼《〈永乐大典〉现存卷数表续记》著录：近接河内远东学院来书，提到该院藏有四册，其中除之前著录的卷 2260～2261、卷 2266～2267 两册外，还有卷 2404～2405、卷 8628～8629 两册。之前著录的卷 2409 一册，该院并未入藏。

按：也就是说，河内远东学院原藏有卷 2260～2261、卷 2266～2267、卷 2404～2405 三册，后来又新增了卷 8628～8629 一册。这新增的一册是 1922 年至 1929 年之间购入的，可参本书《田中庆太郎与〈永乐大典〉的流传》。

《北京图书馆月刊》1930 年第 4 卷第 6 期《新摄永乐大典》提到，1930 年河内远东图书馆答应很快将送来其所藏《大典》的胶卷。

岩井大慧《永乐大典现存卷目表（新订）》（1963）：旧河内远东图书馆。……法国国民文库。

按：岩井大慧在该表中将原藏河内远东学院的以上四册《大典》均著录为法国国民文库收藏。法国国民文库，应该是指法国国家图书馆。河内远东学院于 20 世纪 50 年代撤归巴黎，但是，目前从法国国家图书馆、巴黎远东学院图书馆以及《越南汉喃文献目录》均没有查到这四册的信息。

中华书局 1986 年影印本收入。

递藏线索：此册曾藏越南河内远东学院，后来可能移藏法国国民文库（或即法国国家图书馆），但目前下落不明。

| 45 | 2262~2263 | 六模 | 国图 |

正文首叶有印："刘承幹字贞一号翰怡"、"吴兴刘氏嘉业堂藏书印"、"南满洲铁道株式会社大连图书馆"（按：该印中间还有编号："825272"、"昭：141211"）、俄文印、"大连图书馆藏"。末叶有印："大连图书馆藏"。

有两张四库馆签条。

中华书局 1986 年影印《永乐大典》收入。

递藏线索：与卷 480~481 一册同。

| 46 | 2264~2265 | 六模 | 国图 |

正文首叶有印："刘承幹字贞一号翰怡"、"吴兴刘氏嘉业堂藏书印"、"南满洲铁道株式会社大连图书馆"（按：该印中间还有编号："825273"、"昭：141211"）、俄文印、"大连图书馆藏"。

中华书局 1986 年影印《永乐大典》收入。

递藏线索：与卷 480~481 一册同。

| 47 | 2266~2267 | 六模 | 法国国民文库（存疑） |

参卷 2260~2261 一册。

中华书局 1986 年影印本收入。

递藏线索：此册曾藏越南河内远东学院，后来可能移藏法国国民文库（或即法国国家图书馆），但目前下落不明。

| 48 | 2270~2271 | 六模 | 国图 |

正文首叶有印："刘承幹字贞一号翰怡"、"吴兴刘氏嘉业堂藏书印"、"南满洲铁道株式会社大连图书馆"（按：该印中间还有编号："825274"、"昭：141211"）、俄文印、"大连图书馆藏"。末叶有印："大连图书馆藏"。

中华书局 1986 年影印《永乐大典》收入。

递藏线索：同卷 480~481 一册。

| 49 | 2272~2274 | 六模 | 国图 |

此册卷末钤"江南六俊世家"、"南通沈燕谋印"、"曾藏沈燕谋家"、"曾在袁安圃处"四印。

按：沈燕谋，民国南通藏书家，书斋名行素堂。曾任新亚图书馆馆长。苏曼殊好友。祖父沈敬夫。唐君毅有《沈燕谋董事的生平》，载《中华人文与当今世界补编》（一、二册）。袁樊（1903～1963），字安圃，号卧雪，室名鱼重室，江苏吴县人。先后师从张季直、冯超然学习书画，书宗汉隶，秀挺隽雅，画宗四王吴恽。

2008年初，加拿大籍华人袁葰文女士（袁樊之后人）有意转让这册《大典》。后为国图收入。

按：这是国图最新收入的一册《大典》。赵爱学《国图藏嘉靖本〈永乐大典〉来源考》载："此册曾经沈燕谋、袁樊递藏。2007年11月全国古籍普查专家组赴华东核查古籍善本时，意外从袁氏后人（加拿大华侨）手中发现此册。2009年由文物局动用国家文物征集经费购回，2013年9月正式由国家图书馆借藏。"

递藏线索：此册经沈燕谋、袁樊、袁葰文递藏，2013年入藏国图。

| 50 | 2275 | 六模 | 国图 |

首叶右下角有印："涵芬楼"。末叶左下角有印："海盐张元济经收"。

按：经张元济收入商务印书馆的《大典》，均有此两印。

《涵芬楼烬余书录》，第39页"总目"："永乐大典残二十五卷，明解缙等编，明嘉靖钞本，二十一册。"第536页"书录·子部"，著录有该册。

《张元济书札》（增订本）第694页，"致张国淦"："午前晤谈为快，湖字《永乐大典》两册，检阅全书，两册不过四十一页。为字无多，缮写尚易。大著体例不录图幅，较为便省。……。十月九日。"第694页，"致张国淦"："馆员来问，拟下星期日来取回《大典》二册。如写官尚未竣事，当属稍缓二三日。……十月十六日。"

按：张国淦曾向商务印书馆借阅两册湖字《大典》（此册和卷2276一册）。

袁同礼《〈永乐大典〉现存卷目表》（1929年2月）：上海东方图书馆。

按：东方图书馆属商务印书馆。

袁同礼《〈永乐大典〉现存卷目表》（1932年12月）：上海东方图书馆。

袁同礼《〈永乐大典〉现存卷目表》（1939年7月）：上海东方图书馆。

《中国国家图书馆馆史资料长编（1909—2009）》第415页载，1951年7月23日，商务印书馆董事会将所藏21册《永乐大典》捐给中央人民政府，由文物局拨交北图收藏。

按：《张元济日记》第1243页载，（1949年10月3日）拟售馆藏善本充用。乘车至北京饭店访叔通，亦以凤之九月廿六日来信。余意拟售去善本，仅《永乐大典》有三十余册。全份有五千余册，多宋元精本。最好能请政府收受。叔通谓恐无暇及此，只可散售，但不知北京图书馆等有无此项财力。

到底是三十余册还是二十一册？应为二十一册。据《张元济书札》（增订本）第799页载，"致周恩来"："商务印书馆旧藏《永乐大典》二十一册，本系国家典籍，前清不知宝重，散入民间。元济为东方图书馆收存，幸未毁于兵燹，实不敢据为私有。公议捐献，亦聊尽人民之职。乃蒙赐函齿及，弥深荣感。……一九五一年十月四日。"第1202页载，"致傅增湘"："馆中所藏《大典》凡二十一册。昔年所编《烬余书录》详细抄记，今将原稿呈阅。……二十三年十二月三十日。"

陈恩惠编《北京图书馆藏永乐大典卷目表》：原本一册（商务印书馆捐赠）。

中华书局1986年影印《永乐大典》收入。

递藏线索：民国时期，张氏为商务印书馆购入。1951年，商务印书馆将此册捐给中央人民政府，由文物局拨交北图收藏。

| 51 | 2276 | 六模 | 国图 |

正文首叶有印："涵芬楼"。末叶有印："海盐张元济经收"。

袁同礼《〈永乐大典〉现存卷目表》（1939年7月）：上海东方图书馆。

按：袁氏将2275~2276两卷合为一册。

中华书局1986年影印《永乐大典》收入。

递藏线索：与卷2275一册同。

| 52 | 2277~2278 | 六模 | 国图 |

《许宝蘅日记》，第1503页载，"初八日（1947年5月27日），……王四晋卿来，前日以《永乐大典》一本（模韵，《湖州府吴兴志》二卷）托其代售，得价二百万元。"

按：笔者推测此处所提即是这一册。原为许氏收藏，托王晋卿售卖，卖给了赵元方。王文进，字晋卿，别字梦庄居士，河北省任丘县人，琉璃厂书商，著有《文禄堂访书记》。

《中国国家图书馆馆史资料长编（1909—2009）》第417页载，1951年10月16日，赵元方捐赠《永乐大典》1册，由北图典藏。

按：据赵爱学《国图藏嘉靖本〈永乐大典〉来源考》载："馆藏采访卡片记录为'赵元方先生捐赠，1952.8.11'。馆藏档案存1951年10月16日赵元方致北京图书馆函：'兹将敝藏明抄本永乐大典卷二二七七至二二七八共一册捐赠贵馆。'次日，北京图书馆报文物局备案并为其申请褒奖状。北京图书馆于1952年8月与他册统一登记入藏。"赵钫，字元方，蒙古族人。世居北京，历职银行界。夙爱古籍，喜收藏，因而与书林王晋卿友谊最厚，故委之代为采集，并相互切磋版本之学，甚得王晋卿襄助。其收藏多宋、金、元、明著名刻本，尤喜收藏明代铜活字印本。藏书室名"无悔斋"。中华人民共和国成立后，择其精本，捐献给北京图书馆。其藏书印有："曾在赵元方家""赵钫""赵钫珍藏""人生一乐""元方审定""无悔斋藏"等。

《冀淑英文集》第383页，"百川归海，蔚为大观"载："再介绍一下赵元方，原名赵钫，字元方，后以字行。赵先生是满族贵族，……。1952年，因为苏联和民主德国送还《永乐大典》，我们搞了一个《永乐大典》展，他也把他藏的《永乐大典》捐出来。"

《北京图书馆善本书目》（1959），卷5，子部下·类书类："永乐大典，明内府抄本，一百二十二册，存二百三十六卷。"其中卷2277~2278，赵元方先生捐赠一册。

岩井大慧《永乐大典现存卷目表（新订）》（1963）：北京图书馆。

陈恩惠编《北京图书馆藏永乐大典卷目表》：原本一册（赵元方先生捐赠）。影本一册。

中华书局1986年影印《永乐大典》收入。

递藏线索：此册原为许宝蘅收藏，1947年经王晋卿之手售予赵元方。1951年，赵元方将其捐赠予北图。

| 53 | 2279~2281 | 六模 | 日本国立国会图书馆 |

相岛宏《国立图书馆藏〈永乐大典〉的保存和利用及日本的研究情况》载：日本国会图书馆从书店采购《大典》一册（卷2279~2281）[①]。

按：富田升《近代日本汉籍的流入》（收入王勇主编《书籍之路与文化交流》）第274页：董康？—旧上野图书馆—国立国会图书馆（"大正二年三月二十六日求购"的书印）。上野图书馆，即上野帝国图书馆，是日本国立国会图书馆的前身。此册可能是董康于民国初年带到日本的，被上野帝国图书馆于1913年3月26日购入。

袁同礼《〈永乐大典〉现存卷数续目》（1927年8月）：东京帝国图书馆。

按：东京帝国图书馆，即日本国会图书馆。

岩井大慧《永乐大典现存卷目表（新订）》（1963）：旧上野图书馆。国会图书馆。

中华书局1986年影印《永乐大典》收入。

递藏线索：董康于民国初年将其带到日本，被上野帝国图书馆于1913年购入，现藏日本国立国会图书馆。

| 54 | 2282~2283 | 六模 | 日本东洋文库 |

傅增湘《藏园群书经眼录》第711页有著录：一册。

按：《张元济傅增湘论书尺牍》，民国十四年八月十日张信云："《永乐大典》仓字四册自可留，湖、江两册木老及刘、蒋诸君必可留，惟光字二

[①] 中国国家图书馆编《〈永乐大典〉编纂600周年国际研讨会论文集》，第324~329页。

册甚无谓,鄙意每册如在一百二三十元之间,敝处可以购留。祈代谐价。"湖字一册应是指此册。

袁同礼《〈永乐大典〉现存卷目表》(1929年2月):未详。

按:袁氏表中的"未详",估计一般指书肆或书贾手中之书,因为如果是某人收藏,都会标明。

袁同礼《〈永乐大典〉现存卷目表》(1932年12月):未详。

袁同礼《〈永乐大典〉现存卷目表》(1939年7月):未详。

岩井大慧《袁氏永乐大典现存卷目表补正》著录:东洋文库。此册袁氏记未详。

田仲一成《日本东洋文库收集〈永乐大典〉残本的过程》(收入中国国家图书馆编《〈永乐大典〉编纂600周年国际研讨会论文集》)载:东洋文库没有明确记录收藏经过的10册,很有可能是1943年前后在北京或上海购买的。包括此册。

按:据岩井大慧《袁氏永乐大典现存卷目表补正》,此册应是1940年之前东洋文库购入的。

岩井大慧《永乐大典现存卷目表(新订)》(1963):东洋文库。

中华书局1986年影印《永乐大典》收入。

递藏线索:此册傅增湘于1925年前后经眼。1940年之前东洋文库购入。

| 55 | 2337~2339 | 六模 | 日本静嘉堂文库 |

袁同礼《近三年来发见之〈永乐大典〉》(1932年2月):静嘉堂文库。

中华书局1986年影印《永乐大典》收入。

递藏线索:1932年已归静嘉堂文库收藏。

| 56 | 2340~2342 | 六模 | 国图 |

正文首叶有印:"刘承幹字贞一号翰怡"、"吴兴刘氏嘉业堂藏书印"、"南满洲铁道株式会社大连图书馆"(按:该印中间还有编号:"825275"、"昭:141211")、俄文印、"大连图书馆藏"。末叶有印:"大连图书馆藏"、

中华书局1986年影印《永乐大典》收入。

递藏线索：同卷480~481一册。

| 57 | 2343~2344 | 六模 | 国图 |

正文首叶有印："刘承幹字贞一号翰怡"、"吴兴刘氏嘉业堂藏书印"、"南满洲铁道株式会社大连图书馆"（按：该印中间还有编号："825276"、"昭：141211"）、俄文印、"大连图书馆藏"。末叶有印："大连图书馆藏"。

中华书局1986年影印《永乐大典》收入。

递藏线索：同卷480~481一册。

| 58 | 2345~2347 | 六模 | 国图 |

正文首叶有印："刘承幹字贞一号翰怡"、"吴兴刘氏嘉业堂藏书印"、"南满洲铁道株式会社大连图书馆"（按：该印中间还有编号："825277"、"昭：141211"）、俄文印、"大连图书馆藏"。

中华书局1986年影印《永乐大典》收入。

递藏线索：同卷480~481一册。

| 59 | 2367~2369 | 六模 | 国图 |

正文首叶有印："刘承幹字贞一号翰怡"、"吴兴刘氏嘉业堂藏书印"、"南满洲铁道株式会社大连图书馆"（按：该印中间还有编号："825278"、"昭：141211"）、俄文印、"大连图书馆藏"。末页叶印："大连图书馆藏"。

中华书局1986年影印《永乐大典》收入。

递藏线索：同卷480~481一册。

| 60 | 2398~2399 | 六模 | 日本天理图书馆 |

缪荃孙《藕香零拾》"《苏颖滨年谱》跋"："光绪乙酉十一月从《大典》卷2399卷录出《苏颖滨年表》一卷，宋孙汝听撰。陈振孙《书录解题》载《三苏年表》三卷，右奉议郎孙汝听编。《大典》止收老泉一卷，颖滨一卷。馆臣著于存目，今不特原书失传，即大典本亦不见。昔年在馆从《大典》苏字韵录出，又失去老泉一卷。……宣统己酉九秋江阴缪荃孙跋。"

按：乙酉为光绪十一年（1885），其时此册《大典》应还在翰林院。

岩井大慧《袁氏永乐大典现存卷目表补正》著录：天理图书馆。此册原藏富冈谦藏氏。

岩井大慧《永乐大典现存卷目表（新订）》（1963）：天理图书馆。此册为富冈铁斋旧藏。

按：富冈铁斋（1837～1924），富冈谦藏之父，日本画家，与当时的中国文人罗振玉、王国维等有交往。

中华书局1986年影印《永乐大典》收入。

递藏线索：此册于1912年由董康带入日本，转让给田中庆太郎，然后售予富冈谦藏。1940年之前归日本天理大学图书馆。参本书《董康与〈永乐大典〉的流传》。

| 61 | 2400 | 六模 | 中国台北中研院历史语言研究所傅斯年图书馆 |

此册现存台湾中研院史语所傅斯年图书馆。书还是原装，书签中的文字已佚，方签仍有：六模，一百二十八。首叶正文右下角有两印："国立中央研究院历史语言研究所图书之记"，"史语所收藏珍本图书记"。此书首载：永乐大典卷之三千四百一，六模。但是，此册书口却改写为卷2401。此为改动者粗心所致，因为书口卷字最后一笔与下面的二字相连，很容易被看作三，所以没有将"二"改为"三"。

按：此册第1－14叶、第16叶为卷2400，第16－25叶为卷2401。正文首叶卷2400，改为三千四百一，而且书口也曾改动。六模，在《大典》中是在卷2129～2461，而且此卷收的是"苏"字，就在六模韵中，因此，3401肯定是错的。可见改动者不太了解《大典》。不过，改动者改卷数的动机是什么？不清楚。改动者是在原本上作的修改，而不是仿抄一部（若仿抄，改卷数较方便），可见此册应是原本。查世界书局本《大典》已收入此卷，且卷首杨家骆题识已指出其误为卷3401，应是卷2400。

史广超《永乐大典辑佚述稿》第231页注中提到，卷3401的前14叶，加第26叶，应为卷2400；第16叶至25叶，为卷2401的第16叶至25叶。

中华书局1986年影印《永乐大典》收入。

递藏线索：此册（为卷 2400 与卷 2401 混合而成）从翰林院流出后，曾被人改过卷次。现藏台湾中研院史语所傅斯年图书馆。

| 62 | 2401 | 六模 | 国图 |

附有一张四库馆签佚书单，但没有署纂修官姓名。

袁同礼《近三年来发见之〈永乐大典〉》（1932 年 2 月）：瑯琊王氏。

袁同礼《〈永乐大典〉现存卷目表》（1932 年 12 月）：瑯琊王氏。

袁同礼《〈永乐大典〉现存卷目表》（1939 年 7 月）：文安王氏。

岩井大慧《袁氏永乐大典现存卷目表补正》著录：瑯琊王氏。

今堀诚二《永乐大典现存卷目表追补》（1940）：文安王氏。

岩井大慧《永乐大典现存卷目表（新订）》（1963）：旧瑯琊王氏。台北历史语言研究所。

按：最后一条著录有误。

《北京图书馆善本书目》（1959），卷 5，子部下·类书类："永乐大典，明内府抄本，一百二十二册，存二百三十六卷。"其中卷 2401，金梁先生捐赠一册。

按：据赵爱学《国图藏嘉靖本〈永乐大典〉来源考》载："据馆藏档案 1951 年 9 月 28 日文化部文物局通知，此册为金息侯捐献政府，拨交北京图书馆。"而且提到此册卷次曾被改动为"卷 3401"。

陈恩惠编《北京图书馆藏永乐大典卷目表》：原本一册（金梁先生捐赠）。影本一册。

中华书局 1986 年影印《永乐大典》收入。

递藏线索：先由文安王氏收藏，大约在 20 世纪 40 年代归金梁（字息侯）。1951 年金梁捐赠给北图。可参本书《关于嘉业堂收藏的两册〈永乐大典〉》。另可参卷 7327（曾误记为 7527）一册。

| 63 | 2404~2405 | 六模 | 法国国民文库（存疑） |

参卷 2260~2261 一册。

中华书局 1986 年影印《永乐大典》收入。

递藏线索：此册曾藏越南河内远东学院，后来可能移藏法国国民文库（或即法国国家图书馆），但目前下落不明。

| 64 | 2406～2408 | 六模 | 国图 |

正文首叶有印："吴兴刘氏嘉业堂藏书印"、"南满洲铁道株式会社大连图书馆"（按：该印中间还有编号："825279"、"昭：141211"）、俄文印、"大连图书馆藏"。末叶有印："大连图书馆藏"。

袁同礼《〈永乐大典〉考》（1923年11月）：安南汉诺瓦（河内）远东学院。

按：此应为误记。参卷2260～2261一册。

袁同礼《〈永乐大典〉现存卷目》（1925年12月）：河内远东学院。

按：此亦为误记。

中华书局1986年影印《永乐大典》收入。

递藏线索：与卷480～481一册同。

| 65 | 2535～2536 | 七皆 | 国图 |

正文首叶有印："涵芬楼"。末叶有印："海盐张元济经收"。

丁国钧《荷香馆琐言》卷下"永乐大典残卷"："从友人处见《永乐大典》斋字及皆字韵二《大典》，……，附页有总校侍郎臣高拱、学士臣瞿景淳及分校诸人衔名，而叶阴面尚粘有乾隆馆臣饬钞之单，盖嘉靖重时录本，而旧藏翰林院置敬一亭者。……余所见二册，友人得于厂肆者。闻尚有三册在肆中，不知为何人购去也。"

按：此篇发表于《文艺杂志》1914年第10期，丁国钧（？～1919）所见应在1914年或之前。斋字属皆韵，《大典》现存卷目中有三册属皆韵斋字，即卷2535～2536，卷2537～2538，卷2539～2540。丁氏所见不知是否在此三册中？

《传书堂藏善本书志》（据《密韵楼藏书志》修改而成，收入《王国维全集》第九卷～十卷）下，子部·类书，第21～24页收了十册《大典》之卷目：卷2535～2536，卷2539～2540，卷3525～3526，卷6558～6559，卷

7513～7514，卷 11127～11128，卷 11129～11130，卷 11131～11132，卷 11133～11134，卷 15140～15141。

《传书堂书目》四卷，收：永乐大典，十册。以下开列卷目为：卷 2535～2536，卷 2539～2540，卷 6558～6559，卷 7513～7514，卷 11127～11128，卷 11129～11130，卷 11131～11132，卷 11133～11134，卷 15140～15141。

按：传书堂，为蒋汝藻之藏书楼。与《传书堂藏善本书志》相较，少了卷 3525～3526，但仍说是十册，估计是抄漏了。另外，王国维壬戌（1922）六月作序的《传书堂善本书目》，却不收《永乐大典》。据《标点善本题跋集录》上册"《水经注》四十卷六册，……近人王国维、沈曾植各手校并跋"："乌程蒋氏传书堂藏《永乐大典》四册，自卷一万一千一百二十七至一万一千一百三十四，凡八卷，皆八贿中水字注，乃《水经注》之卷一迄卷二十也。……壬戌上巳，海宁王国维记于海上寓居之永观堂。"[①]

袁同礼《〈永乐大典〉现存卷目表》（1929 年 2 月）：上海东方图书馆。

按：据张树年主编《张元济年谱》（商务印书馆，1991）第 263 页，商务印书馆购入此册是在 1926 年。

袁同礼《〈永乐大典〉现存卷目表》（1932 年 12 月）：上海东方图书馆。

袁同礼《〈永乐大典〉现存卷目表》（1939 年 7 月）：上海东方图书馆。

《涵芬楼烬余书录》，第 537 页"书录·子部"，著录有该册。

岩井大慧《永乐大典现存卷目表（新订）》（1963）：旧上海东方图书馆。北京图书馆。

陈恩惠编《北京图书馆藏永乐大典卷目表》：原本一册（商务印书馆捐赠）。抄本一册。

中华书局 1986 年影印《永乐大典》收入。

递藏线索：此册有可能在 1919 年前为清末藏书家丁国钧之友人（可能不是蒋汝藻）购入，后来为蒋汝藻购入。1926 年，张元济为商务印书馆购

---

① 台湾"中央"图书馆特藏组编《标点善本题跋集录》上册，台湾"中央"图书馆，1992，第 167 页。

入此册。1951年，商务印书馆将此册捐给中央人民政府，由文物局拨交北图收藏。

| 66 | 2537~2538 | 七皆 | 国图 |

正文首叶有印："南满洲铁道株式会社图书印"、"南满洲铁道株式会社大连图书馆"（按：该印中间还有编号："60907"、"昭：18，2，3"）、俄文印。末叶有印："大连图书馆藏"。

本册有一张四库馆签条。

满铁大连图书馆1944年著录［参岛田好《本馆所藏稀见书解题（一）》］。

按：由于满铁大连图书馆在1939年并没有著录此册［参《满铁大连图书馆增加图书分类目录》（昭和十四年度）］，因此，满铁得到此册应该是在1939~1944年之间。蔚文《〈永乐大典〉与大连图书馆》（载《百年大图》，第460页）载："1945年8月日本投降之前，满铁大连图书馆收藏的《永乐大典》，共有一百一十四卷五十五册。这批藏品是先后四次从我国关内、外城市搜罗收购的。第一次是1929年1月，携十万日元在京、津、沪购得了一批中国古籍图书，其中有《永乐大典》二册。第二次是1940年，满铁会社得悉浙江南浔私家藏书楼嘉业堂，为躲避战火，欲将藏书卖出，立即指令大连图书馆派人前去购买。协议达成后，汪伪政府提出抗议，并通过报纸发表社论称这是'文化威胁'，迫使这次收购中止。但却秘密地将其收藏的四十八册《永乐大典》买进本馆。第三次是1943年春秋两次派松崎鹤雄等人，携带满铁副总裁山崎元干御配特别资金去北京，廉价收购了穷困潦倒的'旗人'（满族人）私家藏书，共购得中文古籍图书八百零一种一万余册，其中有《永乐大典》两册。另三册是时任司书系主任的石堂清伦从原北洋舰队参谋、时任伦敦总领事的丁士源手中以两万日元购买的。"

书上所印昭和十八年，即1943年。可见此册是1943年购入的。大连图书馆从丁士源手中购入的三册，应该是指卷2537~2538、卷7960~7962、卷14626三册。

冷绣锦《"满铁"图书馆研究》第112页载："此外，在同年12月26日北京事务所长给'满铁'大连图书馆长来电报加急询问该馆是否藏有

《永乐大典》文献，三册（帙），一册2万元。当月27日大连图书馆长加电决定购入，但因预算上的关系而不能迅速回应，要求保留。"

丁士源（1878~1945），浙江吴兴人，字问槎，号蔼翁，早年入北洋水师学堂，后留学英国，曾任京汉铁路局长等职，善画，兼收藏，曾藏《永乐大典》数册。

岩井大慧《永乐大典现存卷目表》：原藏奉天丁氏。

赵万里《苏联列宁图书馆送还给中国人民的永乐大典》（1954）著录。

岩井大慧《永乐大典现存卷目表（新订）》（1963）：旧大连图书馆。北京图书馆。

陈恩惠编《北京图书馆藏永乐大典卷目表》：原本一册（苏联移赠）。

中华书局1986年影印《永乐大典》收入。

递藏线索：此册有可能是丁士源旧藏，1943年由满铁购入，1945年10月苏联从大连图书馆选走了55册《永乐大典》（包括此册）。1954年6月，苏联政府归还给中国政府其中的52册《永乐大典》（包括此册），现藏国图。

| 67 | 2539~2540 | 七皆 | 国图 |

正文首叶有印："涵芬楼"。末叶有印："海盐张元济经收"。

本册有一张四库馆签条。

《传书堂藏善本书志》下，子部·类书，第21~24页收了十册《大典》之卷目：卷2535~2536，卷2539~2540，卷3525~3526，卷6558~6559，卷7513~7514，卷11127~11128，卷11129~11130，卷11131~11132，卷11133~11134，卷15140~15141。

袁同礼《〈永乐大典〉现存卷目表》（1929年2月）：上海东方图书馆。

按：据张树年主编《张元济年谱》第263页载，商务印书馆购入此册是在1926年。

袁同礼《〈永乐大典〉现存卷目表》（1932年12月）：上海东方图书馆。

袁同礼《〈永乐大典〉现存卷目表》（1939年7月）：上海东方图书馆。

《涵芬楼烬余书录》，第537页"书录·子部"，著录有该册。

岩井大慧《永乐大典现存卷目表（新订）》（1963）：旧上海东方图书馆。北京图书馆。商务印书馆捐献。

陈恩惠编《北京图书馆藏永乐大典卷目表》：原本一册（商务印书馆捐赠）。抄本一册。

中华书局1986年影印《永乐大典》收入。

递藏线索：此册曾为蒋汝藻收藏。1926年，张元济为商务印书馆购入此册。1951年，商务印书馆将此册捐给中央人民政府，由文物局拨交北图收藏。

| 68 | 2603~2604 | 七皆 | 国图 |

正文首叶有印："刘承幹字贞一号翰怡"、"吴兴刘氏嘉业堂藏书印"、"南满洲铁道株式会社大连图书馆"（按：该印中间还有编号："825280"、"昭：141211"）、俄文印、"大连图书馆藏"。末叶有印："大连图书馆藏"。

中华书局1986年影印《永乐大典》收入。

递藏线索：与卷480~481一册同。

| 69 | 2605~2607 | 七皆 | 国图 |

正文首叶有印："刘承幹字贞一号翰怡"、"吴兴刘氏嘉业堂藏书印"、"南满洲铁道株式会社大连图书馆"（按：该印中间还有编号："825281"、"昭：141211"）、俄文印、"大连图书馆藏"。末叶有印："大连图书馆藏"。

本册有一张四库馆签条，为卷2739的签条。

中华书局1986年影印《永乐大典》收入。

递藏线索：与卷480~481一册同。

| 70 | 2608~2609 | 七皆 | 日本武田科学振兴财团杏雨书屋 |

中华书局1986年影印《永乐大典》收入。

递藏线索：此册于1912年11月由董康带入日本，售给内藤湖南，又传于其子内藤乾吉，后又归武田长兵卫。现藏日本武田科学振兴财团杏雨书屋。参本书《董康与〈永乐大典〉的流传》。

| 71 | 2610~2611 | 七皆 | 日本东洋文库 |

傅增湘《藏园群书经眼录》第711页有著录：一册。丙寅岁（1926）收得。

《藏园群书题记》"永乐大典跋"条云："《永乐大典》旧藏于翰林院敬一亭中。至辛丑以后，翰林院裁撤，其残帙乃时时流入厂市，余所见者不下数十册，往往为介于南北友好及图书馆中，所自藏者只《水经注》四册、《南台备要》一册而已。未几，是五册者亦举以让人，而箧中俄空矣。"①

《南台备要》一册，即此册。1926年，傅氏将此册影印。1938年重印。傅氏对两次印行本均作了跋文。可参考《藏园群书题记》。

《许宝蘅日记》第1176页载，"初九日（1927年3月12日），……沅叔新印《永乐大典》一册，悉照原书式样，购一册归，此书散失已久，仅京师图书馆存六十余册，乃民国初元余从翰林院收回者，私家藏者亦不过百余册，惜不能聚集。辛酉、壬戌间法国图书馆曾印一册，大小照原样，而朱格朱圈皆易以墨，不如沅印之精。"

袁同礼《〈永乐大典〉现存卷数续目》（1927年2月）：傅增湘藏。

袁同礼《〈永乐大典〉现存卷数续目》（1927年8月）：东洋文库（傅增湘有影印本）。

中华书局1986年影印《永乐大典》收入。

递藏线索：此册傅增湘于1926年收得，1927年归东洋文库。参本书《田中庆太郎与〈永乐大典〉的流传》。

| 72 | 2737~2738 | 八灰 | 日本天理图书馆 |

中华书局1986年影印《永乐大典》收入。

递藏线索：此册于1912年11月由董康带入日本，为山本悌次郎购得，后又归古屋幸太郎，于1965年7月被天理图书馆购入。参本书《董康与

---

① 傅增湘：《藏园群书题记》，上海古籍出版社，1989，第482页。

〈永乐大典〉的流传》。

另：

《张元济傅增湘论书尺牍》，1912年10月5日傅信云："都中见有《永乐大典》一册，系学字号，系二万一千九百八十四、五卷，索价五十元，不肯减。又有十灰韵崔字（皆崔姓小传）一册，索二百元（又一人持来），则不能议值矣。学字册内所载皆历代设州郡县学之文，吾辈览之尚有味，不知公欲之否。十年前见秋辇购一册，价五十，全系医书。……（此书外人亦购之，颇出重价）。"

按：八灰韵崔字（皆崔姓小传）一册，有可能是指这一册。

| 73 | 2739~2740 | 八灰 | 国图 |

首叶上有两方俄文印，另有一中文印："满铁图书之印"。

袁同礼《〈永乐大典〉现存卷目》（1925年12月）：大连图书馆（原存述古堂）。

按：述古堂，指民国初年琉璃厂述古堂书店，店主为于瑞臣。可参《藏园群书题记》卷一，第1~2页。《朱希祖书信集》第20页载，1922年5月10日，朱希祖致张元济书："兹附上述古堂所开书单一纸，价皆核实，不能减少，如有要购者，当嘱其直接寄上，内有《永乐大典》二册最好。"不知是否指的是下文所言这二册？查《张元济日记》，并没有记其此次关于《大典》之事，其后的日记似乎也无关于此两册《大典》之购买，可见商务印书馆当时应该没有买。参卷14382~14383一册。当时大连图书馆购得此册与卷14382~14383一册。据《大连图书馆和汉图书分类目录》第一编"追录"① 载，"总记·支那类书"部分收《永乐大典》二册，共4卷：卷2739~2740、卷14382~14383（原书有误，将卷14383录成卷14382）。

蔚文《〈永乐大典〉与大连图书馆》（载《百年大图》，第460页）："1945年8月日本投降之前，满铁大连图书馆收藏的《永乐大典》，共有一

---

① 满铁大连图书馆编，昭和十二年（1937）2月出版，补收昭和二年（1927）4月1日至昭和十一年（1936）3月31日入藏之图书。

百一十四卷五十五册。这批藏品是先后四次从我国关内、外城市搜罗收购的。第一次是1929年1月，携十万日元在京、津、沪购得了一批中国古籍图书，其中有《永乐大典》二册。"

柿沼介《回忆购书二三事》（载《百年大图》，第545~546页）："当时（指1929年1月），现满铁总裁松冈洋右正是满铁副社长，鉴于中国政局不稳定而担忧中国古籍散佚，所以满铁临时拨出十万元购书经费，由大连图书馆收集中国古籍并存藏，我与松崎鹤雄一道，火速赴北京购书。……其购书经纬可详见松崎先生的《购书谭》。当时，正是中国严格取缔古书外流之际。这次购书时曾到手两册《永乐大典》，但因国会北京图书馆得知此事后提出抗议。无奈之下，只好将其转让与该馆。"

按：这不是满铁第一次购《大典》，因为1925年已购得。至于这次所购两册，应该没有成功，而是赠给了北图。可参卷2807、卷8339两册。

李正奋《永乐大典考》：今琉璃厂述古堂亦有二册，皆嘉靖重录本也。

按：李氏此作发表于1926年。述古堂的两册，有可能是指此册及卷14382一册。

袁同礼《〈永乐大典〉现存卷目表》（1929年2月）：大连图书馆。

袁同礼《〈永乐大典〉现存卷目表》（1932年12月）：大连图书馆。

袁同礼《〈永乐大典〉现存卷目表》（1939年7月）：大连满铁图书馆。

满铁大连图书馆1944年著录［参岛田好《本馆所藏稀见书解题（一）》］。

赵万里《苏联列宁图书馆送还给中国人民的永乐大典》（1954）著录。

岩井大慧《永乐大典现存卷目表（新订）》（1963）：旧大连图书馆。北京图书馆。

陈恩惠编《北京图书馆藏永乐大典卷目表》：原本一册（苏联移赠）。影本二册。

中华书局1986年影印《永乐大典》收入。

递藏线索：至迟于1925年，满铁大连图书馆从北京述古堂书店购入此册。1945年10月苏联从大连图书馆选走了55册《永乐大典》（包括此册）。1954年6月，苏联政府归还给中国政府其中的52册《永乐大典》（包括此册），现藏于中国国家图书馆。

| 74 | 2741~2742 | 八灰 | 国图 |

正文首叶有印："刘承幹字贞一号翰怡"、"吴兴刘氏嘉业堂藏书印"、"南满洲铁道株式会社大连图书馆"（按：该印中间还有编号："825282"、"昭：141211"）、俄文印、"大连图书馆藏"。末叶有印："大连图书馆藏"。

本册有一张四库馆签条。

中华书局1986年影印《永乐大典》收入。

递藏线索：与卷480~481一册同。

| 75 | 2743~2744 | 八灰 | 中国台北故宫博物院 |

首末叶有"京师图书馆收藏之印"。

夏曾佑《京师图书馆善本简明书目》有著录。

按：教育部最初拨交京师图书馆的六十册之一。《国立北平图书馆馆刊》第八卷（1934）一、二、四期，以此目与新目相较，有异同表。表中称此目为夏目，或京师图书馆善本书目四册。这个表中有教育部最初拨给京师图书馆的六十册的目录。

袁同礼《〈永乐大典〉考》（1923年11月）：京师图书馆。

袁同礼《〈永乐大典〉现存卷目》（1925年12月）：京师图书馆。

赵万里编《北平图书馆善本书目》卷三，第296~298页："永乐大典，明内府抄本，存一百六十二卷。"记有各册卷数，其中包括该册。

陈恩惠编《北京图书馆藏永乐大典卷目表》：原本一册（存美），有胶卷。

中华书局1986年影印《永乐大典》收入。

递藏线索：民国初年归教育部图书室，后拨归北图。抗日战争期间，此册迁美，由美国国会图书馆代为保管。1965年，此册运回台湾。现藏台北故宫博物院。

| 76 | 2754~2755 | 八灰 | 国图 |

正文首叶有印："刘承幹字贞一号翰怡"、"吴兴刘氏嘉业堂藏书印"、"南满洲铁道株式会社大连图书馆"（按：该印中间还有编号："825283"、

"昭：141211")、俄文印、"大连图书馆藏"。末叶有印："大连图书馆藏"。

本册有一张四库馆签条。

中华书局1986年影印《永乐大典》收入。

递藏线索：与卷480～481一册同。

| 77 | 2806 | 八灰 | 日本静嘉堂文库 |

袁同礼《〈永乐大典〉现存卷数续目》（1927年8月）：朱先生。

袁同礼《〈永乐大典〉现存卷目表》（1929年2月）：□□朱氏。

袁同礼《近三年来发见之〈永乐大典〉》（1932年2月）：静嘉堂文库。

岩井大慧《永乐大典现存卷目表（新订）》（1963）：静嘉堂文库。

中华书局1986年影印《永乐大典》收入。

递藏线索：此册原藏朱氏，1932年已归静嘉堂文库。

| 78 | 2807 | 八灰 | 国图 |

正文首叶有印："国立北平图书馆收藏"。

本册有一张四库馆签条，为卷2972的签条。

袁同礼《〈永乐大典〉现存卷目表》（1929）：北平图书馆。

按：赵爱学《国图藏嘉靖本〈永乐大典〉来源考》载："此2册（引者注：指本册与卷8339一册）袁同礼1929年2月《表》始著录藏地为'北平图书馆'。另据国家图书馆藏档案1929年10月14日谢赠函：'敬启者：本年三月承惠赠《永乐大典》第二千八百七卷及第八千三百三十九卷各一册……此致，大连图书馆。'则此2册为1929年3月大连图书馆捐赠北平图书馆。"另可参卷2739～2740一册。

赵万里编《北平图书馆善本书目》卷三，第296～298页："永乐大典，明内府抄本，存一百六十二卷。"记有各册卷数，其中包括该册。

陈恩惠编《北京图书馆藏永乐大典卷目表》：原本一册。

中华书局1986年影印《永乐大典》收入。

递藏线索：此册于1929年3月被大连图书馆捐赠给北平图书馆。

| 79 | 2808～2809 | 八灰 | 中国台北故宫博物院 |

首末叶有"京师图书馆收藏之印"。

夏曾佑《京师图书馆善本简明书目》有著录。

按：教育部最初拨交京师图书馆的六十册之一。

中华书局1986年影印《永乐大典》收入。

递藏线索：与卷2743~2744一册同。

| 80 | 2810~2811 | 八灰 | 中国台北故宫博物院 |

首末叶有"京师图书馆收藏之印"。

夏曾佑《京师图书馆善本简明书目》四卷（1916年铅印本）有著录。

按：教育部最初拨交京师图书馆的六十册之一。

中华书局1986年影印《永乐大典》收入。

递藏线索：与卷2743~2744一册同。

| 81 | 2812~2813 | 八灰 | 中国台北故宫博物院 |

首末叶有"京师图书馆收藏之印"。

夏曾佑《京师图书馆善本简明书目》有著录。

按：教育部最初拨交京师图书馆的六十册之一。

中华书局1986年影印《永乐大典》收入。

递藏线索：与卷2743~2744一册同。

| 82 | 2948~2949 | 九真 | 中国台北故宫博物院 |

首末叶有"京师图书馆收藏之印"。

夏曾佑《京师图书馆善本简明书目》有著录。

按：教育部最初拨交京师图书馆的六十册之一。

中华书局1986年影印《永乐大典》收入。

递藏线索：与卷2743~2744一册同。

| 83 | 2950~2951 | 九真 | 中国台北故宫博物院 |

夏曾佑《京师图书馆善本简明书目》有著录。

按：教育部最初拨交京师图书馆的六十册之一。

中华书局 1986 年影印《永乐大典》收入。

递藏线索：与卷 2743~2744 一册同。

| 84 | 2952~2953 | 九真 | 中国台北故宫博物院 |

夏曾佑《京师图书馆善本简明书目》有著录。

按：教育部最初拨交京师图书馆的六十册之一。

中华书局 1986 年影印《永乐大典》收入。

递藏线索：与卷 2743~2744 一册同。

| 85 | 2954~2955 | 九真 | 中国台北故宫博物院 |

夏曾佑《京师图书馆善本简明书目》有著录。

按：教育部最初拨交京师图书馆的六十册之一。

中华书局 1986 年影印《永乐大典》收入。

递藏线索：与卷 2743~2744 一册同。

| 86 | 2972 | 九真 | 国图 |

袁同礼《近三年来发见之〈永乐大典〉》（1932 年 2 月）：瑯琊王氏。

袁同礼《〈永乐大典〉现存卷目表》（1932 年 12 月）：瑯琊王氏。

袁同礼《〈永乐大典〉现存卷目表》（1939 年 7 月）：文安王氏。

按：关于文安王氏，可参卷 2401。

岩井大慧《永乐大典现存卷目表（新订）》（1963）：旧瑯琊王氏。北京图书馆。

按：赵爱学《国图藏嘉靖本〈永乐大典〉来源考》载："此 2 册馆藏采访卡片记录为'文化部文物管理局拨交（65）采移'。另据馆藏档案，此 2 册及《宋次道洛阳志图》为赵万里捐献国家，由文化部文物局于 1965 年 1 月 19 日发函移交，同年 2 月 11 日北京图书馆点收。另，张忱石《史话》著录此二卷为一册，谢国桢亦曾述及赵万里藏《大典》，'君藏有《永乐大典》美字韵一厚册……现归北京图书馆。'则此 2 册或曾合为一本。"赵万里所藏为"真"韵"人"字号，事目有"美人"，而非美字韵。但是，岩井大慧《永乐大典现存卷目表（新订）》（1963）已著录其收藏者为北图，不知何据。

中华书局1986年影印《永乐大典》收入。

递藏线索：此册原藏文安王氏，后归赵万里收藏，1965年捐给北图。

87	2973	九真	国图

中华书局1986年影印《永乐大典》收入。

递藏线索：与上一册同。

88	2978~2980	九真	国图

正文首叶有印："刘承幹字贞一号翰怡"、"吴兴刘氏嘉业堂藏书印"、"南满洲铁道株式会社大连图书馆"（按：该印中间还有编号："825284"、"昭：141211"）、俄文印、"大连图书馆藏"。末叶有印："大连图书馆藏"。

本册有一张四库馆签条。

中华书局1986年影印《永乐大典》收入。

递藏线索：与卷480~481一册同。

89	2999~3000	九真	国图

正文首叶有印："刘承幹字贞一号翰怡"、"吴兴刘氏嘉业堂藏书印"、"南满洲铁道株式会社大连图书馆"（按：该印中间还有编号："825285"、"昭：141211"）、俄文印、"大连图书馆藏"。末叶有印："大连图书馆藏"。

中华书局1986年影印《永乐大典》收入。

递藏线索：与卷480~481一册同。

90	3001	九真	中国台北故宫博物院

教育部总务厅文书科编《教育部图书目录》第八卷，第788页：永乐大典残本，写本，四本。

夏曾佑《京师图书馆善本简明书目》有著录。

按：《国立北平图书馆馆刊》第八卷（1934）一、二、四期，以此目与新目相较，有异同表。表中称此目为夏目，或京师图书馆善本书目四册。

这个表中有教育部所留的四册《大典》的目录。这是其中一册。

袁同礼《〈永乐大典〉考》（1923年11月）：教育部图书室。

袁同礼《〈永乐大典〉现存卷目》（1925年12月）：教育部图书室。

袁同礼《〈永乐大典〉现存卷目表》（1929年2月）：此册原藏教育部图书室，北平图书馆录副。

按：赵绿绰编《国立北平图书馆善本书目乙编》卷三"类书类"："永乐大典，明解缙等辑，抄本。存五十八卷。"著录有该册，即指此仿抄本。

袁同礼《〈永乐大典〉现存卷目表》（1932年12月）：此册原藏教育部图书室，今归北平图书馆。

按：《中国国家图书馆馆史（1909—2009）》第36页载，1929年，该会（筹备委员会）还争取并经教育部批准，将前北京政府教育部图书室的一批珍贵图书留存馆藏。……其中，有1912年原应拨交京师图书馆的清翰林院旧藏64册《永乐大典》中，被原教育部留用的4册，此时终于珠还合浦。

赵万里编《北平图书馆善本书目》卷三，第296~298页："永乐大典，明内府抄本，存一百六十二卷。"记有各册卷数，其中包括该册。

陈恩惠编《北京图书馆藏永乐大典卷目表》：原本一册（存美），有胶卷。抄本一册。

中华书局1986年影印《永乐大典》收入。

递藏线索：此册原藏翰林院，民国初年被收归教育部图书室。1929年，拨交北平图书馆。抗日战争期间，此册迁美，由美国国会图书馆代为保管。1965年，此册运回台湾。现藏中国台北故宫博物院。

| 91 | 3002 | 九真 | 英国国家图书馆 |

中华书局1986年影印《永乐大典》收入。

递藏线索：同卷913~914一册。

| 92 | 3003~3004 | 九真 | 国图 |

正文首叶有印："京师图书馆收藏之印"。

本册有一张四库馆签条。

夏曾佑《京师图书馆善本简明书目》有著录。

按：教育部最初拨交京师图书馆的六十册之一。

袁同礼《〈永乐大典〉考》（1923年11月）：京师图书馆。

赵万里编《北平图书馆善本书目》卷三，第296~298页："永乐大典，明内府抄本，存一百六十二卷。"记有各册卷数，其中包括该册。

陈恩惠编《北京图书馆藏永乐大典卷目表》：原本一册。

中华书局1986年影印《永乐大典》收入。

递藏线索：民国初年归教育部图书室，后拨归北图。

| 93 | 3005~3007 | 九真 | 国图 |

正文首叶有印："刘承幹字贞一号翰怡"、"吴兴刘氏嘉业堂藏书印"、"南满洲铁道株式会社大连图书馆"（按：该印中间还有编号："825286"、"昭：141211"）、俄文印、"大连图书馆藏"。末叶有印："大连图书馆藏"。

中华书局1986年影印《永乐大典》收入。

递藏线索：与卷480~481一册同。

| 94 | 3008 | 九真 | 国图 |

正文首叶有印："刘承幹字贞一号翰怡"、"吴兴刘氏嘉业堂藏书印"、"南满洲铁道株式会社大连图书馆"（按：该印中间还有编号："825287"、"昭：141211"）、俄文印、"大连图书馆藏"。末叶有印："大连图书馆藏"。

中华书局1986年影印《永乐大典》收入。

递藏线索：与卷480~481一册同。

| 95 | 3009~3010 | 九真 | 国图 |

正文首叶有印："刘承幹字贞一号翰怡"、"吴兴刘氏嘉业堂藏书印"、"南满洲铁道株式会社大连图书馆"（按：该印中间还有编号："825288"、"昭：141211"）、俄文印、"大连图书馆藏"。末叶有印："大连图书馆藏"。

中华书局1986年影印《永乐大典》收入。

递藏线索：与卷480~481一册同。

| 96 | 3133~3134 | 九真 | 国图 |

正文首叶有印："刘承幹字贞一号翰怡"、"吴兴刘氏嘉业堂藏书印"、"南满洲铁道株式会社大连图书馆"（按：该印中间还有编号："825289"、"昭：141211"）、俄文印、"大连图书馆藏"。末叶有印："大连图书馆藏"。

本册有两张四库馆签条，一张为卷3133~3134，一张为卷3245~3246。

中华书局1986年影印《永乐大典》收入。

递藏线索：与卷480~481一册同。

| 97 | 3141~3142 | 九真 | 中国台北故宫博物院 |

《教育部图书目录》第八卷，第788教育部总务厅文书科编页：永乐大典残本，写本，四本。

夏曾佑《京师图书馆善本简明书目》有著录。

按：这是教育部所留的四册《大典》之一。

袁同礼《〈永乐大典〉考》（1923年11月）：教育部图书室。

袁同礼《〈永乐大典〉现存卷目》（1925年12月）：教育部图书室。

袁同礼《〈永乐大典〉现存卷目表》（1929年2月）：此册原藏教育部图书室，北平图书馆录副。

按：赵绿绰编《国立北平图书馆善本书目乙编》卷三"类书类"："永乐大典，明解缙等辑，抄本。存五十八卷。"著录有该册，即指此仿抄本。

袁同礼《〈永乐大典〉现存卷目表》（1932年12月）：此册原藏教育部图书室，今归北平图书馆。

赵万里编《北平图书馆善本书目》卷三，第296~298页："永乐大典，明内府抄本，存一百六十二卷。"记有各册卷数，其中包括该册。

陈恩惠编《北京图书馆藏永乐大典卷目表》：原本一册（存美），有胶卷。抄本一册。

中华书局1986年影印《永乐大典》收入。

递藏线索：与卷3001一册同。

| 98 | 3143~3144 | 九真 | 中国台北故宫博物院 |

首叶栏外右下角："冯公度鉴藏印"，右上角有"大兴"。末叶栏外左下角有"冯公度家珍藏"印。

按：以上均为冯恕之印章。冯恕（1867～1948），民国藏书家、文物收藏家、书法家，字公度，号华农，又因购得乾隆"自得图"匾而自称自得图主人。原籍浙江慈溪，寄籍河北大兴。在载洵任海军都统时，曾任海军部参事、海军部军枢司司长、海军协都统等职。曾随载洵赴英、美、法等八国考察。民国后在家从事文物收藏和鉴赏工作。

孙壮《永乐大典考》云："壬子冬，访玉尊阁主人，获见《永乐大典》真本三巨册。……一册作三千一百四十三至四十四卷。……一册作三千一百四十五至四十六卷。……一册作三千一百四十七至四十八、九卷。……又有残册作一万四千三百八十一卷"。

按：玉尊阁主人，即冯恕。壬子，为1912年。可见，冯恕收藏的《大典》起码有卷3143～3144、卷3145～3146、卷3147～3149、卷14381（残）共四册。孙氏所记可能有误，据现存卷14380～14381一册看，冯氏所藏卷14381残册，应是卷14380～14381一册。

袁同礼《〈永乐大典〉现存卷目表》（1929年2月）：北平北海图书馆。

按：关于卷3143～3144、卷3145～3146、卷3147～3149、卷14380～14381四册，据赵爱学《国图藏嘉靖本〈永乐大典〉来源考》载："馆藏采访卡片记录为'购自丰记书局，17/11/16'。此四册皆为冯公度旧藏，1928年11月北平北海图书馆经由丰记书局购藏。1929年北海图书馆并入北平图书馆后，则为北平图书馆藏品。"

赵万里编《北平图书馆善本书目》卷三，第296～298页："永乐大典，明内府抄本，存一百六十二卷。"记有各册卷数，其中包括该册。

陈恩惠编《北京图书馆藏永乐大典卷目表》：原本一册（存美），有胶卷。

中华书局1986年影印《永乐大典》收入。

递藏线索：此册原为冯恕旧藏，1928年由北平北海图书馆购入。抗日战争期间，此册迁美，由美国国会图书馆代为保管。1965年，此册运回台湾。现藏中国台北故宫博物院。

| 99 | 3145~3146 | 九真 | 国图 |

首叶右下角有两印："冯公度鉴藏印"；"大兴"。末叶左下角有印："冯公度家珍藏"。

其相关著录情况可参卷3143~3144一册。

袁同礼《〈永乐大典〉现存卷目表》（1929年2月）：北平北海图书馆。

赵万里编《北平图书馆善本书目》卷三，第296-298页："永乐大典，明内府抄本，存一百六十二卷。"记有各册卷数，其中包括该册。

陈恩惠编《北京图书馆藏永乐大典卷目表》：原本一册。

中华书局1986年影印《永乐大典》收入。

递藏线索：此册原为冯恕旧藏，1928年由北平北海图书馆购入。

| 100 | 3147~3149 | 九真 | 中国台北故宫博物院 |

这一册与上一册首叶用印同。首叶栏外右下角："冯公度鉴藏印"，右上角"大兴"。末叶栏外左下角有"大兴冯氏玉敦斋收"大长方印。

其相关著录情况可参卷3143~3144一册。

袁同礼《〈永乐大典〉现存卷目表》（1929年2月）：北平北海图书馆。

赵万里编《北平图书馆善本书目》卷三，第296~298页："永乐大典，明内府抄本，存一百六十二卷。"记有各册卷数，其中包括该册。

陈恩惠编《北京图书馆藏永乐大典卷目表》：原本一册（存美），有胶卷。

中华书局1986年影印《永乐大典》收入。

递藏线索：此册原为冯恕旧藏，1928年由北平北海图书馆购入。抗日战争期间，此册迁美，由美国国会图书馆代为保管。1965年，此册运回台湾。现藏中国台北故宫博物院。

| 101 | 3150~3151 | 九真 | 国图 |

正文首叶有印："京师图书馆收藏之印"。末叶有印："京师图书馆收藏之印"。

夏曾佑《京师图书馆善本简明书目》有著录。

按：教育部最初拨交京师图书馆的六十册之一。

中华书局 1986 年影印《永乐大典》收入。

递藏线索：与卷 3003～3004 一册同。

| 102 | 3155～3156 | 九真 | 国图 |

正文首叶有印："刘承幹字贞一号翰怡"、"吴兴刘氏嘉业堂藏书印"、"南满洲铁道株式会社大连图书馆"（按：该印中间还有编号："825290"、"昭：141211"）、俄文印、"大连图书馆藏"。末叶有印："大连图书馆藏"。

本册有一张四库馆签条。

中华书局 1986 年影印《永乐大典》收入。

递藏线索：与卷 480～481 一册同。

| 103 | 3507～3508 | 九真 | 中国台北故宫博物院 |

夏曾佑《京师图书馆善本简明书目》有著录。

按：教育部最初拨交京师图书馆的六十册之一。

中华书局 1986 年影印《永乐大典》收入。

递藏线索：与卷 2743～2744 一册同。

| 104 | 3518～3519 | 九真 | 国图 |

1983 年，山东掖县村民孙洪林先生家中发现一册《大典》（卷 3518～3519），送交掖县文化馆。掖县文化馆为使《大典》聚合，将此册转送北图。

中华书局 1986 年影印《永乐大典》收入。

递藏线索：原藏山东掖县村民孙洪林先生家，1983 年捐给北图。

| 105 | 3525～3526 | 九真 | 国图 |

正文首叶有印："涵芬楼"。末叶有印："海盐张元济经收"。

本册有一张四库馆签条。

《传书堂藏善本书志》下，子部·类书，第 21～24 页收了《永乐大典》十册之卷目：卷 2535～2536，卷 2539～2540，卷 3525～3526，卷 6558～

6559，卷 7513～7514，卷 11127～11128，卷 11129～11130，卷 11131～11132，卷 11133～11134，卷 15140～15141。

袁同礼《〈永乐大典〉现存卷目表》（1929 年 2 月）：上海东方图书馆。

按：据张树年主编《张元济年谱》第 263 页，商务印书馆购入此册是在 1926 年。

袁同礼《〈永乐大典〉现存卷目表》（1932 年 12 月）：上海东方图书馆。

《张元济傅增湘论书尺牍》，1935 年 1 月 9 日傅信云："《大典》单阅悉，除已见复印件及专书无可采外，兹拟假数册，列目于左，希遇便赐寄，无任幸盼：三千五百二十五、六，九真韵，门字一册。一万四千三百八十四，四霁韵，冀字一册。二万一千九百八十三、四，七药韵，学字一册。三千五百七十九、八十、八十一，九真韵，村字一册。此册查目知为公所藏（张注：已于去年售去济家用矣）。"民国廿四年元月十三日张信云："需用《大典》门、冀、学字三册，遵属检出，遇有妥便，即托带呈。至村字册为弟所藏，已于前岁售与叔弢矣。"[①]

按：傅增湘曾于 1935 年向张元济借阅此册。

袁同礼《〈永乐大典〉现存卷目表》（1939 年 7 月）：上海东方图书馆。

商务印书馆编《涵芬楼烬余书录》，第 540 页"书录·子部"，著录有该册。

岩井大慧《永乐大典现存卷目表（新订）》（1963）：旧上海东方图书馆。北京图书馆。

陈恩惠编《北京图书馆藏永乐大典卷目表》：原本一册（商务印书馆捐赠）。影本一册。

中华书局 1986 年影印《永乐大典》收入。

递藏线索：此册原为蒋汝藻收藏。1926 年，张元济为商务印书馆购入此册。1951 年，商务印书馆将此册捐给中央人民政府，由文物局拨交北图收藏。可参卷 2535～2536 一册。

[①] 以上均见张元济、傅增湘《张元济傅增湘论书尺牍》，第 331 页。

| 106 | 3527~3528 | 九真 | 国图 |

正文首叶有印："京师图书馆收藏之印"。

夏曾佑《京师图书馆善本简明书目》有著录。

按：教育部最初拨交京师图书馆的六十册之一。

中华书局 1986 年影印《永乐大典》收入。

递藏线索：与卷 3003~3004 一册同。

| 107 | 3549 | 九真 | 中国台北故宫博物院 |

夏曾佑《京师图书馆善本简明书目》有著录。

按：教育部最初拨交京师图书馆的六十册之一。

中华书局 1986 年影印《永乐大典》收入。

递藏线索：与卷 2743~2744 一册同。

| 108 | 3579~3581 | 九真 | 中国台北"国家"图书馆 |

藏印有："国立中央图书馆收藏"朱文长方印、"周暹"白文方印。

傅增湘《藏园群书经眼录》第 711 页有著录：一册。癸丑年（1913）经眼。

袁同礼《〈永乐大典〉现存卷目表》（1929 年 2 月）：海盐张氏。

袁同礼《〈永乐大典〉现存卷目表》（1932 年 12 月）：海盐张氏。

《张元济傅增湘论书尺牍》，1935 年 1 月 9 日傅信云："《大典》单阅悉，除已见复印件及专书无可采外，兹拟假数册，列目于左，希遇便赐寄，无任幸盼：三千五百二十五、六，九真韵，门字一册。一万四千三百八十四，四霁韵，冀字一册。二万一千九百八十三、四，七药韵，学字一册。三千五百七十九、八十、八十一，九真韵，村字一册。此册查目知为公所藏（张注：已于去年售去济家用矣）。"民国廿四年元月十三日张信云："需用《大典》门、冀、学字三册，遵属检出，遇有妥便，即托带呈。至村字册为弟所藏，已于前岁售与叔弢矣。"①

---

① 以上均见张元济、傅增湘《张元济傅增湘论书尺牍》，第 331 页。

按：前岁，当指 1933 年。可见此册在 1933 年售归周叔弢。《张元济书札》（增订本）第 858 页，"致袁同礼"："奉四月二日手教，谨诵悉。承询敝藏《永乐大典》四册，前岁以资用告竭，货于周君叔弢。其卷数及隶属何韵，均不复记忆，可就近一询便知。商馆藏二十一册无支均也。"

袁同礼《〈永乐大典〉现存卷目表》（1939 年 7 月）：秋浦周氏。

今堀诚二《永乐大典现存卷目表追补》（1940）：秋浦周氏。

《周叔弢古书经眼录》，第 656 页："永乐大典（四八五，四八六，东字，忠经、忠传。售去），一本。永乐大典（三五七九至三五八一，村字。售去），一本。"第 729 页："今年收书四种，而左传卷一来归，尤可欣慰。惟以永乐大典二册易钱收铜器泥□汉印唐经，为得为失，未可知耳。"

按：今年，指 1946 年。

南京图书馆编《国立南京图书馆甲库善本书目录》，第 391～392 页："永乐大典，明嘉靖间内府重写本。"著录有该册。

按：1946 年，周叔弢将此册售予中央图书馆。中华人民共和国成立前夕，此册被运到了台湾。

岩井大慧《永乐大典现存卷目表（新订）》（1963）：旧海盐张氏。台北"中央"图书馆。

中华书局 1986 年影印《永乐大典》收入。

递藏线索：傅增湘于 1913 年曾看过此册。1929～1933 年，此册藏张元济之手。1933 年归周叔弢。1946 年，归中央图书馆。现藏台北"国家"图书馆。

| 109 | 3582～3583 | 九真 | 日本静嘉堂文库 |

袁同礼《近三年来发见之〈永乐大典〉》（1932 年 2 月）：北平图书馆藏影本。

袁同礼《〈永乐大典〉现存卷目表》（1932 年 12 月）：北平图书馆藏影本。

袁同礼《〈永乐大典〉现存卷目表》（1939 年 7 月）：未详。

岩井大慧《永乐大典现存卷目表（新订）》（1963）：静嘉堂文库。

中华书局 1986 年影印《永乐大典》收入。

递藏线索：至迟于 1963 年已入藏日本静嘉堂文库。

| 110 | 3584～3585 | 九真 | 台湾中研院历史语言研究所傅斯年图书馆 |

袁同礼《〈永乐大典〉现存卷目表》（1929 年 2 月）：□□吴氏。

按：有可能指吴怀清。可参卷 2256。

袁同礼《〈永乐大典〉现存卷目表》（1932 年 12 月）：东方文化图书馆。

袁同礼《〈永乐大典〉现存卷目表》（1939 年 7 月）：东方文化图书馆。

北京人文科学研究所编印《北京人文科学研究所藏书目录》"子部·类书·韵编"：永乐大典残卷（存卷三千五百八十四、五），明内府钞本，一函，一册。

岩井大慧《袁氏永乐大典现存卷目表补正》著录：北京人文科学研究所。

岩井大慧《永乐大典现存卷目表（新订）》（1963）：旧北京人文科学研究所。台北历史语言研究所。

按：抗战结束后，原来东方文化总委员会的藏书，归史语所收藏。

中华书局 1986 年影印《永乐大典》收入。

递藏线索：原藏吴氏，1932 年归东方文化总委员会图书馆。1945 年，归史语所。

| 111 | 3586～3587 | 九真 | 中国台北故宫博物院 |

夏曾佑《京师图书馆善本简明书目》有著录。

按：教育部最初拨交京师图书馆的六十册之一。

中华书局 1986 年影印《永乐大典》收入。

递藏线索：与卷 2743～2744 一册同。

| 112 | 3614 | 十寒 | 国图 |

正文首叶有印："南满洲铁道株式会社大连图书馆"（按：该印中间还

有编号:"825291"、"昭:141211")、俄文印、"大连图书馆藏"。末叶有印:"大连图书馆藏"。

袁同礼《〈永乐大典〉现存卷数续目》(1927年8月)著录。

按:没有标庋藏者。

袁同礼《〈永乐大典〉现存卷目表》(1929年2月):未详。

袁同礼《近三年来发见之〈永乐大典〉》(1932年2月):吴兴丁氏百一斋。

按:吴兴丁氏,有两种可能:其一,卷8979一册,亦曾为吴兴丁氏百一斋的旧藏。前引岩井大慧《永乐大典现存卷目表》将该册著录为:原藏奉天丁氏。奉天丁氏,应该是指丁士源。丁士源(1878～1945),浙江吴兴人,曾任伪满洲国高官。其二,吴兴丁氏,也有可能是指丁乃扬。丁乃扬(1870～1944),字少兰,室名"月湖精舍",浙江吴兴人。历任顺天府尹、京兆尹、两广、长芦、两淮的盐运使。于1928年退职回原籍养老。曾在南京、扬州、湖州三地置有"丁家花园"。湖州宋家巷号"丁家花园"(即馀园),于1937年为日军据为司令部,园内亭台楼阁、花鸟树木破坏殆尽。其中国宝:三国时代汉武侯铜鼓、《永乐大典》若干册、《金陵胜迹图》均遭劫。卷3614一册是大连图书馆约于1938年买入的,从时间上看,这里的丁氏,确实有可能是指丁乃扬。不过,相对来说,前一种可能性更大。

《中国国家图书馆馆史资料长编(1909—2009)》第169页:1930～1931年度平馆影摄、影钞、购买、受赠《永乐大典》情况。借吴兴丁氏百一斋藏本影钞7卷。那么,吴兴丁氏百一斋在1931年前应藏有7卷,应该就是大连图书馆收得的:卷3614、卷5345、卷8979、卷22570～22572、卷22760共五册。

袁同礼《〈永乐大典〉现存卷目表》(1932年12月):吴兴丁氏百一斋。

袁同礼《〈永乐大典〉现存卷目表》(1939年7月):吴兴丁氏百一斋。

岩井大慧《袁氏永乐大典现存卷目表补正》著录:大连图书馆。此册袁氏记未详。

《满铁大连图书馆增加图书分类目录》(昭和十四年度,1939)著录。

满铁大连图书馆1944年著录［参岛田好《本馆所藏稀见书解题（一）》］。

赵万里《苏联列宁图书馆送还给中国人民的永乐大典》（1954）著录。

岩井大慧《永乐大典现存卷目表（新订）》（1963）：旧大连图书馆。北京图书馆。

陈恩惠编《北京图书馆藏永乐大典卷目表》：原本一册（苏联移赠）。抄本一册。

中华书局1986年影印《永乐大典》收入。

递藏线索：此册原藏吴兴丁氏百一斋。1938年前后入藏大连满铁图书馆。1945年10月苏联从大连图书馆选走了55册《永乐大典》（包括此册）。1954年6月，苏联政府归还给中国政府其中的52册《永乐大典》（包括此册），现藏国图。

| 113 | 3615 | 十寒 | 中国台北故宫博物院 |

袁同礼《〈永乐大典〉现存卷目表》（1939年7月）：北平图书馆。

按：赵爱学《国图藏嘉靖本〈永乐大典〉来源考》载："馆藏采访卡片记录为'李威年处购三百元，24/4/2'。则此册为北平图书馆于1935年4月以300元从李威年处购藏。"

今堀诚二《永乐大典现存卷目表追补》（1940）：北平图书馆。原本南迁，有抄本。

陈恩惠编《北京图书馆藏永乐大典卷目表》：原本一册（存美），有胶卷。

中华书局1986年影印《永乐大典》收入。

递藏线索：北平图书馆于1935年从李威年处购入。抗日战争期间，此册迁美，由美国国会图书馆代为保管。1965年，此册运回台湾。现藏台北故宫博物院。

| 114 | 3944～3945 | 十寒 | 英国伦敦大学亚非学院图书馆 |

〔英〕何大伟（David Helliwell）《欧洲图书馆所藏〈永乐大典〉综述》载："卷3944～3945，13629。但是，这两册并不在Leonard Aurousseau（80，

82–86）所见的莫里循在北京的私人藏书之中（10册）。""1946年2月25日与卷13629一起入藏、一起编目，来自'莫理循博士'。据推测，此人即《泰晤士报》驻北京记者乔治·莫理循（见上文）。封面损坏严重，重新装订时上下颠倒。"

《国立北平图书馆馆刊》1930年第4卷第2期袁同礼《永乐大典现存卷数表再补》载："近接英伦博物院东方图书部主任翟博士（Dr. Lionel Giles）来函，谓在英伦访得《大典》四册，为前表所未著录，……。"其中包括C. H. Brewitt-Taylor 的三册：卷8268～8269，卷8275，卷18244～18245；E. D. Edwardsg 一册：卷10115～10116。文中说，最后一册现存东方语言学校，说明当时此册已归英国伦敦大学亚非学院图书馆。文中还提到，英国伦敦大学亚非学院图书馆还藏有卷3944～3945一册。

袁同礼《近三年来发见之〈永乐大典〉》（1932年2月）：伦敦东方语言学校。

中华书局1986年影印《永乐大典》收入。

递藏线索：此册原由 Dr. Morrison（何大伟认为即是莫理循［George Ernest Morrison］，但不一定）收藏，后赠予伦敦大学。起码自1930年始即已入藏英国伦敦大学。参刘怡飞《莫理循旧藏〈永乐大典〉卷册及流散考》。

| 115 | 4908–4909 | 十二先 | 柏林民族学博物馆 |

〔英〕何大伟（David Helliwell）《欧洲图书馆所藏〈永乐大典〉综述》载："1910年7月购自大清皇家海关总税务司伦敦办事处的 Leslie Sanderock。原书封面（见卷903～904）非常脏，天头地脚有水渍。"

袁同礼《〈永乐大典〉现存卷目》（1925年12月）：柏林人种博物馆。

按：即柏林民族学博物馆。

中华书局1986年影印《永乐大典》收入。

递藏线索：可参卷903～904一册。1932年起至今藏于德国柏林民族学博物馆。

116	4923	十二先	国图（清抄本）
117	4924	十二先	国图（清抄本）
118	4925	十二先	国图（清抄本）
119	4926	十二先	国图（清抄本）
120	4927	十二先	国图（清抄本）
121	4928	十二先	国图（清抄本）
122	4929	十二先	国图（清抄本）
123	4930	十二先	国图（清抄本）
124	4931	十二先	国图（清抄本）
125	4932	十二先	国图（清抄本）
126	4933	十二先	国图（清抄本）
127	4934	十二先	国图（清抄本）
128	4935	十二先	国图（清抄本）
129	4936～4937	十二先	国图（清抄本）
130	4938	十二先	国图（清抄本）
131	4939～4940	十二先	国图（清抄本）

《永乐大典》玄字韵十八卷，清抄本（亦有作明末清初抄本），16册。此16册按《大典》原样抄，但是开本较小。书眉有一些校签。

《许宝蘅日记》第1372页载，"（十二月）廿八日（1932年2月4日），……赴沅叔约祭书会，……主人所陈列者：抄《永乐大典》玄字韵；《太玄经》，有陈仁子辑注、胡次和集注两种，乃当世孤本；……"

按：此段标点应为：主人所陈列者：抄《永乐大典》玄字韵《太玄经》，有陈仁子辑注、胡次和集注两种，乃当世孤本。

傅增湘《藏园群书经眼录》第608页"太玄集注十八卷（传抄《永乐大典》本）"说："此自《永乐大典》钞出，自卷四千九百二十三起，至四千九百四十止，皆十二先韵内玄字，竹纸朱栏，八行二十八字，其行格皆照《大典》原式。其书依《太玄经》次第，汇取诸家注解附于下，所录诸家有张行成、陆绩、范望、陈仁子……及元代诸人，大抵本经注解专采胡次和集注、陈仁子辑注二家，而附林希逸说于后。其他说论《太玄》者则各以尖附于编。晁说之《易玄星纪谱》、《太玄经释文》、胡次和《太玄索隐》皆全文采入。其余各家凡论及《太玄》者皆在所取也。（己卯）"

傅氏《藏园群书题记》第 500 页"永乐大典玄字韵太玄经书后":"举自古以来凡注释《太玄》之书,明《太玄》之说,与夫纪述辨论文字涉于《玄经》者,咸类次而综辑于编,后人欲究《太玄》之学可于是取资焉,可谓玄文之渊海,玄学之总龟矣。……本书原本用竹纸,界以朱栏,半叶八行,与《大典》格式同,钞楷虽未为工整,然审其笔法似为明末清初所写,可知从《大典》中采辑佚书前已有人为之,固不始于乾隆之四库馆,此亦书林谈往者不可不知也。庚辰十一月初八日,藏园老人识。"

按:己卯为 1939 年。庚辰,为 1940 年。据傅氏所述及查阅原书可知,此十八卷,分十六册,应反映的是《永乐大典》原书分卷分册的情况。而且,此"太玄集注十八卷"并不是一部原有的整书,而是《永乐大典》玄字韵十八卷的内容,其中收入了若干有关《太玄经》的书。

岩井大慧《永乐大典现存卷目表(新订)》(1963):北京图书馆。传抄本。

陈恩惠编《北京图书馆藏永乐大典卷目表》:清抄本十六册。

中华书局 1986 年影印《永乐大典》收入。

递藏线索:原为傅增湘收藏(约于 1931 年收得),后归北图。

| 132 | 5199 | 十二先 | 日本东洋文库 |

中华书局 1986 年影印《永乐大典》收入。

递藏线索:1918 年十月初,田中在北京购得。随后,田中将其售予东洋文库。参本书《田中庆太郎与〈永乐大典〉的流传》。

| 133 | 5200~5201 | 十二先 | 日本东洋文库 |

中华书局 1986 年影印《永乐大典》收入。

递藏线索:与卷 5199 一册同。

| 134 | 5202~5203 | 十二先 | 日本东洋文库 |

中华书局 1986 年影印《永乐大典》收入。

递藏线索:与卷 5199 一册同。

| 135 | 5204~5205 | 十二先 | 日本东洋文库 |

中华书局1986年影印《永乐大典》收入。

递藏线索：与卷5199一册同。

| 136 | 5244~5245 | 十三萧 | 英国牛津大学博德利图书馆 |

〔英〕何大伟（David Helliwell）《欧洲图书馆所藏〈永乐大典〉综述》载："封面题签未见。有《四库全书》签条的痕迹。"

岩井大慧《永乐大典现存卷目表（新订）》（1963）著录。

中华书局1986年影印《永乐大典》收入。

递藏线索：与卷807~808一册同。

| 137 | 5248~5249 | 十三萧 | 国图 |

首叶有印："御赐金声玉色"，"刘承幹字贞一号翰怡"，"吴兴刘氏嘉业堂藏书印"，"祁阳陈澄中藏书记"。

中华书局1986年影印《永乐大典》收入。

递藏线索：本册与下一册辽字《大典》在民国以来的流传轨迹大致可以描述为：周颂芬—刘承幹—金梁—陈澄中（清华）。自1955年起入藏国图。参本书《关于嘉业堂收藏的两册〈永乐大典〉》。

| 138 | 5251~5252 | 十三萧 | 国图 |

首叶有印："御赐金声玉色"，"刘承幹字贞一号翰怡"，"吴兴刘氏嘉业堂藏书印"，"祁阳陈澄中藏书记"。

中华书局1986年影印《永乐大典》收入。

递藏线索：与卷5248~5249一册同。

| 139 | 5268 | 十三萧 | 日本东洋文库 |

田仲一成《日本东洋文库收集〈永乐大典〉残本的过程》（收入中国国家图书馆编《〈永乐大典〉编纂600周年国际研讨会论文集》）载："1922年，东洋文库从莫理逊夫人手中购入七册。"包括此册。

袁同礼《〈永乐大典〉考》（1923 年 11 月）：原属莫理逊，今入静嘉堂文库。

按：应为东洋文库。

袁同礼《〈永乐大典〉现存卷数续目》（1927 年 8 月）：东洋文库。

中华书局 1986 年影印《永乐大典》收入。

递藏线索：原为莫理循收藏。1922 年，东洋文库从莫理循夫人手中购入。

| 140 | 5296～5297 | 十三萧 | 国图 |

袁同礼《近三年来发见之〈永乐大典〉》（1932 年 2 月）：俄京大学语言部。

中华书局 1986 年影印《永乐大典》收入。

递藏线索：与卷 538～539 一册同。

| 141 | 5343 | 十三萧 | 国图 |

中华书局 1986 年影印《永乐大典》收入。

递藏线索：与卷 920～922 一册同。

| 142 | 5345 | 十三萧 | 国图 |

参卷 3614 一册。

正文首叶有印："南满洲铁道株式会社大连图书馆"（按：该印中间还有编号："825292"、"昭：141211"）、俄文印、"大连图书馆藏"。末叶有印："大连图书馆藏"。

本册有一张四库馆签条（卷 5453～5454）。

中华书局 1986 年影印《永乐大典》收入。

递藏线索：与卷 3614 一册同。

| 143 | 5453～5454 | 十四爻 | 国图 |

袁同礼《近三年来发见之〈永乐大典〉》（1932 年 2 月）：俄京大学语言部。

中华书局 1986 年影印《永乐大典》收入。

递藏线索：与卷 538~539 一册同。

| 144 | 5455~5456 | 十四爻 | 日本天理图书馆 |

岩井大慧《永乐大典现存卷目表（新订）》(1963)：天理图书馆。

中华书局 1986 年影印《永乐大典》收入。

递藏线索：1963 年已入藏日本天理图书馆。

| 145 | 5769~5770 | 十六麻 | 国图 |

首叶有印："徐世章印"，"濠园秘笈"。

中华书局 1986 年影印《永乐大典》收入。

递藏线索：与卷 980 一册同。

| 146 | 5838~5840 | 十六麻 | 中国台北故宫博物院 |

袁同礼《〈永乐大典〉现存卷目表》(1932 年 12 月)：北平图书馆。

按：袁同礼《近三年来发见之〈永乐大典〉》(1932 年 2 月) 及以前的目录表均未著录，故此册应为 1932 年 2~12 月间收得。

《中国国家图书馆馆史资料长编 (1909~2009)》，第 235 页：1932~1933 年度平馆采购善本书情况。购入有宋刻宋印本《陈书》，从鄂中藏家搜得《永乐大典》善字、花字韵各一册。……(国立北平图书馆：《国立北平图书馆馆务报告》，民国二十一年七月至二十二年六月，第 8~9 页，北平：国立北平图书馆，1933)

按：该册属十六麻，花字。善字一册为卷 16841~16842。北图收得此册及卷 16841~16842 一册是在 1932 年。据赵爱学《国图藏嘉靖本〈永乐大典〉来源考》载："馆藏采访卡片记录为'黎邵平代购 21/10/12'。则此 2 册为 1932 年经由黎邵平购藏北平图书馆。"黎邵平 (1883~?)，名澍，又字少屏，湖北黄陂人。黎元洪的同乡和亲信幕僚。清末孝廉，曾任大清银行江西分行总理，辛亥革命后任湖北财政司长、总统府副秘书长。1925 年任湖北省财政厅长，1947 年任国民政府监察院监察委员。鄂中藏家，可能是指黎氏。

赵万里编《北平图书馆善本书目》卷三，第296~298页："永乐大典，明内府抄本，存一百六十二卷。"记有各册卷数，其中包括该册。

陈恩惠编《北京图书馆藏永乐大典卷目表》：原本一册（存美），有胶卷。

中华书局1986年影印《永乐大典》收入。

递藏线索：此册于1932年经由黎邵平购藏北平图书馆。抗日战争期间，此册迁美，由美国国会图书馆代为保管。1965年，此册运回台湾。现藏台北故宫博物院。

| 147 | 6504~6505 | 十八阳 | 国图 |

正文首叶有印："刘承幹字贞一号翰怡"、"吴兴刘氏嘉业堂藏书印"、"南满洲铁道株式会社大连图书馆"（按：该印中间还有编号："825293"、"昭：141211"）、俄文印、"大连图书馆藏"。末叶有印："大连图书馆藏"。

中华书局1986年影印《永乐大典》收入。

递藏线索：与卷480~481一册同。

| 148 | 6523~6524 | 十八阳 | 国图 |

正文首叶有印："京师图书馆收藏之印"。

本册有一张四库馆签条。

夏曾佑《京师图书馆善本简明书目》有著录。

按：教育部最初拨交京师图书馆的六十册之一。

中华书局1986年影印《永乐大典》收入。

递藏线索：与卷3003~3004一册同。

| 149 | 6558~6559 | 十八阳 | 国图 |

正文首叶有印："涵芬楼"。末叶有印："海盐张元济经收"。

本册有一张四库馆签条。

中华书局1986年影印《永乐大典》收入。

递藏线索：与卷 3525~3526 一册同。

| 150 | 6564~6565 | 十八阳 | 国图 |

正文首叶有印："刘承幹字贞一号翰怡"、"吴兴刘氏嘉业堂藏书印"、"南满洲铁道株式会社大连图书馆"（按：该印中间还有编号："825294"、"昭：141211"）、俄文印、"大连图书馆藏"。末叶有印："大连图书馆藏"。

中华书局 1986 年影印《永乐大典》收入。

递藏线索：与卷 480~481 一册同。

| 151 | 6584 | 十八阳 | 中国台北故宫博物院 |

夏曾佑《京师图书馆善本简明书目》有著录。

按：教育部最初拨交京师图书馆的六十册之一。

中华书局 1986 年影印《永乐大典》收入。

递藏线索：与卷 2743~2744 一册同。

| 152 | 6641 | 十八阳 | 英国牛津大学博德利图书馆 |

〔英〕何大伟（David Helliwell）《欧洲图书馆所藏〈永乐大典〉综述》载："编号为 1a—k 的 11 册《永乐大典》是 1913~1922 年分批入藏的巴克斯藏书（Backhouse Collection）的一部分。尽管在北京的外国人里，巴克斯总是独来独往，但是他也参与了使馆之围。与巴克斯藏书中的其他书籍一样，这部分《永乐大典》上没有任何题词，也没有任何文字能证明藏书的主人是谁。封面题签未见，有编者名字的半页也未见。有《四库全书》签条的痕迹。"

Giles, Lionel, A note on Yung lo Ta Tien，载 The New China Review 2：2。1920 年 4 月，记载该册藏于牛津大学。

袁同礼《〈永乐大典〉考》（1923 年 11 月）：牛津大学。

中华书局 1986 年影印《永乐大典》收入。

递藏线索：原为巴克斯（Backhouse）所藏，1913~1920 年间归英国牛津大学博德利图书馆。

| 153 | 6697 | 十八阳 | 日本静嘉堂文库 |

袁同礼《近三年来发见之〈永乐大典〉》（1932年2月）：静嘉堂文库。

中华书局1986年影印《永乐大典》收入。

递藏线索：1932年已入藏日本静嘉堂文库。

| 154 | 6698~6699 | 十八阳 | 日本静嘉堂文库 |

袁同礼《近三年来发见之〈永乐大典〉》（1932年2月）：静嘉堂文库。

中华书局1986年影印《永乐大典》收入。

递藏线索：1932年已入藏日本静嘉堂文库。

| 155 | 6700~6701 | 十八阳 | 中国台北"国家"图书馆 |

藏印有："国立中央图书馆收藏"朱文长方印、"王氏二十八宿研斋秘笈之印"朱文长方印、"恭绰"朱文方印、"遐庵经眼"白文方印、"玉父"白文长方印。

傅增湘《藏园群书经眼录》第711页有著录：一册。乙丑年（1925）经眼。

按：《张元济傅增湘论书尺牍》，民国十四年八月十日张信云："《永乐大典》仓字四册自可留，湖、江两册木老及刘、蒋诸君必可留，惟光字二册甚无谓，鄙意每册如在一百二三十元之间，敝处可以购留。祈代谐价。"江字一册应是指此册。

中华书局1986年影印《永乐大典》收入。

递藏线索：此册傅增湘于1925年曾经眼。后归叶恭绰和王荫嘉收藏。中央图书馆应该是从叶氏或王氏之手收得此书的。中华人民共和国成立前夕被运到了台湾，入藏台北"中央"图书馆。参本书《关于嘉业堂收藏的两册〈永乐大典〉》。

| 156 | 6764~6765 | 十八阳 | 中国台北故宫博物院 |

夏曾佑《京师图书馆善本简明书目》有著录。

按：教育部最初拨交京师图书馆的六十册之一。

中华书局1986年影印《永乐大典》收入。

递藏线索：与卷2743~2744一册同。

| 157 | 6766~6767 | 十八阳 | 中国台北故宫博物院 |

夏曾佑《京师图书馆善本简明书目》有著录。

按：教育部最初拨交京师图书馆的六十册之一。

中华书局1986年影印《永乐大典》收入。

递藏线索：与卷2743~2744一册同。

| 158 | 6826~6827 | 十八阳 | 日本东洋文库 |

袁同礼《〈永乐大典〉现存卷数续目》（1927年8月）：东洋文库。

中华书局1986年影印《永乐大典》收入。

递藏线索：该册原属东洋文库顾问和田维四郎（1856~1920，号云村）所有，后于1920年之前归东洋文库。参本书《田中庆太郎与〈永乐大典〉的流传》。

| 159 | 6828~6829 | 十八阳 | 日本静嘉堂文库 |

袁同礼《〈永乐大典〉现存卷数续目》（1927年8月），题记中说，这是其近日在京中所见。但未署明收藏者。

袁同礼《〈永乐大典〉现存卷目表》（1929年2月）：未详。

按：其时可能在书贾之手。

袁同礼《近三年来发见之〈永乐大典〉》（1932年2月）：静嘉堂文库。

岩井大慧《永乐大典现存卷目表（新订）》（1963）：静嘉堂文库。

中华书局1986年影印《永乐大典》收入。

递藏线索：起码从1932年起，已入藏日本静嘉堂文库。

| 160 | 6830 | 十八阳 | 日本静嘉堂文库 |

袁同礼《近三年来发见之〈永乐大典〉》（1932年2月）：静嘉堂文库。

中华书局1986年影印《永乐大典》收入。

递藏线索：起码从1932年起，已入藏日本静嘉堂文库。

| 161 | 6831~6832 | 十八阳 | 美国国会图书馆 |

中华书局1986年影印《永乐大典》收入。

递藏线索：董康于1912年将此册带到日本，转让给田中庆太郎。1915年或稍后田中将其售给了美国国会图书馆。可参本书《美国国会图书馆藏〈永乐大典〉的来源》。

| 162 | 6837~6838 | 十八阳 | 国图 |

正文首叶有印："刘承幹字贞一号翰怡"、"吴兴刘氏嘉业堂藏书印"、"南满洲铁道株式会社大连图书馆"（按：该印中间还有编号："825295"、"昭：141211"）、俄文印、"大连图书馆藏"。末叶有印："大连图书馆藏"。

中华书局1986年影印《永乐大典》收入。

递藏线索：与卷480~481一册同。

| 163 | 6850~6851 | 十八阳 | 英国国家图书馆 |

中华书局1986年影印《永乐大典》收入。

递藏线索：同卷913~914一册。

| 164 | 6933~6934 | 十八阳 | 英国国家图书馆 |

〔英〕何大伟（David Helliwell）《欧洲图书馆所藏〈永乐大典〉综述》载："1961年11月21日购自巴思（Bath）的M. Poole夫人，价格是52英镑10先令。M. Poole夫人已故的丈夫普尔（Francis Garden Poole）上尉曾经负责护卫毗邻翰林院的英国领事馆（见上文）。Grinstead曾撰文详细介绍该册《永乐大典》的入藏经过。文章引用了普尔未出版的日记片段，并刊登了一幅普尔在翰林院的照片，当时翰林院已经部分毁坏。这篇文章介绍了翰林院被毁的种种细节。"

傅路特（富路德，Luther Carrington Goodrich）《再谈永乐大典》（More on the Yung-lo ta tien），载《不列颠和爱尔兰皇家亚洲学会香港分会学报》（*Journals of The Royal Asiatic Society Hong Kong Branch*），Vol. 10，1970：pp. 20-21载，In September 1963 *The British Museum Quarterly* announced the acquisition of one volume containing *chiian* 6933 and 6934—a gift from the estate of Captain Francis Garden Poole, who served in the Legation Guard in Peking in 1900.

按：Captain Francis Garden Poole 在庚子事变中获得此册。

中华书局 1986 年影印《永乐大典》收入。

递藏线索：1900 年，普尔（Francis Garden Poole）在庚子事变中获得此册。1961 年，大英博物馆从其夫人手中购入此册。

| 165 | 7078～7080 | 十八阳 | 柏林国家图书馆 |

福兰阁（Otto Franke）说，他自己曾拥有一册《大典》："例如，包括我所拥有的这一册，它包含了卷 7078～7080。"①

按：德国汉学家福兰阁应该是在 1914 年之前购买的。

〔英〕何大伟（David Helliwell）《欧洲图书馆所藏〈永乐大典〉综述》载："20 世纪 80 年代购自傅吾康，价格是 20000 德国马克，傅吾康得自何处尚不清楚。张忱石的目录中将其标注为'科隆基莫'，不知何意。中华书局根据缩微胶卷将其出版，收入 1984 年影印版中。这一册品相良好，柏林人种博物馆购入之前封面曾经修复过，天头地脚有水渍。"

按：傅吾康（福兰阁之子）在 20 世纪 80 年代将该册《大典》（卷 7078～7080）卖给了德国柏林国家图书馆。张忱石《永乐大典史话》附录二《现存〈永乐大典〉卷目表》把该册的收藏地著录为"科隆基莫"，不知其依据是什么。赵爱学《国图藏嘉靖本〈永乐大典〉来源考》载："2013 年 10 月，中国国家图书馆代表团出访德、法二国，调查中文古籍及民国时期文献的存藏、保护等情况。在德国柏林国家图书馆期间，代表团见到了一册明嘉靖本《永乐大典》，为卷 7078 至卷 7080 '阳'字韵 '唐'字册，内容是唐宪宗十三、唐宪宗十四。经查，中华书局 1986 年影印《永乐大典》、上海辞书出版社 2003 年《海外新发现永乐大典十七卷》等均未公布此册。……据德国馆高杏佛研究员介绍，此册是该馆上世纪 80 年代从一私人收藏家手中

---

① Otto Franke, *Aus Kultur und Geschichte Chinas: Vorträge und abhandlungen aus den Jahren 1902 - 1942*, Deutschland - Institut, 1945, pp. 91 - 108.

征集。"

中华书局 1986 年影印《永乐大典》收入。

递藏线索：1914 年以前，德国汉学家福兰阁在中国购得此册，带回汉堡。福兰阁之子傅吾康在 20 世纪 80 年代将该册《大典》卖给了德国柏林国家图书馆。

| 166 | 7104~7105 | 十八阳 | 中国台北故宫博物院 |

夏曾佑《京师图书馆善本简明书目》有著录。

按：教育部最初拨交京师图书馆的六十册之一。

中华书局 1986 年影印《永乐大典》收入。

递藏线索：与卷 2743~2744 一册同。

| 167 | 7159 | 十八阳 | 国图 |

正文首叶有印："北京图书馆藏"。

《北京图书馆善本书目》(1959)，卷 5，子部下·类书类："永乐大典，明内府抄本，一百二十二册，存二百三十六卷。"其中卷 7159，张季芗先生捐赠一册。

按：据赵爱学《国图藏嘉靖本〈永乐大典〉来源考》载："馆藏采访卡片记录为'社会文化事业管理局移交，1953.10.10'。另据 1959 年版《北京图书馆善本书目》，此册为'张季芗先生捐赠'。则此卷为张季芗捐献国家，1953 年 10 月由文化部社会文化事业管理局拨交北京图书馆。"该文还提到，张季芗，云南大理人，民国期间曾任北京大学图书部书记。

岩井大慧《永乐大典现存卷目表（新订）》(1963)：北京图书馆（？）。

陈恩惠编《北京图书馆藏永乐大典卷目表》：原本一册（张季芗先生捐赠）。

中华书局 1986 年影印《永乐大典》收入。

递藏线索：此册原为张季芗收藏，1953 年赠予北图。

| 168 | 7213~7214 | 十八阳 | 国图 |

首叶右下角有印："祁阳陈澄中藏书记"。

袁同礼《〈永乐大典〉现存卷目表》（1939 年 7 月）：未详。

今堀诚二《永乐大典现存卷目表追补》（1940）：未。北平图书馆藏影本。

1955 年，经周总理批示，北图从香港买回一批陈澄中的藏书，其中有四册《大典》（包括此册）。

《北京图书馆善本书目》（1959），卷 5，子部下·类书类："永乐大典，明内府抄本，一百二十二册，存二百三十六卷。"其中卷 7213～7214，一册。

岩井大慧《永乐大典现存卷目表（新订）》（1963）：北京图书馆（？）。

陈恩惠编《北京图书馆藏永乐大典卷目表》：原本一册。影本一册。

中华书局 1986 年影印《永乐大典》收入。

递藏线索：此册原藏陈澄中（清华）之手。自 1955 年起入藏国图。可参卷 5248～5249 一册及本书《关于嘉业堂收藏的两册〈永乐大典〉》。

| 169 | 7235～7236 | 十八阳 | 国图 |

正文首叶有印："刘承幹字贞一号翰怡"、"吴兴刘氏嘉业堂藏书印"、"南满洲铁道株式会社大连图书馆"（按：该印中间还有编号："825296"、"昭：141211"）、俄文印、"大连图书馆藏"。末叶有印："大连图书馆藏"。

中华书局 1986 年影印《永乐大典》收入。

递藏线索：与卷 480～481 一册同。

| 170 | 7237～7238 | 十八阳 | 日本东洋文库 |

中华书局 1986 年影印《永乐大典》收入。

递藏线索：此册傅增湘曾于 1926 年经眼。1926 年，田中庆太郎从北京购入此册，售归东洋文库。参本书《田中庆太郎与〈永乐大典〉的流传》。

| 171 | 7239～7240 | 十八阳 | 国图 |

正文首叶有印："刘承幹字贞一号翰怡"、"吴兴刘氏嘉业堂藏书印"、

"南满洲铁道株式会社大连图书馆"（按：该印中间还有编号："825297"、"昭：141211"）、俄文印、"大连图书馆藏"。末叶有印："大连图书馆藏"。

中华书局1986年影印《永乐大典》收入。

递藏线索：与卷480~481一册同。

| 172 | 7241~7242 | 十八阳 | 中国台北故宫博物院 |

夏曾佑《京师图书馆善本简明书目》有著录。

按：教育部最初拨交京师图书馆的六十册之一。

中华书局1986年影印《永乐大典》收入。

递藏线索：与卷2743~2744一册同。

| 173 | 7303~7304 | 十八阳 | 日本天理图书馆 |

中华书局1986年影印《永乐大典》收入。

递藏线索：此册为董康于1912年带到日本，经田中庆太郎售予富冈谦藏。1940年之前又归日本天理大学图书馆。参本书《田中庆太郎与〈永乐大典〉的流传》。

| 174 | 7322~7324 | 十八阳 | 上海图书馆 |

首叶有印："上海图书馆藏书"，"颜退省堂"，"鄌客棣生过目"。

按："颜退省堂"，应是颜惠庆的藏印。"鄌客棣生过目"，是颜惠庆之子棣生的藏印。颜惠庆（1877~1950），北洋军阀政府总理，字骏人，上海人，早年毕业于上海同文馆，后去美国弗吉尼亚大学留学。回国后曾任圣约翰大学英文教授，商务印书馆编辑，清政府驻美使馆参赞。1909年任外交部股长。1910年兼清华大学总办。1912年4月被黎元洪委任为北洋政府外交次长。1913年1月出任驻德国公使，后调任丹麦、瑞典等国公使。1919年任中国出席巴黎和会代表团顾问。1920年8月，任北京政府外交总长、1922年辞去外交总长职务，改任内务总长等职。1926年春，曾任国务总理并摄行总统职务。

棣生（1912~1983），是颜惠庆的儿子，1931年就学于燕京大学，1934

年毕业于英国陆军士官学校，1941 年肄业于美国华盛顿大学。1956 年调入上海外国语学院执教。

颜惠庆将家藏《大典》一册赠予上海图书馆①。

按：郝艳华《〈永乐大典〉史论》，第 37 页：上图的一册，原是颜惠庆藏。1983 年美籍华人孙以庄捐给上图。

中华书局 1986 年影印《永乐大典》收入。

递藏线索：此册原由颜惠庆收藏，后传诸其子棣生。1983 年，美籍华人孙以庄将其捐给上图。

| 175 | 7325 | 十八阳 | 国图 |

正文首叶有印："涵芬楼"。末叶有印："海盐张元济经收"。

袁同礼《〈永乐大典〉现存卷目表》（1929 年 2 月）：上海东方图书馆。

袁同礼《〈永乐大典〉现存卷目表》（1932 年 12 月）：上海东方图书馆。

袁同礼《〈永乐大典〉现存卷目表》（1939 年 7 月）：上海东方图书馆。

商务印书馆编《涵芬楼烬余书录》，第 541 页"书录·子部"，著录有该册。

岩井大慧《永乐大典现存卷目表（新订）》（1963）：旧上海东方图书馆。北京图书馆。

陈恩惠编《北京图书馆藏永乐大典卷目表》：原本一册（商务印书馆捐赠）。抄本一册。

中华书局 1986 年影印《永乐大典》收入。

递藏线索：1929 年 2 月前，张元济为商务印书馆购入此册。1951 年，商务印书馆将此册捐给中央人民政府，由文物局拨交北图收藏。

| 176 | 7326 | 十八阳 | 国图 |

正文首叶有印："涵芬楼"。末叶有印："海盐张元济经收"。

---

① 沈津：《书城风弦录》，广西师范大学出版社，2006，第 21 页。

中华书局 1986 年影印《永乐大典》收入。

递藏线索：与上一册《大典》同。

| 177 | 7327 | 十八阳 | 中国台北中研院历史语言研究所傅斯年图书馆 |

此册现存台湾中研院史语所傅斯年图书馆。书还是原装，书签、方签均已佚。首叶正文右下角有两印："国立中央研究院历史语言研究所图书之记"，"史语所收藏珍本图书记"。此书首载：永乐大典卷之七千五百二十七。书口也是写作此卷数。但是，正文首行，一般还会写上十八阳，此处为何没写？可见是被人改动过。此册封面背后贴有四库馆黄姓纂修官签条一张。

按：此册傅图误记为卷 7527，实应是卷 7327。此处所收为郎字。据郎字在《大典》中的位置，应为卷 7327。可见，改动者把书签、书口及签条均作了篡改。

岩井大慧《永乐大典现存卷目表（新订）》（1963）：台北历史语言研究所。旅顺罗氏旧藏。

按：罗氏应为罗振玉。

此册中间还夹有一张旧纸条，上写：

明永乐大典陆本共七卷
　　部，叁拾乙页
　　郎，乙拾玖页
　　宋，贰拾肆页
　　积，贰拾伍页
　　苏，乙拾陆页
　　忠，贰拾伍页。

按：以上可能是某人所藏的《大典》。其中：
国图藏卷 14626 一册，部字，正好是 31 页。此册原是大连图书馆藏。
卷 7327 一册，为郎字，共十九页，与此所记同。

现存《大典》中宋字中没有二十四页一册的,但是,待访卷目中有一册,即卷12319,旧大连图书馆藏。

积字一册,卷20372(原误为卷20572),共二十五页,与此所记同,现藏台湾"国图",文安王氏(琅琊王氏)旧藏。

北图藏的苏字卷2401一册,正好是十六页。此册先由文安王氏收藏,大约在20世纪40年代归金梁。1958年金梁捐赠给北图。可参本书《关于嘉业堂收藏的两册〈永乐大典〉》。

现存《大典》中忠字中没有二十五页一册的,但是,待访卷目中忠字卷482、卷483、卷484,其中卷483、484共二十五页。此三卷的分册情况不是很清楚。有可能此二卷是一册。而且,此册也是文安王氏(琅琊王氏)旧藏,旧大连图书馆藏。

可见,以上这六册,共七卷,与纸条所载正相符,而且可能都与文安王氏(琅琊王氏)旧藏有关。

中华书局1986年影印《永乐大典》收入。

递藏线索:此册曾经人改动过,即将卷7327篡改为卷7527。原由罗振玉收藏,后归中研院历史语言研究所。

178	7328	十八阳	国图

此册钤"诗外簃藏书"印。

按:此为徐伯郊藏印。

袁同礼《〈永乐大典〉现存卷目表》(1929年2月):上虞罗氏。

袁同礼《〈永乐大典〉现存卷目表》(1932年12月):上虞罗氏。

袁同礼《〈永乐大典〉现存卷目表》(1939年7月):上虞罗氏。

岩井大慧《永乐大典现存卷目表(新订)》(1963):旧旅顺罗氏。北京图书馆。

陈恩惠编《北京图书馆藏永乐大典卷目表》:原本一册。影本一册。

岩井大慧《袁氏永乐大典现存卷目表补正》著录:旅顺罗氏。

《北京图书馆善本书目》(中华书局,1959),卷5,子部下·类书类:"永乐大典,明内府抄本,一百二十二册,存二百三十六卷。"其中卷7328,

徐伯郊先生捐赠一册。

按：据赵爱学《国图藏嘉靖本〈永乐大典〉来源考》载："另据师陀《怀念"老郑"》文，此册捐赠时间为1951年。"

中华书局1986年影印《永乐大典》收入。

递藏线索：此册原为罗振玉收藏。后归徐伯郊之手。1951年，徐伯郊捐献给北图。

| 179 | 7329 | 十八阳 | 中国台北故宫博物院 |

夏曾佑《京师图书馆善本简明书目》有著录。

按：教育部最初拨交京师图书馆的六十册之一。

中华书局1986年影印《永乐大典》收入。

递藏线索：与卷2743～2744一册同。

| 180 | 7378～7379 | 十八阳 | 中国台北故宫博物院 |

夏曾佑《京师图书馆善本简明书目》有著录。

按：教育部最初拨交京师图书馆的六十册之一。

中华书局1986年影印《永乐大典》收入。

递藏线索：与卷2743～2744一册同。

| 181 | 7385～7386 | 十八阳 | 国图 |

正文首叶有印："京师图书馆收藏之印"。

夏曾佑《京师图书馆善本简明书目》有著录。

按：教育部最初拨交京师图书馆的六十册之一。

中华书局1986年影印《永乐大典》收入。

递藏线索：与卷3003～3004一册同。

| 182 | 7387～7388 | 十八阳 | 国图 |

正文首叶有印："京师图书馆收藏之印"。

夏曾佑《京师图书馆善本简明书目》有著录。

按：教育部最初拨交京师图书馆的六十册之一。

中华书局 1986 年影印《永乐大典》收入。

递藏线索：与卷 3003~3004 一册同。

| 183 | 7389~7390 | 十八阳 | 英国国家图书馆 |

中华书局 1986 年影印《永乐大典》收入。

递藏线索：同卷 913~914 一册。

| 184 | 7393~7394 | 十八阳 | 国图 |

正文首叶有印："国立北平图书馆收藏"。

中华书局 1986 年影印《永乐大典》收入。

递藏线索：与卷 489~490 一册同。

| 185 | 7449~7450 | 十八阳 | 国图 |

正文首叶有印："京师图书馆收藏之印"。

夏曾佑《京师图书馆善本简明书目》有著录。

按：教育部最初拨交京师图书馆的六十册之一。

中华书局 1986 年影印《永乐大典》收入。

递藏线索：与卷 3003~3004 一册同。

| 186 | 7453~7454 | 十八阳 | 中国台北故宫博物院 |

夏曾佑《京师图书馆善本简明书目》有著录。

按：教育部最初拨交京师图书馆的六十册之一。

中华书局 1986 年影印《永乐大典》收入。

递藏线索：与卷 2743~2744 一册同。

| 187 | 7455 | 十八阳 | 国图 |

正文首叶有印："京师图书馆收藏之印"。

夏曾佑《京师图书馆善本简明书目》有著录。

按：教育部最初拨交京师图书馆的六十册之一。

中华书局 1986 年影印《永乐大典》收入。

递藏线索：与卷 3003～3004 一册同。

| 188 | 7456～7457 | 十八阳 | 国图 |

正文首叶有印："京师图书馆收藏之印"。

夏曾佑《京师图书馆善本简明书目》有著录。

按：教育部最初拨交京师图书馆的六十册之一。

中华书局 1986 年影印《永乐大典》收入。

递藏线索：与卷 3003～3004 一册同。

| 189 | 7458 | 十八阳 | 国图 |

正文首叶有印："京师图书馆收藏之印"。

夏曾佑《京师图书馆善本简明书目》有著录。

按：教育部最初拨交京师图书馆的六十册之一。

中华书局 1986 年影印《永乐大典》收入。

递藏线索：与卷 3003～3004 一册同。

| 190 | 7459～7460 | 十八阳 | 国图 |

正文首叶有印："京师图书馆收藏之印"。

夏曾佑《京师图书馆善本简明书目》四卷（1916 年铅印本）有著录。

按：教育部最初拨交京师图书馆的六十册之一。

中华书局 1986 年影印《永乐大典》收入。

递藏线索：与卷 3003～3004 一册同。

| 191 | 7461～7462 | 十八阳 | 国图 |

正文首叶有印："京师图书馆收藏之印"。

夏曾佑《京师图书馆善本简明书目》有著录。

按：教育部最初拨交京师图书馆的六十册之一。

中华书局 1986 年影印《永乐大典》收入。

递藏线索：与卷 3003～3004 一册同。

| 192 | 7506 | 十八阳 | 国图 |

正文首叶有印："涵芬楼"。末叶有印："海盐张元济经收"。

傅增湘《藏园群书经眼录》第712页有著录：一册。乙丑年（1925）经眼。

《张元济傅增湘论书尺牍》，民国十四年八月十日张信云："《永乐大典》仓字四册自可留，湖、江两册木老及刘、蒋诸君必可留，惟光字二册甚无谓，鄙意每册如在一百二三十元之间，敝处可以购留。祈代谐价。"民国十四年十月五日张信云："《大典》仓字号三册，如文友肯让，弟愿出伍百元。"民国十四年十一月三日张信云："又代购《永乐大典》两册，均收到。《大典》略阅一过，并无《经世大典》在内，大约均在许君耆所收之内，捷足先登，殊为可惜。另抄拟作罢矣。"①

按：不清楚此"文友"是指某人，还是指文友堂书店。北京琉璃厂的文友堂书店，创设于光绪八年（1882），店主为河北冀县人魏占良、魏占云兄弟。民国初年，魏占良子魏文传、魏占云子魏文厚，继承父业。

许君耆，即许珩，字君耆。伦明《辛亥以来藏书纪事诗》"刘体智"条附注："有许君耆者亦好积书，所蓄亦富，有宋本唐僧《宏秀集》、《切韵指掌图》等，皆归晦之。最近闻君营业亏累，不知波及藏书否？"

仓字《大典》，商务东方图书馆曾藏三册，即此册与卷7510一册、卷7513～7514一册。前两册傅氏于1925年经眼，因此，1925年11月傅氏代张氏为商务印书馆购得《永乐大典》两册即指此两册。卷7513～7514一册，后归蒋汝藻所藏，应该指的是傅信中所提的"蒋"。也就是说，蒋氏购得卷7513～7514一册是在1925年。另外，许君耆所收应该也是仓字《大典》，而且收有《经世大典》。许氏所收，有可能是卷7507一册。信中提到的刘，应该是指刘承幹，刘氏藏仓字《大典》一册，即卷7517～7518。此外，这里提到光字两册，光字属十八阳，但是，目前存世《大典》中没有光字《大典》，不知此两册下落如何？

---

① 以上分别见张元济、傅增湘《张元济傅增湘论书尺牍》，商务印书馆，1983，第121、123、124页。

袁同礼《〈永乐大典〉现存卷目表》(1929 年 2 月)：上海东方图书馆。

袁同礼《〈永乐大典〉现存卷目表》(1932 年 12 月)：上海东方图书馆。

袁同礼《〈永乐大典〉现存卷目表》(1939 年 7 月)：上海东方图书馆。

商务印书馆编《涵芬楼烬余书录》，第 541 页"书录·子部"，著录有该册。

岩井大慧《永乐大典现存卷目表（新订）》(1963)：旧上海东方图书馆。北京图书馆。

陈恩惠编《北京图书馆藏永乐大典卷目表》：原本一册（商务印书馆捐赠）。抄本一册。

中华书局 1986 年影印《永乐大典》收入。

递藏线索：此册 1925 年傅增湘曾经眼，作介售予商务印书馆。1951 年，商务印书馆将此册捐给中央人民政府，由文物局拨交北图收藏。

| 193 | 7507 | 十八阳 | 国图 |

正文首叶有印："国立北平图书馆收藏"。

《中国国家图书馆馆史资料长编（1909—2009）》，第 243－244 页：1936~1937 年度平馆采购中文旧籍情况。……6、《永乐大典》除向南京国学图书馆借影吴兴刘氏藏本外，复于平市购得仓字韵原本 1 册，为袁氏现存卷目表所未收，尤足珍贵。……（国立北平图书馆：《国立北平图书馆馆务报告》，民国二十五年七月至二十六年六月，第 3~4 页，北平：国立北平图书馆，1937）。据赵爱学《国图藏嘉靖本〈永乐大典〉来源考》载："馆藏采访卡片记录为'张卿五处购，26/3/4，350 元'；另据《国立北平图书馆馆务报告》（1936.7—1937.6）载，'《永乐大典》除向南京国学图书馆借影吴兴刘氏藏本外，复于平市购得仓字韵（按，即卷 7507）原本一册，为袁氏《现存卷目表》所未收，尤足珍贵'。则此册为 1937 年 3 月自北平张卿五处以 350 元购入北平图书馆。"张书云，字卿五，号慰农，广西临桂人。光绪二十九年（1903）癸卯科三甲进士，同年闰五月，改翰林院庶吉士。散馆授翰林院检讨。官至弼德院参议，善书法。

袁同礼《〈永乐大典〉现存卷目表》（1939年7月）：北平图书馆。

陈恩惠编《北京图书馆藏永乐大典卷目表》：原本一册。

中华书局1986年影印《永乐大典》收入。

递藏线索：北平图书馆于1937年从北平张书云（卿五）处购入此册。

| 194 | 7510 | 十八阳 | 国图 |

正文首叶有印："涵芬楼"。末叶有印："海盐张元济经收"。

中华书局1986年影印《永乐大典》收入。

递藏线索：与卷7506一册同。

| 195 | 7511~7512 | 十八阳 | 日本东洋文库 |

傅增湘《藏园群书经眼录》第712页有著录：两册。乙丑年（1925）经眼。

按：傅氏将其分为两册著录。

袁同礼《〈永乐大典〉现存卷目表》（1929年2月）：未详。

按：其时可能在书贾之手。

袁同礼《〈永乐大典〉现存卷目表》（1932年12月）：未详。

袁同礼《〈永乐大典〉现存卷目表》（1939年7月）：未详。

岩井大慧《袁氏永乐大典现存卷目表补正》著录：东洋文库。

田仲一成《日本东洋文库收集〈永乐大典〉残本的过程》（收入中国国家图书馆编《〈永乐大典〉编纂600周年国际研讨会论文集》）载："东洋文库没有明确记录收藏经过的10册，很有可能是1943年前后在北京或上海购买的。"包括此册。

按：据岩井大慧所记，此册在1940年已归东洋文库。

岩井大慧《永乐大典现存卷目表（新订）》（1963）：东洋文库。

中华书局1986年影印《永乐大典》收入。

递藏线索：此册傅增湘曾于1925年在北平经眼。1940年之前，此册归东洋文库。

| 196 | 7513~7514 | 十八阳 | 国图 |

参卷 7506 一册。

正文首叶有印："涵芬楼"。末叶有印："海盐张元济经收"。

本册有一张四库馆签条（卷 10483）。

《传书堂藏善本书志》下，子部·类书，第 21-24 页收了《永乐大典》十册之卷目：卷 2535~2536，卷 2539~2540，卷 3525~3526，卷 6558~6559，卷 7513~7514，卷 11127~11128，卷 11129~11130，卷 11131~11132，卷 11133~11134，卷 15140~15141。

袁同礼《〈永乐大典〉现存卷目表》（1929 年 2 月）：上海东方图书馆。

按：据张树年主编《张元济年谱》第 263 页，商务印书馆购入此册是在 1926 年。

袁同礼《〈永乐大典〉现存卷目表》（1932 年 12 月）：上海东方图书馆。

袁同礼《〈永乐大典〉现存卷目表》（1939 年 7 月）：上海东方图书馆。

商务印书馆编《涵芬楼烬余书录》，第 542 页"书录·子部"，著录有该册。

岩井大慧《永乐大典现存卷目表（新订）》（1963）：旧上海东方图书馆。北京图书馆。

陈恩惠编《北京图书馆藏永乐大典卷目表》：原本一册（商务印书馆捐赠）。抄本一册。

中华书局 1986 年影印《永乐大典》收入。

递藏线索：此册傅增湘于 1925 年曾经眼，后归蒋汝藻。1926 年，售归商务印书馆。1951 年，商务印书馆将此册捐给中央人民政府，由文物局拨交北图收藏。

| 197 | 7515~7516 | 十八阳 | 英国牛津大学博德利图书馆 |

彼得·汤普森《中国的莫理循》第 168 页载，巴克斯"捞到六册《大典》"。

按：此册应是巴克斯（Backhouse）得自翰林院的。

〔英〕何大伟（David Helliwell）《欧洲图书馆所藏〈永乐大典〉综述》

提到此册曾为 Backhouse 收藏,"有《四库全书》签条的痕迹。这一册的题签上写着包含卷18203～18206,中华书局1960/1984年影印版均未收入,现在下落不明。几乎可以肯定,这册《永乐大典》到达西方之前标签就已经弄错了。"

按:Backhouse 于1913年将六册《大典》捐给牛津大学博德利图书馆,可能包括此册。

Giles, Lionel, A note on Yung lo Ta Tien, 载 *The New China Review* 2:2,1920年4月,记载该册藏于牛津大学。

袁同礼《〈永乐大典〉考》(1923年11月):牛津大学。

中华书局1986年影印《永乐大典》收入。

递藏线索:此册于庚子事变中由巴克斯(Backhouse)获得,后于1913年被其捐给牛津大学博德利图书馆。

| 198 | 7517~7518 | 十八阳 | 国图 |

正文首叶有印:"刘承幹字贞一号翰怡"、"吴兴刘氏嘉业堂藏书印"、"南满洲铁道株式会社大连图书馆"(按:该印中间还有编号:"825298"、"昭:141211")、俄文印、"大连图书馆藏"。末叶有印:"大连图书馆藏"。

中华书局1986年影印《永乐大典》收入。

递藏线索:与卷480～481一册同。

| 199 | 7543 | 十八阳 | 国图 |

首叶有印:俄文两印,"大连图书馆藏","御赐平衡精格","翰怡汲古","人间孤本","刘承幹字贞一号翰怡","吴兴刘氏嘉业堂藏书印"。末叶有印:"大连图书馆藏"。

袁同礼《〈永乐大典〉现存卷目表》(1929年2月):吴兴刘氏。

按:此册在民国十八年曾影印出版。影印本书末有后序:"金刚般若经注解序,……借此本于嘉业堂刘氏,亟付影印。……岁在己巳二月花朝嘉兴金蓉镜谨序。"还有一篇刘承幹跋:"……周君子美为余编校藏书,见之,赞叹欢喜,发愿流通,亟以借付景印请。余维永乐大典之编纂,历时五年,总二万二千九百三十七卷,实为我国著述之一大结集。庚子之乱,全书散佚,欧美人士纷纷携归,既非璧马外府之寄,实有文武道丧之忧。京师图书馆既海内藏书家所蒐录者不过二百册,又皆残编零本,首尾不全。余所藏四十二册,亦惟此帙完然自为一书。……己巳花朝吴兴刘承幹记于鹧鸪溪上。"

中华书局1986年影印《永乐大典》收入。

递藏线索:与卷480~481一册同。

| 200 | 7602~7603 | 十八阳 | 国图 |

首叶右下角有印:"周暹"。末叶左下角有印:"周暹"。

按:这是周叔弢的藏印。

傅增湘《藏园群书经眼录》第712页有著录:一册。甲寅年(1914)经眼。《张元济傅增湘论书尺牍》,1914年9月27日傅信:"又有《大典》一册,乃杭字。皆记宋时杭州风俗物产,如《武林旧事》、《西湖老人繁胜录》(此书不见著录,有十余叶),均佳。但亦索百元。购否?"10月13日傅信:"《永乐大典》(按:即前述忠字号)一册价八十六元,已付之。……《大典》杭字册《西湖老人繁胜录》、《都城纪胜》二种皆完全,书主视此甚重,与前册无殊。然湘观之则尤胜。刻下持去,闻暂不售,湘欲假一抄亦不可得。"1914年12月27日傅信:"杭字《大典》小山前辈以百元购去,款固未付,当时属交尊处。刻既由公留之,则自请收湘之帐,其款候将来拨作他用可也。"

《艺风老人日记》云:"(甲寅十月)八日癸亥,……傅沅叔来,交《大典》一册。……""(甲寅十月)廿九日乙巳,……送《大典》一册与菊生。……"①

按:据柳和城《张元济涉园善本藏书钩沉》:"正在鱼雁往还谐价之时,传来此册为缪荃孙'捷足先登'而购去的消息。《西湖老人繁胜录》向无其他传本,所记又当作者亲历杭州繁盛时的情况,史料价值颇高。孙毓修当时从缪氏艺风堂借得后录出,1916年编入《涵芬楼秘笈》第三集,还请杭州学者吴庆坻(子修)校勘并加注释。杭字韵《大典》何时由艺风堂转入

---

① 以上分别见缪荃孙《艺风老人日记》,第2768、2773页。

张氏涉园，现无直接材料。现存 1916 年 10 月 12 日孙毓修致张元济函，'奉阅'《繁胜录》样张，商讨吴氏校语处理问题，可能此时原书已入藏张元济书斋。据《胡适日记全编》1930 年 8 月 4 日记载：'在张菊生先生处看见四册《永乐大典》，其中杭字一册有《武林旧事》、《都城纪胜》及《都城繁胜录》。《繁胜录》是我不曾见过的。'

按：此册当时傅氏作介要售予张氏，期间缪氏欲购而未成交，又转归张氏。故 1914 年 10 月 29 日此册已由缪氏转归张氏。12 月傅氏获悉此册归张氏，傅氏代为付款。

袁同礼《〈永乐大典〉现存卷目表》（1929 年 2 月）：海盐张氏。

袁同礼《〈永乐大典〉现存卷目表》（1932 年 12 月）：海盐张氏。

袁同礼《〈永乐大典〉现存卷目表》（1939 年 7 月）：秋浦周氏。

按：参卷 485～486 一册。此册当于 1933 年春与忠字韵、村字韵两册《大典》一起让归周叔弢。

今堀诚二《永乐大典现存卷目表追补》（1940）：秋浦周氏。

《中国国家图书馆馆史资料长编（1909—2009）》第 417 页：1951 年 8 月 20 日，周叔弢捐赠《永乐大典》1 册，由北图典藏。

《周叔弢古书经眼录》第 656 页：御题永乐大典（七六〇二，七六〇三，杭字，都城纪胜、西湖老人繁胜录），一本（原注：赠北京图）。

按：赠《大典》一册给北图，是在 1951 年 8 月。

《北京图书馆善本书目》（1959），卷 5，子部下·类书类："永乐大典，明内府抄本，一百二十二册，存二百三十六卷。"其中卷 7602～7603，周叔弢先生捐赠一册。

岩井大慧《永乐大典现存卷目表（新订）》（1963）：旧海盐张氏。北京图书馆。

陈恩惠编《北京图书馆藏永乐大典卷目表》：原本一册（周叔弢先生捐赠）。影本一册。

中华书局 1986 年影印《永乐大典》收入。

递藏线索：此册傅氏于 1914 年经眼，作介要售予张氏，期间缪氏欲购而未成交，于 10 月转归张氏。1933 年归周叔弢。1951 年 8 月，周氏将此册捐给北图。

| 201 | 7650~7651 | 十八阳 | 中国台北故宫博物院 |

夏曾佑《京师图书馆善本简明书目》有著录。

按：教育部最初拨交京师图书馆的六十册之一。

中华书局1986年影印《永乐大典》收入。

递藏线索：与卷2743~2744一册同。

| 202 | 7677 | 十九庚 | 英国牛津大学博德利图书馆 |

Giles, Lionel, A note on Yung lo Ta Tien, 载 *The New China Review* 2：2，1920年4月，记载该册藏于牛津大学。

〔英〕何大伟（David Helliwell）《欧洲图书馆所藏〈永乐大典〉综述》提到该册曾为Backhouse收藏，"封面题签未见。有《四库全书》签条的痕迹"。

袁同礼《〈永乐大典〉考》（1923年11月）：牛津大学。

中华书局1986年影印《永乐大典》收入。

递藏线索：此册于庚子事变中由巴克斯（Backhouse）获得，后于1913年被其捐给牛津大学博德利图书馆。

| 203 | 7701~7702 | 十九庚 | 中国台北故宫博物院 |

夏曾佑《京师图书馆善本简明书目》有著录。

按：教育部最初拨交京师图书馆的六十册之一。

中华书局1986年影印《永乐大典》收入。

递藏线索：与卷2743~2744一册同。

| 204 | 7756~7757 | 十九庚 | 美国哈佛大学哈佛燕京图书馆 |

美国哈佛大学哈佛燕京学社于1931年在北平购得《大典》卷7756~7757一册，价格为300元。先存之于北平燕京大学图书馆，后始运美。是年10月以前入藏"哈佛燕京图书馆"[1]。

---

[1] 沈津：《二本〈永乐大典〉》，http://blog.sina.com.cn/harvardduyu，2008年12月16日。

程焕文编《裘开明年谱》第59页载，一九三一年四月八日，"裘开明致函白雷格（Robert Pierpont Blake）：已经为哈佛买到了一卷《永乐大典》，价格是300银元。去年夏天参观大英博物馆东方文献时，翟林乐（Lionel Giles）博士告诉我，邓罗（C. H. Brewitt-Taylor）先生有两卷《永乐大典》要卖。翟林乐博士还说邓罗正考虑将它们还给中国政府。他是想出售还是捐赠，我还不知道。你最好能写信给邓罗先生，问他是否愿意卖或捐赠。邓罗先生所拥有的两卷没有被袁同礼列在他的《永乐大典》现存卷册的统计表上，可能因为他不知道。袁先生的统计表发表在《国立北平图书馆通讯》上。我还没看到邓罗先生的收藏，翟林乐也不记得是否有图解。如果它们有图解，而且有可观的长度，我认为值200到600美金。《永乐大典》在北平的价格一卷从250到600银元不等，取决于这些特殊卷册是以什么形式出版的，是否有图解，有多少页等。你能从伯希和（Paul Pelliot）教授那里了解《永乐大典》的情况吗？据说有一位法国女士有意出售一卷《永乐大典》。"

程焕文编《裘开明年谱》第89~90页载，裘开明提交《1931—1932年度汉和图书馆馆长报告》：1931年6月30日至1932年7月1日，……我在中国购买的善本图书如下：……《永乐大典》卷7756~7757，《永乐大典》卷19416~19426，4册影印本。

按：可参卷489~490一册。邓罗（C. H. Brewitt-Taylor）先生其实藏有三册《大典》，1931年2月14日都捐给了大英图书馆。可参卷8268~8269一册。

中华书局1986年影印《永乐大典》收入。

递藏线索：美国哈佛大学哈佛燕京学社于1931年在北平购得。

| 205 | 7856~7857 | 十九庚 | 中国台北故宫博物院 |

《中国国家图书馆馆史资料长编（1909—2009）》第76页：1926年3月至1927年6月北京图书馆购书情况。……一，明钞本。取有关史料或足资校勘者择要购置。本年购入者如……《永乐大典》卷七千八百五十六至七千八百五十七、八千零二十五至八千零二十六、一万九千一百三十六至一

万九千一百三十七等。……（北京图书馆：《北京图书馆第一年度报告》，第 7~12 页，北京：北京图书馆，1927）。

按：卷一万九千一百三十六至一万九千一百三十七，应是卷 19636~19637 之误。

袁同礼《〈永乐大典〉现存卷数续目》（1927 年 8 月）：北京图书馆。

袁同礼《〈永乐大典〉现存卷目表》（1929 年 2 月）：北平北海图书馆。

按：赵爱学《国图藏嘉靖本〈永乐大典〉来源考》载："馆藏采访卡片记录为'购自丰记书局，16/4/25，1 羊 205 元'。则此册最初是 1927 年 4 月为北平北海图书馆前身之北京图书馆，以 1 个大洋加 205 元价从丰记书局书店购得，1929 年北平北海图书馆并入北平图书馆后，成为北平图书馆藏品。"丰记书局，北京琉璃厂旧书店。

赵万里编《北平图书馆善本书目》卷三，第 296~298 页："永乐大典，明内府抄本，存一百六十二卷。"记有各册卷数，其中包括该册。

陈恩惠编《北京图书馆藏永乐大典卷目表》：原本一册（存美），有胶卷。

中华书局 1986 年影印《永乐大典》收入。

递藏线索：1927 年 4 月北平北海图书馆购入该册。抗日战争期间，此册迁美，由美国国会图书馆代为保管。1965 年，此册运回台湾。现藏台北故宫博物院。

| 206 | 7889~7890 | 十九庚 | 国图 |

正文首叶有印："京师图书馆收藏之印"。

本册有一张四库馆签条。

夏曾佑《京师图书馆善本简明书目》有著录。

按：教育部最初拨交京师图书馆的六十册之一。

袁同礼《〈永乐大典〉考》（1923 年 11 月）：京师图书馆。

赵万里编《北平图书馆善本书目》卷三，第 296–298 页："永乐大典，明内府抄本，存一百六十二卷。"记有各册卷数，其中包括该册。

岩井大慧《永乐大典现存卷目表（新订）》（1963）：北京图书馆。京都谷村顺藏家藏。

按：据岩井氏，此册原为京都谷村顺藏家藏，那怎么会是最初的六十册之一呢？是否其家还有一本呢？从"京师图书馆收藏之印"看，应该没有流出过。此存以待考。

中华书局1986年影印《永乐大典》收入。

递藏线索：此册原藏翰林院，直至清末。民国初，教育部将其取归教育部图书室。1912年拨归京师图书馆。

| 207 | 7891~7892 | 十九庚 | 国图 |

正文首叶有印："京师图书馆收藏之印"。

夏曾佑《京师图书馆善本简明书目》有著录。

按：教育部最初拨交京师图书馆的六十册之一。

中华书局1986年影印《永乐大典》收入。

递藏线索：与卷3003~3004一册同。

| 208 | 7893~7895 | 十九庚 | 国图 |

正文首叶有印："京师图书馆收藏之印"。

夏曾佑《京师图书馆善本简明书目》四卷有著录。

按：教育部最初拨交京师图书馆的六十册之一。

中华书局1986年影印《永乐大典》收入。

递藏线索：与卷3003~3004一册同。

| 209 | 7960~7962 | 十九庚 | 国图 |

参卷2537~2538一册。

正文首叶有印："南满洲铁道株式会社图书印"、"南满洲铁道株式会社大连图书馆"、俄文印。末叶有印："大连图书馆藏"。

本册有一张四库馆签条。

满铁大连图书馆1944年著录［参岛田好《本馆所藏稀见书解题（一）》］。

按：参卷 2537～2538 一册。书上还印有昭和十八年（1943）的印章。1943 年，大连图书馆从丁士源手中购入的三册，应该是指卷 2537～2538、卷 7960～7962、卷 14626 三册。

赵万里《苏联列宁图书馆送还给中国人民的永乐大典》（1954）著录。

岩井大慧《永乐大典现存卷目表（新订）》（1963）：旧大连图书馆。北京图书馆。

陈恩惠编《北京图书馆藏永乐大典卷目表》：原本一册（苏联移赠）。

中华书局 1986 年影印《永乐大典》收入。

递藏线索：此册原藏丁士源之手。1943 年卖与大连满铁图书馆。1945 年 10 月苏联从大连图书馆选走了 55 册《永乐大典》（包括此册）。1954 年 6 月，苏联政府归还给中国政府其中的 52 册《永乐大典》（包括此册），现藏于中国国家图书馆。

| 210 | 7963 | 十九庚 | 中国台北故宫博物院 |

夏曾佑《京师图书馆善本简明书目》有著录。

按：教育部最初拨交京师图书馆的六十册之一。

中华书局 1986 年影印《永乐大典》收入。

递藏线索：与卷 2743～2744 一册同。

| 211 | 8020 | 十九庚 | 国图 |

正文首叶有印："涵芬楼"。末叶有印："海盐张元济经收"。

中华书局 1986 年影印《永乐大典》收入。

递藏线索：与卷 7325 一册同。

| 212 | 8021 | 十九庚 | 英国牛津大学博德利图书馆 |

Giles, Lionel, A note on Yung lo Ta Tien, 载 The New China Review 2：2，1920 年 4 月，记载该册藏于牛津大学。

〔英〕何大伟（David Helliwell）《欧洲图书馆所藏〈永乐大典〉综述》提到该册曾为 Backhouse 收藏，"封面题签未见。有《四库全书》签条的痕迹"。

袁同礼《〈永乐大典〉考》（1923 年 11 月）：牛津大学。

中华书局 1986 年影印《永乐大典》收入。

递藏线索：庚子事变期间，此册为巴克斯（Backhouse）所得。后于 1913 年捐给牛津大学博德利图书馆。

| 213 | 8022~8024 | 十九庚 | 英国国家图书馆 |

〔英〕何大伟（David Helliwell）《欧洲图书馆所藏〈永乐大典〉综述》载："1952 年 6 月 17 日购自 R. C. Wilkinson（大英图书馆档案 ff. 53. M. Lunan 18. 6. 1952）。有《四库全书》签条。封底上下颠倒。"

岩井大慧《永乐大典现存卷目表（新订）》（1963）：大英博物馆。

中华书局 1986 年影印《永乐大典》收入。

递藏线索：大英博物馆于 1952 年 6 月从 R. C. Wilkinson 手中购得。

| 214 | 8025~8026 | 十九庚 | 中国台北故宫博物院 |

首叶有"锡五劫后收藏"印。卷 8025 末叶有印："养福堂印"、"两世为人"。

按：唐荣祚，大兴人，字锡五，号华夏居士，生于道光二十二年（1842），身世不明，但 1912 年尚健在，其时已 71 岁。光绪十五年（1889）十月，受英使馆医官卜士礼的委托，为英国伦敦博物院收藏的二十余件中国古玉撰写《玉说》，光绪十七年脱稿，经厂肆龙文斋刊版寄英。查其《玉说》，国图藏，封面有光绪庚寅字样，并有"古腴居士"题签，有印"古腴旧主"。自序："己丑冬十月英使馆医官卜士礼君得其国伦敦博物院中函，以所获华产玉器多件映照廿余幅，拟就问题九道，嘱倩中国文士为著论说，……。中华民国元年岁在壬子六月十九日大兴唐荣祚锡五氏识于京师之寄傲轩中，时年七十有一。"正文首页有印："浩劫余生"。正文末页有印："养福堂印"。从上可证，此册《大典》就是唐荣祚收藏的。

《中国国家图书馆馆史资料长编（1909—2009）》第 76 页载，1926 年 3 月至 1927 年 6 月北京图书馆购书情况。……一，明钞本。取有关史料或足资校勘者择要购置。本年购入者如……《永乐大典》卷七千八百五十六至七千八百五十七、八千零二十五至八千零二十六、一万九千一百三十六至一万九千一百三十七等。……(北京图书馆:《北京图书馆第一年度报告》,第7~12页,北京:北京图书馆,1927)。

袁同礼《〈永乐大典〉现存卷数续目》(1927年8月):北京图书馆。

袁同礼《〈永乐大典〉现存卷目表》(1929年2月):北平北海图书馆。

按:赵爱学《国图藏嘉靖本〈永乐大典〉来源考》载:"馆藏采访卡片记录为'购自肆雅堂,16/1/21,二百二十元'。则此册最初是1927年1月为北平北海图书馆前身之北京图书馆以220元价从肆雅堂书店购得,1929年北平北海图书馆并入北平图书馆后,成为北平图书图馆藏品。"肆雅堂为北京琉璃厂旧书店,店主丁梦松。

赵万里编《北平图书馆善本书目》卷三,第296~298页:"永乐大典,明内府抄本,存一百六十二卷。"记有各册卷数,其中包括该册。

陈恩惠编《北京图书馆藏永乐大典卷目表》:原本一册(存美),有胶卷。

中华书局1986年影印《永乐大典》收入。

递藏线索:此册原为唐荣祚于庚子事变后收得,后流入肆雅堂。1927年1月北平北海图书馆从肆雅堂购入。抗日战争期间,此册迁美,由美国国会图书馆代为保管。1965年,此册运回台湾。现藏台北故宫博物院。

| 215 | 8089-8090 | 十九庚 | 英国国家图书馆 |

本册有一张四库馆签单。

中华书局1986年影印《永乐大典》收入。

递藏线索:与卷913~914一册同。

| 216 | 8091~8093 | 十九庚 | 国图 |

正文首叶有印:"国立北平图书馆收藏"。

本册一张四库馆签条。

封底里页有英文题签:To the National Library Peiping. The original manuscript of the Yung-le Ta-tian is presented in the spirit of admiration and international good fellowship. By Dr. and Mrs. John Inglis, Denver, Colo. July 6th 1931.

按：《中国国家图书馆馆史（1909—2009）》第 77 页载，1931 年，美国人英格利斯夫妇赠《永乐大典》一册（8091～8093 卷）。赵爱学《国图藏嘉靖本〈永乐大典〉来源考》载："馆藏采访卡片记录为'美国英格利先生赠，20/9/20'；原书卷末有英格利（Inglis）夫妇致北平图书馆英文短笺，表明其基于钦佩和国际友谊而捐赠此册，日期署 1931 年 7 月。《国立北平图书馆馆务报告》（1930.7—1931.6）记载，1931 年为庆祝北平图书馆文津街新馆开馆，各界贺赠图书、拓片等，其中即有'美国 John Inglis 夫妇，写本一种，永乐大典卷八千零九十一之八千零九十三册'。此册乃是 Inglis 教士夫妇于庚子之乱中所得，1931 年经北平长老会希克司 Mr. Hicks 夫人介绍，为祝贺北平图书馆文津街新馆落成，捐赠国立北平图书馆。"

袁同礼《近三年来发见之〈永乐大典〉》（1932 年 2 月）：北平图书馆。

赵万里编《北平图书馆善本书目》卷三，第 296-298 页："永乐大典，明内府抄本，存一百六十二卷。"记有各册卷数，其中包括该册。

陈恩惠编《北京图书馆藏永乐大典卷目表》：原本一册。

中华书局 1986 年影印《永乐大典》收入。

递藏线索：此册原由美国人英格利斯（Inglis）夫妇收藏（是在庚子事变中获得的），1931 年赠予北平图书馆。

| 217 | 8164～8165 | 十九庚 | 国图 |

正文首叶有印："刘承幹字贞一号翰怡"、"吴兴刘氏嘉业堂藏书印"、"南满洲铁道株式会社大连图书馆"（按：该印中间还有编号："昭：141211"）、俄文印、"大连图书馆藏"。末叶有印："大连图书馆藏"。

中华书局 1986 年影印《永乐大典》收入。

递藏线索：与卷 480～481 一册同。

| 218 | 8199 | 十九庚 | 国图 |

正文首叶有印："京师图书馆收藏之印"。封底里叶有墨笔题："原陵秘葬经（一卷，系全书，有序，不详撰人姓名，似属艺术一类，谨遵原奏条例，签出备采。）"

按：这里所题，是题在纸签上的，而且应该是四库馆臣所题。

夏曾佑《京师图书馆善本简明书目》有著录。

案：教育部最初拨交京师图书馆的六十册之一。

中华书局 1986 年影印《永乐大典》收入。

递藏线索：与卷 3003～3004 一册同。

| 219 | 8268～8269 | 十九庚 | 英国国家图书馆 |

本册有一张四库馆签单。

〔英〕何大伟（David Helliwell）《欧洲图书馆所藏〈永乐大典〉综述》载："'邓罗（C. H. Brewitt-Taylor）先生捐赠。1931 年 2 月 14 日。'翟林奈（1931）记录了这一册以及邓罗捐赠的另外两册（卷 8275 及 18244～18245）的情况。邓罗（1857～1938）曾任大清皇家海关税务司，参与了使馆之围。Cannon 认为，这 3 册'几乎可以肯定是有人在使馆之围中趁火打劫得来的，而邓罗则是购买（而不是直接掠夺）的'。据 1930 年 1 月 30 日写给翟理斯的一封信（大英图书馆档案）记载，邓罗先是将这几册借给大英博物馆，请博物馆写了收据，以便日后可以索还；在 1930 年 12 月 18 日的另一封信里，他说自己丢失了收据，希望将这几册捐赠；1931 年 1 月 4 日的信里，他说找到了收据并随信附上，他补充说：'现在你们可以销毁这张收据以及其他一切能证明这几册《永乐大典》曾经属于我的证据。'Cannon 将他的所作所为解释为对'证明他与《永乐大典》及义和团运动之后的掠夺有关的证据'的敏感。有《四库全书》签条。"

按：这一册和 Brewitt-Taylor 另外的两册（卷 8275，18244～18245）都在 Lancelot Giles 的日记 The siege of the Peking legations：a diary，1931 年中有记录。

《国立北平图书馆馆刊》1930 年第 4 卷第 2 期袁同礼《〈永乐大典〉现存卷数表再补》载："近接英伦博物院东方图书部主任翟博士（Dr. Lionel

Giles）来函，谓在英伦访得大典四册，为前表所未著录，……。"其中包括：C. H. Brewitt-Taylor 的三册：卷 8268～8269，卷 8275，卷 18244～18245。E. D. Edwardsg 一册：卷 10115～10116。文中说，最后一册现存东方语言学校，说明当时此册已归英国伦敦大学亚非学院图书馆。文中还提到，英国伦敦大学亚非学院图书馆还藏有卷 3944～3945 一册。

袁同礼《近三年来发见之〈永乐大典〉》（1932 年 2 月）：英伦博物院。

中华书局 1986 年影印《永乐大典》收入。

递藏线索：此册原由邓罗（Charles Henry Brewitt-Taylor）收藏，1931 年捐给大英博物馆。

| 220 | 8275 | 十九庚 | 英国国家图书馆 |

〔英〕何大伟（David Helliwell）《欧洲图书馆所藏〈永乐大典〉综述》载："'邓罗先生捐赠。1931 年 2 月 14 日。'见卷 8268～8269。书品极差。未做修复。有《四库全书》签条。"

袁同礼《近三年来发见之〈永乐大典〉》（1932 年 2 月）：英伦博物院。

中华书局 1986 年影印《永乐大典》收入。

递藏线索：与卷 8268～8269 一册同。

| 221 | 8339 | 十九庚 | 中国台北故宫博物院 |

参卷 2807 一册。

书衣上的书签为："御题永乐大典卷八千三百三十九"。较一般的书签多了御题两字。封里有御题诗："题陈规守城录。摄篆德安固守城，因而失事论东京。……逮迫临冲祸早成。乾隆癸巳仲夏御笔。"上有"乾隆御览之宝"、"惟精惟一"、"乾隆宸翰"三印。

按：这是乾隆的御题诗，而且应是原件。因为此册有乾隆御题诗，书签已改写过。凡是附有乾隆御题诗的《大典》，书签应会改加"御题"二字。

袁同礼《〈永乐大典〉现存卷目表》（1929 年）：北平图书馆。

按：据赵爱学《国图藏嘉靖本〈永乐大典〉来源考》载："此 2 册（引

者注：指本册与卷8339一册）袁同礼1929年2月《表》始著录藏地为'北平图书馆'。另据国家图书馆藏档案1929年10月14日谢赠函：'敬启者：本年三月承惠赠《永乐大典》第二千八百七卷及第八千三百三十九卷各一册……此致，大连图书馆。'则此2册为1929年3月大连图书馆捐赠北平图书馆。"

赵万里编《北平图书馆善本书目》卷三，第296~298页："永乐大典，明内府抄本，存一百六十二卷。"记有各册卷数，其中包括该册。

陈恩惠编《北京图书馆藏永乐大典卷目表》：原本一册（存美），有胶卷。

中华书局1986年影印《永乐大典》收入。

递藏线索：此册为1929年3月大连图书馆捐赠北平图书馆。抗日战争期间，此册迁美，由美国国会图书馆代为保管。1965年，此册运回台湾。现藏台北故宫博物院。参本书《〈永乐大典〉乾隆御题诗考》。

| 222 | 8413~8414 | 十九庚 | 国图 |

首叶右下角有印："鉏经堂藏"。末叶左下角有印："鉏经堂珍藏金石书画碑帖记"。

按：据赵爱学《国图藏嘉靖本〈永乐大典〉来源考》考证，印主应为胡若愚。胡若愚（1897~1962），本名言愚，字如愚，后改为若愚，号悔庵，安徽合肥人。国立北京大学毕业，法学士。历任法制院参事、参政院参政、清室私产清理局总办、青岛市市长、北平代市长、故宫博物院理事等职。晚年定居天津锄经里。喜收藏图书字画。其藏印有"悔龛长物"、"若愚所得"、"鉏经堂珍藏金石书画碑帖记"、"鉏经堂藏"等。"馆藏采访卡片记录为'与20308/20309共2册，崇文斋购，23/12/6，共一千元'。则此二册初为胡若愚旧藏，1934年购自琉璃厂崇文斋。"

《国立北平图书馆馆刊》第八卷（1934）第四期，"本馆新旧善本书目异同表"著录，为北图新收的。

袁同礼《〈永乐大典〉现存卷目表》（1939年7月）：北平图书馆。

岩井大慧《袁氏永乐大典现存卷目表补正》著录：未详。昭和九年十一月北京市场出现。

按：昭和九年为 1934 年。

岩井大慧《永乐大典现存卷目表（新订）》（1963）：北京图书馆。昭和九年十一月北京市场购买。

陈恩惠编《北京图书馆藏永乐大典卷目表》：原本一册。

中华书局 1986 年影印《永乐大典》收入。

递藏线索：此册原为胡若愚旧藏，后流入琉璃厂崇文斋，北图于 1934 年购入。

| 223 | 8506~8507 | 十九庚 | 国图 |

正文首叶有印："京师图书馆收藏之印"。

本册有一张四库馆签条。

夏曾佑《京师图书馆善本简明书目》有著录。

按：教育部最初拨交京师图书馆的六十册之一。

中华书局 1986 年影印《永乐大典》收入。

递藏线索：与卷 3003~3004 一册同。

| 224 | 8526~8527 | 十九庚 | 中国台北故宫博物院 |

教育部总务厅文书科编《教育部图书目录》第八卷，第 788 页：永乐大典残本，写本，四本。

按：包括此册。

夏曾佑《京师图书馆善本简明书目》有著录。

按：该册是教育部图书室所留四册《大典》之一。

袁同礼《〈永乐大典〉考》（1923 年 11 月）：教育部图书室。

袁同礼《〈永乐大典〉现存卷目》（1925 年 12 月）：教育部图书室。

袁同礼《〈永乐大典〉现存卷目表》（1929 年 2 月）：北平图书馆。此册原藏教育部图书室，北平图书馆录副。

袁同礼《〈永乐大典〉现存卷目表》（1932 年 12 月）：北平图书馆。此册原藏教育部图书室，今归北平图书馆。

赵万里编《北平图书馆善本书目》卷三，第296～298页："永乐大典，明内府抄本，存一百六十二卷。"记有各册卷数，其中包括该册。

陈恩惠编《北京图书馆藏永乐大典卷目表》：原本一册（存美），有胶卷。抄本一册。

中华书局1986年影印《永乐大典》收入。

递藏线索：此册为原留于教育部图书室的四册之一。1929年拨归北图。抗日战争期间，此册迁美，由美国国会图书馆代为保管。1965年，此册运回台湾。现藏台北故宫博物院。

| 225 | 8569～8570 | 十九庚 | 日本神户黑川古文化研究所 |

严绍璗《日藏汉籍善本书录》第1052页：黑川古文化研究所藏本。

史广超《永乐大典辑佚述稿》第232页注，提到该卷有错简。

《海外新发现永乐大典十七卷》收入。

递藏线索：现藏日本神户黑川古文化研究所。

| 226 | 8587～8588 | 十九庚 | 中国台北故宫博物院 |

袁同礼《〈永乐大典〉现存卷目》（1925年12月）：京师图书馆。

按：此册为1925年12月之前购入的。《陈垣来往书信集》（增订本）第69页载，张宗祥来函："《永乐大典》一册，索价一百五十金（前年馆中买三册，每册九十金。去年商务馆买数册，闻每册百三十金），大约尚可让些。本有两册，一册现被他人留住（据卖者所云如是）。此册成否，明晚要来敝寓讨回信，真奇货可居。卖者为一旧家，非书估（据云家中尚有三册，年底如少钱亦须卖去），着其亲送至尊寓，忸怩不肯，只得转送，请酌裁见覆为盼。此请晨安。弟张宗祥敬上。一月廿四日。"来函："《永乐大典》前途壹本已卖去，闻得价百余金。嘱其取回，买者不肯放手，且欲来取存于尊处之书。原简奉闻，专此，即请大安。弟张宗祥敬上。三十日。"按：前途云云，指卖方有一本已卖出。张宗祥，后兼任京师图书馆主任，负责整理故宫移来的大量古籍，编成《善本书目》4卷，纠正了过去著录的不少讹漏。1921年底至次年五月，陈垣兼京师图书馆馆长。张宗祥于1919年任京师图书馆主任，1922年离开京师图书馆。因此，可以考定：此两信的写作时间，应为1922年1月（原书没有给出具体时间）。陈氏为馆长，故由他来决定是否购入。赵爱学《国图藏嘉靖本〈永乐大典〉来源考》认为，袁同礼《〈永乐大典〉考》（1923年11月）未著录，此册是北图于1923～1925年之间购入的。

赵万里编《北平图书馆善本书目》卷三，第296～298页："永乐大典，明内府抄本，存一百六十二卷。"记有各册卷数，其中包括该册。

陈恩惠编《北京图书馆藏永乐大典卷目表》：原本一册（存美），有胶卷。

中华书局1986年影印《永乐大典》收入。

递藏线索：此册北图于1925年之前购入。抗日战争期间，此册迁美，由美国国会图书馆代为保管。1965年，此册运回台湾。现藏台北故宫博物院。

| 227 | 8628～8629 | 十九庚 | 法国国民文库（存疑） |

参卷2260～2261一册。

中华书局1986年影印《永乐大典》收入。

递藏线索：该册于1912年由董康带到日本，转让给田中庆太郎。1929年前，田中售给越南河内远东学院。后来可能移藏法国国民文库（或即法国国家图书馆），但目前下落不明。参本书《田中庆太郎与〈永乐大典〉的流传》。

| 228 | 8647～8648 | 十九庚 | 日本大阪府立中之岛图书馆 |

中华书局1986年影印《永乐大典》收入。

递藏线索：该册于1912年由董康带到日本，于1913年由大阪府立图书馆购入。参本书《田中庆太郎与〈永乐大典〉的流传》。

| 229 | 8706 | 十九庚 | 国图 |

首叶右下角有印："祁阳陈澄中藏书记"。

按：陈澄中，即陈清华。

袁同礼《〈永乐大典〉现存卷目表》（1929年2月）：武进陶氏。

按：陶氏，即陶湘。此将卷8706～8707合为一册，可能有误。卷8707现已下落不明。

袁同礼《〈永乐大典〉现存卷目表》（1932年12月）：武进陶氏。

袁同礼《〈永乐大典〉现存卷目表》（1939年7月）：武进陶氏。

今堀诚二《永乐大典现存卷目表追补》（1940）：武进陶氏。

《北京图书馆善本书目》（1959），卷5，子部下·类书类："永乐大典，明内府抄本，一百二十二册，存二百三十六卷。"其中卷8706，一册。

岩井大慧《永乐大典现存卷目表（新订）》（1963）：旧武进陶氏。北京图书馆。

陈恩惠编《北京图书馆藏永乐大典卷目表》：原本一册。影本一册。

按：此册《大典》于1955年购自香港陈清华。

中华书局1986年影印《永乐大典》收入。

递藏线索：此册原为陶湘旧藏，后归陈清华。1955年，北图购自香港陈清华。

| 230 | 8782～8783 | 十九庚 | 不详。原著录为韩国旧京李王职文库收藏。原本下落不明。① 韩国奎章阁藏1935年仿抄本 |

国图藏此册胶片，首叶有印，但只余一部分，看不清楚是何字。

袁同礼《〈永乐大典〉现存卷目表》（1939年7月）：京城李王职藏书阁。

按：东洋文库所藏的该册是用旧京城李王职文库藏本影照的。李王职是朝鲜王室的管理机构，负责管理王族及其财产。1918年，该机构在昌德宫设立的李王职图书室书库上挂了"藏书阁"的匾额，藏书阁由此成为指称"朝鲜王家图书馆"的固有名词。"李王职"的负责人是日本人任命的。

---

① 据韩国李泰镇教授《韩国收藏〈永乐大典〉传存过程和内容》介绍，在内藤湖南的建议下由李王职图书室在1914年买进原本一册，1935年誊写完成。誊本现藏首尔大学图书馆，原本在完成誊写的同时丢失了。此条材料为项旋博士提供，谨致谢忱。

岩井大慧《袁氏永乐大典现存卷目表补正》著录：京城李王职文库。

岩井大慧《永乐大典现存卷目表（新订）》（1963）：旧京城李王职文库。

中华书局1986年影印《永乐大典》收入（所据为缩微胶卷）。

递藏线索：此册原本下落不明。韩国奎章阁藏1935年仿抄本。

| 231 | 8841~8843 | 二十尤 | 美国哈佛大学哈佛燕京图书馆 |

此册首叶有"燕京大学图书馆"朱文方印。

袁同礼《〈永乐大典〉现存卷数续目》（1927年8月）：燕京大学图书馆。

按：《赵万里文集》第一卷，第195页：燕京大学图藏一册。即指此册。

袁同礼《〈永乐大典〉现存卷目表》（1929年2月）：燕京大学图书馆。

袁同礼《〈永乐大典〉现存卷目表》（1932年12月）：燕京大学图书馆。

邓嗣禹《燕京大学图书馆目录初稿·类书之部》，1935年版，第4页，著录此册。

袁同礼《〈永乐大典〉现存卷目表》（1939年7月）：燕京大学图书馆。

岩井大慧《袁氏永乐大典现存卷目表补正》著录：燕京大学图书馆。

按：据《赵万里文集》第一卷，第204页载："最可愤慨的是1948年临近北京解放前夕，美帝又通过他的代理人把北京燕京大学图书馆收藏的《永乐大典》一册和其他许多富于历史参考价值的罕见本书籍全部劫运。这一可耻行为，在1955年6月'反对美帝阴谋掠夺台湾文物展览'上已加以揭露。"可见，此册是在1948年被哈佛大学从燕京大学图书馆取走的。

中华书局1986年影印《永乐大典》收入。

递藏线索：此册起码在1927年之后一直藏燕京大学图书馆。在1948年，此册被从燕京大学图书馆取出，归了哈佛大学图书馆。

| 232 | 8844~8845 | 二十尤 | 中国台北故宫博物院 |

首叶、末叶有"京师图书馆收藏之印"。

夏曾佑《京师图书馆善本简明书目》有著录。

按：教育部最初拨交京师图书馆的六十册之一。

袁同礼《〈永乐大典〉考》（1923年11月）：京师图书馆。

按：袁氏将此两卷分为两册。

袁同礼《〈永乐大典〉现存卷目》（1925年12月）：京师图书馆。

按：合为一册。

中华书局1986年影印《永乐大典》收入。

递藏线索：与卷2743~2744一册同。

| 233 | 8908 | 二十尤 | 中国台北故宫博物院 |

中华书局1986年影印《永乐大典》收入。

递藏线索：与卷8526~8527一册同。

| 234 | 8909~8910 | 二十尤 | 中国台北故宫博物院 |

夏曾佑《京师图书馆善本简明书目》有著录。

按：教育部最初拨交京师图书馆的六十册之一。

中华书局1986年影印《永乐大典》收入。

递藏线索：与卷2743~2744一册同。

| 235 | 8978 | 二十九 | 国图 |

岩井大慧《永乐大典现存卷目表（新订）》（1963）：北京图书馆。

《北京图书馆善本书目》（1959），卷5，子部下·类书类："永乐大典，明内府抄本，一百二十二册，存二百三十六卷。"其中卷8978，一册。

按：据赵爱学《国图藏嘉靖本〈永乐大典〉来源考》载："袁同礼各《表》均未著录；张忱石《史话》著录为'原广东郑广权藏，1954年捐赠'。馆藏采访卡片记录为'社会文化事业管理局移交，1954.3.31'，馆藏档案有北京图书馆所收1954年2月20日文化部社会文化事业管理局发文，称'兹拨交你馆广州文化局送来《永乐大典》一册。附去移交单证一件，请即派人来局洽取'。另据《广州市文化局发现〈永乐大典〉一卷》,此卷原为广东顺德县翰林欧家濂旧藏,后售归郑广权,再由郑广权捐献国家。文化部社会文化事业管理局1954年2月拨交北京图书馆。"该文还提到,欧家濂(1869~1925),字介持,广东顺德人。"濂"文献所见多作"廉"。光绪二十一年(1895)进士,光绪二十四年授翰林院编修,历任武英殿协修官、国史馆纂修官、湖南大道监察御史等。郑广权(1908~1968),广东顺德人,中华人民共和国成立前曾在广州中山大学、岭南大学、国民大学任教。中华人民共和国成立后曾在广州市文管会、广东革命历史博物馆、广州市博物馆等单位工作,曾担任广州革命历史博物馆和广州市博物馆馆长、广州市政协委员。

陈恩惠编《北京图书馆藏永乐大典卷目表》:原本一册。

中华书局1986年影印《永乐大典》收入。

递藏线索:该册原为欧家濂之旧藏,后售归郑广权,再由郑广权捐献国家。1954年拨交北京图书馆收藏。

| 236 | 8979 | 二十九 | 国图 |

参卷3614一册。

正文首叶有印:"南满洲铁道株式会社大连图书馆"、俄文印、"大连图书馆藏"。末叶有印:"大连图书馆藏"。

本册有两张四库馆签条,分别为卷10287、卷10310之签条。

袁同礼《〈永乐大典〉现存卷数续目》(1927年8月)著录。

按:没有标庋藏者。

袁同礼《〈永乐大典〉现存卷目表》(1929年2月):未详。

按:其时可能在书贾之手。

袁同礼《近三年来发见之〈永乐大典〉》(1932年2月):吴兴丁氏百一斋。

按:参卷3614册。吴兴丁氏百一斋在1931年前应藏有7卷,应该就是大连图书馆收得的:卷3614、卷5345、卷8979、卷22570~22572、卷22760共五册。

袁同礼《〈永乐大典〉现存卷目表》（1932年12月）：吴兴丁氏百一斋。

袁同礼《〈永乐大典〉现存卷目表》（1939年7月）：吴兴丁氏百一斋。

岩井大慧《袁氏永乐大典现存卷目表补正》著录：奉天丁氏。

李绮生《永乐大典志略》（1940）：未详。

满铁大连图书馆1944年著录［参岛田好《本馆所藏稀见书解题（一）》］。

赵万里《苏联列宁图书馆送还给中国人民的永乐大典》（1954年）著录。

岩井大慧《永乐大典现存卷目表（新订）》（1963年）：旧奉天丁氏。北京图书馆。

陈恩惠编《北京图书馆藏永乐大典卷目表》：原本一册（苏联移赠）。抄本一册。

中华书局1986年影印《永乐大典》收入。

递藏线索：此册原藏吴兴丁氏百一斋。1943年左右卖与大连满铁图书馆。1945年10月苏联从大连图书馆选走了55册《永乐大典》（包括此册）。1954年6月，苏联政府归还给中国政府其中的52册《永乐大典》（包括此册），现在藏于中国国家图书馆。

| 237 | 8980~8981 | 二十尤 | 中国台北故宫博物院 |

夏曾佑《京师图书馆善本简明书目》有著录。

按：教育部最初拨交京师图书馆的六十册之一。

中华书局1986年影印《永乐大典》收入。

递藏线索：与卷2743~2744一册同。

| 238 | 9561 | 二十二覃 | 日本东洋文库 |

中华书局1986年影印《永乐大典》收入。

递藏线索：此册约在1918年由田中庆太郎购归日本，然后售予东洋文库。参本书《田中庆太郎与〈永乐大典〉的流传》。

| 239 | 9762-9764 | 二十二覃 | 国图 |

首叶右下角有印:"徐世章印","濠园秘笈"。

《张元济日记》,第1025页载,"(1920年10月21日)韩滋园之友携旧抄《职官分纪》两册来。云有四卷抄配,全书五十卷,系明抄。余言送全书来。又《永乐大典》岩字韵一册,索百五十元。余还百元。"

按:未审是否为此册,抑或下一册。

袁同礼《〈永乐大典〉现存卷目表》(1929年2月):天津徐氏。

中华书局1986年影印《永乐大典》收入。

递藏线索:与卷980一册同。

| 240 | 9765-9766 | 二十二覃 | 日本石黑传六 |

参上册。

袁同礼《近三年来发现之〈永乐大典〉》(1932年2月):石黑传六。

袁同礼《〈永乐大典〉现存卷目表》(1932年12月):石黑传六氏。

袁同礼《〈永乐大典〉现存卷目表》(1939年7月):石黑传六氏。

岩井大慧《永乐大典现存卷目表(新订)》(1963):石黑传六。

中华书局1986年影印《永乐大典》收入。

递藏线索:此册起码自1932年始一直为日本石黑传六收藏。

| 241 | 10110~10112 | 二纸 | 爱尔兰都柏林切斯特·比蒂图书馆(Chester Beatty Library) |

〔英〕何大伟(David Helliwell)《欧洲图书馆所藏〈永乐大典〉综述》载:"该册从书脊至切口处均有水渍及霉菌,据此推测,当初浸水时可能是切口朝下。黄绢封面应该是原书封面,但是内衬已经变得很软了。书页上有一个红色的中文名字"白莱喜"是 James Russell Brazier 的中文名字。"

《海外新发现永乐大典十七卷》收入。

递藏线索:此册于1900年庚子事变期间由英国中校 Brazier 在翰林院获得,带回英国。上世纪50年代切斯特·比蒂购得。可参卷803~806一册。

| 242 | 10115~10116 | 二纸 | 英国伦敦大学亚非学院图书馆 |

本册有一张四库馆签单。

〔英〕何大伟（David Helliwell）《欧洲图书馆所藏〈永乐大典〉综述》载："1955年7月6日入藏，E. Edwards教授遗赠。1913年，叶女士（E. Vangeline Dora Edwards）（b. 1888）前往中国传教。在北京经过为期两年的语言学习之后，她于1915年成为奉天女子师范学堂的校长，在那里她遇到了邓罗。1919年，她离开奉天回到英国。1921年，她被任命为亚非学院讲师，随后晋升系主任（Cannon, 90－91）。她究竟是从邓罗手里抑或其他途径得到这册《永乐大典》不得而知。尽管邓罗将他的全部中文资料都遗留给了叶女士，但是在此之前他已经费尽心思地处理了自己收藏的《永乐大典》（见卷8268～8269）。有《四库全书》签条的痕迹。这册损坏严重，封面修复过。"

《国立北平图书馆馆刊》1930年第4卷第2期袁同礼"永乐大典现存卷数表再补"载："近接英伦博物院东方图书部主任翟博士（Dr. Lionel Giles）来函，谓在英伦访得《大典》四册，为前表所未著录，……。"其中包括：C. H. Brewitt-Taylor的三册：卷8268～8269，卷8275，卷18244～18245。E. D. Edwardsg一册：卷10115～10116。文中说，最后一册现存东方语言学校，说明当时此册已归英国伦敦大学亚非学院图书馆。文中还提到，英国伦敦大学亚非学院图书馆还藏有卷3944～3945一册。

按：东方语言学校，即亚非学院。前引何氏文说是1955年赠的，但此处说1930年已入藏，因此，有可能是先寄存，后捐赠的。

袁同礼《近三年来发见之〈永乐大典〉》（1932年2月）：伦敦东方语言学校。

中华书局1986年影印《永乐大典》收入。

递藏线索：此册原为E. Edwards教授收藏，后赠予英国伦敦大学亚非学院。

| 243 | 10135～10136 | 二纸 | 英国牛津大学博德利图书馆 |

〔英〕何大伟（David Helliwell）《欧洲图书馆所藏〈永乐大典〉综述》提到此册曾为Backhouse的收藏，"封面题签未见。有《四库全书》签条的

痕迹。有浸水损坏的痕迹"。

书前有一张小纸片，上写："张芸叟杂记，经史百家制度，十一页至十六页"，应为四库馆臣所签出的。

Giles, Lionel, A note on Yung lo Ta Tien, 载 The New China Review 2：2，1920年4月，记载该册藏于牛津大学。

袁同礼《〈永乐大典〉考》（1923年11月）：牛津大学。

中华书局1986年影印《永乐大典》收入。

递藏线索：此册原为巴克斯（Backhouse）旧藏，后归英国牛津大学博德利图书馆收藏。

| 244 | 10270~10271 | 二纸 | 洛杉矶圣玛利诺（San Marino）亨廷顿图书馆（Huntington Library） |

2014年10月，据《洛杉矶时报》报道，发现《永乐大典》手稿的亨廷顿图书馆档案管理员杨力伟（音译，Liwei Yang）说，当他8月份翻阅圣马利诺图书馆（San Marino Library）藏书时，发现一本上下两卷的书，第一卷有28页，第二卷有21页。这让他有些惊讶，因为这本书不是印刷而是手写的。他花了一个月时间研究。后来，亨廷顿图书馆请当时正在哈佛大学停留的中国国家图书馆的学者刘波（Liu Bo）到现场鉴定，刘证实亨廷顿藏本是真迹，包含了《永乐大典》第10270卷和第10271卷的内容。据说，此本是1968年由玛贝尔·怀特（Mabel Whiting）捐赠的。她是一位长老会传教士的女儿。很显然，书籍是她父亲在中国义和团运动时期得到的。

递藏线索：此册应是在庚子事变期间为怀特（Whiting）传教士所得，后带回美国，并传给其子女。他的女儿玛贝尔·怀特（Mabel Whiting）在1968年将它赠予亨廷顿图书馆。

| 245 | 10286~10287 | 二纸 | 国图 |

袁同礼《近三年来发见之〈永乐大典〉》（1932年2月）：俄京大学语言部。

中华书局1986年影印《永乐大典》收入。

递藏线索：与卷538~539一册同。

246	10309～10310	二纸	国图

卷10310，有四库馆臣吴氏签条一张，后署"乾隆三十八年八月廿十八日发写"。

袁同礼《近三年来发见之〈永乐大典〉》（1932年2月）：俄京大学语言部。

中华书局1986年影印《永乐大典》收入。

递藏线索：与卷538～539一册同。

247	10421～10422	四济	中国台北"国家"图书馆

可参卷15897～15898一册。

本册藏印有："国立中央图书馆收藏"朱文长方印、"王氏二十八宿研斋秘笈之印"朱文长方印、"恭绰"朱文方印、"遐庵经眼"白文方印、"玉父"白文长方印。

按："恭绰"朱文方印、"遐庵经眼"白文方印、"玉父"白文长方印均为叶恭绰的藏印，而"王氏二十八宿研斋秘笈之印"则是王荫嘉的藏印，可知此册曾经叶恭绰和王荫嘉收藏（两人孰先孰后入藏，不太清楚)[①]。

袁同礼《近三年来发见之〈永乐大典〉》（1932年2月）：吴兴周氏。

按：吴兴周氏，即浙江吴兴藏书家周越然。卷15897～15898一册曾经周越然收藏，有其藏印，但不知为何本册没有其藏印。

袁同礼《〈永乐大典〉现存卷目表》（1932年12月）：吴兴周氏。

袁同礼《〈永乐大典〉现存卷目表》（1939年7月）：吴兴周氏。

今堀诚二《永乐大典现存卷目表追补》（1940）：吴兴周氏。

《出版史料》2001年第一辑，陈福康《郑振铎等人致旧中央图书馆的秘密报告》，所引《文献保存同志会第三号工作报告（1940年6月24日）》："整批收购者，计有：（一）王荫嘉氏二十八宿砚斋所藏元明刊本，及抄校本书一百五十余种，由来青阁介绍，以国币七千元成交。……至零购诸书，

---

① 王荫嘉（1892～1949），原名大森，号苍虬，浙江秀水人，王祖询之子，王欣夫（大隆）之兄，藏书家，室名二十八宿砚斋。其藏书印有"王氏二十八宿研斋秘笈之印"等。

亦有极堪注意者：尝从传薪书店得周越然君所藏《永乐大典》二册，一为卷之一万四百二十一至二（'李'字），一为卷之一万五千八百九十七至八（'论'字，即《阿毗达磨具舍论》九至十）。近来《大典》市面绝罕见，故此二册虽其价值至二千三百元，却不能不收下，以平贾辈亦在争购也。"

刘哲民、陈政文所编《抢救祖国文献的珍贵记录——郑振铎先生书信集》第82页"致张寿镛"："传薪书店顷送来周越然所藏《永乐大典》二册，'李'字一册（原信如此），尤佳，似不可放手。然每册索价至一千二百元，似太昂，如欲留，恐至少非一千元一册（或更要加些）不办。兹将该书二册奉上，请鉴阅，并请即赐还。因约定今日下午四时左右要来取还也。……振铎上。二十九年五月六日。"第85-86页"致张寿镛"："周越然兄处《永乐大典》二册，已以二千三百元成交。（附送《齐云山史》一部）兹由何先生开好支票一张，乞于加盖图章后即交下为感！……振铎上。二十九年五月十一日。""致张寿镛"："昨示并书一包及支票（二千三百元）一张，均已收到。'支票'当即交给传新主人矣。"

按：文献保存同志会从传薪书店购得此两册应在1940年5月。此两册应是周越然托传薪书店代售的。

关于郑振铎他们所购两册《大典》的情况，可参王茜的博士学位论文《嘉业堂藏书聚散考》第81页。

按：这两册均为文献保存同志会购自周越然，后转运去香港。在日本占领香港后，1942年1月将此批书运离香港。直到1947年2月才从日本运回。"文化简讯：四、图书馆界消息：永乐大典归还我国"（载《图书展望》1946年复刊第1期）提到归还《大典》，应该包括此两册。

岩井大慧《永乐大典现存卷目表（新订）》（1963）：旧吴兴周氏。台北"中央"图书馆。

中华书局1986年影印《永乐大典》收入。

递藏线索：此册曾经为叶恭绰和王荫嘉收藏，后入周越然之手。1940年5月，文献保存同志会从传薪书店购得此两册。后转运去香港，后又为日本劫去，战后才追回。1947年2月被运回，归中央图书馆。中华人民共和国成立前夕将其运到了台湾，入藏台北"中央"图书馆。参本书《梁启超、叶恭绰与〈永乐大典〉的收藏》。

| 248 | 10458~10459 | 四济 | 国图 |

正文首叶有印："刘承幹字贞一号翰怡"、"吴兴刘氏嘉业堂藏书印"、"南满洲铁道株式会社大连图书馆"（按：该印中间还有编号："825301"、"昭：141211"）、俄文印、"大连图书馆藏"。末叶有印："大连图书馆藏"。

中华书局1986年影印《永乐大典》收入。

递藏线索：与卷480~481一册同。

| 249 | 10460 | 四济 | 英国牛津大学博德利图书馆 |

〔英〕何大伟（David Helliwell）《欧洲图书馆所藏〈永乐大典〉综述》提到该册曾为Backhouse的收藏，"有《四库全书》签条的痕迹。这一册的题签上写着含卷20428，收入中华书局1960/1984年影印版。据袁同礼的书目记载，这一册藏在北平国立图书馆，但是现在的国家图书馆目录中未见此册"。

按：本册书签题"卷20428"，应该是贴错了书签。卷20428一册现藏台北故宫博物院。

Giles, Lionel, A note on Yung lo Ta Tien，载 The New China Review 2：2，1920年4月，记载该册藏于牛津大学。

袁同礼《〈永乐大典〉考》（1923年11月）：牛津大学。

中华书局1986年影印《永乐大典》收入。

递藏线索：此册原为巴克斯（Backhouse）的收藏，后捐给牛津大学博德利图书馆。

| 250 | 10483~10484 | 四济 | 中国台北故宫博物院 |

正文首叶天头钤有"'国立中央'图书馆保管"印。正文末叶左下角钤有"'国立中央'图书馆保管"印。

中华书局1986年影印《永乐大典》收入。

递藏线索：与卷975~976一册同。参本书《德国汉堡大学所藏两册〈永乐大典〉的流传》。

| 251 | 10539～10540 | 四济 | 日本东洋文库 |

中华书局1986年影印《永乐大典》收入。

递藏线索：此册傅增湘于1926年曾经眼。此后即流入日本，有可能是田中庆太郎带回日本的，1926～1927年间售予东洋文库。参本书《田中庆太郎与〈永乐大典〉的流传》。

| 252 | 10812～10814 | 六姥 | 日本东洋文库 |

中华书局1986年影印《永乐大典》收入。

递藏线索：此册傅增湘于1926年曾经眼。此后即流入日本，有可能是田中庆太郎带回日本的，1926～1927年间售予东洋文库。参本书《田中庆太郎与〈永乐大典〉的流传》。

| 253 | 10876～10877 | 六姥 | 中国台北故宫博物院 |

夏曾佑《京师图书馆善本简明书目》有著录。

按：教育部最初拨交京师图书馆的六十册之一。

中华书局1986年影印《永乐大典》收入。

递藏线索：与卷2743～2744一册同。

| 254 | 10888～10889 | 六姥 | 国图 |

首叶右下角有印："徐世章印"，"濠园秘笈"。

中华书局1986年影印《永乐大典》收入。

递藏线索：与卷980一册同。

| 255 | 10934～10935 | 六姥 | 美国国会图书馆 |

中华书局1986年影印《永乐大典》收入。

递藏线索：此册是美国国会图书馆在1923年春天从欧洲购入的。参本书《美国国会图书馆藏〈永乐大典〉的来源》。

| 256 | 10949～10950 | 六姥 | 美国国会图书馆 |

中华书局1986年影印《永乐大典》收入。

递藏线索：此册是美国国会图书馆在1923年春天从欧洲购入的。参本书《美国国会图书馆藏〈永乐大典〉的来源》。

| 257 | 10998～10999 | 六姥 | 美国国会图书馆 |

中华书局1986年影印《永乐大典》收入。

递藏线索：此册是美国国会图书馆在1923年春天从欧洲购入的。参本书《美国国会图书馆藏〈永乐大典〉的来源》。

| 258 | 11000～11001 | 六姥 | 美国国会图书馆 |

中华书局1986年影印《永乐大典》收入。

递藏线索：此册是美国国会图书馆在1923年春天从欧洲购入的。参本书《美国国会图书馆藏〈永乐大典〉的来源》。

| 259 | 11076～11077 | 八贿 | 美国国会图书馆 |

中华书局1986年影印《永乐大典》收入。

递藏线索：此册是美国国会图书馆在1923年春天从欧洲购入的。参本书《美国国会图书馆藏〈永乐大典〉的来源》。

| 260 | 11127～11128 | 八贿 | 国图 |

正文首叶有印："涵芬楼"、"双鉴楼藏书印"。末叶有印："海盐张元济经收"。

《藏园群书题记》"永乐大典跋"条云："《永乐大典》旧藏于翰林院敬一亭中。至辛丑以后，翰林院裁撤，其残帙乃时时流入厂市，余所见者不下数十册，往往为介于南北友好及图书馆中，所自藏者只《水经注》四册、《南台备要》一册而已。未几，是五册者亦举以让人，而箧中俄空矣。"①

按：此册原为傅氏收藏，1922年前归了蒋氏。《艺风堂友朋书札》第585页载，傅增湘与缪氏书："今年曾购得《大典》四册，乃《水经注》，

---

① 傅增湘：《藏园群书题记》，上海古籍出版社，1989，第482页。

惜只一半。"

《标点善本题跋集录》上册："《水经注》四十卷六册，……近人王国维、沈曾植各手校并跋"："乌程蒋氏传书堂藏《永乐大典》四册，自卷一万一千一百二十七至一万一千一百三十四，凡八卷，皆八贿中水字注，乃《水经注》之卷一迄卷二十也。……壬戌上巳，海宁王国维记于海上寓居之永观堂。"① 壬戌，为 1922 年。

《传书堂藏善本书志》下，子部·类书，第 21~24 页收了十册《永乐大典》之卷目：卷 2535~2536，卷 2539~2540，卷 3525~3526，卷 6558~6559，卷 7513~7514，卷 11127~11128，卷 11129~11130，卷 11131~11132，卷 11133~11134，卷 15140~15141。

按：黄正雨《湖州藏书家蒋汝藻考略》（载《江南藏书史话》，第 622~623 页）："密韵楼仅善本书就有……《永乐大典》20 册。……尤其值得一提的是从傅增湘处购得的明写本《永乐大典》20 册。"蒋氏曾藏二十册？其实，查其藏书目录，只有 10 册。而且，蒋氏从傅氏手中所得的是《大典》水字韵四册，为水经注卷一至卷二十。此处可能是误将卷当册了。

袁同礼《〈永乐大典〉现存卷目》（1925 年 12 月）：傅增湘。京师图书馆录副。

按：此册在 1922 年以前即已归蒋氏，此表有误。

袁同礼《〈永乐大典〉现存卷目表》（1929 年 2 月）：上海东方图书馆。以下四册北平图书馆录有副本。

按：据张树年主编《张元济年谱》第 263 页载，商务印书馆购入此四册是在 1926 年。1925 年前后，著名藏书家蒋汝藻由于企业经营失败，财力无法支撑，只得忍痛割爱，将大批珍本古籍抵押给浙江兴业银行。1926 年初，这批藏书被转让给商务印书馆，成为涵芬楼的重要馆藏。此项旧书，颇多善本，可以影印者，甚属不少，共计宋本 563 本，元本 2097 本，明本 6753 本，清本 3808 本，《永乐大典》10 本。蒋汝藻的绝大部分藏书，终以

---

① 台湾"中央"图书馆特藏组编《标点善本题跋集录》上册，台湾"中央"图书馆，1992，第 167 页。

白银 16 万两卖给商务印书馆。柳和城《张元济与永乐大典》载：1926 年，经张元济力争，商务印书馆用十六万两银子购下著名藏书家蒋孟苹密韵楼全部藏书。其中有《大典》十册，内水字韵四册，系郦道元《水经注》上半部，至为难得。《张元济书札》（增订本）第 1183 页，《致傅增湘》："兹有商者，双鉴楼旧藏《大典·水经注》四册归于孟苹，转入涵芬。其后半部为李玄伯得之祁文恪家，今春乃得胖合，竟成完璧。"《张元济傅增湘论书尺牍》，第 326 页，1934 年 12 月 15 日傅信："前岁闻馆中影印大典本水经注业经讫功，惟久未见发行，其中有四册原为侍所藏，亟欲先睹为快。"

袁同礼《〈永乐大典〉现存卷目表》（1932 年 12 月）：上海东方图书馆。

袁同礼《〈永乐大典〉现存卷目表》（1939 年 7 月）：上海东方图书馆。

商务印书馆编《涵芬楼烬余书录》，第 39 页"总目"：永乐大典残二十五卷，明解缙等编，明嘉靖钞本，二十一册。

按：其中卷 11127－11134 共八卷，为《水经注》，著录入史部。其余十七卷，则著录于子部。

岩井大慧《永乐大典现存卷目表（新订）》（1963）：旧上海东方图书馆。北京图书馆。

陈恩惠编《北京图书馆藏永乐大典卷目表》：原本一册（商务印书馆捐赠）。抄本一册。

中华书局 1986 年影印《永乐大典》收入。

递藏线索：此册原为傅增湘购得，后于 1922 年之前售予蒋汝藻。1926 年，此册售予商务。1951 年，商务印书馆将此册捐给中央人民政府，由文物局拨交北图收藏。

| 261 | 11129～11130 | 八贿 | 国图 |

正文首叶有印："涵芬楼"、"双鉴楼藏书印"。末叶有印："海盐张元济经收"。

中华书局 1986 年影印《永乐大典》收入。

递藏线索：与卷 11127～11128 一册同。

| 262 | 11131~11132 | 八贿 | 国图 |

首叶右下角有印："双鉴楼藏书记"、"涵芬楼"。正文首叶有印："涵芬楼"、"双鉴楼藏书印"。末页有印："海盐张元济经收"。

中华书局1986年影印《永乐大典》收入。

递藏线索：与卷11127~11128一册同。

| 263 | 11133~11134 | 八贿 | 国图 |

正文首叶有印："涵芬楼"。末叶有印："海盐张元济经收"。

中华书局1986年影印《永乐大典》收入。

递藏线索：与卷11127~11128一册同。

| 264 | 11135 | 八贿 | 国图 |

正文首叶有印："国立北京大学藏书"、"李宗侗藏书"、"看云忆弟居珍藏善本书籍印"。末叶题：右永乐大典内水经第九卷起汝水讫获水，当于四库本之第二十一、二十三、二十三三卷。有印："宗侗藏印"。

袁同礼《近三年来发见之〈永乐大典〉》（1932年2月）：高阳李氏。

按：袁氏分册为：卷11135~11136，卷11137~11138，卷11139~11140，卷11141。高阳李氏，指李宗侗。李宗侗，字玄伯，1895年9月3日生于北平市丞相胡同，河北省高阳县人。祖父李鸿藻，字季云、寄云，号石孙、兰孙、砚斋，晚清名臣，曾为清朝穆宗师，历任清军机大臣、协办大学士、吏都尚书等。父亲李焜瀛，曾任清朝户部侍郎。李氏所藏《大典·水经注》共四册，即下文所说的后半部。参下文卷11140~11141一册李宗侗识语可知，李氏是在1920年春天于北平得此四册的（原为祁文端公旧藏）。祁隽藻（1793~1866），字叔颖，一字淳甫，避讳改实甫，号春圃、息翁，山西寿阳人。嘉庆十九年（1814）进士，由庶吉士授编修，累官至体仁阁大学士、太子太保。卒谥文端。《张元济书札》（增订本）第1183页，《致傅增湘》："兹有商者，双鉴楼旧藏《大典·水经注》四册归于孟苹，转入涵芬。其后半部为李玄伯得之祁文恪家，今春乃得胖合，竟成完璧。"此说的是商务印书馆汇合《大典·水经注》以影印之事。祁世长

（？~1892），字子禾，山西寿阳人，祁寯藻之子，清朝官吏，谥文恪。可见，李氏之《大典》得自祁世长家。《张元济书札》（增订本）第530页《致李宗侗》："兹有渎者，前蒙慨借《永乐大典·水经注》半部，曾经摄影，只以字迹稍小，不甚明晰，恳祈发给重照。当奉复示，允俟时局安定，再由枏津取回。不意沪变旋作，敝处所存影片尽化劫灰。弟于前月返沪，敝公司亦已复业。检寻底本，不可复见。因思此书有关学术，延津之合，尤为难得。敝公司所存半部原书尚在，鄙意仍思印行。此时平津渐见稳静，可否仍乞通借，畀予重摄？……。廿一年十一月卅日。"第917页《致徐恕》："《永乐大典·水经注》后二十卷系假自高阳李氏。初照字样过小，重借改照，书主即托词拒绝。底片于战时被毁，现时仅存样本一分。将来付印之时即须用为母本。此时未克借出，有违雅命，尚祈鉴宥。……。二十三年三月十一日。"第1188页《致傅增湘》："前借李玄伯《永乐大典·水经注》半部，与馆中所有半部合印。其存板已毁，惟馆书半部无恙。……弟颇劝公司依旧印行，惟弟与李君无甚交情，且闻其人不易交涉，不知我兄与之相习否？兹姑寄去一信，并托伯恒兄趋前面商，倘蒙鼎力相助，曷胜感荷。……二十一年十二月二日。"可见，李氏不太愿意出借。

另外，此四册为祁氏旧藏，但并没有其藏印，可见，清朝时人们一般不敢在此书上钤藏印。

袁同礼《〈永乐大典〉现存卷目表》（1932年12月）：高阳李氏。

袁同礼《〈永乐大典〉现存卷目表》（1939年7月）：高阳李氏。

今堀诚二《永乐大典现存卷目表追补》（1940）：高阳李氏。

《胡适书信集》中册，第1084页"致张元济"："《水经注》大典本后半部，北大买价为九百六十万元法币，说来真有点骇人听闻。玄伯讨价每册三百万，后来我去南京了，校中以九百六十万买定，我北归后始知之。"

按：北大从李宗侗手中购入其所藏四册《大典》。

《国立北京大学图书馆善本书目》，赵万里、王重民编，1948年。附《水经注版本展览目录》：

（乙）明钞宋本

（乙一）永乐大典本八册。前四册，涵芬楼藏。后四册，北京大学藏。

《中国国家图书馆馆史资料长编（1909—2009）》第 412~413 页载，1951 年至 1958 年北图接受国内外捐赠、配补《永乐大典》。1958 年 4 月 11 日，北京大学图书馆副馆长梁思庄、耿济安两同志携带了明抄本《永乐大典》四册送到北京图书馆，交给该馆收藏。这四册《永乐大典》的内容，就是郦道元《水经注》的后半部。前半部也是四册，早在 1951 年商务印书馆董事会已经捐献给中央人民政府文化部，文化部早已拨交北京图书馆。到此，《永乐大典》本《水经注》，配成全书。这是图书馆界值得庆贺的大喜事。

按：赵爱学《国图藏嘉靖本〈永乐大典〉来源考》载："1947 年 1 月 15 日胡适致张元济函，告知北大图书馆购藏《大典》本《水经注》下半部。馆藏采访卡片记录为'北京大学赠，1958.4.11'。则此册原为祁寯藻旧藏，1930 年春李宗侗购于北平，大约 1947 年 1 月李宗侗售之于北京大学图书馆，1958 年北京大学把此 4 册赠送北京图书馆，使之与商务印书馆所捐《水经注》之前半部合璧。"

岩井大慧《永乐大典现存卷目表（新订）》（1963）：旧高阳李氏。北京图书馆。

陈恩惠编《北京图书馆藏永乐大典卷目表》：原本一册。

中华书局 1986 年影印《永乐大典》收入。

递藏线索：此册原为山西祁寯藻旧藏，1920 年春天为李宗侗所得。1948 年之前售予北大。1958 年，北大将此册捐给北图。

| 265 | 11136~11137 | 八贿 | 国图 |

正文首叶有印："国立北京大学藏书"、"李宗侗藏书"、"看云忆弟居珍藏善本书籍印"。末叶题：又水经第十一卷起泗水讫沔水下之"是地即其双雁送故处"句，当于四库本之第二十六、二十七、二十八三卷及第二十九卷之前十叶。有印："宗侗藏印"、"砚斋老人孙"。

中华书局 1986 年影印《永乐大典》收入。

递藏线索：与卷 11135 一册同。

| 266 | 11138~11139 | 八贿 | 国图 |

正文首叶有印："国立北京大学藏书"、"李宗侗藏书"、"看云忆弟居珍藏善本书籍印"。卷 11139 尾纸有印："玄伯手校"。卷 11139 题：又大典内水经卷十三起决水讫江水条下，"江水又东，得故市口水与高水通也"句，当于四库本之第卅二卷决水以下第卅三卷、第卅四卷及第卅五卷之首。有印："砚斋老人孙"。

中华书局 1986 年影印《永乐大典》收入。

递藏线索：与卷 11135 一册同。

| 267 | 11140~11141 | 八贿 | 国图 |

正文首叶有印："国立北京大学藏书"、"李宗侗藏书"、"看云忆弟居珍藏善本书籍印"。末叶题：右大典内水经第十五起油水讫终，后附玉海关于水经诸条，当于四库本卷卅七油水以下及卷三十八至四十。有印："宗侗藏印"、"玄伯"。又题：又永乐大典内水经注后十卷，今年春间得于北平，祁文端公旧藏也，盖自张石州先生校后，近代学者未有见之者矣。其前八卷，曾藏蒋孟苹家，现归诵芬楼。民国十有九年八月高阳李宗侗识。有印："雪桐庐士玄孙"、"玄伯手校"、"高阳李氏翰云意弟居"。

按：诵，应为涵字之误。

中华书局 1986 年影印《永乐大典》收入。

递藏线索：与卷 11135 一册同。

| 268 | 11312~11313 | 十罕 | 英国伦敦大学亚非学院 |

本册有乾隆御题诗，上有乾隆印："得象外意"。

〔英〕何大伟（David Helliwell）《欧洲图书馆所藏〈永乐大典〉综述》载："该册其实是属于大维德基金会（Percival David Foundation）藏书，但该基金会由亚非学院管理。""与 PDF 所藏其他书一样，来源不详。'1951 年 7 月 31 日'。这一册尤为珍贵，因为它包含有乾隆皇帝的手稿。该手稿是一张对折纸，尺寸与原书相同。卷 11312 中除了前 10 页，其余均为宋代倪思的《重明节馆伴语录》，手稿即为乾隆皇帝对此书的批注，上面还有三个乾隆玉玺（印）。"

按：PDF，指伦敦大维德基金会（由亚非学院管理）。

1945年8月，王重民在给胡适的信中提到他曾在英国获见一册有乾隆题诗的《永乐大典》，但因为价格太高未能购得。这通信被收入《胡适王重民先生往来书信集》一书中，即《王重民致胡适（1945年8月5日）》，云："在英国时，重民曾以六磅（镑）半为北平图书馆买一册《大典》（农字韵）。又有一册是'馆'字，因有乾隆题诗，索价一百五十磅（镑），当然买不起，据说后来落入日人之手。因为那册内有一书是《清明馆伴录》，乾隆特为那部书题诗。"

按：王重民信中提到此册"据说后来落入日人之手"，可能是传闻有误，因为此册后来归了伦敦大学亚非学院。

岩井大慧《永乐大典现存卷目表（新订）》（1963）：未详。

中华书局1986年影印《永乐大典》收入。

递藏线索：此册原归英国某私人之手，1945年王重民曾在英国见到。后来此册归了伦敦大学亚非学院。可参本书《〈永乐大典〉乾隆御题诗考》。

| 269 | 11368~11369 | 十一产 | 不详。原为英国伦敦图书馆收藏 |

甘伯乐（C. W. Campbell）从莫理逊处交换而来该册，于1917年捐给伦敦图书馆。

按：Giles, Lionel, A note on Yung lo Ta Tien, 载 The New China Review 2：2，1920年4月，记载该册藏于伦敦图书馆。C. W. Campdell 所赠。但是，〔英〕何大伟（David Helliwell）《欧洲图书馆所藏〈永乐大典〉综述》载："该册包含卷11368~11369，共44页，Wilfred Merton 先生于1914年5月或6月捐赠给（伦敦）图书馆，他当时的地址是 Highfield, Slindon Common, Nr Arundel, Sussex。1971年4月27日，该册出现在苏富比（Sotheby）拍卖会上，是第273项。纽约商人 Martin Breslauer 以700英镑的价格拍得此册。袁同礼及张忱石的书目里都收录了这一册，1960年中华书局影印版中也收入了这一册。1914年，Merton 还将自己收藏的一册借给伦敦图书馆供其展览用；1954年，他将这册捐给了切斯特·比蒂图书馆。"

那么，此册到底是谁赠给伦敦图书馆的呢？捐赠的时间也不一致。

袁同礼《〈永乐大典〉考》（1923 年 11 月）：伦敦图书馆，为驻京英使馆华文秘书 C. W. Campdell 所赠，原属莫理逊。

袁同礼《〈永乐大典〉现存卷目表》（1929 年 2 月）：伦敦图书馆。

袁同礼《〈永乐大典〉现存卷目表》（1932 年 12 月）：伦敦图书馆。

袁同礼《〈永乐大典〉现存卷目表》（1939 年 7 月）：伦敦图书馆。

岩井大慧《永乐大典现存卷目表（新订）》（1963）：伦敦图书馆。

陈恩惠编《北京图书馆藏永乐大典卷目表》：影本一册。

中华书局 1986 年影印《永乐大典》收入。

递藏线索：莫理循（1900 年 6 月获得，1912 年或更早转出）——甘伯乐（1912 年或更早获得，1917 年 9 月捐赠）——伦敦图书馆（1917 年 9 月获赠，1971 年 4 月出售）——美国古书商马丁·布雷斯劳尔有限公司（Martin Breslauer Inc.）（1971 年 4 月购得，此后有可能售出。现下落不详）。参刘怡飞《莫理循旧藏〈永乐大典〉卷册及流散考》。

| 270 | 11412～11413 | 十一产 | 日本东洋文库 |

田仲一成《日本东洋文库收集〈永乐大典〉残本的过程》（收入中国国家图书馆编《〈永乐大典〉编纂 600 周年国际研讨会论文集》）载："1922 年，东洋文库从莫理逊夫人手中购入七册。"包括此册。

袁同礼《〈永乐大典〉考》（1923 年 11 月）：原属莫理逊，今入静嘉堂文库。

按：此处有误，应为东洋文库。

袁同礼《〈永乐大典〉现存卷数续目》（1927 年 8 月）：东洋文库。

中华书局 1986 年影印《永乐大典》收入。

递藏线索：此册原为莫理循（Morrison）旧藏，1922 年，莫理循（Morrison）遗孀将其售予东洋文库。

| 271 | 11598～11599 | 十四巧 | 日本东洋文库 |

封面有莫理循签名。

中华书局1986年影印《永乐大典》收入。

递藏线索：与卷11412～11413一册同。

| 272 | 11602～11603 | 十四巧 | 日本东洋文库 |

封面有莫理循签名。

中华书局1986年影印《永乐大典》收入。

递藏线索：与卷11412～11413一册同。

| 273 | 11615～11616 | 十四巧 | 日本东洋文库 |

中华书局1986年影印《永乐大典》收入。

递藏线索：与卷11412～11413一册同。

| 274 | 11618～11619 | 十四巧 | 美国国会图书馆 |

中华书局1986年影印《永乐大典》收入。

递藏线索：这一册是在1939～1940年之间入藏国会图书馆的，但具体的来源不详。参本书《美国国会图书馆藏〈永乐大典〉的来源》。

| 275 | 11620 | 十四巧 | 国图 |

正文首叶有印："涵芬楼"。末叶有印："海盐张元济经收"。

中华书局1986年影印《永乐大典》收入。

递藏线索：与卷7325一册同。

| 276 | 11848～11849 | 十八养 | 日本东洋文库 |

中华书局1986年影印《永乐大典》收入。

递藏线索：与卷11412～11413一册同。

| 277 | 11887～11888 | 十八养 | 英国国家图书馆 |

〔英〕何大伟（David Helliwell）《欧洲图书馆所藏〈永乐大典〉综述》载："在全盛时期，鲁扎克书店曾经出售过好几册《永乐大典》。该书店有

一份特别书目，即'一位具有文学品位及专业学识、过去几年在北京生活的绅士的中国藏书目录'，里面包含了卷 11887~11888 及 13876~13878，这两册后来收藏于大英博物馆（鲁扎克，1908，19~20）。目录中提到的这位绅士就是巴克斯（Edmund Trelawney Backhouse）。""'购自鲁扎克公司。1907 年 4 月。'参见卷 11376~11378。鲁扎克（1908），19~20（第 168 条）。当时大英图书馆以总价 159 英镑 10 先令购进 899 册书，这是其中之一（大英图书馆档案）。'36 页。20/10/23，E. G. S.'曾经受过潮，有霉菌的痕迹。"

Giles, Lionel, A note on Yung lo Ta Tien, 载 *The New China Review* 2：2, 1920 年 4 月，记载该册藏于英伦博物院。

袁同礼《〈永乐大典〉考》（1923 年 11 月）：英伦博物院。

中华书局 1986 年影印《永乐大典》收入。

递藏线索：此册原为巴克斯（Backhouse）的收藏，1907 年 4 月，大英博物馆通过鲁扎克书店购得。

278	11903~11904	十八养	英国国家图书馆

〔英〕何大伟（David Helliwell）《欧洲图书馆所藏〈永乐大典〉综述》载："'白挨底（M. H. Playfair）先生捐赠。1911 年 11 月 11 日。'1911 年 10 月 25 日白挨底先生写道：'北京的翰林院失火的时候，英国使领馆人员抢救了一部分，我也得到其中一册。我请求将这册捐给大英博物馆。'（大英图书馆档案）白挨底（1850~1917）1872 年起开始在使领馆工作，1910 年退休。他是一名汉学家，19 世纪的后 30 年里出版了不少重要的汉学著作。早期进行了不恰当的西式修复。《四库全书》批注写在小纸条上，粘在修复时增加的卷首空白页上。"

Giles, Lionel, A note on Yung lo Ta Tien, 载 *The New China Review* 2：2, 1920 年 4 月，记载该册藏于英伦博物院。

袁同礼《〈永乐大典〉考》（1923 年 11 月）：英伦博物院，英国驻福州领事 G. M. H. Playfair 所赠。

袁同礼《〈永乐大典〉现存卷目表》（1929 年 2 月）：英伦博物院。

中华书局1986年影印《永乐大典》收入。

递藏线索：此册原为英国驻福州领事白挨底（M. H. Playfair）收藏，1911年其将此册捐赠给大英博物馆。

| 279 | 11905~11907 | 十八养 | 国图（文廷式抄本，分为两册）。英国阿伯丁大学图书馆藏"卷11907"一册为嘉靖副本 |

英国阿伯丁大学图书馆藏卷11907有一张四库馆签单。

〔英〕何大伟（David Helliwell）《欧洲图书馆所藏〈永乐大典〉综述》载：

> 是Alan Knox博士引起了我对该册入藏及消失情况的注意。据该校校刊记载，1905年，该册经由Hynd先生入藏阿伯丁文法中学。1922年，白莱喜（James Russell Brazier）先生向阿伯丁大学捐赠了另一册《永乐大典》（见表格卷11907），对该捐赠的记录中也提及了入藏阿伯丁文法中学博物馆的那册《永乐大典》。这两位都曾经是该校学生，白莱喜就读时间为1878~1880。1900年两人都目睹了使馆区被包围，当时白莱喜受雇于清朝皇家海关，Hynd受雇于香港上海汇丰银行有限公司。参见《阿伯丁文法中学校刊》，1905年3月第8卷第2期，第41页；1922年3月第25卷第2期，第82页。
>
> 这一册是笔者本人发现的。1997年4月，阿伯丁大学召开了一个纪念理雅各布逝世100周年的会议。理雅各布来自阿伯丁哈德利镇（Huntley），曾在中国传教多年，后来成为著名汉学家及牛津大学首任汉学教授。会议期间图书馆的一次聚会上，我问在场的一个图书馆员，该馆有没有中文藏书，她唯一能想起来的就是一册黄色封面的大书，正文是朱、墨两色。这只可能是《永乐大典》，第二天对这本书的鉴定证实了我的判断。幸运的是，《永乐大典》的尺寸——不同于其他中文图书——以及其独特的封面和装帧形式，使人印象深刻并很容易回忆起来。得知该书的重要性之后，图书馆上层立刻决定按照最高标准对这册《永乐大典》进行修复，因为它已经受潮并腐烂了。在拆开修复

的过程中，他们趁机进行了数字化。见下文表格，卷11907；修复情况见 Megaw & Sterlini。

1922年与其他中文资料一起捐赠给阿伯丁大学，载《阿伯丁大学评论》(Aberdeen University Review, 9)（1922年3月，第163~164页）。这批藏书原本属于白莱喜（James Russell Brazier），他曾经就职于大清皇家海关总税务司。之前有水渍和霉菌。近期借数字化之机已修复。第1页下半部分及第2~6页是残页。全书共39页。有《四库全书》签条的痕迹。此册是新发现的，截止目前未收入任何影印版。袁同礼书目中未著录。张忱石目录中记载，中国国家图书馆所藏抄本卷11905~11907是清光绪年间为文廷式抄写的，原书如何分卷未知（阿伯丁所藏《永乐大典》部分地解答了这个疑问）。但是张忱石未提供该卷的馆藏地。中华书局影印本用的是清光绪抄本。

按：国家图书馆藏有文廷式的抄本（卷11905~11907），但是，一直没有找到原本。因此，这册的发现是原本的发现，可以说是新发现。Brazier 赠送的时间是在1922年。Brazier 曾就职于清朝皇家海关总税务司。

中华书局1986年影印《永乐大典》收入（所据为仿抄本）。

递藏线索：白莱喜（James Russell Brazier）于庚子事变期间在翰林院获得此册。他于1922年将此册赠给了英国阿伯丁大学图书馆。

另：

岩井大慧《永乐大典现存卷目表（新订）》（1963）：北京图书馆。仿抄本。

陈恩惠编《北京图书馆藏永乐大典卷目表》：清光绪文廷式家抄本二册。

按：中华书局1986年影印本《永乐大典》第九册，第8347页载，李文田题记："《大典》自乾隆中馆臣抄校后置翰林院，自后多散失，今存五百余本耳。萍乡文芸阁孝庭（廷式，光绪壬午举人），馆志伯愚庶子家（锐，庚辰翰林，清秘堂办事），遍读之，手录其菁华，为言：当日辑《大典》，只是随意采取耳，惜不能及未佚之时而读之也。此册即孝庭属抄出者。宋元间广州舆地之书，大半今人所不得复见，真可宝也。光绪戊子四月装治甫毕，漫记于卷端。顺德李文田记。"

赵爱学、林世田《顾子刚生平及捐献古籍文献事迹考》：1950年4月捐献《永乐大典》3册，"是解放后第一个私人向国家捐赠《永乐大典》的人"；同年8月又捐献清抄本《永乐大典》2册。附：顾子刚捐献《永乐大典》目录：

永乐大典二万二千八百七十七卷（明）解缙等辑明内府抄本1册存2卷：13506、13507；永乐大典二万二千八百七十七卷（明）解缙等辑明内府抄本1册存2卷：13494、13495；永乐大典二万二千八百七十七卷（明）解缙等辑明内府抄本1册存2卷：20648、20649；永乐大典二万二千八百七十七卷（明）解缙等辑清光绪间文廷式家抄本2册存3卷：11905、11906、11907；李文田跋。

可知，国图藏的仿抄本，是文廷式所抄，分为两册。后归李文田，再归顾子刚。1950年，顾子刚将此两册捐赠给北图。

| 280 | 11951~11952 | 十九梗 | 美国国会图书馆 |

中华书局1986年影印《永乐大典》收入。

递藏线索：此册是美国国会图书馆在1923年春天从欧洲购入的。参本书《美国国会图书馆藏〈永乐大典〉的来源》。

| 281 | 11953~11955 | 十九梗 | 美国国会图书馆 |

中华书局1986年影印《永乐大典》收入。

递藏线索：此册是美国国会图书馆在1923年春天从欧洲购入的。参本书《美国国会图书馆藏〈永乐大典〉的来源》。

| 282 | 11956~11957 | 十九梗 | 美国国会图书馆 |

中华书局1986年影印《永乐大典》收入。

递藏线索：此册是美国国会图书馆在1923年春天从欧洲购入的。参本书《美国国会图书馆藏〈永乐大典〉的来源》。

| 283 | 11958~11959 | 十九梗 | 美国国会图书馆 |

中华书局 1986 年影印《永乐大典》收入。

递藏线索：此册是美国国会图书馆在 1923 年春天从欧洲购入的。参本书《美国国会图书馆藏〈永乐大典〉的来源》。

| 284 | 11960 | 十九梗 | 美国国会图书馆 |

中华书局 1986 年影印《永乐大典》收入。

递藏线索：此册是美国国会图书馆在 1923 年春天从欧洲购入的。参本书《美国国会图书馆藏〈永乐大典〉的来源》。

| 285 | 11980~11981 | 十九梗 | 美国国会图书馆 |

中华书局 1986 年影印《永乐大典》收入。

递藏线索：此册是美国国会图书馆在 1923 年春天从欧洲购入的。参本书《美国国会图书馆藏〈永乐大典〉的来源》。

| 286 | 12013~12014 | 二十有 | 美国国会图书馆 |

中华书局 1986 年影印《永乐大典》收入。

递藏线索：此册是美国国会图书馆在 1923 年春天从欧洲购入的。参本书《美国国会图书馆藏〈永乐大典〉的来源》。

| 287 | 12015~12016 | 二十有 | 美国国会图书馆 |

中华书局 1986 年影印《永乐大典》收入。

递藏线索：此册是美国国会图书馆在 1923 年春天从欧洲购入的。参本书《美国国会图书馆藏〈永乐大典〉的来源》。

| 288 | 12017~12018 | 二十有 | 美国国会图书馆 |

中华书局 1986 年影印《永乐大典》收入。

递藏线索：此册是美国国会图书馆在 1923 年春天从欧洲购入的。参本书《美国国会图书馆藏〈永乐大典〉的来源》。

| 289 | 12043~12044 | 二十有 | 美国国会图书馆 |

中华书局1986年影印《永乐大典》收入。

递藏线索：此册是美国国会图书馆在1923年春天从欧洲购入的。参本书《美国国会图书馆藏〈永乐大典〉的来源》。

| 290 | 12071~12072 | 二十有 | 美国国会图书馆 |

中华书局1986年影印《永乐大典》收入。

递藏线索：此册是美国国会图书馆在1923年春天从欧洲购入的。参本书《美国国会图书馆藏〈永乐大典〉的来源》。

| 291 | 12148 | 二十有 | 美国国会图书馆 |

中华书局1986年影印《永乐大典》收入。

递藏线索：此册是美国国会图书馆在1923年春天从欧洲购入的。参本书《美国国会图书馆藏〈永乐大典〉的来源》。

| 292 | 12269 | 一送 | 美国国会图书馆 |

中华书局1986年影印《永乐大典》收入。

递藏线索：此册是美国国会图书馆在1923年春天从欧洲购入的。参本书《美国国会图书馆藏〈永乐大典〉的来源》。

| 293 | 12270~12271 | 一送 | 美国国会图书馆 |

中华书局1986年影印《永乐大典》收入。

递藏线索：此册是美国国会图书馆在1923年春天从欧洲购入的。参本书《美国国会图书馆藏〈永乐大典〉的来源》。

| 294 | 12272~12274 | 一送 | 美国国会图书馆 |

中华书局1986年影印《永乐大典》收入。

递藏线索：此册是美国国会图书馆在1923年春天从欧洲购入的。参本书《美国国会图书馆藏〈永乐大典〉的来源》。

| 295 | 12275～12276 | 一送 | 美国国会图书馆 |

中华书局 1986 年影印《永乐大典》收入。

递藏线索：此册是美国国会图书馆在 1923 年春天从欧洲购入的。参本书《美国国会图书馆藏〈永乐大典〉的来源》。

| 296 | 12306～12308 | 一送 | 美国国会图书馆 |

中华书局 1986 年影印《永乐大典》收入。

递藏线索：此册是美国国会图书馆在 1923 年春天从欧洲购入的。参本书《美国国会图书馆藏〈永乐大典〉的来源》。

| 297 | 12399～12400 | 一送 | 美国国会图书馆 |

中华书局 1986 年影印本收入。

递藏线索：此册是美国国会图书馆在 1923 年春天从欧洲购入的。参本书《美国国会图书馆藏〈永乐大典〉的来源》。

| 298 | 12428～12429 | 一送 | 美国国会图书馆 |

中华书局 1986 年影印《永乐大典》收入。

递藏线索：此册是美国国会图书馆在 1923 年春天从欧洲购入的。参本书《美国国会图书馆藏〈永乐大典〉的来源》。

| 299 | 12506～12507 | 一送 | 美国国会图书馆 |

中华书局 1986 年影印《永乐大典》收入。

递藏线索：此册是美国国会图书馆在 1923 年春天从欧洲购入的。参本书《美国国会图书馆藏〈永乐大典〉的来源》。

| 300 | 12929～12930 | 一送 | 日本京都大学附属图书馆 |

国图藏此册胶片。首叶有谷村顺藏氏的藏印。

岩井大慧《永乐大典现存卷目表（新订）》（1963）：京都大学图书馆。谷村顺藏氏旧藏。

苏振申《永乐大典聚散考》附表：原谷村顺藏氏藏，今移京都大学附属图书馆。

富田升《近代日本的中国艺术品流转与鉴赏》第 46 页，指出该册是谷村一太郎于昭和十七年捐给京都大学图书馆的。

中华书局 1986 年影印《永乐大典》收入。

递藏线索：此册原为谷村顺藏氏收藏，后捐归日本京都大学附属图书馆。

| 301 | 12960～12962 | 一送 | 美国国会图书馆 |

中华书局 1986 年影印《永乐大典》收入。

递藏线索：此册是美国国会图书馆在 1923 年春天从欧洲购入的。参本书《美国国会图书馆藏〈永乐大典〉的来源》。

| 302 | 12963～12965 | 一送 | 美国国会图书馆 |

中华书局 1986 年影印《永乐大典》收入。

递藏线索：此册是美国国会图书馆在 1923 年春天从欧洲购入的。参本书《美国国会图书馆藏〈永乐大典〉的来源》。

| 303 | 12966～12968 | 一送 | 美国国会图书馆 |

袁同礼《〈永乐大典〉考》（1923 年 11 月）：国会图书馆。

中华书局 1986 年影印《永乐大典》收入。

递藏线索：此册是美国国会图书馆在 1923 年春天从欧洲购入的。参本书《美国国会图书馆藏〈永乐大典〉的来源》。

| 304 | 12969～12971 | 一送 | 美国国会图书馆 |

中华书局 1986 年影印《永乐大典》收入。

递藏线索：此册是美国国会图书馆在 1923 年春天从欧洲购入的。参本书《美国国会图书馆藏〈永乐大典〉的来源》。

| 305 | 13017 | 一送 | 国图 |

正文首叶有印："刘承幹字贞一号翰怡"、"吴兴刘氏嘉业堂藏书印"、"南满洲铁道株式会社大连图书馆"（按：该印中间还有编号："825302"、"昭：141211"）、俄文印、"大连图书馆藏"。末叶有印："大连图书馆藏"。

中华书局 1986 年影印《永乐大典》收入。

递藏线索：与卷 480～481 一册同。

| 306 | 13018 | 一送 | 国图 |

正文首叶有印："京师图书馆收藏之印"。

夏曾佑《京师图书馆善本简明书目》有著录。

按：教育部最初拨交京师图书馆的六十册之一。

中华书局 1986 年影印《永乐大典》收入。

递藏线索：与卷 3003～3004 一册同。

| 307 | 13019 | 一送 | 国图、日本东洋文库（国图存前半卷，东洋文库存后半卷） |

前半卷：

正文首叶有印："南满洲铁道株式会社大连图书馆"、俄文印、"大连图书馆藏"。

《东洋文库所藏汉籍分类目录》子部第 174 页："永乐大典，存卷第一万三千十九零叶。"

袁同礼《近三年来发见之〈永乐大典〉》（1932 年 2 月）：琅琊王氏。

袁同礼《〈永乐大典〉现存卷目表》（1932 年 12 月）：琅琊王氏。

袁同礼《〈永乐大典〉现存卷目表》（1939 年 7 月）：文安王氏。

满铁大连图书馆 1944 年著录［参岛田好《本馆所藏稀见书解题（一）》］。

赵万里《苏联列宁图书馆送还给中国人民的永乐大典》（1954）著录。

陈恩惠编《北京图书馆藏永乐大典卷目表》：原本一册（苏联移赠）。影本一册。

后半卷：

田仲一成《日本东洋文库收集〈永乐大典〉残本的过程》（收入中国国

家图书馆编《〈永乐大典〉编纂600周年国际研讨会论文集》）载："东洋文库没有明确记录收藏经过的10册，很有可能是1943年前后在北京或上海购买的。"包括此册。但是，其推测的购入时间是不对的，因为除卷1188一册外，东洋文库所藏其余《大典》均为1939年7月之前入藏的。

笔者推测，此册原来是完整的，收藏于王氏，后将其分成两册出售，一者售予大连，一者售予东洋，均约在1939年。

岩井大慧《袁氏永乐大典现存卷目表补正》著录，1940年：东洋文库。

岩井大慧《永乐大典现存卷目表（新订）》（1963）：北京图书馆。东洋文库。

中华书局1986年影印《永乐大典》收入。

递藏线索：关于文安王氏，可参卷2401。此册前半卷原为文安王氏收藏，满铁大连图书馆于1939年购入。1945年10月苏联从大连图书馆选走了55册《永乐大典》（包括此册）。1954年6月，苏联政府归还给中国政府其中的52册《永乐大典》（包括此册），现藏于中国国家图书馆。此册后半卷，东洋文库约于1939年在北京或上海购得。

| 308 | 13020 | 一送 | 中国台北故宫博物院 |

夏曾佑《京师图书馆善本简明书目》有著录。

按：教育部最初拨交京师图书馆的六十册之一。

中华书局1986年影印《永乐大典》收入。

递藏线索：与卷2743～2744一册同。

| 309 | 13074～13075 | 一送 | 中国台北故宫博物院 |

夏曾佑《京师图书馆善本简明书目》有著录。

按：教育部最初拨交京师图书馆的六十册之一。

中华书局1986年影印《永乐大典》收入。

递藏线索：与卷2743～2744一册同。

| 310 | 13082～13084 | 一送 | 国图 |

正文首叶有印："刘承幹字贞一号翰怡"、"吴兴刘氏嘉业堂藏书印"、"南满洲铁道株式会社大连图书馆"（按：该印中间还有编号："825303"、"昭：141211"）、俄文印、"大连图书馆藏"。末叶有印："大连图书馆藏"。

中华书局1986年影印《永乐大典》收入。

递藏线索：与卷480~481一册同。

| 311 | 13135~13136 | 一送 | 国图 |

袁同礼《近三年来发见之〈永乐大典〉》（1932年2月）：海参崴远东大学。

袁同礼《〈永乐大典〉现存卷目表》（1932年12月）：海参崴远东大学。

袁同礼《〈永乐大典〉现存卷目表》（1939年7月）：海参崴远东大学。

《中国国家图书馆馆史资料长编（1909—2009）》第412~413页载，1951年至1958年北图接受国内外捐赠、配补《永乐大典》。如果加上1954年中国科学院访苏代表团接受的苏联科学院移赠的《永乐大典》"梦"字韵一册，我们国家机关收藏的《永乐大典》，实达215册。参赵万里《〈永乐大典本水经注〉破镜重圆记》，载1958年12月5日《人民日报》。

第457页载，1958年12月2日，中国科学院图书馆赠送北京图书馆《永乐大典》1册。并附该册来源说明：该册（卷13135~13136）是苏联科学院通过中国科学院访苏代表团移赠给我们的。这是中苏友谊最崇高表现的一种。北图复函致谢。

《中国国家图书馆馆史（1909—2009）》第166页载，同年（1954），苏联科学院又将帝俄时期携走的《永乐大典》"梦"字韵一册归还中国科学院访苏代表团，再拨该馆典藏。

第186~187页载，1958年12月2日，中国科学院图书馆赠送北京图书馆《永乐大典》1册。该册为《永乐大典》卷13135~13136，是苏联科学院通过中国科学院访苏代表团移赠该院的，……该册也于帝俄时代掠走并藏于海参崴远东大学。

按：1954年，苏联科学院赠给中国科学院访苏代表团此册大典。1958

年，中国科学院图书馆将此册移赠给北图。赵爱学《国图藏嘉靖本〈永乐大典〉来源考》载："馆藏采访卡片记录为'中国科学院图书馆赠，1958.12.3'。则此册原藏苏联海参崴远东大学，1954 年苏联科学院经中国科学院归还中国，1958 年 12 月中国科学院交由北京图书馆收藏。"

岩井大慧《永乐大典现存卷目表（新订）》（1963）：旧海参崴大学。北京图书馆。

陈恩惠编《北京图书馆藏永乐大典卷目表》：原本一册（苏联移赠）。抄本一册。

中华书局 1986 年影印《永乐大典》收入。

递藏线索：此册原藏苏联海参崴远东大学。1954 年，苏联科学院赠给中国科学院访苏代表团此册《大典》。1958 年，中国科学院图书馆将此册移赠给北图。

| 312 | 13139～13140 | 一送 | 日本东洋文库 |

中华书局 1986 年影印《永乐大典》收入。

递藏线索：此册傅增湘曾于 1926 年经眼。1926～1927 年之间由东洋文库购入。参本书《田中庆太郎与〈永乐大典〉的流传》。

| 313 | 13189～13190 | 一送 | 柏林民族学博物馆 |

中华书局 1986 年影印《永乐大典》收入。

递藏线索：参卷 903～904 一册可知，德国的斯泰老（E. A. W. von Strauch）于庚子事变期间从翰林院中获得该册后，于 1928 年 9 月 29 日售归德国柏林民族学博物馆。

| 314 | 13193～13194 | 一送 | 英国伦敦大学亚非学院图书馆 |

本册有一张四库馆签单。

〔英〕何大伟（David Helliwell）《欧洲图书馆所藏〈永乐大典〉综述》载："1959 年 8 月 5 日由考陶德艺术学院（the Courtauld Institute）转让。书是完整的，但是有很多书页卷角，封面及封底脱落。有《四库全书》签条的痕迹。Y（当时还在'英国某氏'手里）。"

按：Y，指袁同礼的书目。

袁同礼《近三年来发见之〈永乐大典〉》（1932年2月）：英伦某氏。

袁同礼《〈永乐大典〉现存卷目表》（1932年12月）：英伦某氏。

袁同礼《〈永乐大典〉现存卷目表》（1939年7月）：英伦某氏。

岩井大慧《袁氏永乐大典现存卷目表补正》著录：伦敦某氏。

中华书局1986年影印《永乐大典》收入。

递藏线索：原为英国某氏收藏，后归考陶德艺术学院（the Courtauld Institute）。1959年，归英国伦敦大学亚非学院。

| 315 | 13201~13203 | 一送 | 英国国家图书馆 |

〔英〕何大伟（David Helliwell）《欧洲图书馆所藏〈永乐大典〉综述》载："'1970年11月'。1970年11月购自Colletts（acting for C. D. Houston先生），价格是45英镑（大英图书馆档案）。书页似乎被粘错卷了。原书的纸捻已经被使用了，但是没有卷尾白页，封面是全新的。卷13201仅存第19页（最后一页）；卷13202存第1~12页、15页（缺13、14页）；卷13203存第1~4页、6~18页（缺第5页）。"

《海外新发现〈永乐大典〉十七卷》收入。

递藏线索：1970年11月，大英图书馆从Colletts（代Mr. C. D. Houston出售）手中买来。

| 316 | 13340~13341 | 二真 | 英国国家图书馆 |

本册有一张四库馆签单。

〔英〕何大伟（David Helliwell）《欧洲图书馆所藏〈永乐大典〉综述》载："'ff. 31. M. Lunan 1952年6月18日'。已修复。封面题签丢失。有《四库全书》签条的痕迹。"

岩井大慧《永乐大典现存卷目表（新订）》（1963）：大英博物馆。

中华书局1986年影印《永乐大典》收入。

递藏线索：此册起码自1952年起藏英国国家图书馆。

| 317 | 13344~13345 | 二真 | 美国国会图书馆 |

中华书局 1986 年影印《永乐大典》收入。

递藏线索：翟兰思（Lancelot Giles）于庚子事变期间从翰林院中得到此册。1934 年底美国国会图书馆从翟兰思父亲翟理斯（H. A. Giles）之手购入。参本书《美国国会图书馆藏〈永乐大典〉的来源》。

| 318 | 13450 | 二真 | 国图 |

中华书局 1986 年影印《永乐大典》收入。

递藏线索：与卷 920~922 一册同。

| 319 | 13451~13452 | 二真 | 日本天理图书馆 |

岩井大慧《永乐大典现存卷目表（新订）》（1963）：天理图书馆。

中华书局 1986 年影印《永乐大典》收入。

递藏线索：起码自 1963 年始，此册一直藏日本天理图书馆。

| 320 | 13453 | 二真 | 美国康奈尔大学图书馆 |

韩涛《五册的变奏曲》（载《〈永乐大典〉编纂 600 周年国际研讨会论文集》）：1922 年，Sao-ke Alfred Sze 赠给康奈尔大学两册《大典》（卷 13879~13880，卷 13453）。

按：Sao-ke Alfred Sze，即施肇基。施肇基（1877~1958），字植之，江苏吴江人。早年就读上海圣约翰书院。1893 年（清光绪十九年）赴美国，任驻美使馆翻译生。后入美国康奈尔大学学习，获文学硕士、哲学博士学位。1902 年回国，任湖广总督张之洞洋务文案兼鄂省留美学生监督。1912 年任中华民国唐绍仪内阁交通总长、财政总长。次年任大总统府礼官。1914~1921 年任驻英全权公使，出席巴黎和会，为中国五位全权代表之一。1921~1929 年任驻美全权公使，曾出席华盛顿会议。1958 年在美国逝世。著有《施肇基回忆录》。

袁同礼《〈永乐大典〉考》（1923 年 11 月）：康南尔大学。

傅路特（富路德，Luther Carrington Goodrich）《再谈永乐大典》（More

on the Yung-lo ta tien），载《不列颠和爱尔兰皇家亚洲学会香港分会学报》（*Journals of The Royal Asiatic Society Hong Kong Branch*），Vol. 10，1970：p. 21，提到，The Wason Collection of Cornell University has *chuan* 13，853，and the National Central Library, Taipei, has *chuan* 7527，which Yang Chia-lo failed to reproduce.

按：13853，可能是写错了，应为13453。台北"中央"图书馆也没有藏卷7527一册，应该是卷7327。

中华书局1986年影印《永乐大典》收入。

递藏线索：此册原为施肇基收藏，1922年赠给美国康奈尔大学。

| 321 | 13494~13495 | 二寘 | 国图 |

首叶右下角有印："弢斋藏书记"。

按：徐世昌之藏印。

Giles, Lionel, A note on Yung lo Ta Tien，载 *The New China Review* 2：2，1920年4月，记载该册被梁启超购买。

按：应是叶恭绰于1919年夏天购自伦敦的，而非梁启超所购。〔英〕何大伟（David Helliwell）《欧洲图书馆所藏〈永乐大典〉综述》载："在全盛时期，鲁扎克书店曾经出售过好几册《永乐大典》。……1919年的广告中出现5册：其中3册现藏于中国国家图书馆，即卷13494~13495，卷13506~13507，卷20648~20649；卷13991之前被番禺叶恭绰收藏，后来下落不明；卷20478~20479之前也被叶恭绰收藏，现藏于'国立台湾图书馆'（鲁扎克，1919）。这就是梁启超购买的7册中的5册；另外两册是卷19781~19782及卷19783~19784，这两册都未出现在鲁扎克的目录中，现在都收藏在康奈尔大学。"

袁同礼《〈永乐大典〉考》（1923年11月）：梁启超。

按：应是叶恭绰所购，而非梁启超所购。

袁同礼《〈永乐大典〉现存卷目》（1925年12月）：叶恭绰。

袁同礼《〈永乐大典〉现存卷目表》（1929年2月）：新会叶氏。

袁同礼《〈永乐大典〉现存卷目表》（1932年12月）：未详。

按：有可能在1932年前后归了徐世昌。

袁同礼《〈永乐大典〉现存卷目表》(1939年7月)：未详。

岩井大慧《袁氏永乐大典现存卷目表补正》著录：未详。

《中国国家图书馆馆史资料长编(1909—2009)》第417页载，1950年12月，顾颉刚将《永乐大典》3册，……捐赠北图。(陈源蒸等：《中国图书馆百年纪事》，115页，北京：北京图书馆出版社，2004)

按：顾颉刚应为顾子刚之误。顾子刚捐赠三册，系北洋军阀徐世昌所有。在北京图书馆工作的顾子刚，是第一个私人向国家捐赠《永乐大典》的人，他在1951年捐赠了三册。这三册原系北洋军阀徐世昌所有，后从徐家散出，为顾先生所购得。此外，周叔弢、赵元方、张季芗、郑广权、王富晋、陈李蔼如、赵玉林等先后各捐一册，归国家统一保管。

赵爱学、林世田《顾子刚生平及捐献古籍文献事迹考》：1950年4月捐献《永乐大典》3册，"是解放后第一个私人向国家捐赠《永乐大典》的人"；同年8月又捐献清抄本《永乐大典》2册。附：顾子刚捐献《永乐大典》目录：

永乐大典二万二千八百七十七卷（明）解缙等辑明内府抄本1册存2卷：13506、13507；永乐大典二万二千八百七十七卷（明）解缙等辑明内府抄本1册存2卷：13494、13495；永乐大典二万二千八百七十七卷（明）解缙等辑明内府抄本1册存2卷：20648、20649；永乐大典二万二千八百七十七卷（明）解缙等辑清光绪间文廷式家抄本2册存3卷：11905、11906、11907；李文田跋。

赵爱学《国图藏嘉靖本〈永乐大典〉来源考》载："馆藏采访卡片记录为'顾子刚先生赠，1950.3'。"

《北京图书馆善本书目》(1959)，卷5，子部下·类书类："永乐大典，明内府抄本，一百二十二册，存二百三十六卷。"其中卷13494~13495，一册。

岩井大慧《永乐大典现存卷目表(新订)》(1963)：北京图书馆。

陈恩惠编《北京图书馆藏永乐大典卷目表》：原本一册。

中华书局1986年影印《永乐大典》收入。

递藏线索：此册应该是英国某人于庚子事变期间得自翰林院，带到了英国。叶恭绰于 1919 年夏天购自伦敦鲁扎克书店。1932 年前后此册归了徐世昌。后来徐氏之书散出，此册为顾子刚收得。1950 年，顾氏将其捐给北图。可参本书《梁启超、叶恭绰与〈永乐大典〉的收藏》。

| 322 | 13496～13497 | 二寘 | 英国国家图书馆 |

〔英〕何大伟（David Helliwell）《欧洲图书馆所藏〈永乐大典〉综述》载："封面里面有两封信，都寄自'海军出纳员 Herbert A. Gyles'，信笺上的信头是'H. M. S. Actaeon, Sheerness'。第一封信的日期是 1916 年 12 月 22 日，先提到寄信人与收信人（汉学家翟理斯，Herbert A. Giles）名字非常相似，然后提出将这册捐给大英博物馆，并注明卷数。第二封信的日期是 1916 年 12 月 29 日，确认该书已被接收。封底上的题词似乎是错的：'1938 年 11 月 22 日购自 A. C. Moule 教授。'雪上加霜的是，封底上还贴着鲁扎克书店 1926 年目录中《永乐大典》卷 19737～19739 这一条；事实上，这一册由 Rolland Allen 卖给了剑桥大学图书馆（见下表）。有《四库全书》签条的痕迹。Y（不过里面的'翟理斯教授'容易误导人；这册《永乐大典》真正的主人并不是翟理斯教授，而是与他名字相似的海军军官 H. A. Gyles）。"

袁同礼《〈永乐大典〉考》（1923 年 11 月）：翟理斯教授。

按：这一册不是 H A. Giles 教授的，而是名字相近的海军军官 Herbert A. Gyles 的。袁同礼目录中写错了。

中华书局 1986 年影印《永乐大典》收入。

递藏线索：此册原藏英国海军军官 Herbert A. Gyles 之手，有可能是于庚子事变中得自翰林院。1916 年 Herbert A. Gyles 将其赠给大英博物馆。

| 323 | 13498～13499 | 二寘 | 英国国家图书馆 |

〔英〕何大伟（David Helliwell）《欧洲图书馆所藏〈永乐大典〉综述》载："……1900 年 6 月 4 日至 8 月 14 日使馆被围期间，公使馆工作人员窦尔慈（B. G. Tours）先生从翰林院抢救了这册《永乐大典》，并送给了同样

供职于公使馆的 A. J. Sundius 先生，后者又将它转赠给我。1908 年 4 月 29 日。暮稼谷（G. E. Moule）。"" '暮雅德（A. C. Moule）赠送。1929 年 12 月 14 日。'窦尔慈（Tours，1863～1946），可能是荷兰裔，1894 年开始供职于英国公使馆，参与了使馆之围，当时是使馆会计。Hoe 大量使用窦尔慈家族手稿。并有一张他的照片。Sundius（1863～1933），应该是瑞典裔，1884 年起供职于公使馆，但是 1900 年时在南京。暮稼谷是暮雅德的父亲。早期进行了不恰当的西式修复。"

Giles, Lionel, A note on Yung lo Ta Tien，载 The New China Review 2：2，1920 年 4 月，记载该册藏于英伦博物院。

袁同礼《〈永乐大典〉考》（1923 年 11 月）：英伦博物院，为 A. C. Moule 教士暂存者。

中华书局 1986 年影印《永乐大典》收入。

递藏线索：该册是窦尔慈（B. G. Tours）从翰林院中获得的，送给了 A. J. Sundius。1908 年 4 月 29 日，A. J. Sundius 又将其送给了暮稼谷（G. E. Moule）。1920 年前，暮稼谷（G. E. Moule）之子暮雅德（A. C. Moule）将此册寄存于大英博物馆。1929 年 12 月 14 日，暮雅德（A. C. Moule）正式将此册赠给大英博物馆。

324	13506～13507	二寘	国图

首叶右下角有印："弢斋藏书记"。

中华书局 1986 年影印《永乐大典》收入。

递藏线索：与卷 13494～13495 一册同。可参本书《梁启超、叶恭绰与〈永乐大典〉的收藏》。

325	13589～13590	二寘	美国国会图书馆

袁同礼《〈永乐大典〉现存卷目表》（1939 年 7 月）：国会图书馆。此册北平图书馆有影本。

中华书局 1986 年影印《永乐大典》收入。

递藏线索：这一册是庚子事变使馆被围期间一位美国传教士在北京的

街上捡到的。美国国会图书馆于 1927 年 7 月至 1928 年 6 月之间从这位传教士之手购入。参本书《美国国会图书馆藏〈永乐大典〉的来源》。

| 326 | 13629 | 二寘 | 英国伦敦大学亚非学院 |

〔英〕何大伟（David Helliwell）《欧洲图书馆所藏〈永乐大典〉综述》载："卷 3944~3945，13629。但是，这两册并不在 Leonard Aurousseau（80，82-86）所见的莫理循在北京的私人藏书之中（10 册）。""封面修复得非常糟糕，而且重新粘的时候上下颠倒了。"

Giles, Lionel, A note on Yung lo Ta Tien, 载 *The New China Review* 2：2，1920 年 4 月，记载该册藏于伦敦大学亚非学院。

袁同礼《〈永乐大典〉考》（1923 年 11 月）：伦敦大学东方语言学校。

中华书局 1986 年影印《永乐大典》收入。

递藏线索：此册原由 Dr. Morrison（何大伟认为即是莫理循〔George Ernest Morrison〕，但不一定）收藏，后赠予伦敦大学。起码自 1920 年起即已入藏英国伦敦大学。参刘怡飞《莫理循旧藏〈永乐大典〉卷册及流散考》。

| 327 | 13822~13824 | 二寘 | 中国台北故宫博物院 |

《藏园群书校勘跋识录》第 318 页，"古今逸史四十二种一百六十二卷"条载："《洛阳伽蓝记》卷末叶识：'《永乐大典》卷一万三千八百二十三四五卷引《洛阳伽蓝记》二十八条，述古堂送来，因逐条以此本校读一过。己未闰月初十日，董荠记。'"

按：董荠（姜庵）为傅增湘之号，己未为 1919 年。此册原属述古堂书店，后由北平图书馆购入。卷 13822~13824 为一册，但此处提到卷 13823~13825，为什么？查《藏园订补郘亭知见传本书目》第一册，第 390 页"洛阳伽蓝记五卷"条载："余据《永乐大典》卷一万三千八百二十三至四校二十八条。"所指应为同一事。因此，傅氏所见，应是卷 13822~13824 一册，而误记为卷 13823~13825 的可能性较大。查《大典索引》，卷 13822 引《洛阳伽蓝记》16 条，卷 13823 引《洛阳伽蓝记》15 条，卷 13824 引《洛阳伽蓝记》2 条。这数目与上述均对不上。关于述古堂书店，可参卷 2739~

2740 一册。《陈垣来往书信集》（增订本）第 69 页，张宗祥来函："《永乐大典》一册，索价一百五十金（前年馆中买三册，每册九十金。去年商务馆买数册，闻每册百三十金），大约尚可让些。本有两册，一册现被他人留住（据卖者所云如是）。此册成否，明晚要来敝寓讨回信，真奇货可居。卖者为一旧家，非书估（据云家中尚有三册，年底如少钱亦须卖去），着其亲送至尊寓，忸怩不肯，只得转送，请酌裁见覆为盼。此请晨安。弟张宗祥敬上。一月廿四日。"北图于 1920 年购入的三册，不知是否包括此册？

袁同礼《〈永乐大典〉现存卷目》（1925 年 12 月）：京师图书馆。

按：此册为 1925 年 12 月前购入。赵爱学《国图藏嘉靖本〈永乐大典〉来源考》认为，袁同礼《〈永乐大典〉考》（1923 年 11 月）未著录，此册是北图于 1923～1925 年之间购入的。

赵万里编《北平图书馆善本书目》卷三，第 296～298 页：永乐大典，明内府抄本，存一百六十二卷。记有各册卷数，其中包括该册。

陈恩惠编《北京图书馆藏永乐大典卷目表》：原本一册（存美），有胶卷。

中华书局 1986 年影印《永乐大典》收入。

递藏线索：此册傅增湘曾于 1919 年经眼。后为北图购入（1925 年前）。抗日战争期间，此册迁美，由美国国会图书馆代为保管。1965 年，此册运回台湾。现藏台北故宫博物院。

| 328 | 13872～13873 | 三未 | 英国牛津大学博德利图书馆 |

〔英〕何大伟（David Helliwell）《欧洲图书馆所藏〈永乐大典〉综述》载："有《四库全书》签条的痕迹。"

此册书衣背面贴有一张小纸条"此本无签"。应该是四库馆臣所写。

中华书局 1986 年影印《永乐大典》收入。

递藏线索：与卷 807～808 一册同。

| 329 | 13874～13875 | 三未 | 英国牛津大学博德利图书馆 |

〔英〕何大伟（David Helliwell）《欧洲图书馆所藏〈永乐大典〉综述》载："有《四库全书》签条的痕迹。"

本册有一张四库馆签单。

中华书局1986年影印《永乐大典》收入。

递藏线索：与卷807～808一册同。

| 330 | 13876～13878 | 三未 | 英国国家图书馆 |

〔英〕何大伟（David Helliwell）《欧洲图书馆所藏〈永乐大典〉综述》载："在全盛时期，鲁扎克书店曾经出售过好几册《永乐大典》。该书店有一份特别书目，即'一位具有文学品位及专业学识、过去几年在北京生活的绅士的中国藏书目录'，里面包含了卷11887～11888及13876～13878，这两册后来收藏于大英博物馆（鲁扎克，1908，19～20）。目录中提到的这位绅士就是巴克斯（Edmund Trelawney Backhouse）。""'购自鲁扎克书店（Luzac & Co.）。1907年4月。'见卷11887～11888。有《四库全书》签条。"

Giles, Lionel, A note on Yung lo Ta Tien, 载 *The New China Review* 2：2，1920年4月，记载该册藏于英伦博物院。

袁同礼《〈永乐大典〉考》（1923年11月）：英伦博物院。

中华书局1986年影印《永乐大典》收入。

递藏线索：此册原为巴克斯（Backhouse）的收藏，1907年4月，大英博物馆通过鲁扎克书店购得。

| 331 | 13879～13880 | 三未 | 美国康奈尔大学华氏图书馆 |

参卷13453一册。

韩涛《五册的变奏曲》（收入《〈永乐大典〉编纂600周年国际研讨会论文集》）：1922年，Sao-ke Alfred Sze 赠给康奈尔大学两册《大典》（卷13879～13880，卷13453）。

按：Sao-ke Alfred Sze，即施肇基。

袁同礼《〈永乐大典〉考》（1923年11月）：康南尔大学，原属莫理逊。

按：〔英〕何大伟（David Helliwell）《欧洲图书馆所藏〈永乐大典〉综述》载："卷3944~3945，13629。但是，这两册并不在 Leonard Aurousseau（80，82~86）所见的莫里循在北京的私人藏书之中（10册）。该藏书以西文为主，1917年8月售予岩崎久弥（Baron Hisaya Iwasaki）（Enoki，30）。直到1920年莫理循去世之后，岩崎久弥才得到他藏书中的7册《永乐大典》（Enoki，36，n.3）。1924年，岩崎久弥成立了东洋文库（Toyo Bunko），这7册《永乐大典》也随之进入东洋文库。其余3册中，两册被康奈尔大学收藏，一册被大英博物馆收藏（见下文表格，卷15955~15956）。"Leonard Aurousseau（莱昂纳尔·奥鲁索）的文章 Miao Ts'iuan-souen：Catalogue des ouvrages précieux de la Bibliothèque du Ministère de l'Instruction publique des Ts'ing（《缪荃孙〈清学部图书馆善本书目〉述评》）写于1912年。也就是说，此册起码在1912年之前属莫理循。1914~1920年，施肇基任驻英公使，与莫理循当时有联系，莫氏《书信集》（下）收有二人之通信。因此，施肇基有可能是直接从莫氏手中购得此册。

中华书局1986年影印《永乐大典》收入。

递藏线索：此册原为莫理循收藏，估计其得自庚子事变中。约于1914~1918年间归施肇基。施氏于1922年将其捐给美国康奈尔大学华氏图书馆。

| 332 | 13991 | 三未 | 中国台北"国家"图书馆 |

藏印有："国立中央图书馆考藏"朱文方印、"管理中英庚款董事会保存文献之章"朱文长方印。

中华书局1986年影印《永乐大典》收入。

康保成《〈永乐大典戏文三种〉的再发现与海峡两岸学术交流》（载《文艺研究》2014年第1期）认为：嘉靖本《永乐大典戏文三种》1920年被叶恭绰从伦敦携回中土后，曾以徐世昌的名义存放在天津一家银行的保险柜里，徐氏去世后重归叶氏。1941年叶氏在香港参与抢救民族文献，将此书归入中央图书馆寄存在港的大批善本古籍中。香港沦陷，此书被劫往日本，抗战胜利后重回南京。1948年此书随"央图"迁往台湾，1957年即在台北"央图"的善本书目中著录，1962年收入杨家骆主持影印的《永乐大典》。此书直到2009年方才被"再发现"，其主要原因是两岸分治，其次也和学术界搜求不广有关。这说明信息的流通是何等重要。

递藏线索：叶恭绰于1919年从伦敦鲁扎克书店购得此册。后来，此册曾以徐世昌的名义存放在天津一家银行，直至徐氏去世后才又重归叶氏。该册于抗战时期由中央图书馆利用英国退还庚款购入，曾藏南京中央图书馆；中华人民共和国成立前被运到了台湾，入藏台北"中央"图书馆。参本书《梁启超、叶恭绰与〈永乐大典〉的收藏》。

另：

陈恩惠编《北京图书馆藏永乐大典卷目表》：抄本一册。

按：国图普通古籍部藏，该馆定为抄本，其实应为影抄本。书衣有叶恭绰墨笔题记："此卷余于民国九年在伦敦所得，后以示袁君同礼、赵君万里，赵君认为吾国传奇戏剧中仅存之作，曾为考证登载于图书馆学杂志，缘是海内知者浸多。兹影钞一册以贻瞿庵先生。瞿庵为曲律专家，当必更有新得以饷我也。十九年四月恭绰。"此书为吴梅的藏书，书衣上钤有其藏书印。《吴梅全集·瞿安日记》卷二第128页，1932年3月12日载，吴氏整理其所藏书，其中有：《永乐大典》戏三种一册。应是指这一影钞者。

| 333 | 13992～13993 | 三末 | 英国国家图书馆 |

〔英〕何大伟（David Helliwell）《欧洲图书馆所藏〈永乐大典〉综述》载："'杰弥逊爵士（James W. Jamieson, K. C. M. G.）赠送。'卷前空白叶上粘着一张纸条，上面写着：'我死后这本书不得出售或以其他方式处理，要送给大英博物馆。杰弥逊。1914年2月10日于广州。'1932年的日期戳是盖在纸条上而不是书上的。杰弥逊向瞿理斯赠书的信日期是1931年12月18日（大英图书馆档案）。杰弥逊（1867～1946）于1886年起供职于领事馆，1899～1909年期间任英国驻中国公使馆商务帮办（1905～1908年间被临时调派至德兰士瓦，1909～1926年间任广州总领事，后来调至天津，1930年退休。翟林奈（1932）记录了这一册的入藏过程。西式封面。"

袁同礼《〈永乐大典〉现存卷目表》（1932年12月）：英伦博物院。

中华书局 1986 年影印《永乐大典》收入。

递藏线索：此册原为杰弥逊爵士（James W. Jamieson）收藏，约于 1932 年赠给大英博物馆。

| 334 | 14046 | 四霁 | 国图 |

正文首叶有印："京师图书馆收藏之印"。

夏曾佑《京师图书馆善本简明书目》有著录。

按：教育部最初拨交京师图书馆的六十册之一。

中华书局 1986 年影印《永乐大典》收入。

递藏线索：与卷 3003~3004 一册同。

| 335 | 14049~14050 | 四霁 | 国图 |

正文首叶有印："京师图书馆收藏之印"。

夏曾佑《京师图书馆善本简明书目》有著录。

按：教育部最初拨交京师图书馆的六十册之一。

中华书局 1986 年影印《永乐大典》收入。

递藏线索：与卷 3003~3004 一册同。

| 336 | 14051~14052 | 四霁 | 国图 |

正文首叶有印："京师图书馆收藏之印"。

夏曾佑《京师图书馆善本简明书目》有著录。

按：教育部最初拨交京师图书馆的六十册之一。

中华书局 1986 年影印《永乐大典》收入。

递藏线索：与卷 3003~3004 一册同。

| 337 | 14053~14054 | 四霁 | 国图 |

袁同礼《近三年来发见之〈永乐大典〉》（1932 年 2 月）：俄京大学语言部。

中华书局 1986 年影印《永乐大典》收入。

递藏线索：与卷 538~539 一册同。

| 338 | 14055～14056 | 四霁 | 美国国会图书馆 |

中华书局1986年影印《永乐大典》收入。

递藏线索：在庚子事变期间李佳白获得两册（此册与卷14131一册），后由其子寄存于美国国会图书馆。参本书《美国国会图书馆藏〈永乐大典〉的来源》。

| 339 | 14124～14125 | 四霁 | 日本天理大学图书馆 |

《文廷式集》卷六"笔记上·琴风余谭"："《永乐大典》一万四千一百二十五引《春秋后语》云：……"。

按：可见，文廷式在清末翰林院中看过此册。

岩井大慧《永乐大典现存卷目表（新订）》(1963)：天理图书馆。

中华书局1986年影印《永乐大典》收入。

递藏线索：此册起码自1963年始一直藏于日本天理大学图书馆。

| 340 | 14131 | 四霁 | 美国国会图书馆 |

中华书局1986年影印《永乐大典》收入。

递藏线索：与卷14055～14056一册同。

| 341 | 14217～14218 | 四霁 | 中国台北故宫博物院 |

参卷821～823一册。

史宝安《枣花阁图书题跋记》第123页："钞本永乐大典乙册。内分二卷：一万四千二百十七、一万四千二百十八。"

按：此册原藏徐坊、史宝安之手。史宝安藏有卷821～823、卷14217～14218两册《大典》。1935年出售时，其中卷821～823一册售予傅增湘。傅增湘《藏园群书经眼录》第709页有著录：一册。徐坊梧生遗书，其婿史宝安求售，乙亥（1935）十月收。《藏园群书题记》"永乐大典跋"条云："前岁过史吉甫太史家，出所藏两册相示，一为《堪舆图说》，一为《诗话》，心窃羡之。已而吉甫卧病，医药无资，乃言愿得五百五十金以《诗话》一册归余，急诺其请。……是册凡三卷，卷第为八百二十一至二十三。"收有《堪舆图说》的一册，即指卷 14217～14218 一册。

袁同礼《〈永乐大典〉现存卷目表》（1932 年 12 月）：未详。

袁同礼《〈永乐大典〉现存卷目表》（1939 年 7 月）：北平图书馆。

按：据赵爱学《国图藏嘉靖本〈永乐大典〉来源考》载："馆藏采访卡片记录为'文禄堂购，25/6/22'。则此册于 1936 年 6 月经文禄堂旧书店购入北平图书馆。"

岩井大慧《袁氏永乐大典现存卷目表补正》著录：未详。

陈恩惠编《北京图书馆藏永乐大典卷目表》：原本一册（存美），有胶卷。

中华书局 1986 年影印《永乐大典》收入。

递藏线索：此册原藏徐坊、史宝安之手。北图于 1936 年从文禄堂旧书店购入。抗日战争期间，此册迁美，由美国国会图书馆代为保管。1965 年，此册运回台湾。现藏台北故宫博物院。

| 342 | 14219～14220 | 四霁 | 英国国家图书馆 |

〔英〕何大伟（David Helliwell）《欧洲图书馆所藏〈永乐大典〉综述》载："1988 年 7 月，（国防部）John Lovell 以 Caroline Moore 夫人的名义向大英图书馆开价，随后于 1989 年 2 月成交。据 Lovell 介绍，该册于 1901 年由士兵 Tickner 得自翰林院。仅内文部分幸存，外部书页有损坏及污渍。未修复。史料价值极高，因为这册含有《相龙法》插图。"

按：1901 应为 1900 年之误。

《海外新发现永乐大典十七卷》收入。

递藏线索：1900 年庚子事变期间，Tickner 从翰林院中获得此册。1989 年，大英图书馆从 Caroline Moore 夫人之手购入此册。

| 343 | 14380～14381 | 四霁 | 国图 |

参卷 3143～3144 一册。

首叶有印："冯公度家珍藏"、"大兴"。末叶左下角有印："冯公度鉴藏印"。

孙壮《永乐大典考》云："壬子冬，访玉尊阁主人，获见《永乐大典》

真本三巨册。……又有残册作一万四千三百八十一卷。"

按：玉尊阁主人即冯恕。孙氏所记只有卷14381，而此册却含两卷，且比较完整，又有冯恕（字公度）之印，大概孙氏所记有误。冯氏所藏的四册，北平北海图书馆一起购入，因此可证冯氏原藏即是如此。

袁同礼《〈永乐大典〉现存卷目表》（1929年2月）：北平北海图书馆。

按：关于卷3143~3144、卷3145~3146、卷3147~3149、卷14380~14381四册，据赵爱学《国图藏嘉靖本〈永乐大典〉来源考》载："馆藏采访卡片记录为'购自丰记书局，17/11/16'。此四册皆为冯公度旧藏，1928年11月北平北海图书馆经由丰记书局购藏。1929年北海图书馆并入北平图书馆后，则为北平图书馆藏品。"

赵万里编《北平图书馆善本书目》卷三，第296-298页："永乐大典，明内府抄本，存一百六十二卷。"记有各册卷数，其中包括该册。

陈恩惠编《北京图书馆藏永乐大典卷目表》：原本一册。

中华书局1986年影印《永乐大典》收入。

递藏线索：此册原藏冯恕之手，1928年北平北海图书馆从丰记书局购入。

| 344 | 14382~14383 | 四霁 | 国图 |

正文首叶有印："SMR LIBRARY SMR"［按：SMR为"South Manchuria Railway"（满铁）的缩写。此印为南满洲铁道株式会社大连图书馆藏印］、俄文印、"满铁图书之印"。

中华书局1986年影印《永乐大典》收入。

递藏线索：与卷2739~2740一册同。

| 345 | 14384 | 四霁 | 国图 |

正文首叶有印："涵芬楼"。末叶有印："海盐张元济经收"。

袁同礼《〈永乐大典〉现存卷目表》（1929年2月）：上海东方图书馆。

袁同礼《〈永乐大典〉现存卷目表》（1932年12月）：上海东方图书馆。

《张元济傅增湘论书尺牍》，1935 年 1 月 9 日傅信云："《大典》单阅悉，除已见复印件及专书无可采外，兹拟假数册，列目于左，希遇便赐寄，无任幸盼：三千五百二十五、六，九真韵，门字一册。一万四千三百八十四，四霁韵，冀字一册。二万一千九百八十三、四，七药韵，学字一册。三千五百七十九、八十、八十一，九真韵，村字一册。此册查目知为公所藏（张注：已于去年售去济家用矣）。"民国廿四年元月十三日张信云："需用《大典》门、冀、学字三册，遵属检出，遇有妥便，即托带呈。至村字册为弟所藏，已于前岁售与叔弢矣。"①

按：1935 年，傅增湘曾向商务印书馆借阅此册。

袁同礼《〈永乐大典〉现存卷目表》（1939 年 7 月）：上海东方图书馆。

商务印书馆编《涵芬楼烬余书录》，第 543 页"书录·子部"，著录有该册。

岩井大慧《永乐大典现存卷目表（新订）》（1963）：旧上海东方图书馆。北京图书馆。

陈恩惠编《北京图书馆藏永乐大典卷目表》：原本一册（商务印书馆捐赠）。影本一册。

中华书局 1986 年影印《永乐大典》收入。

递藏线索：张元济为商务印书馆于 1929 年之前购入此册。1951 年，商务印书馆将此册捐给中央人民政府，由文物局拨交北图收藏。

| 346 | 14385 | 四霁 | 英国牛津大学博德利图书馆 |

本册有一张四库馆签单。

〔英〕何大伟（David Helliwell）《欧洲图书馆所藏〈永乐大典〉综述》提到，此册曾为 Backhouse 的收藏。

Giles, Lionel, A note on Yung lo Ta Tien, 载 *The New China Review* 2：2, 1920 年 4 月，记载该册藏于牛津大学。

袁同礼《〈永乐大典〉考》（1923 年 11 月）：牛津大学。

---

① 以上均见张元济、傅增湘《张元济傅增湘论书尺牍》，第 331 页。

中华书局1986年影印《永乐大典》收入。

递藏线索：此册原为巴克斯（Backhouse）收藏，于1920年之前归英国牛津大学博德利图书馆。

| 347 | 14461~14462 | 五御 | 国图 |

正文首叶有印："京师图书馆收藏之印"。

本册有一张四库馆签条。

夏曾佑《京师图书馆善本简明书目》有著录。

按：教育部最初拨交京师图书馆的六十册之一。

中华书局1986年影印《永乐大典》收入。

递藏线索：与卷3003~3004一册同。

| 348 | 14463~14464 | 五御 | 国图 |

正文首叶有印："刘承幹字贞一号翰怡"、"吴兴刘氏嘉业堂藏书印"、"南满洲铁道株式会社大连图书馆"（按：该印中间还有编号："825304"、"昭：141211"）、俄文印、"大连图书馆藏"。末叶有印："大连图书馆藏"。

中华书局1986年影印《永乐大典》收入。

递藏线索：与卷480~481一册同。

| 349 | 14536~14537 | 五御 | 国图 |

正文首叶有印："刘承幹字贞一号翰怡"、"吴兴刘氏嘉业堂藏书印"、"南满洲铁道株式会社大连图书馆"（按：该印中间还有编号："825305"、"昭：141211"）、俄文印、"大连图书馆藏"。末叶有印："大连图书馆藏"。

中华书局1986年影印《永乐大典》收入。

递藏线索：与卷480~481一册同。

| 350 | 14544~14545 | 五御 | 国图 |

首叶右下角有印："徐世章印"，"濠园秘笈"。

中华书局1986年影印《永乐大典》收入。

递藏线索：与卷980一册同。

| 351 | 14574~14576 | 六暮 | 国图 |

正文首叶有印："刘承幹字贞一号翰怡"、"吴兴刘氏嘉业堂藏书印"、"南满洲铁道株式会社大连图书馆"（按：该印中间还有编号："825306"、"昭：141211"）、俄文印、"大连图书馆藏"。

中华书局1986年影印《永乐大典》收入。

递藏线索：与卷480~481一册同。

| 352 | 14607~14609 | 六暮 | 英国牛津大学博德利图书馆 |

〔英〕何大伟（David Helliwell）《欧洲图书馆所藏〈永乐大典〉综述》载："'北京1900年。1900年义和团运动期间，从翰林院的废墟中抢救出的一册……火是中国人放的，目的在于烧向毗邻的英国使领馆。T. Biggin.'书里附有一封Thomas Biggin 1907年2月20日写的信：'毫无疑问，你们在此之前已经收到了来自曼彻斯特博览会（Manchester Exhibition）的一册。这是一部中国百科全书中的一册……我有两册，刚才提到的那册已经送给你们……因为我相信对于博德利这样的机构来说，这种书还是有价值的。'据这封信记载，Biggin先询问博德利是否想要这册《永乐大典》，然后将其用于'两个博览会'。信里没有提到另一个博览会，也不知道他手里的另一册《永乐大典》的下落。在Madan的《博德利图书馆所藏西文稿本提要》里，这册《永乐大典》的编号是33981，提要确认该册于1907年入藏博德利，但是除此之外没有提供更多的信息。"

袁同礼《〈永乐大典〉考》（1923年11月）：牛津大学，为毕幹（Thomas Biggan）所赠。

袁同礼《〈永乐大典〉现存卷目表》（1932年12月）：牛津大学。

中华书局1986年影印《永乐大典》收入。

递藏线索：Thomas Biggin（可能是名英国水兵）于1900年从翰林院获得一册（卷14607~14609），于1907年捐给牛津大学博德利图书馆。

| 353 | 14620~14621 | 六暮 | 国图 |

正文首叶有印："刘承幹字贞一号翰怡"、"吴兴刘氏嘉业堂藏书印"、"南满洲铁道株式会社大连图书馆"（按：该印中间还有编号："825307"、"昭：141211"）、俄文印、"大连图书馆藏"。

中华书局 1986 年影印《永乐大典》收入。

递藏线索：与卷 480~481 一册同。

| 354 | 14622 | 六暮 | 英国牛津大学博德利图书馆 |

〔英〕何大伟（David Helliwell）《欧洲图书馆所藏〈永乐大典〉综述》提到，该册曾为 Backhouse 的收藏，"封面题签未见"。

Giles, Lionel, A note on Yung lo Ta Tien, 载 *The New China Review* 2：2，1920 年 4 月，记载该册藏于牛津大学。

袁同礼《〈永乐大典〉考》（1923 年 11 月）：牛津大学。

中华书局 1986 年影印《永乐大典》收入。

递藏线索：此册原为巴克斯（Backhouse）收藏，于 1920 年之前归英国牛津大学博德利图书馆。

| 355 | 14624~14625 | 六暮 | 国图 |

正文首叶有印："刘承幹字贞一号翰怡"、"吴兴刘氏嘉业堂藏书印"、"南满洲铁道株式会社大连图书馆"（按：该印中间还有编号："825308"、"昭：141211"）、俄文印、"大连图书馆藏"。

中华书局 1986 年影印《永乐大典》收入。

递藏线索：与卷 480~481 一册同。

| 356 | 14626 | 六暮 | 国图 |

参卷 2537~2538 一册。

正文首叶有印："南满洲铁道株式会社大连图书馆"、俄文印、"大连图书馆藏"。

满铁大连图书馆 1944 年著录〔参岛田好《本馆所藏稀见书解题（一）》〕。

按：参卷 2537～2538 一册。书上还印有昭和十八年（1943）的标记。1943 年，大连图书馆从丁士源手中购入的三册，应该是指卷 2537～2538、卷 7960～7962、卷 14626 三册。

赵万里《苏联列宁图书馆送还给中国人民的永乐大典》（1954）著录。

岩井大慧《永乐大典现存卷目表（新订）》（1963）：旧大连图书馆。北京图书馆。

陈恩惠编《北京图书馆藏永乐大典卷目表》：原本一册（苏联移赠）。

中华书局 1986 年影印《永乐大典》收入。

递藏线索：参傅图藏卷 7327（误记为 7527）一册可知，此册原由文安王氏收藏，后归丁士源之手。1943 年，大连图书馆从丁士源手中购入。1945 年 10 月苏联从大连图书馆选走了 55 册《永乐大典》（包括此册）。1954 年 6 月，苏联政府归还给中国政府其中的 52 册《永乐大典》（包括此册），现在藏于中国国家图书馆。

| 357 | 14627 | 六暮 | 英国牛津大学博德利图书馆 |

〔英〕何大伟（David Helliwell）《欧洲图书馆所藏〈永乐大典〉综述》提到，该册曾为 Backhouse 的收藏，"封面题签未见"。

Giles, Lionel, A note on Yung lo Ta Tien, 载 *The New China Review* 2：2，1920 年 4 月，记载该册藏于牛津大学。

袁同礼《〈永乐大典〉考》（1923 年 11 月）：牛津大学。

中华书局 1986 年影印《永乐大典》收入。

递藏线索：此册原为巴克斯（Backhouse）收藏，于 1920 年之前归英国牛津大学博德利图书馆。

| 358 | 14628～14629 | 六暮 | 日本天理图书馆 |

中华书局 1986 年影印《永乐大典》收入。

递藏线索：此册董康于 1912 年带入日本，转让给田中庆太郎。富冈谦藏于 1918 年之前从田中之手购入。1940 年之前归日本天理大学图书馆收藏。参本书《田中庆太郎与〈永乐大典〉的流传》。

一 | 现存《永乐大典》残本

| 359 | 14707~14708 | 六暮 | 国图 |

首叶右下角有印："徐世章印"，"濠园秘笈"。

中华书局1986年影印《永乐大典》收入。

递藏线索：与卷980一册同。

| 360 | 14837 | 六暮 | 中国台北故宫博物院 |

袁同礼《〈永乐大典〉现存卷目》（1925年12月）：京师图书馆。

按：此册为1925年12月前购入。《陈垣来往书信集》（增订本）第69页，张宗祥来函："《永乐大典》一册，索价一百五十金（前年馆中买三册，每册九十金。去年商务馆买数册，闻每册百三十金），大约尚可让些。本有两册，一册现被他人留住（据卖者所云如是）。此册成否，明晚要来敝寓讨回信，真奇货可居。卖者为一旧家，非书估（据云家中尚有三册，年底如少钱亦须卖去），着其亲送至尊寓，忸怩不肯，只得转送，请酌裁见覆为盼。此请晨安。弟张宗祥敬上。一月廿四日。"又来函："《永乐大典》前途壹本已卖去，闻得价百余金。嘱其取回，买者不肯放手，且欲来取存于尊处之书。原简奉闻，专此，即请大安。弟张宗祥敬上。三十日。"前途云云，指卖方有一本已卖出。张宗祥，后兼任京师图书馆主任，负责整理故宫移来的大量古籍，"日拂拭灰土中"，埋头两年，成《善本书目》4卷，纠正了过去著录的不少讹漏。1921年底至次年五月，陈垣兼京师图书馆馆长。张宗祥于1919年任京师图书馆主任。1922年离开京师图书馆。因此，可以考定：此两信的写作时间，应为1922年1月（原书没有给出具体时间）。陈氏为馆长，故由他来决定是否购入。赵爱学《国图藏嘉靖本〈永乐大典〉来源考》认为，袁同礼《〈永乐大典〉考》（1923年11月）未著录，此册是北图于1923~1925年之间购入的。

赵万里编《北平图书馆善本书目》卷三，第296~298页："永乐大典，明内府抄本，存一百六十二卷。"记有各册卷数，其中包括该册。

中华书局1986年影印《永乐大典》收入。

递藏线索：此册北图于1925年12月前购入。抗日战争期间，此册迁美，由美国国会图书馆代为保管。1965年，此册运回台湾。现藏台北故宫博物院。

| 361 | 14838 | 六暮 | 中国台北故宫博物院 |

参卷14837一册。

袁同礼《〈永乐大典〉现存卷目》（1925年12月）：京师图书馆。

按：此册为1925年12月前购入。1920年北图买入的三册，也有可能包括此册。赵爱学《国图藏嘉靖本〈永乐大典〉来源考》认为，袁同礼《〈永乐大典〉考》（1923年11月）未著录，此册是北图于1923~1925年之间购入的。

赵万里编《北平图书馆善本书目》卷三，第296~298页："永乐大典，明内府抄本，存一百六十二卷。"记有各册卷数，其中包括该册。

中华书局1986年影印《永乐大典》收入。

递藏线索：此册北图于1925年12月前购入。抗日战争期间，此册迁美，由美国国会图书馆代为保管。1965年，此册运回台湾。现藏台北故宫博物院。

| 362 | 14912 | 六暮 | 中国台北中研院历史语言研究所傅斯年图书馆 |

《傅斯年图书馆善本古籍题跋辑录》（第一册）收录"《永乐大典》存一卷一册，明嘉靖内府钞本，存第14912卷六暮，民国六年、十三年邵章手书题跋"。

内封题："永乐大典一册，六通馆藏。按：元书有黄绫签，此册佚去。邵章附识。"

首叶正文右下角有印："傅斯年图书馆"。

末叶有邵章跋："……先王父《四库简明目录标注》云：'类书如明之《永乐大典》二万二千八百七十七卷，目录六十卷，今阙二千四百二十二卷。'时道光中叶事也。咸丰末季，多为西人窃购，送之博物院中。至光绪初年，存翰林院者遂不及八百卷。王菉隐、缪艺风曾亲见之。庚子拳乱起，翰林院沦入使馆界内，炮火所经有洞穿者，凌夷散佚。乞（迄）京师图书馆成，由翰林院移入者，仅六十册耳。厂肆持售往往而有，余获兹一册都四十五叶，盖嘉靖重写之本。其永乐原本是否留存大内，则大为考古家所疑。……岁丁巳冬，邵章识。"

按：丁巳，为1917年。六通馆为邵章于北平的书斋号。

重录官名单一叶只余一小半叶，其上有邵章跋两则：

"钱塘吴仲云振棫《养吉斋余录》云：永乐大典每卷尾有余纸，署曰侍郎臣拱上，楷书，纸甚莹洁。开四库馆，出此书，上命截其余幅赐馆中诸臣。翁覃溪有歌纪其事。甲子冬孟中浣伯褧邵章记于万松兰亭斋东轩。"

"按孔荞轩《仪郑堂骈骊文》载与同年林编修树蕃札云：承惠永乐大典护叶纸，故府珍收，前朝旧制，比澄心于宋纸，殊镜画于吴笺。杜武库之密香，初分帝赐。张茂先之侧理，遂惠臣家。染墨匪轻，捧翰知重。谨谢。观此，则护叶纸久已为人截去矣。章再记。"

按：甲子，为1924年。

北京人文科学研究所编印《北京人文科学研究所藏书目录》"子部·类书·韵编"：永乐大典残卷（存卷一万四千九百十二），明内府钞本，一函，一册。

袁同礼《〈永乐大典〉现存卷目表》（1939年7月）：东方文化图书馆。

岩井大慧《袁氏永乐大典现存卷目表补正》著录：北京人文科学研究所。

岩井大慧《永乐大典现存卷目表（新订）》（1963）：旧北京人文科学研究所。台北历史语言研究所。

按：这是东方文化委员会的藏书。

中华书局1986年影印《永乐大典》收入。

递藏线索：邵章获此册于北京琉璃厂，约在1917年。1924年仍在邵章之手。北京人文科学研究所成立（1927）后，购得此册。抗战胜利后，原北京人文科学研究所图书归史语所所有。中华人民共和国成立前夕，此册随史语所迁台，现藏中国台北史语所傅斯年图书馆。

| 363 | 14947 | 六暮 | 日本东洋文库 |

田仲一成《日本东洋文库收集〈永乐大典〉残本的过程》(收入中国国家图书馆编《〈永乐大典〉编纂600周年国际研讨会论文集》)载:"东洋文库没有明确记录收藏经过的10册,很有可能是1943年前后在北京或上海购买的。"包括此册。

按:其实,此册东洋文库于1927年已入藏。

袁同礼《〈永乐大典〉现存卷数续目》(1927年2月)。

按:没有标庋藏者。

袁同礼《〈永乐大典〉现存卷数续目》(1927年8月):东洋文库。

袁同礼《〈永乐大典〉现存卷目表》(1939年7月):牛津大学。

按:此著录有误。

中华书局1986年影印《永乐大典》收入。

递藏线索:此册于1927年已归东洋文库。

| 364 | 14948 | 六暮 | 国图 |

袁同礼《近三年来发见之〈永乐大典〉》(1932年2月):琅琊王氏。

袁同礼《〈永乐大典〉现存卷目表》(1932年12月):琅琊王氏。

袁同礼《〈永乐大典〉现存卷目表》(1939年7月):文安王氏。

岩井大慧《袁氏永乐大典现存卷目表补正》著录:琅琊王氏。

岩井大慧《永乐大典现存卷目表(新订)》(1963):旧琅琊王氏。北京图书馆。

《北京图书馆善本书目》(1959),卷5,子部下·类书类:"永乐大典,明内府抄本,一百二十二册,存二百三十六卷。"其中卷14948,陈李蔼如先生捐赠一册。

按:吴熙祥《洋灰世家——陈一甫、陈范有父子求索实业救国之路》,第25~26页载,李蔼如,字寿云。属羊,生于光绪九年(1883),比陈一甫小14岁,也是石埭同乡。……李蔼如1963年病逝于天津。第134页载,在由傅增湘作序,陈一甫编的写本《恕斋收藏善本书目》中,著录明板书就有800余(多白棉纸本)。不仅如此,陈一甫不忘嘱咐夫人在时局安定太平后,把书籍捐给国家。在陈去世后,其夫人李蔼如遵照遗嘱将大部分藏书捐赠给北京图书馆。

《冀淑英文集》第 395 页,"百川归海,蔚为大观":"我馆还收到天津陈老先生的捐书。陈惟壬,号一甫,比周叔弢先生年长,安徽人,周叔弢先生为买宋版书卖掉一百多种明版,这些书到了陈老先生手中,以此为基础,陈先生藏明版较多。他藏的明本刻印精良,书品好。陈李蔼如是他的夫人,在他身后将书捐赠出来。"

按:赵爱学《国图藏嘉靖本〈永乐大典〉来源考》载:"馆藏采访卡片记录为'由陈李霭如捐书内提出,社会文化事业管理局移交,1954.6.21'。陈一甫名惟壬,以字行,号恕斋居士。祖籍安徽石埭县(今石台县)广阳乡,汉族。清同治八年(1869)正月二十四日生。清代以父荫官直隶,花翎三品顶戴。为江苏候补道,农工商部议员。曾长期随周学熙襄办实业,任北洋海防诸职,后入东海关监督幕,又为北洋电报学堂总稽查、开平矿务局驻沪员、北洋银元局提调等。1948 年底,陈一甫病逝于天津寓所。陈氏的日记、诗集等,捐给了天津图书馆,统称为'陈一甫传记资料'。"

陈恩惠编《北京图书馆藏永乐大典卷目表》:原本一册(陈李蔼如先生捐赠)。

中华书局 1986 年影印《永乐大典》收入。

递藏线索:此册原为文安王氏收藏。后归天津陈一甫。1954 年,陈一甫夫人陈李蔼如将此册捐给北图。

| 365 | 14949 | 六暮 | 美国普林斯顿大学葛思德图书馆 |

正文首叶右下角有印:"葛思德东方图书之印"。

《北京图书馆月刊》1930 年第 4 卷第 6 期"新摄永乐大典"提到此两册。这说明 1930 年葛思德图书馆已购得。

袁同礼《近三年来发见之〈永乐大典〉》(1932 年 2 月):葛斯德文库。

按:普林斯顿大学葛思德图书馆共收录两册《大典》,除此册外,另还有卷 20373 一册(卷次被改动过,以前误著录为卷 20573)。此两册的来源是一样的。据〔美〕马泰来《美国普林斯顿大学东亚图书馆藏〈永乐大典〉影印本前言》(载《版本目录学研究》第五辑,第 143~145 页)说,此两册以前一度被误著录为收藏于波士顿图书馆；其与琅琊王氏所藏卷14948、卷20372（卷次被改动过，以前误著录卷20572）同时被袁同礼补录入新编的《〈永乐大典〉现存卷目表》（1932年12月），因此，这四册（四卷）的来源应相同；其由美国人义理寿（I. V. Gillis, 1875 - 1948）于1930年以325美元在北平代葛思德（Guion Moore Gest, 1864 - 1948）购得。据该馆曹淑文老师说：她目前所知道的只是入藏时间为1931年6月。

另外，以上所提到的四册（四卷），每册的叶数都比较少，有可能是书商将一册改为两册所致。至于卷次之改动，亦可能为书商之所为。

中华书局1986年影印《永乐大典》收入（所据为仿抄本）。

递藏线索：此册有可能原是文安王氏收藏。1930年，美国人义理寿以325美元在北平为葛思德购得，于1931年入藏葛思德文库。后归美国普林斯顿大学葛思德图书馆。

| 366 | 14998 | 七泰 | 国图 |

中华书局1986年影印《永乐大典》收入。

递藏线索：与卷980一册同。

| 367 | 14999 | 七泰 | 国图 |

袁同礼《〈永乐大典〉现存卷目表》（1939年7月）：北平图书馆。

按：据赵爱学《国图藏嘉靖本〈永乐大典〉来源考》载："馆藏采访卡片记录为'李劲庵处购，257/14，二百五十元'。则此册乃1936年7月北平图书馆以250元价格购自李劲庵处。"李劲庵（1910~？），名棪，字劲庵，号棪斋，广东顺德人，李文田之孙，继承李文田之藏书。

陈恩惠编《北京图书馆藏永乐大典卷目表》：原本一册。

中华书局1986年影印《永乐大典》收入。

递藏线索：此册原来应该是李文田的旧藏，北图于1936年从其孙李劲庵处购入。

| 368 | 15073 ~ 15075 | 七泰 | 英国牛津大学博德利图书馆 |

本册有一张四库馆签单。〔英〕何大伟（David Helliwell）《欧洲图书馆所藏〈永乐大典〉综述》载："有《四库全书》签条。上半部分有大片的水渍及霉菌。"

岩井大慧《永乐大典现存卷目表（新订）》（1963）：牛津大学。

中华书局 1986 年影印《永乐大典》收入。

递藏线索：与卷 807~808 一册同。

| 369 | 15138~15139 | 七泰 | 国图 |

夏曾佑《京师图书馆善本简明书目》有著录。

按：教育部最初拨交京师图书馆的六十册之一。

中华书局 1986 年影印《永乐大典》收入。

递藏线索：与卷 3003~3004 一册同。

| 370 | 15140~15141 | 八队 | 国图 |

中华书局 1986 年影印《永乐大典》收入。

递藏线索：与卷 2539~2540 一同。

| 371 | 15142 | 八队 | 美国国会图书馆 |

傅增湘《藏园群书经眼录》第 712 页有著录：二册。乙丑年（1925）经眼。

按：卷 15142~15143 为两册，但是，后来的著录多将其合为一册。事实上，国会图书馆即将其分为两册。

中华书局 1986 年影印《永乐大典》收入。

递藏线索：此册及卷 15143 一册，很可能是在 1926 年被田中庆太郎在北京搜得，随后售予美国国会图书馆。参本书《美国国会图书馆藏〈永乐大典〉的来源》。

| 372 | 15143 | 八队 | 美国国会图书馆 |

中华书局 1986 年影印《永乐大典》收入。

递藏线索：与卷 15142 一册同。

| 373 | 15868~15870 | 九震 | 美国康奈尔大学华氏图书馆 |

〔英〕何大伟（David Helliwell）《欧洲图书馆所藏〈永乐大典〉综述》载："卷3944~3945，13629。但是，这两册并不在 Leonard Aurousseau（80，82-86）所见的莫里循在北京的10册私人藏书之中。该藏书以西文为主，1917年8月售予岩崎久弥（Baron Hisaya Iwasaki）（Enoki, 30）。直到1920年莫理循去世之后，岩崎久弥才得到他藏书中的7册《永乐大典》（Enoki, 36, n. 3）。1924年，岩崎久弥成立了东洋文库（Toyo Bunko），这7册《永乐大典》也随之进入东洋文库。其余3册中，两册被康奈尔大学收藏，一册被大英博物馆收藏（见下文表格，卷15955~15956）。"

按：Leonard Aurousseau（莱昂纳尔·奥鲁索）的文章 Miao Ts'iuan-souen: Catalogue des ouvrages précieux de la Bibliothèque du Ministère de l'Instruction publique des Ts'ing（《缪荃孙〈清学部图书馆善本书目〉述评》）写于1912年。也就是说，此册起码在1912年之前属莫理循。

韩涛《五册的变奏曲》（收入《〈永乐大典〉编纂600周年国际研讨会论文集》）：大约是在1913年，Charles Wason 得到了三册《大典》（共7卷，卷15868~15870，卷19781~19782，卷19783~19784）。

1918年，Charles Wason 将这三册赠予了康奈尔大学。

袁同礼《〈永乐大典〉考》（1923年11月）：康南尔大学，原属莫理逊。

今堀诚二《永乐大典现存卷目表追补》（1940）：康南尔大学。

中华书局1986年影印《永乐大典》收入。

递藏线索：此册原为莫理循收藏，约于1912-1913年转出。美国人查尔斯·沃森（Charles W. Wason）于1913年前后获得，于1918年去世时赠予康奈尔大学华氏图书馆。参刘怡飞《莫理循旧藏〈永乐大典〉卷册及流散考》。

| 374 | 15873~15875 | 九震 | 国图 |

首叶右下角有印："徐世章印"，"濠园秘笈"。

中华书局 1986 年影印《永乐大典》收入。

递藏线索：与卷 980 一册同。

| 375 | 15897～15898 | 九震 | 中国台北"国家"图书馆 |

藏印有："国立中央图书馆收藏"朱文长方印、"曾留吴兴周氏言言斋"白文长方印。

中华书局 1986 年影印《永乐大典》收入。

递藏线索：与卷 10421～10422 一册同。

| 376 | 15948～15949 | 九震 | 日本东洋文库 |

田仲一成《日本东洋文库收集〈永乐大典〉残本的过程》（收入中国国家图书馆编《〈永乐大典〉编纂 600 周年国际研讨会论文集》）载："1922 年，东洋文库从莫理逊夫人手中购入七册。"包括此册。

袁同礼《〈永乐大典〉考》（1923 年 11 月）：原属莫理逊，今入静嘉堂文库。

袁同礼《〈永乐大典〉现存卷数续目》（1927 年 8 月）：东洋文库。

中华书局 1986 年影印《永乐大典》收入。

递藏线索：此册原为莫理循收藏。1922 年，日本东洋文库从莫理循夫人手中购入此册。

| 377 | 15950～15951 | 九震 | 美国国会图书馆 |

中华书局 1986 年影印《永乐大典》收入。

递藏线索：此册应该是被某位英国人从中国带到英国，出售给英国的鲁扎克书店，而鲁扎克书店在 1912 年或稍后售给了美国国会图书馆。参本书《美国国会图书馆藏〈永乐大典〉的来源》。

| 378 | 15955～15956 | 九震 | 英国国家图书馆 |

〔英〕何大伟（David Helliwell）《欧洲图书馆所藏〈永乐大典〉综述》载："卷 3944～3945，13629。但是，这两册并不在 Leonard Aurousseau（80，82－86）所见的莫里循在北京的 10 册私人藏书之中。该藏书以西文为主，

1917 年 8 月售予岩崎久弥（Baron Hisaya Iwasaki）（Enoki, 30）。直到 1920 年莫理循去世之后，岩崎久弥才得到他藏书中的 7 册《永乐大典》（Enoki, 36, n. 3）。1924 年，岩崎久弥成立了东洋文库（Toyo Bunko），这 7 册《永乐大典》也随之进入东洋文库。其余 3 册中，两册被康奈尔大学收藏，一册被大英博物馆收藏（见下文表格，卷 15955～15956）。"'Couling 夫人捐赠。1935 年 2 月 9 日。'这一册之前归北京的莫理循（Aurousseau, 80, 86）所有。Couling 夫人于 1935 年 1 月 20 日写给翟理斯的一封信里这样写道：'我拥有的那册《永乐大典》已经寄到了，还没有拆包。我想把它转让给你，跟你一起打开。你能定个时间吗？'（大英图书馆档案）"

按：Leonard Aurousseau（莱昂纳尔·奥鲁索）的文章 Miao Ts'iuan - souen: Catalogue des ouvrages précieux de la Bibliothèque du Ministère de l'Instruction publique des Ts'ing（《缪荃孙〈清学部图书馆善本书目〉述评》）发表在 1912 年。也就是说，卷 15955～15956 在 1912 年之前应该属于莫理循。但是，1920 年卖给岩崎久弥时已经没有此册了，可见，应该是在此之前转归了库寿龄。《新中国评论》（*The New China Review*）第一卷第一期第 88 页载，Samuel Couling（库寿龄）有一册。也就是说，这一册应是在 1919 年已归库寿龄了。

袁同礼《〈永乐大典〉考》（1923 年 11 月）：原属莫理逊，今入静嘉堂文库。

按：袁氏著录有误。

袁同礼《〈永乐大典〉现存卷目表》（1939 年 7 月）：英伦博物院。

按：袁氏原著录错误，1939 年的表已改正。

岩井大慧《袁氏永乐大典现存卷目表补正》著录：未详。

今堀诚二《永乐大典现存卷目表追补》（1940）：伦敦博物院。

中华书局 1986 年影印《永乐大典》收入。

递藏线索：此册原为莫理循收藏，最早于 1912 年转出。库寿龄约于 1912 - 1919 年 3 月间获得。库寿龄去世后，为其遗孀库寿龄夫人继续收藏，并于 1935 年 2 月赠予大英博物馆。参刘怡飞《莫理循旧藏〈永乐大典〉卷册及流散考》。

| 379 | 15957～15958 | 九震 | 纽约市公共图书馆抄本档案部 |

〔英〕何大伟（David Helliwell）《欧洲图书馆所藏〈永乐大典〉综述》载："在全盛时期，鲁扎克书店曾经出售过好几册《永乐大典》。……1912年他们的广告中又出现两册：现藏于美国国会图书馆的卷15950～15951及现藏于纽约公共图书馆的卷15957～15958（鲁扎克，1912）。"

1913年，W. 艾姆斯（Willberforce Eames）为纽约市公共图书馆购得《大典》一册（卷15957～15958）。W. 艾姆斯是一位图书馆馆员，曾在雷诺克司图书馆工作。1895年，该图书馆与另外两家组成纽约公共图书馆。W. 艾姆斯在图书馆中负责购买中国图书。其所购书籍中有相当一部分出自英国汉学家詹姆斯·莱格（James Legge）的图书馆，是通过伦敦的鲁扎克书店一系列图书目录购买的。因此，这册很可能是出自某个伦敦书商。

《海外新发现永乐大典十七卷》收入。学苑出版社亦于2003年影印出版了此册。

递藏线索：1913年，纽约公共图书馆馆员W. 艾姆斯从鲁扎克书店为图书馆购得此册。

| 380 | 16217～16218 | 十翰 | 英国牛津大学博德利图书馆 |

本册有一张四库馆签单。〔英〕何大伟（David Helliwell）《欧洲图书馆所藏〈永乐大典〉综述》载："有《四库全书》签条。上半部分有大片的水渍及霉菌。这一册的内容是冠礼。"

岩井大慧《永乐大典现存卷目表（新订）》（1963）：牛津大学。

中华书局1986年影印《永乐大典》收入。

递藏线索：与卷807～808一册同。

| 381 | 16343～16344 | 十翰 | 英国剑桥大学图书馆 |

参卷19789～19790一册。

本册有一张四库馆签单。〔英〕何大伟（David Helliwell）《欧洲图书馆所藏〈永乐大典〉综述》载："英国领事官、毕业于基督学院的翟兰思先生赠送剑桥大学图书馆，1901年4月16日。"有《四库全书》签条的痕迹。

天头地脚及书口处有水渍。

另可参 Giles, Lionel, A note on Yung lo Ta Tien, 载 The New China Review 2：2，1920 年 4 月。以及 Giles, H. A：Encyclopædia maxima.（The nineteenth century and after, April 1901, 659－665）。

袁同礼《〈永乐大典〉考》（1923 年 11 月）：剑桥大学，为长沙领事翟理斯（Lancelot Giles）所赠。

中华书局 1986 年影印《永乐大典》收入。

递藏线索：此册应为翟兰思（Lancelot Giles）在中国获得的。1901 年，此册由翟兰思赠给了剑桥大学图书馆。

| 382 | 16841~16842 | 十二霰 | 中国台北故宫博物院 |

中华书局 1986 年影印《永乐大典》收入。

递藏线索：与卷 5838~5840 一册同。

| 383 | 17084~17085 | 十三啸 | 日本静嘉堂文库 |

袁同礼《〈永乐大典〉现存卷数续目》（1927 年 2 月）。

按：没有标皮藏者。

袁同礼《〈永乐大典〉现存卷目表》（1929 年 2 月）：剑桥大学。

按：该皮藏地有误。《北京图书馆月刊》1929 年第 3 卷第 4 期袁同礼"永乐大典现存卷数表续记"提到：前表所记卷 17084~17085 一册，系见于北平某书肆，误为剑桥大学。

袁同礼《〈永乐大典〉现存卷目表》（1932 年 12 月）：静嘉堂文库。

袁同礼《〈永乐大典〉现存卷目表》（1939 年 7 月）：静嘉堂文库。

中华书局 1986 年影印《永乐大典》收入。

递藏线索：此册起码自 1932 年始一直藏于日本静嘉堂文库。

| 384 | 18207~18209 | 十八漾 | 中国台北故宫博物院 |

中华书局 1986 年影印《永乐大典》收入。

递藏线索：与卷 489~490 一册同。

| 385 | 18222～18224 | 十八漾 | 国图 |

袁同礼《〈永乐大典〉现存卷数续目》（1927年2月）：慕玄父藏。

按：慕学勋（1880～1929），字玄文（袁氏表中误作"父"），山东蓬莱人，毕业于天津北洋大学。其后在德国驻北京公使馆任中文秘书达十七年，直到逝世。慕氏雅好积书，二十五年间所聚寖多。他的藏品主要是作为一个典型的传统式学者的必备古籍，其中的十分之一属于稀觌善本，余者多系清代刊本、稿本、抄本和老档。慕氏逝世后，其子继承父藏，由于远赴外省供职，无法捆载远去，所以待价而沽。1933年加拿大主教韦廉·怀德为皇家安大略博物馆增加一个中国图书馆着想，多方筹集资金买下这批藏书，1936年运抵加拿大。1961年迁移至多伦多大学东亚图书馆。慕学勋《蓬莱慕氏藏书目》（民国排印本，收入《中国著名藏书家书目汇刊》"近代卷"第31册），没有收《大典》。他曾在德国公使馆任秘书，估计所得《大典》也是庚子事变期间流出的，为德国公使馆中人所得，或者他当时即在公使馆而得到。

袁同礼《〈永乐大典〉现存卷目表》（1929年2月）：蓬莱慕氏。

袁同礼《〈永乐大典〉现存卷目表》（1932年12月）：蓬莱慕氏。

袁同礼《〈永乐大典〉现存卷目表》（1939年7月）：蓬莱慕氏。

岩井大慧《袁氏永乐大典现存卷目表补正》著录：蓬莱慕氏。

《北京图书馆善本书目》（1959），卷5，子部下·类书类："永乐大典，明内府抄本，一百二十二册，存二百三十六卷。"其中卷18222～18224，一册。

按：据赵爱学《国图藏嘉靖本〈永乐大典〉来源考》载："张忱石《史话》著录为'原蓬莱慕氏藏，后归北京富晋书社1951年捐赠'。馆藏档案有文化部文物局1951年8月2日拨交《大典》通知：'为配合你馆《永乐大典》展览，兹将我局新收此书共三卷拨交你馆，以便同时陈列，希即派员来取。特此通知。'则此册原藏蓬莱慕玄文，后为富晋书社购得，并于1951年捐献国家，由文物局于1952（引者按：疑为1951）年8月拨交北京图书馆。"北京琉璃厂富晋书社的老板为王富晋。孙殿起《琉璃厂小志》第

227 页载，王富晋字浩亭，冀县人。

岩井大慧《永乐大典现存卷目表（新订）》（1963）：旧蓬莱慕氏。北京图书馆。

陈恩惠编《北京图书馆藏永乐大典卷目表》：原本一册。影本一册。

中华书局 1986 年影印《永乐大典》收入。

递藏线索：此册原为慕学勋收藏。后归北京富晋书社王富晋。王富晋于 1951 年将此册赠给北图。

| 386 | 18244～18245 | 十八漾 | 英国国家图书馆 |

中华书局 1986 年影印《永乐大典》收入。

递藏线索：与卷 8268～8269 一册同。

| 387 | 18402～18403 | 十八漾 | 国图 |

袁同礼《近三年来发见之〈永乐大典〉》（1932 年 2 月）：俄京大学语言部。

中华书局 1986 年影印《永乐大典》收入。

递藏线索：与卷 538～539 一册同。

| 388 | 18764～18766 | 十九敬 | 国图 |

1962 年 9 月 6 日，广东省博物馆将佛山钟毅弘先生所捐的《永乐大典》3 册共 8 卷移赠北京图书馆。据《中国国家图书馆馆史资料长编（1909—2009）》第 514 页载，"1962 年，北图采访入藏书刊概况。……捐赠和拨交书籍中值得提出的有广东博物馆移赠的三本《永乐大典》。"

按：赵爱学《国图藏嘉靖本〈永乐大典〉来源考》载："此 3 册馆藏采访卡片记录为'广东省博物馆赠（62）采捐 54'。馆藏档案存广东博物馆 1962 年 9 月 5 日致北京图书馆函，寄赠卷 18764 至 18771 四册。另据《佛山市钟毅弘捐献永乐大典三册》，卷 18764 至 18771 共 3 册为钟毅弘捐献国家，由广东省博物馆于 1962 年 9 月移赠北京图书馆。"钟毅弘，广东佛山人，书画家、收藏家。

岩井氏将此三册合在一起著录。岩井大慧《永乐大典现存卷目表（新订）》（1963）：北京图书馆。传抄本，分册不明。

按：国图所藏为嘉靖副本。国图应该没有此三册之传抄本，因为陈恩惠编《北京图书馆藏永乐大典卷目表》没有著录。

中华书局1986年影印本收入。

递藏线索：原为佛山钟毅弘的旧藏，1962年，广东省博物馆将钟毅弘所捐的此册转赠给北图。

| 389 | 18767~18769 | 十九敬 | 国图 |

中华书局1986年影印《永乐大典》收入。

递藏线索：与卷18764~18766一册同。

| 390 | 18770~18771 | 十九敬 | 国图 |

中华书局1986年影印《永乐大典》收入。

递藏线索：与卷18764~18766一册同。

| 391 | 19416~19417 | 二十二勘 | 日本东洋文库 |

中华书局1986年影印《永乐大典》收入。

递藏线索：1918年十月初，田中在北京购得此册带回日本，随后将其售予东洋文库。参本书《田中庆太郎与〈永乐大典〉的流传》。

| 392 | 19418~19419 | 二十二勘 | 日本东洋文库 |

中华书局1986年影印《永乐大典》收入。

递藏线索：与卷19416~19417一册同。

| 393 | 19420~19421 | 二十二勘 | 日本东洋文库 |

中华书局1986年影印《永乐大典》收入。

递藏线索：与卷19416~19417一册同。

| 394 | 19422~19423 | 二十二勘 | 日本东洋文库 |

中华书局 1986 年影印《永乐大典》收入。

递藏线索：与卷 19416～19417 一册同。

| 395 | 19424～19426 | 二十二勘 | 日本东洋文库 |

中华书局 1986 年影印《永乐大典》收入。

递藏线索：与卷 19416～19417 一册同。

| 396 | 19636～19637 | 一屋 | 中国台北故宫博物院 |

首叶有印两方："礼培私印"、"扫尘斋积书记"。

按：王礼培（1864～1943），字佩初，晚年自号潜虚老人，湖南湘乡人，室名"小招隐馆"，藏书处名"扫尘斋"，光绪十九年（1893）举人，精于版本目录之学，著有《前甲子诗篇》《后甲子诗篇》《谈艺录》《扫尘斋文集》《雨思集》等。

袁同礼《〈永乐大典〉现存卷数续目》（1927 年 8 月）：北京图书馆。

按：北京图书馆是 1926 年 2 月正式成立的，袁同礼《〈永乐大典〉现存卷数续目》（1927 年 8 月），首次收入北京图书馆所藏《大典》。可见，北京图书馆所藏《大典》应是在 1926～1927 年之间购入的。

《中国国家图书馆馆史资料长编（1909—2009）》第 76 页载，1926 年 3 月至 1927 年 6 月北京图书馆购书情况。……一，明钞本。取有关史料或足资校勘者择要购置。本年购入者如……《永乐大典》卷七千八百五十六至七千八百五十七、八千零二十五至八千零二十六、一万九千一百三十六至一万九千一百三十七等。……（北京图书馆：《北京图书馆第一年度报告》，第 7～12 页，北京图书馆，1927）

按：卷一万九千一百三十六至一万九千一百三十七，应是卷 19636～19637 之误。

袁同礼《〈永乐大典〉现存卷目表》（1929 年 2 月）：北平北海图书馆。

按：赵爱学《国图藏嘉靖本〈永乐大典〉来源考》载："馆藏采访卡片记录为'购自松筠阁，16/5/3，二百元'。则此册原为王礼培旧藏，1927 年 5 月以 200 元从旧书店松筠阁购入北平北海图书馆前身之北京图书馆，1929

年后北平北海图书馆并入北平图书馆，则成为北平图书馆藏品。"松筠阁，北京琉璃厂旧书店。

赵万里编《北平图书馆善本书目》卷三，第296~298页："永乐大典，明内府抄本，存一百六十二卷。"记有各册卷数，其中包括该册。

陈恩惠编《北京图书馆藏永乐大典卷目表》：原本一册（存美），有胶卷。

中华书局1986年影印《永乐大典》收入。

递藏线索：此册原为王礼培收藏。1927年5月北京图书馆从北京琉璃厂松筠阁书店购得。抗日战争期间，此册迁美，由美国国会图书馆代为保管。1965年，此册运回台湾。现藏台北故宫博物院。

| 397 | 19735 | 一屋 | 英国牛津大学博德利图书馆 |

〔英〕何大伟（David Helliwell）《欧洲图书馆所藏〈永乐大典〉综述》提到，此册曾为Backhouse的收藏。

Giles, Lionel, A note on Yung lo Ta Tien, 载 *The New China Review* 2：2，1920年4月，记载该册藏于牛津大学。

袁同礼《〈永乐大典〉考》（1923年11月）：牛津大学。

中华书局1986年影印《永乐大典》收入。

递藏线索：此册原为巴克斯（Backhouse）的收藏，后归英国牛津大学博德利图书馆。

| 398 | 19737~19739 | 一屋 | 英国剑桥大学图书馆 |

〔英〕何大伟（David Helliwell）《欧洲图书馆所藏〈永乐大典〉综述》载："在全盛时期，鲁扎克书店曾经出售过好几册《永乐大典》。……最后，还有一册出现在他们1926年的一个简短的目录中，即卷19737~19739（鲁扎克，1926）。这就是亚伦（Allen）卷（见下文表格），最终入藏剑桥大学图书馆。由于鲁扎克书店的档案大约20年前就被处理或者销毁，因此无法确定上述《永乐大典》的来源。""日戳是1926年11月28（引者按：疑为"26"之误）日。封二处用铅笔标注'R. Allen神父''50英镑'（剑桥大

学图书馆以前的惯例是用这种方式记录购书细节）。但是，这一册曾经出现在鲁扎克公司当年的书目上（第70条），标价是35英镑。书里附了一张暮雅德（A. C. Moule）的纸条这样写道：'这一册曾经归 Roland Allen 所有，他是1900年北京英国公使馆牧师。'Allen 是牛津大学的硕士，他是最早出版使馆被围日记的人之一。封面曾经修复过，重新粘的时候里外粘反了，很可能是入藏图书馆之后修复的。"

袁同礼《〈永乐大典〉现存卷数续目》（1927年2月）：伦敦 Luzac 书店藏。

袁同礼《〈永乐大典〉现存卷目表》（1929年2月）：剑桥大学。

中华书局1986年影印《永乐大典》收入。

递藏线索：此册是亚伦（Roland Allen）在庚子事变期间翰林院被焚时获得的。1926年，此册通过鲁扎克书店卖给了剑桥大学图书馆。

| 399 | 19740~19741 | 一屋 | 英国国家图书馆 |

〔英〕何大伟（David Helliwell）《欧洲图书馆所藏〈永乐大典〉综述》载："ff. 36. M. Lunan 1952年6月18日。"

岩井大慧《永乐大典现存卷目表（新订）》（1963）：大英博物馆。

中华书局1986年影印《永乐大典》收入。

递藏线索：此册自1952年起一直藏于大英图书馆。

| 400 | 19742~19743 | 一屋 | 美国国会图书馆 |

中华书局1986年影印《永乐大典》收入。

递藏线索：此册原属翟兰思，后归其父翟理斯。1934年，翟理斯将其售予美国国会图书馆。参本书《美国国会图书馆藏〈永乐大典〉的来源》。

| 401 | 19781~19782 | 一屋 | 美国康奈尔大学图书馆 |

〔英〕何大伟（David Helliwell）《欧洲图书馆所藏〈永乐大典〉综述》载："在全盛时期，鲁扎克书店曾经出售过好几册《永乐大典》。……1919年的广告中出现5册：其中3册现藏于中国国家图书馆，即卷13494~

13495，13506~13507，20648~20649；卷13991之前被番禺叶恭绰收藏，后来下落不明；卷20478~20479之前也被叶恭绰收藏，现藏于'国立台湾图书馆'（鲁扎克，1919）。这就是梁启超购买的7册中的5册；另外两册是卷19781~19782及卷19783~19784，这两册都未出现在鲁扎克的目录中，现在都收藏在康奈尔大学。"

按：据韩涛《五册的变奏曲》（收入《〈永乐大典〉编纂600周年国际研讨会论文集》）载，卷19781~19782、卷19783~19784这两册是美国人查尔斯·华生（Charles Wason）大约在1913年购得的[①]。但是，查尔斯·华生（Charles Wason）在1918年之前已将这两册捐给了康奈尔大学，而梁氏购买《大典》则是于1919年在伦敦，因此，梁氏不可能买到这两册，而梁氏购得七册的说法应该是错误的。

袁同礼《〈永乐大典〉考》（1923年11月）：康南尔大学。

今堀诚二《永乐大典现存卷目表追补》（1940）：康南尔大学。

中华书局1986年影印《永乐大典》收入。

递藏线索：此册为美国人Charles Wason大约在1913年购得。1918年，Charles Wason将此册赠予了康奈尔大学。参本书《梁启超、叶恭绰与〈永乐大典〉的收藏》。

| 402 | 19783~19784 | 一屋 | 美国康奈尔大学图书馆 |

中华书局1986年影印《永乐大典》收入。

递藏线索：与卷19781~19782一册同。参本书《梁启超、叶恭绰与〈永乐大典〉的收藏》。

| 403 | 19785~19786 | 一屋 | 美国国会图书馆 |

中华书局1986年影印《永乐大典》收入。

递藏线索：此册有可能是施永高在北京为美国国会图书馆购得的，于1919年前入藏美国国会图书馆。参本书《美国国会图书馆藏〈永乐大典〉

[①] 韩涛：《五册的变奏曲》，载中国国家图书馆编《〈永乐大典〉编纂600周年国际研讨会论文集》，第333-342页。

的来源》。

| 404 | 19789~19790 | 一屋 | 英国国家图书馆 |

〔英〕何大伟（David Helliwell）《欧洲图书馆所藏〈永乐大典〉综述》载："翟理斯所藏《永乐大典》中的卷 19789~19790 入藏大英博物馆图书馆（即今大英图书馆）。""'翟理斯教授捐赠。1901 年 4 月 13 日。'但是，书中附的翟理斯的信的日期是 1901 年 4 月 1 日，而且信里说得很明白，这一册是'以我儿子，英国领事官翟兰思的名义'捐赠的。翟理斯在其回忆录里这么写道：'我的一个儿子，翟兰思……送给我 5 册（《永乐大典》），这是他当时抢救出来的；我以他的名义，将其中一册捐给了剑桥大学图书馆（见卷 16343~16344），另一册捐给了大英博物馆。后者被浪费了。《永乐大典》的尺寸是 20×12 英寸，黄色封面非常有特色，而当时大英博物馆中文部的负责人 Sir R. Douglas 让人对这本漂亮的书进行了裁切，并加了硬衬。'（Aylmer, 42）。但是，翟兰思在自己的日记里说翰林院大火之后，他只抢救了 1 册而不是 5 册：'我得到了卷 13345（!!），仅仅是作为一个标本而已。'但是这一卷（实际上是卷 13344—13345）与上述翟理斯所藏 5 册中的其余两册（卷 19742~19743 与 19792）一样，现在收藏于美国国会图书馆。西式封面，原书封面则被粘到了里面。"

英国杜格拉（Robert Kennaway Douglas）编《英国博物院图书馆中国书籍钞本目录补编》亦只收《永乐大典》一册（卷 19789~19790）。

Giles, Lionel, A note on Yung lo Ta Tien, 载 *The New China Review* 2：2，1920 年 4 月，记载该册藏于大英博物馆。亦可参 Giles, H. A.：Encyclopædia maxima, (*The Nineteenth Century and After*, April 1901, 659-665)

袁同礼《〈永乐大典〉考》（1923 年 11 月）：英伦博物院，为翟理斯教授所赠。

中华书局 1986 年影印《永乐大典》收入。

递藏线索：翟兰思从中国获得此册（其父说是从翰林院得到的，但他自己并没有明确说这一点。但是，很有可能是从翰林院获得的）。后来将其送给其父翟理斯。翟理斯于 1901 年代其子将其送给了大英博物馆。

| 405 | 19791 | 一屋 | 四川大学博物馆 |

袁同礼《〈永乐大典〉现存卷目表》（1939 年 7 月）：华西协和大学古物博物馆。

按：郝艳华《〈永乐大典〉史论》第 37 页载："四川大学一册，原藏华西协和大学图书馆，曾于 1900 年被劫掠到英国，在英国辗转 20 余年后，为一位英国友人获得，1922 年赠送给华西协和大学博物馆。"联系到上一册和下一册的情况，这册与上、下册卷次相连，应是同时在翰林院中被英国人获得，带回英国的。

今堀诚二《永乐大典现存卷目表追补》（1940）：华西协和大学博物馆。（北平图书馆）善本乙库有抄本。

岩井大慧《永乐大典现存卷目表（新订）》（1963 年）：旧华西协和大学博物馆。

中华书局 1986 年影印《永乐大典》收入。

递藏线索：1900 年庚子事变中，此册被英国人获得，后带回英国。20 余年后，又为另一位英国人所得，于 1922 年赠送给华西协和大学博物馆。

| 406 | 19792 | 一屋 | 美国国会图书馆 |

中华书局 1986 年影印《永乐大典》收入。

递藏线索：此册原属翟兰思，后归其父翟理斯。1934 年，翟理斯将其售予美国国会图书馆。参本书《美国国会图书馆藏〈永乐大典〉的来源》。

| 407 | 19865～19866 | 一屋 | 爱尔兰都柏林切斯特·比蒂图书馆（Chester Beatty Library） |

〔英〕何大伟（David Helliwell）《欧洲图书馆所藏〈永乐大典〉综述》载："1914 年，Merton 还将自己收藏的一册（指卷 19865～19866）借给伦敦图书馆供其展览用；1954 年，他将这册捐给了切斯特·比蒂图书馆。""卷端用铅笔轻轻写了'1900 年 7 月翰林院'几个字。缺原书封面，内文被存放于西式皮革包边的文件夹式的书套里。最后几页有水渍。书套里贴了 1914 年 1 月 6 日《泰晤士报》的剪报：'Wilfred Merton 先生将著名的中国

百科全书里的两册借给伦敦图书馆,从今天开始为期几周。他很幸运,当初以较低的价格从伦敦的一个书店购入。该册《永乐大典》包含卷 19865~19866,内容是竹,已由来自 Eadburgha Bindery, Broadway, Worcestershire 的 Katherine Adams 小姐精心装订。'切斯特·比蒂图书馆的档案里保存了两封袁同礼写给 Merton 的信,日期分别是 1929 年 11 月 21 日和 1931 年 3 月 6 日(Chester Beatty Papers, 1367)。第一封信里提到袁同礼 1928 年春天完成的对现存于世的《永乐大典》的统计工作(见参考文献中引用的早期统计表)。在这份统计表里,袁同礼记录了 Merton 拥有一册《永乐大典》,即卷 19865~19866。他请求 Merton 提供这一册及他拥有的其他任何册的抄本或照相复印件,作为交换,Merton 可以获得他统计表中藏于国立北平图书馆的、同样数量的抄本或者照相复印件。第二封信提到袁同礼 1923 年前往位于 Richmond Hill 的家里拜访 Merton,就是在那里他第一次见到卷 19865~19866。他再次要求提供照相复印件,由大英博物馆的翟林奈复制并寄给他。Wilfred Merton(1888~1957)是切斯特·比蒂图书馆的朋友及顾问,1954 年 8 月 19 日,他将这册捐给了切斯特·比蒂图书馆。Y. Z. R*. H(仅有卷 19866,含中华书局 1984 年影印版里未见的第 8a 叶,可能是 1931 年照相复制的时候偶尔遗漏的)。"

《海外新发现〈永乐大典〉十七卷》收入。中华书局 1986 年影印《永乐大典》也收入,但只有卷 19866。

递藏线索:庚子事变之后,此册被英国人马登 Wilfred Merton 在英国伦敦书肆购得。20 世纪 50 年代,马登将其捐给爱尔兰都柏林切斯特·比蒂图书馆(Chester Beatty Library)。参卷 803~806 一册。

| 408 | 19931 | 一屋 | 中国台北故宫博物院 |

夏曾佑《京师图书馆善本简明书目》有著录。

按:教育部最初拨交京师图书馆的六十册之一。

中华书局 1986 年影印《永乐大典》收入。

递藏线索:与卷 2743~2744 一册同。

| 409 | 20121－20122 | 二质 | 中国台北故宫博物院 |

夏曾佑《京师图书馆善本简明书目》有著录。

按：教育部最初拨交京师图书馆的六十册之一。

中华书局1986年影印《永乐大典》收入。

递藏线索：与卷2743～2744一册同。

| 410 | 20139 | 二质 | 英国牛津大学博德利图书馆 |

〔英〕何大伟（David Helliwell）《欧洲图书馆所藏〈永乐大典〉综述》提到此册曾为Backhouse的收藏，"封面、封底都被替换了，但是与原书非常相配：不但未见封面题签，而且似乎从来就没有过"。

Giles, Lionel, A note on Yung lo Ta Tien, 载 *The New China Review* 2：2，1920年4月，记载该册藏于牛津大学。

袁同礼《〈永乐大典〉考》（1923年11月）：牛津大学。

中华书局1986年影印《永乐大典》收入。

递藏线索：此册原为英国人巴克斯（Backhouse）的收藏，1920年之前归英国牛津大学博德利图书馆。

| 411 | 20181～20182 | 二质 | 英国国家图书馆 |

中华书局1986年影印《永乐大典》收入。

递藏线索：同卷913～914一册。

| 412 | 20197 | 二质 | 中国台北故宫博物院 |

夏曾佑《京师图书馆善本简明书目》有著录。

按：教育部最初拨交京师图书馆的六十册之一。

中华书局1986年影印《永乐大典》收入。

递藏线索：与卷2743～2744一册同。

| 413 | 20204～20205 | 二质 | 国图 |

夏曾佑《京师图书馆善本简明书目》有著录。

按：教育部最初拨交京师图书馆的六十册之一。

中华书局1986年影印《永乐大典》收入。

递藏线索：与卷3003~3004一册同。

| 414 | 20308~20309 | 二质 | 中国台北故宫博物院 |

参卷8413~8414一册。

首叶有"鉏经堂藏"印。此册最后一叶有"鉏经堂珍藏金石书画碑帖记"印。

按：据赵爱学《国图藏嘉靖本〈永乐大典〉来源考》考证，印主应为胡若愚，"馆藏采访卡片记录为'与20308/20309共2册，崇文斋购，23/12/6，共一千元'。则此二册初为胡若愚旧藏，1934年购自琉璃厂崇文斋。"

袁同礼《〈永乐大典〉现存卷目表》（1939年7月）：北平图书馆。

陈恩惠编《北京图书馆藏永乐大典卷目表》：原本一册（存美），有胶卷。

岩井大慧《袁氏永乐大典现存卷目表补正》著录：未详。此册昭和九年十一月北京市场出现。

按：昭和九年为1934年。

中华书局1986年影印《永乐大典》收入。

递藏线索：此册原为胡若愚旧藏，后流入琉璃厂崇文斋。北图于1934年从崇文斋购入。抗日战争期间，此册迁美，由美国国会图书馆代为保管。1965年，此册运回台湾。现藏台北故宫博物院。

| 415 | 20310~20311 | 二质 | 中国台北故宫博物院 |

夏曾佑《京师图书馆善本简明书目》有著录。

按：教育部最初拨交京师图书馆的六十册之一。

中华书局1986年影印《永乐大典》收入。

递藏线索：与卷2743~2744一册同。

| 416 | 20353~20354 | 二质 | 国图 |

一 现存《永乐大典》残本

参卷980一册。

首叶右下角有印:"徐世章印","濠园秘笈"。

袁同礼《〈永乐大典〉现存卷目表》(1929年2月):天津徐氏。

袁同礼《〈永乐大典〉现存卷目表》(1932年12月):天津徐氏。

袁同礼《〈永乐大典〉现存卷目表》(1939年7月):天津徐氏。

今堀诚二《永乐大典现存卷目表追补》(1940):天津徐氏。

岩井大慧《袁氏永乐大典现存卷目表补正》著录:天津徐氏。

《北京图书馆善本书目》(1959),卷5,子部下·类书类:"永乐大典,明内府抄本,一百二十二册,存二百三十六卷。"其中卷20353~20354,一册。

按:据赵爱学《国图藏嘉靖本〈永乐大典〉来源考》载:"馆藏采访卡片记录为'徐濠园处购入,1948.8.9,与其他九册共700,000,000元'。则此10册为天津徐世章旧藏,1948年8月转让北平图书馆。"

岩井大慧《永乐大典现存卷目表(新订)》(1963):旧天津徐氏。北京图书馆。

陈恩惠编《北京图书馆藏永乐大典卷目表》:原本一册。

中华书局1986年影印《永乐大典》收入。

递藏线索:参卷7327一册可知,此册原由文安王氏收藏。后归天津徐世章收藏。1948年转让北图。

| 417 | 20372 | 二质 | 中国台北"国家"图书馆(因原卷次曾被改动,以前误为卷20572) |

参台湾中研院史语所傅斯年图书馆藏卷7327(误记为7527)一册。

藏印有:"国立中央图书馆藏书"朱文方印。

袁同礼《近三年来发见之〈永乐大典〉》(1932年2月):琅琊王氏。

按:原卷次曾被改动,袁氏著录为20572。

袁同礼《〈永乐大典〉现存卷目表》(1932年12月):琅琊王氏。

袁同礼《〈永乐大典〉现存卷目表》(1939年7月):文安王氏。

南京图书馆编《国立南京图书馆甲库善本书目录》,第391~392页:

"永乐大典，明嘉靖间内府重写本。"著录有该册，写作：卷20572。

按：应为当时中央图书馆收的，后来被运到台湾。

屈万里《国立中央图书馆善本书目初稿》著录，写作：卷20572。

岩井大慧《永乐大典现存卷目表（新订）》（1963）：卷20572，旧瑯琊王氏。台北中央图书馆。

中华书局1986年影印《永乐大典》收入。

递藏线索：此册原藏文安王氏之手。民国中央图书馆于1949年之前收得。中华人民共和国成立前夕，此册迁台，现藏于台北"国家"图书馆。

| 418 | 20373 | 二质 | 美国普林斯顿大学葛思德图书馆（原误为卷20573） |

可参卷14949一册。

正文首叶右下角有印："葛思德东方图书之印"。

该馆曹淑文老师发来该册的四库馆签条照片，并说："普大两卷中，只有这一页四库馆签条，此签条位于卷20373［原卷妄改为20573］的封面页背面，正文卷端之前。"从照片看，前面好像被什么东西盖住了，看不到前面的字。一般签条开头会有纂修官某签多少卷，及签出的书名，而这张签条只有最后两行字，可能是因为此册重装时盖住了一部分。从照片上看，右侧部分原纸被盖住了一部分。这可能是卷次改动者所为，以掩盖其将20373改为20573。

袁同礼《近三年来发见之〈永乐大典〉》（1932年2月）：葛斯德文库。

按：袁氏误为20573。据马泰来先生指出，卷二万三百七十三，原"三"字被后人改作"五"，卷端、卷尾及版心误题为"二万五百七十三"。其与出自瑯琊王氏的卷20572（即20372）的改动情况相类①。

袁同礼《〈永乐大典〉现存卷目表》（1932年12月）：葛斯德文库。

袁同礼《〈永乐大典〉现存卷目表》（1939年7月）：葛斯德文库。

岩井大慧《永乐大典现存卷目表（新订）》（1963）：卷20573，葛思德

---

① 马泰来：《〈永乐大典〉现存卷目表补正》，《文献》2006年第4期。

文库。

中华书局 1986 年影印《永乐大典》收入（所据为仿抄本）。

递藏线索：与卷 14949 一册同。

| 419 | 20424~20425 | 二质 | 国图 |

夏曾佑《京师图书馆善本简明书目》有著录。

按：教育部最初拨交京师图书馆的六十册之一。

中华书局 1986 年影印《永乐大典》收入。

递藏线索：与卷 3003~3004 一册同。

| 420 | 20426~20427 | 二质 | 中国台北故宫博物院 |

夏曾佑《京师图书馆善本简明书目》有著录。

按：教育部最初拨交京师图书馆的六十册之一。

中华书局 1986 年影印《永乐大典》收入。

递藏线索：与卷 2743~2744 一册同。

| 421 | 20428 | 二质 | 中国台北故宫博物院 |

夏曾佑《京师图书馆善本简明书目》有著录。

按：教育部最初拨交京师图书馆的六十册之一。

中华书局 1986 年影印《永乐大典》收入。

递藏线索：与卷 2743~2744 一册同。

| 422 | 20478~20479 | 二质 | 中国台北"国家"图书馆 |

藏印有："国立中央图书馆考藏"朱文方印、"管理中英庚款董事会保存文献之章"朱文长方印。

中华书局 1986 年影印《永乐大典》收入。

递藏线索：叶恭绰于 1919 年夏天在伦敦的鲁扎克书店购得。抗战时期，由中央图书馆利用英国退还庚款购入，曾藏南京中央图书馆；中华人民共和国成立前被运到了台湾，入藏台北"中央"图书馆。参本书《梁启超、叶恭绰与〈永乐大典〉的收藏》。

423	20648～20649	二质	国图

首叶右下角有印："弢斋藏书记"。

中华书局1986年影印《永乐大典》收入。

递藏线索：与卷13494～13495一册同。参本书《梁启超、叶恭绰与〈永乐大典〉的收藏》。

424	20850～20851	二质	英国国家图书馆

〔英〕何大伟（David Helliwell）《欧洲图书馆所藏〈永乐大典〉综述》指出："'大清海关专员 E. Gordon Lowder 赠送大英博物馆。1917年1月。'在1917年1月16日的信里，E. Gordon Lowder 说这一册是在'北京的使馆之围结束后不久，从翰林院的废墟里抢救出来的'（大英图书馆档案）。不恰当的西式修复。"

Giles, Lionel, A Note on Yung lo Ta Tien, 载 *The New China Review* 2：2，1920年4月，记载该册藏于大英博物馆。

袁同礼《〈永乐大典〉考》（1923年11月）：英伦博物院，为税务司 E. Gordon Lowder 所赠。

袁同礼《〈永乐大典〉现存卷目表》（1939年7月），卷20850，没标庋藏者。

按：有可能是排版时排错了。

袁同礼《〈永乐大典〉现存卷目表》（1939年7月）：卷20851，英伦博物院。

岩井大慧《袁氏永乐大典现存卷目表补正》著录：大英博物馆。

中华书局1986年影印《永乐大典》收入。

递藏线索：清海关专员英国人 E. Gordon Lowder 在庚子事变期间从翰林院中获得此册，于1917年赠予大英博物馆。

425	21025～21026	三术	中国台北故宫博物院

中华书局1986年影印《永乐大典》收入。

递藏线索：与卷661～662一册同。

| 426 | 21029~21031 | 三术 | 国图 |

袁同礼《近三年来发见之〈永乐大典〉》（1932年2月）：俄京大学语言部。

中华书局1986年影印《永乐大典》收入。

递藏线索：与卷538~539一册同。

| 427 | 21983~21984 | 七药 | 国图 |

首叶右下角有印："涵芬楼"，"孝劼所藏书画金石"。

按："孝劼所藏书画金石"，为宝康的藏书印。宝康，即马佳宝康，清末藏书家，字孝劼，号佞汉斋主人，满洲镶蓝旗人。其父崧蕃，官至云贵总督，岳父盛昱，亦为著名藏书家。官至福建武定知府，到任不久病卒。其藏书处有"佞汉斋"。其藏书受其岳父影响，多精刻精校之本。其藏书于1911年前后被斥卖一空。藏书印有"宝孝劼藏宋元经籍""孝劼所藏书画金石""长白马佳宝康审定宋元旧籍并元明人旧抄旧校之记"等。

《张元济傅增湘论书尺牍》，1912年10月5日傅信云："都中见有《永乐大典》一册，系学字号，系二万一千九百八十四、五卷，索价五十元，不肯减。又有十灰韵崔字（皆崔姓小传）一册，索二百元（又一人持来），则不能议值矣。学字册内所载皆历代设州郡县学之文，吾辈览之尚有味，不知公欲之否。十年前见秋辇购一册，价五十，全系医书。……（此书外人亦购之，颇出重价）。"1912年10月31日傅信云："《永乐大典》已为留下，日内寄申。闻授经新在京购数册，每册至一百廿五元。内中有抄《通鉴》《宋史》及《学》《庸》者，不知何以出如此重价也。"1912年11月20日傅信云："《永乐大典》遵交朱君寄上。前途固来索回矣。然前叶又非原装，究逊一筹。第内容较董购为佳耳。"①

按：所记"二万一千九百八十四、五卷"可能有误，应是指此册。可见，此册原为宝康旧藏，1912年张元济通过傅增湘为商务印书馆购得。《学》《庸》，指《大学》《中庸》。

---

① 张元济、傅增湘：《张元济傅增湘论书尺牍》，第28、29、31页。

袁同礼《〈永乐大典〉现存卷目表》（1929年2月）：上海东方图书馆。

袁同礼《〈永乐大典〉现存卷目表》（1932年12月）：未详。

《张元济傅增湘论书尺牍》，1935年1月9日傅信云："《大典》单阅悉，除已见复印件及专书无可采外，兹拟假数册，列目于左，希遇便赐寄，无任幸盼：三千五百二十五、六，九真韵，门字一册。一万四千三百八十四，四霁韵，冀字一册。二万一千九百八十三、四，七药韵，学字一册。三千五百七十九、八十、八十一，九真韵，村字一册。此册查目知为公所藏（张注：已于去年售去济家用矣）。"民国廿四年元月十三日张信云："需用《大典》门、冀、学字三册，遵属检出，遇有妥便，即托带呈。至村字册为弟所藏，已于前岁售与叔弢矣。"①

按：1935年，傅增湘向张元济借阅此册。

袁同礼《〈永乐大典〉现存卷目表》（1939年7月）：上海涵芬楼。

今堀诚二《永乐大典现存卷目表追补》（1940）：上海东方图书馆。

岩井大慧《袁氏永乐大典现存卷目表补正》著录：未详。此册原藏上海东方图书馆。

商务印书馆编《涵芬楼烬余书录》，第543页"书录·子部"，著录有该册。

岩井大慧《永乐大典现存卷目表（新订）》（1963）：旧上海东方图书馆。北京图书馆。

陈恩惠编《北京图书馆藏永乐大典卷目表》：原本一册（商务印书馆捐赠）。影本一册。

中华书局1986年影印《永乐大典》收入。

递藏线索：此册原为宝康旧藏，1912年张元济通过傅增湘为商务印书馆购得。1951年，商务印书馆将此册捐给中央人民政府，由文物局拨交北图收藏。

| 428 | 22180~22182 | 八陌 | 国图 |

---

① 以上均见张元济、傅增湘《张元济傅增湘论书尺牍》，第331页。

首叶上方有一俄文印。

袁同礼《近三年来发见之〈永乐大典〉》(1932年2月):俄京大学语言部。

中华书局1986年影印《永乐大典》收入。

递藏线索:与卷538~539一册同。

| 429 | 22536~22537 | 九缉 | 国图 |

首叶有印:"北皮亭刘氏所藏秘笈","盐山刘千里藏书","皕印斋","戊辰"。

按:可知其为盐山刘驹贤所藏之书。戊辰为1928年,刘氏获此册有可能是在此年。刘千里即刘驹贤,字伯骥,一字千里,河北盐山人。父若曾,字仲鲁,清末官至大理寺卿。1956年刘驹贤病故于北京,所藏图书售予北京琉璃厂王子霖藻玉堂书店。

《北京图书馆善本书目》(1959),卷5,子部下·类书类:"永乐大典,明内府抄本,一百二十二册,存二百三十六卷。"其中卷22536~22537,一册。

岩井大慧《永乐大典现存卷目表(新订)》(1963):北京图书馆。

陈恩惠编《北京图书馆藏永乐大典卷目表》:原本一册。

中华书局1986年影印《永乐大典》收入。

递藏线索:此册原为盐山刘驹贤所藏,约于中华人民共和国成立后不久为北图购入。

| 430 | 22570~22572 | 九缉 | 国图 |

参卷3614一册。

正文首叶有印:"南满洲铁道株式会社大连图书馆"、俄文印、"大连图书馆藏"。

袁同礼《近三年来发见之〈永乐大典〉》(1932年2月):吴兴丁氏百一斋。

按:吴兴丁氏百一斋在1931年前应藏有7卷,应该就是大连图书馆收得的：卷 3614、卷 5345、卷 8979、卷 22570～22572、卷 22760 共五册。关于该册，据赵爱学《国图藏嘉靖本〈永乐大典〉来源考》载："书衣左侧有高世异题记：'甲寅初夏，得明《永乐大典》集字类所录《大方等大集经》三卷残篇，敬贻抱道人讽藏。'右上有袁克文题记：'《大方等大集经》奉贻大方师鉴存。甲寅初秋门人袁克文合十。'则此册 1914 年夏由高世异收得，随即赠送袁克文，同年秋，袁氏又赠与其师方尔谦，后归丁氏百一斋。"该文还提到，高世异，字尚同，一字德启，号念陶，四川华阳人。书斋号有苍茫斋、拥经堂等。大方师即方尔谦（1871～1936），字地山，又字无隅，别署大方，江苏江都人。室名一宋一廛。曾任袁世凯家庭教师，袁克文从其学。

袁同礼《〈永乐大典〉现存卷目表》（1932 年 12 月）：吴兴丁氏百一斋。

袁同礼《〈永乐大典〉现存卷目表》（1939 年 7 月）：吴兴丁氏百一斋。

满铁大连图书馆 1939 年著录［参《满铁大连图书馆增加图书分类目录》（昭和十四年度）］。

满铁大连图书馆 1944 年著录［参岛田好《本馆所藏稀见书解题（一）》］。

赵万里《苏联列宁图书馆送还给中国人民的永乐大典》（1954）著录。

岩井大慧《永乐大典现存卷目表（新订）》（1963）：旧大连图书馆。北京图书馆。

陈恩惠编《北京图书馆藏永乐大典卷目表》：原本一册（苏联移赠）。抄本一册。

中华书局 1986 年影印《永乐大典》收入。

递藏线索：此册 1914 年夏由高世异收得，随即赠送袁克文。同年秋，袁氏又赠予其师方尔谦，后归丁氏百一斋。此后流传与卷 3614 一册同。

| 431 | 22576～22578 | 九缉 | 国图 |

袁同礼《近三年来发见之〈永乐大典〉》（1932 年 2 月）：俄京大学语言部。

中华书局 1986 年影印《永乐大典》收入。

递藏线索：与卷 538～539 一册同。

| 432 | 22749～22750 | 十合 | 国图 |

《朱希祖日记》第 100 页载，1913 年 3 月 6 日，"上午念劬先生来寓，即偕至琉璃厂萃文斋，阅《永乐大典》一册，此册系二万二千七百四十九、五十（十合）二卷所载《启札云锦裳》一书也。末书：重录总校官侍郎臣陈以勤、……等衔。红格墨字朱圈，黄绢书衣。"

按：朱希祖于 1913 年在琉璃厂萃文斋获见此册。

袁同礼《〈永乐大典〉现存卷目表》（1929 年 2 月）：上海东方图书馆。

袁同礼《〈永乐大典〉现存卷目表》（1932 年 12 月）：上海东方图书馆。

袁同礼《〈永乐大典〉现存卷目表》（1939 年 7 月）：上海东方图书馆。

商务印书馆编《涵芬楼烬余书录》，第 543 页"书录·子部"，著录有该册。

岩井大慧《永乐大典现存卷目表（新订）》（1963）：旧上海东方图书馆。北京图书馆。

陈恩惠编《北京图书馆藏永乐大典卷目表》：原本一册（商务印书馆捐赠）。抄本一册。

中华书局 1986 年影印《永乐大典》收入。

递藏线索：朱希祖于 1913 年在琉璃厂萃文斋获见此册。此后（1929 年前），商务印书馆购得此册。1951 年，商务印书馆将此册捐给中央人民政府，由文物局拨交北图收藏。

| 433 | 22760 | 十合 | 国图 |

参卷 3614 一册。

正文首叶有印："南满洲铁道株式会社大连图书馆"、俄文印、"大连图书馆藏"。

中华书局1986年影印《永乐大典》收入。

递藏线索：与卷3614一册同。

434	22761	十合	中国台北故宫博物院

中华书局1986年影印《永乐大典》收入。

递藏线索：与卷661~662一册同。

二
现存《永乐大典》零叶

说明：《大典》残本中缺叶情况较多，且缺叶多少不等。此表所收为残存一至两叶的《大典》。

序号	卷数	韵部	现藏	备注
1	720	二支	国图	仅存第十六叶

中华书局1986年影印本收入。

递藏线索：不详。

| 2 | 1187 | 二支 | 国图 | 仅存第二十、二十一两叶（胶片）。 |

袁同礼《〈永乐大典〉现存卷目表》（1939年7月）：未详。

今堀诚二《永乐大典现存卷目表追补》（1940）：未。

岩井大慧《永乐大典现存卷目表（新订）》（1963）：未详。

中华书局1986年影印本收入。

递藏线索：原残叶存何处不详。国图存第二十、二十一两叶的胶片。

| 3 | 8094 | 十九庚 | 日本庆应大学附属研究所斯道文库 | 仅存第十一叶 |

严绍璗《日藏汉籍善本书录》第1052页：庆应大学斯道文库藏本。

中华书局1986年影印本收入。

递藏线索：不详。

| 4 | 10787 | 五语 | 国图 | 仅存第四、五叶 |

中华书局1986年影印本收入。

递藏线索：不详。

| 5 | 20675 | 二质 | 国图 | 仅存第十一叶 |

中华书局1986年影印本收入。

递藏线索：不详。

三
待访《永乐大典》卷目

序号	卷数	韵部	原藏	备注
1	482～484	一东	旧大连图书馆	1945年之后此两册失踪

袁同礼《近三年来发见之〈永乐大典〉》（1932年2月）：瑯琊王氏。以上分装三册。

袁同礼《〈永乐大典〉现存卷目表》（1939年7月）：文安王氏。以上分装三册。

按：参卷7327（误记为7527）一册。其中卷483、484共二十五页，应为一册，卷482应为另一册。此两册均为文安王氏（瑯琊王氏）旧藏。

岩井大慧《袁氏永乐大典现存卷目表补正》著录：瑯琊王氏，以上分装三册。

满铁大连图书馆1944年著录［参岛田好《本馆所藏稀见书解题（一）》］。

岩井大慧《永乐大典现存卷目表（新订）》（1963）：旧大连图书馆。不详。以上分装三册。

按：1945年10月苏联从大连图书馆选走了55册《永乐大典》（包括此两册）。1954年6月，苏联政府归还给中国政府其中的52册《永乐大典》，没有包括此两册，因此，此两册应仍在苏联境内。

2	1491～1492	三微		其中卷1492曾藏北京人文科学研究所东方文化图书馆

《北京人文科学研究所藏书目录》第四册"子部·二·韵编"载："《永乐大典》残卷，存卷1492，1册。"

按：只有卷1492。

袁同礼《〈永乐大典〉现存卷目表》（1932年12月）：东方文化图书馆。

袁同礼《〈永乐大典〉现存卷目表》（1939年7月）：东方文化图书馆。

岩井大慧《袁氏永乐大典现存卷目表补正》著录：未详。袁氏误记北京人文科学研究所。

按：袁氏并未误记。

岩井大慧《永乐大典现存卷目表（新订）》（1963）：未详。

按：此后无相关著录，其下落不明。

| 3 | 3406 | 九真 | 长兴王氏 | 半册 |

参卷913~914一册。

袁同礼《〈永乐大典〉现存卷目表》（1932年12月）：长兴王氏。藏半册。

《文澜学报》第一期（1935）"永乐大典现存卷帙简表"，其中提到王修的两册，因被盗，不知下落。

袁同礼《〈永乐大典〉现存卷目表》（1939年7月）：长兴王氏。藏半册。

岩井大慧《袁氏永乐大典现存卷目表补正》著录：长兴王氏。藏半册。

岩井大慧《永乐大典现存卷目表（新订）》（1963）：长兴王氏。半册。

按：参卷913~914一册。《诒庄楼书目》，王修藏并编，1930年长兴王氏铅印本，卷5"子部·类书类"载："永乐大典残本二册，明隆庆写本。存：卷九百十四一册，卷三千四百六半册，卷五千四百十六半册。"1927年（丁卯）四月王氏藏书遭劫，此二册《大典》亦下落不明。

| 4 | 5416 | 十三萧 | 长兴王氏 | 半册 |

参卷913~914、卷3406。

袁同礼《〈永乐大典〉现存卷目表》（1932年12月）：长兴王氏。藏半册。

袁同礼《〈永乐大典〉现存卷目表》（1939年7月）：长兴王氏。藏半册。

岩井大慧《永乐大典现存卷目表（新订）》（1963）：长兴王氏。

岩井大慧《袁氏永乐大典现存卷目表补正》著录：长兴王氏。

按：其流传线索与卷3406半册同。

| 5 | 6771 | 十八阳 | 德化李氏 | |

袁同礼《〈永乐大典〉现存卷目表》（1929年2月）：德化李氏。

按：德化李氏，指李盛铎。李盛铎（1858~1936），近氏著名藏书家，字椒微，号木斋，德化（今江西九江）人。光绪进士，历任翰林院编修、京师大学堂总办、驻日本使馆公使、山西巡抚等职。辛亥革命后，任大总统府顾问、农商总长、参议员议长等职。藏书室名"庐山李氏山房""古欣阁""蜚英馆""凡将阁""木犀轩"等。曾藏《永乐大典》数册。

傅增湘《藏园群书题记》第482页"永乐大典跋"："然辛丑和议告成，由英使备文交还吾国者尚有三百余册。余闻李木斋师言，当日移交外交部时，师实身与其役，黄绸钜帙，罗列几案，高叠如山。英使朱迩典语师曰：'吾二人缘是往还奔走，粗效功勤，宜有薄酬，用志兹役。' 迳就案上各检一册携归。"

按：李氏所得可能为此册，但不知朱氏所得是哪一册？朱迩典（John Newell Jordan, 1852-1925），英国外交家，光绪二年（1876）来华，先在北京领事馆任见习翻译员，1888年升为北京公使馆馆员，1891年成为中文书记长。1896年出任汉城总领事，1898年升为驻华代理公使，1901年成为办理公使，1906年成为驻华特命全权公使。

袁同礼《〈永乐大典〉现存卷目表》（1932年12月）：德化李氏。

《学觚》1937年第2卷第3期"图书馆界·国内消息·李盛铎家藏永乐大典出售"，提到某国可能购买，但不知是何国，而且也不知是否购成？

袁同礼《〈永乐大典〉现存卷目表》（1939年7月）：德化李氏。

岩井大慧《袁氏永乐大典现存卷目表补正》著录：德化李氏。

岩井大慧《永乐大典现存卷目表（新订）》（1963）：德化李氏。

按：此后无相关著录，其下落不明。

| 6 | 8430 | 十九庚 | 不详 | 傅增湘曾经眼。参谢冬荣《傅增湘与〈永乐大典〉》 |

傅增湘《宋代蜀文辑存》曾引用此卷，傅氏此书是1943年出版的，因此，傅氏获见此卷应在1943年之前。

按：此后其下落不明。

| 7 | 8707 | 十九庚 | 东莞莫氏 | |

袁同礼《〈永乐大典〉现存卷目表》（1929年2月）：武进陶氏。

按：袁氏此处著录为卷8706～8707，可能有误。武进陶氏，即陶湘（1871～1940），近代著名藏书家、刻书家，江苏武进人，字兰泉，号涉园。

袁同礼《〈永乐大典〉现存卷目表》（1932年12月）：东莞莫氏。

按：莫伯骥《五十万卷楼藏书目录初编》第326页，"五十万卷楼藏书目录初编序"："而天禄琳琅之遗珍，《永乐大典》之零本，亦乘风而下，至于南国，来止寒家。"可能即指此册。

袁同礼《〈永乐大典〉现存卷目表》（1939年7月）：东莞莫氏。

岩井大慧《永乐大典现存卷目表（新订）》（1963）：东莞莫氏。

递藏线索：此册先后由陶湘、莫伯骥收藏。其后下落不明。

| 8 | 8782～8783 | 十九庚 | 此册原本下落不明。韩国奎章阁藏1935年仿抄本 | |

中华书局1986年影印本收入。

关于此册的详细情况，可参本书《现存〈永乐大典〉残本》著录。

| 9 | 11368～11369 | 十一产 | 英国伦敦图书馆 | 1971年，此册被该馆拍卖给了纽约商人Martin Breslauer。现下落不明 |

中华书局1986年影印本收入。

关于此册的详细情况，可参本书《现存〈永乐大典〉残本》著录。

| 10 | 12319 | 一送 | 旧大连图书馆 | 抗战后此册失踪 |

参台湾中研院史语所傅斯年图书馆藏卷 7327（误记为 7527）一册。

岩井大慧《永乐大典现存卷目表（新订）》（1963）：旧大连图书馆。未详。

按：此册可能原由文安王氏收藏，后归满铁大连图书馆，抗战后失踪。但是，笔者所统计的旧大连图书馆所藏《大典》，没有包括此册。待考。

| 11 | 18628~18629 | 十九敬 | 田中庆太郎 | |

富田升《近代日本汉籍的流入》（收入王勇主编《书籍之路与文化交流》）第 276 页：此册，《文求堂唐本书目（大正三年六月）》，200 元。现藏地不明。

按：大正三年，为 1914 年。此册由董康于 1912 年输入日本后，转让给田中庆太郎。此后下落不明，可能已佚。参本书《田中庆太郎与〈永乐大典〉的流传》。

| 12 | 20300 | 二质 | 不详 | 傅增湘曾经眼 |

傅增湘《宋代蜀文辑存》曾引用此卷，傅氏此书是 1943 年出版的，因此，傅氏获见此卷应在 1943 年之前。参谢冬荣《傅增湘与〈永乐大典〉》。

按：此后其下落不明。

结　语

这里主要想谈谈全书的主要创新点、笔者的几点体会及今后的研究思路。

一　主要的创新点

第一，重新核对现存《大典》的相关信息，统计得出共有 434 册《大典》残本存世。这是目前为止关于《大典》现存残本册数最为准确、数量最多的统计。

《永乐大典》现存 434 册，包括嘉靖副本、胶片（无原书）、仿抄本和传抄本。其中嘉靖副本 411 册，其分布情况如下：

（1）中国，239 册

A. 大陆，164 册

中国国家图书馆，存一百六十二册。此外，台北故宫博物院还收藏有名义上仍属国图的六十二册。

上海图书馆，一册，还有一叶零叶。

四川大学博物馆，一册。

南京图书馆，一叶零叶。

B. 台湾，75 册

台湾"国家"图书馆，八册。

台北中研院历史语言研究所，五册。

台北故宫博物院，六十二册（原属北图）。

（2）日本，60 册

日本国立国会图书馆，一册。

日本东洋文库,三十四册。

日本京都大学人文科学研究所,一册。

日本京都大学附属图书馆,二册。

日本天理大学图书馆,八册。

日本静嘉堂文库,九册。

日本大阪府立图书馆,一册。

日本武田科学振兴财团杏雨书屋,一册。

日本神户黑川古文化研究所,一册。

日本石黑传六,一册。

日本小川广已,一册。

日本庆应大学附属研究所斯道文库,一叶零叶。

(3) 英国,51 册

英国国家图书馆,二十四册。

英国牛津大学博德利图书馆,十九册。

英国伦敦大学亚非学院图书馆,五册。

英国剑桥大学图书馆,二册。

英国阿伯丁大学图书馆,一册。

(4) 德国,5 册

德国国家图书馆,一册。

柏林民族学博物馆,四册。

(5) 美国,53 册

美国国会图书馆,四十一册。

美国哈佛大学图书馆,三册。

美国康奈尔大学图书馆,五册。

美国普林斯顿大学葛思德图书馆,二册。

纽约市公共图书馆抄本档案部,一册。

美国洛杉矶亨廷顿图书馆,一册。

(6) 爱尔兰,3 册

爱尔兰都柏林切斯特·比蒂图书馆,三册。

现存《大典》残本，基本上一半多在中国，小一半在外国。其中收藏最多的国家为中国、日本、美国和英国。收藏最多的图书馆为中国国家图书馆、美国国会图书馆、日本东洋文库、英国国家图书馆和牛津大学博德利图书馆。

第二，提供了最为详尽、准确的现存《大典》残本的流传线索信息。

第三，对某些关于《大典》流传的错误认识作了纠正。例如，原来认为是梁启超收藏的那些《永乐大典》，实际上是叶恭绰收藏的。移台的六十二册《大典》较之先前从中国移藏美国国会图书馆者多出了两册，是因为加入了原藏汉堡大学的两册；等等。

第四，提出了复原《大典》的倡议及基本方法、思路，详细论证了复原《大典》的意义、资料来源与开展步骤。

第五，对《大典》目录、凡例、乾隆御题诗进行了更为详细的考证，尤其对凡例进行了逐条解读，揭示了《大典》编纂的主要思路与方法，即"用韵以统字，用字以系事"。

二　几点体会

第一，前人关于《大典》的著录有很多错误，且相沿不改。即便是一些权威学者的论著，或者是国家图书馆的著录，也都有类似的错误。例如，关于汉堡大学所藏的两册《大典》，长期存在着错误的著录，影响极大。因此，就相关目录而言，研究者要尽量核查原书。《大典》残本较分散，以往很少有人能一一验证原书，只能人云亦云，我们现在应该要避免这一点。与此相类，《四库全书》这样的大书，其卷数、册数、函数，以及收书数等，其实也是歧见迭出，我们也要尽量去核查清楚。

第二，要重视古籍的藏书链。每一册《大典》后面都有一条或复杂或简单的藏书链。推而广之，每一部古书后面也都有一条藏书链。如果有可能，我们应该尽可能弄清楚这些藏书链。

第三，古书并没有那么容易消亡。以往的藏书史过分渲染散与亡的必然联系，容易让我们产生错觉，以为散即意味着亡。事实上，图书一般来说不会自己消亡，必须有外力作用、影响才会亡佚。例如，管理不善、战乱本身并不是图书消亡的直接原因,偷盗和流散也不会直接引起图书消亡,只有火、水和人为的撕毁等外力作用,才会造成图书的消亡,因此,笼统地说改朝换代、国破家亡造成图书如何散亡是没有多大意义的,因为散则散矣,亡则未必。不断被发现的《大典》残本就证明了这一点。我们常说的"说有易,说无难",其实也可以证明这一点。

第四,我们现在应该从全世界范围内来找中国古书。这与目前"域外汉籍"研究热的思路是一致的。由于历史的原因,汉籍流散至世界各地,其中有相当多的域外汉籍并未为我们所知。我们现在可以通过互联网查询、出国访书等方式,在全世界范围内查找中国古籍。《大典》残本在外国被不断发现的事实应该能说明,还有相当多珍贵的古籍(包括《大典》残本)还有待我们在中国之外来寻找。

三 今后的研究思路

1. 继续寻找新的《大典》残本

《大典》是否还会有新发现?

肯定还会有。一直以来《大典》残本的不断发现即证明了此一点。例如,上海辞书出版社于2003年8月影印出版的《海外新发现〈永乐大典〉十七卷》(其中1卷中华书局影印本原收有,但内容不全),就反映了20世纪80年代以后的新发现,其中:美国二卷、日本二卷、英国五卷、爱尔兰八卷。2009年,《永乐大典》"模"字韵的"湖"字一册(卷2272~2274),由中国国家文物局从加拿大籍华人之手购入,寄存于国图。2014年10月,美国洛杉矶亨廷顿图书馆新发现了一册《永乐大典》(卷10270~10271)。

那么,如何找呢?

笔者认为,目前在国内发现新的《大典》残本的可能性已经非常小了,因此,今后我们查找的重点应该是在国外,而且应该以八国联军所属的八个国家为主要查找范围。

此外,我们要充分利用藏书链来找书。例如,1945年,苏联方面从大连图书馆取走了55册《大典》。1954年6月,苏联政府归还给中国政府52

册《永乐大典》，现藏于中国国家图书馆。那么，未归还的三册哪去了呢？笔者认为，其在苏联境内的可能性最大。又如，越南河内法国远东学院原藏的四册，现已不知下落，但有可能藏在法国。韩国奎章阁藏 1935 年仿抄本卷 8782～8783 一册，但原本下落不明。英国伦敦图书馆原收藏有卷 11368～11369 一册，但是，该馆于 1971 年拍卖给纽约商人 Martin Breslauer，现下落不明。这一册有可能仍在美国。

总之，本书下编中的《待访〈永乐大典〉卷目》就是为了进一步查访而提供相关线索的，我们要充分加以利用。

当然，我们也要注意分辨一些虚假的信息。前些年，各地有一些所谓的新发现，其实或者是卷数写错了，或者只是传抄本，基本上不可靠。2003 年，国家图书馆出版社仿真影印出版了大陆所藏的 163 册《大典》。由于其仿真做得很好，因此，有的别有用心者常常利用这些仿真本来冒充原本进行欺骗，对此我们也要注意防范。

2. 复原《大典》

《永乐大典》与《四库全书》分别是明清两朝最有名的大书，也是最有代表性的书。最近这一二十年，关于《四库》的开发和宣传都很多，关于《四库》的研究成果也很多，研究很深入，相对来说，《大典》研究则要逊色得多。这种差异性是很多原因造成的，但其中一个主要原因是，《大典》存世的篇幅太少了。如果《大典》全书都在，那会是一个什么样的情况呢？《大典》收载了很多明以前的文献，而这些文献到现在很多已失传，而即使有存世的，其版本也不太一样。因此，《大典》若全书俱在，完全可能改写我们的文化史、文献史和学术史。现在有一种说法，即《大典》正本在嘉靖永陵中。笔者不太同意这种猜测。当然，如果《大典》真在永陵的话，那这种发现，可以与甲骨文、敦煌遗书、内阁大库档案等这些 20 世纪文献大发现相媲美。

可惜的是，《大典》已所剩无几，嘉靖墓中也应该没有，那么，我们只能想象其原来的样子。但是，既然以前很多佚书我们都能通过辑佚来复原，那我们为什么不试试复原《大典》呢？

笔者最初想到这个问题，主要出于以下三方面的考虑。

其一，《大典》很重要，是辑佚的渊薮。自明代中期以来，尤其是清乾隆以后，大家都注重从《大典》中辑佚书，而辑得的大典本估计有数千卷之多，那么，我们能不能据大典本来复原《大典》呢？也就是说，将原来从《大典》中辑出的东西再返回给《大典》。这和以前的辑佚思路不太一样。以往的辑佚，都是据现存书来辑出佚本。现在要做的是，据辑本复原原书。这种方法或思路，笔者总结为：逆向式或反哺式的辑佚。这体现了书籍的循环利用功能。

其二，除了大典本之外，《大典》所引之书仍有不少存世。这些书也可以利用，并依照《大典》体例来复原《大典》。

其三，《大典》虽只有残卷，但其目录还完整地保留，这可以让我们了解《大典》的基本构成情况。这是复原的基本线索。

以上三点，前两点是复原材料，后一点是复原线索。有这些，应该就有复原的基础了。至于有关《大典》复原的详细论证，大家可参考本书上编第七章《〈永乐大典〉之复原》。

主要参考文献

（说明：存世《大典》残本434册、法式善所藏大典本宋元人集，因为数量比较多，在此没有收入）

一　典籍

《百年大图——大连图书馆百年实纪（1907—2007）》，张本义主编，广西师范大学出版社2009年版

《版本目录学论丛（二）》，昌彼得著，台湾学海出版社1977年版

《宝奎堂集》，陆锡熊著，上海古籍出版社1996~2003年影印《续修四库全书》本

《宝书阁著录》，丁白藏并编，载林夕主编《中国著名藏书家书目汇刊》（近代卷）第五册，商务印书馆2005年版

《北京人文科学研究所藏书目录》，民国廿七年（1938）五月北京人文科学研究所编印

《北京图书馆藏永乐大典卷目表》（油印本），陈恩惠编，北京图书馆书目索引组1960年4月版

《北京图书馆馆史资料汇编（二）：1949—1966》，《北京图书馆馆史资料汇编（二）》编辑委员会编，北京图书馆出版社1997年版

《北京图书馆善本书目》，北京图书馆编，中华书局1959年版

《北平图书馆善本书目》四卷补遗一卷，赵万里编，民国二十二年（1933）印本

《标点善本题跋集录》下册，台北"中央"图书馆特藏组编，台北"中央"图书馆1992年版

《藏园订补郘亭知见传本书目》，莫友芝撰，傅增湘订补，中华书局2009年版

《藏园群书经眼录》，傅增湘撰，中华书局1983年版

《藏园群书题记》，傅增湘撰，上海古籍出版社1989年版

《苌楚斋随笔》，刘声木著，世界书局1981年版

《陈垣来往书信集》（增订本），陈智超编注，三联书店2010年版

《陈智超自选集》，陈智超著，安徽大学出版社2003年版

《传书堂藏善本书志》，王国维撰，载《王国维全集》第九卷~十卷，浙江教育出版社2010年版

《传书堂书目》，蒋汝藻藏并编，载林夕主编《中国著名藏书家书目汇刊》（近代卷）第三十一册，商务印书馆2005年版

《春明梦余录》，孙承泽撰，台湾商务印书馆1982~1986年影印《文渊阁四库全书》本

《大连图书馆和汉图书分类目录》第一编，满铁大连图书馆编，昭和十二年（1937）2月出版

《（乾隆）东昌府志》，胡德琳修，周永年纂，乾隆四十二年刻本

《（嘉庆）东昌府志》，嵩山修，谢香开、张熙先纂，凤凰出版社2004年影印《中国地方志集成·山东府县志辑》本

《东洋文库所藏汉籍分类目录》，东洋文库编，东洋文库1978年版

《复初斋集外文》，翁方纲著，民国年间嘉业堂刻本

《复初斋文集》，翁方纲著，上海古籍出版社1996~2003年《续修四库全书》影印本

《古泉汇》，李佐贤著，北京出版社1993年影印本

《古泉汇考》，翁树培著，北京图书馆出版社1994年影印本

《顾黄书寮杂录》，王献唐辑录，齐鲁书社1984年版

《（道光）观城县志》，孙观纂修，凤凰出版社2004年影印《中国地方志集成·山东府县志辑》本

《光宣小记》，金梁著，上海书店出版社 1998 年版

《国家图书馆藏明刻〈洪武正韵〉》，乐韶凤、宋濂等著，中华书局 2016 年影印本

《国立北京大学图书馆善本书目》，赵万里、王重民编，北京大学图书馆 1948 年版

《国立北平图书馆馆务报告》，国立北平图书馆编，国立北平图书馆 1931 年版

《国立北平图书馆善本书目乙编》四卷，赵録绰编，国立北平图书馆 1935 年铅印本

《国立北平图书馆善本书目乙编续目》，赵録绰编，国立北平图书馆 1937 年铅印本

《国立南京图书馆甲库善本书目录》，南京图书馆编，民国年间南京图书馆油印本

《"国立中央"图书馆善本书目》，台湾"中央"图书馆编，中华丛书委员会 1958 年版

《"国立中央"图书馆善本书目》，台湾"中央"图书馆编，台湾"中央"图书馆 1967 年版

《"国立中央"图书馆善本书目》（增订二版）第二册，台湾"中央"图书馆编，台湾"中央"图书馆 1986 版

《哈佛燕京图书馆藏〈永乐大典〉》（全三册），国家图书馆出版社 2013 年版

《海外新发现〈永乐大典〉十七卷》，上海辞书出版社 2003 年版

《涵芬楼烬余书录》，商务印书馆编，上海商务印书馆 1951 年铅印本

《翰林院旧书目录》二册，1937 年抄本

《荷香馆琐言》，丁国钧撰，上海书店 1994 年影印《丛书集成续编》本

《〈洪武正韵〉研究》，宁继福（笔名宁忌浮）著，上海辞书出版社 2003 年版

《胡适日记全编》，曹伯言整理，安徽教育出版社 2001 年版

《胡适书信集》，耿云志、欧阳哲生编，北京大学出版社 1996 年版

《胡适王重民先生往来书信集》，北京大学信息管理系、台北胡适纪念馆编，北京图书馆出版社 2009 年版

《冀淑英文集》，冀淑英著，北京图书馆出版社 2004 年版

《纪晓岚删定〈四库全书总目〉稿本》，纪昀、永瑢等撰，国家图书馆出版社 2011 年版

《嘉定钱大昕全集》，陈文和主编，江苏古籍出版社 1997 年版

《嘉业堂钞校本目录》，周子美编，华东师范大学出版社 2000 年版

《嘉荫簃古泉随笔》，刘喜海著，清刘氏嘉荫簃抄本

《嘉荫簃论泉绝句》，刘喜海著，民国十二年（1923）扫叶山房影印本

《江苏省立国学图书馆图书总目》，江苏省立国学图书馆编，民国二十二～二十四年（1933～1935）铅印本

《教育部图书目录》，教育部总务厅文书科编，民国四年（1915）铅印本

《近代藏书三十家》，苏精著，（台北）传记文学出版社 1983 年版

《京师图书馆善本简明书目》，夏曾佑撰，1916 年铅印本

《静晤室日记》，金毓黻著，辽沈书社 1993 年版

《警修堂全稿》，（朝鲜）申纬著，韩国民族文化推进会编《韩国文集丛刊》本，韩国景仁文化社 2002 年版

《李审言文集》，李审言著，江苏古籍出版社 1989 年版

《梁任公先生年谱长编初稿》，丁文江、赵丰田编，欧阳哲生整理，中华书局 2010 年版

《冷庐文薮》，王重民著，上海古籍出版社 1992 年版

《林汲山房遗文》，周永年著，上海古籍出版社 1996～2003 年影印《续修四库全书》本

《琉璃厂小志》，孙殿起辑，北京古籍出版社 2001 年版

《柚堂文存》，盛百二著，乾隆刻本

《茅盾全集》，茅盾著，人民文学出版社 1984 年版

《满铁大连图书馆增加图书分类目录》（昭和十四年度），岩田实编，满铁大连图书馆昭和十七年（1942）印行

《"满铁"图书馆研究》，冷绣锦著，辽宁人民出版社 2011 年版

《明清以来公藏书目汇刊》，国家图书馆出版社古籍影印室辑，国家图书馆出版社 2008 年版

《明史》，张廷玉等撰，中华书局 1974 年版

《明太祖实录》，上海书店 1982 年影印台湾中研院历史语言研究所校勘本

《明太宗实录》，上海书店 1982 年影印台湾中研院历史语言研究所校勘本

《穆堂别稿》，李绂著，上海古籍出版社 1996~2003 年《续修四库全书》影印本

《内藤湖南汉诗文集》，〔日〕内藤湖南著，广西师范大学出版社 2009 年版

《藕香零拾》，缪荃孙辑，中华书局 1999 年影印本

《祁阳陈澄中旧藏善本古籍图录》，中国国家图书馆、上海图书馆、中国嘉德国际拍卖有限公司合编，上海古籍出版社 2006 年版

《抢救祖国文献的珍贵记录——郑振铎先生书信集》，刘哲民、陈政文编，学林出版社 1992 年版

《御制文集四集》，（清）弘历著，上海古籍出版社 2010 年影印《清代诗文集汇编》本

《清代辑佚研究》，郭国庆著，民族出版社 2011 年版

《清代辑佚研究》，喻春龙著，上海古籍出版社 2010 年版

《清高宗实录》，中华书局 1986 年版

《清史稿》，赵尔巽等撰，中华书局 1976 年版

《清内府刻书研究》，翁连溪著，紫禁城出版社 2013 年版

《清内阁库贮旧档辑刊》第二编，方甦生编，国立北平故宫博物院文献 1935 年版

《裘开明年谱》，程焕文编，广西师范大学出版社 2008 年版

《全祖望集汇校集注·鲒埼亭集外编》，全祖望著，朱铸禹汇校集注，上海古籍出版社 2000 年版

《日本藏汉籍珍本追踪纪实》，严绍璗著，上海古籍出版社2005年版

《石刻史料新编》第三辑，台湾新文丰出版公司编辑部编，台湾新文丰出版公司1986年版

《书籍之路与文化交流》，王勇主编，上海辞书出版社2009年版

《〈四库全书总目〉编纂考》，司马朝军著，武汉大学出版社2005年版

《四库全书总目提要》，永瑢、纪昀等撰，海南出版社1999年版

《四益宧骈文稿》，孙德谦著，上海瑞华印务局1936年印行

《宋代蜀文辑存》，傅增湘编，北京图书馆出版社2005年版

《宋会要辑稿》，徐松辑，中华书局1987年影印本

《颂斋述林》，容庚著，收入中华书局2011年版《容庚学术著作全集》

《逊学斋文钞》，孙衣言著，上海古籍出版社1996～2003年影印《续修四库全书》本

《弢翁藏书题跋·年谱卷》，李国庆编著，紫禁城出版社2007年版

《陶庐杂录》，法式善著，中华书局1997年版

《晚学集》，桂馥著，上海古籍出版社1996～2003年影印《续修四库全书》本

《王子霖古籍版本学文集》，王雨著，上海古籍出版社2006年版

《文安王氏宗谱》，王祖绎、王祖彝修，1936年铅印本

《文禄堂访书记》，王文进著，上海古籍出版社2007年版

《文廷式集》，汪叔子编，中华书局1993年版

《文献家通考》，郑伟章著，中华书局1999年版

《翁方纲年谱》，沈津著，台湾中研院中国文哲研究所2002年版

《翁心存日记》，张剑整理，中华书局2011年版

《翁同龢日记》，陈义杰整理，中华书局1997年版

《吴梅全集·瞿安日记》，吴梅著、王卫民编校，河北教育出版社2002年版

《五十万卷楼藏书目录初编》，莫伯骥撰，收入林夕主编《中国著名藏书家书目汇刊》（近代卷）第三十一册，商务印书馆2005年版

《梧门先生年谱》，阮元编，清嘉庆二十一年（1816）刻本

《辛亥以来藏书纪事诗》，伦明著，上海古籍出版社1999年版

《许宝蘅日记》，许恪儒整理，中华书局2010年版

《颜惠庆日记》，颜惠庆著，中国档案出版社1996年版

《洋灰世家——陈一甫、陈范有父子求索实业救国之路》，吴熙祥著，上海人民出版社2010年版

《叶遐庵先生年谱》，遐庵年谱汇稿编印会编，民国三十五年（1946）铅印本

《诒庄楼书目》，王修藏并编，收入林夕主编《中国著名藏书家书目汇刊》（近代卷）第三十一册，商务印书馆2005年版

《艺风老人日记》，缪荃孙著，北京大学出版社1986年版

《英国博物院图书馆中国书籍钞本目录补编》，〔英〕杜格拉（Robert Kennaway Douglas）编，1903年铅印本

《涌幢小品》，朱国桢著，上海古籍出版社2012年版

《永乐大典》，姚广孝等编，中华书局1986年影印本

《永乐大典》，姚广孝等编，北京图书馆出版社2004年仿真影印本

《〈永乐大典〉安徽江北方志研究》，浦霞著，安徽大学出版社2015年版

《〈永乐大典〉编纂600周年国际研讨会论文集》，中国国家图书馆编，北京图书馆出版社2003年版

《永乐大典方志辑佚》，马蓉等编，中华书局2004年版

《〈永乐大典〉徽州方志研究》，浦霞著，安徽大学出版社2013年版

《永乐大典及其辑佚书研究》，顾力仁著，台北私立东吴大学1985年版

《永乐大典史话》，张忱石著，中华书局1986年版

《〈永乐大典〉史论》，郝艳华著，香港中国古文献出版社2009年版

《永乐大典索引》，栾贵明编，作家出版社1997年版

《永乐大典戏文三种校注》，钱南扬校注，中华书局1979年版

《〈永乐大典〉小学书辑佚与研究》，丁治民著，商务印书馆2015年版

《于文襄手札》，于敏中撰，国立北平图书馆1933年影印本

《玉说》，唐荣祚撰，北京怡然印字馆1912年版

《缘督庐日记抄》，叶昌炽撰，上海蝉隐庐 1933 年印行

《袁同礼文集》，国家图书馆编，国家图书馆出版社 2010 年版

《枣花阁图书题跋记》，史宝安撰，收入《国家图书馆藏古籍题跋丛刊》，北京图书馆出版社 2002 年版

《增订蟫庵群书题识》，昌彼得著，台湾商务印书馆 1997 年版

《章氏遗书》，章学诚著，文物出版社 1985 年版

《张石洲所藏书籍总目》，张穆藏，稿本

《张元济傅增湘论书尺牍》，张元济、傅增湘著，商务印书馆 1983 年版

《张元济年谱》，张树年主编，商务印书馆 1991 年版

《张元济日记》，张人凤整理，河北教育出版社 2001 年版

《张元济书札》（增订本），张人凤编，商务印书馆 1997 年版

《赵万里文集》第一卷，冀淑英、张志清、刘波主编，国家图书馆出版社 2011 年版

《郑振铎日记全编》，陈福康编，山西古籍出版社 2006 年版

《中国国家图书馆馆史（1909—2009）》，李致忠主编，国家图书馆出版社 2009 年版

《中国国家图书馆馆史资料长编（1909—2009）》，李致忠主编，国家图书馆出版社 2009 年版

《中美书缘》，钱存训著，台北文华图书馆管理资讯公司 1998 年版

《中原音韵》，周德清著，台湾商务印书馆 1982～1986 年影印《文渊阁四库全书》本

《周叔弢古书经眼录》，周叔弢著，国家图书馆出版社 2009 年版

《朱希祖书信集》，朱希祖著，中华书局 2012 年版

《纂修四库全书档案》，张书才主编，上海古籍出版社 1997 年版

Giles, Lancelot, *The Siege of the Peking Legations*: *A Diary*, University of Western Australia Press, 1970

Wolfgang Franke, *Im Banne Chinas Autobiographie eines Sinologen 1950 - 1998*, Dortmund: Projekt Verlag, c1999。中译本为：〔德〕傅吾康《为中国着迷——一位汉学家的自传》，欧阳甦译，社会科学文献出版社 2013 年版

二 文章

陈福康《郑振铎等人致旧中央图书馆的秘密报告》，《出版史料》2001年第一辑

陈福康《郑振铎等人致旧中央图书馆的秘密报告（续）》，《出版史料》2004年第1期

陈智超《辑补〈旧五代史·梁太祖本纪〉导言》，《隋唐辽宋金元史论丛》第一辑

陈智超《辑补〈旧五代史·梁太祖本纪〉导言（续）》，《史学集刊》2013年第5期

陈智超《〈旧五代史〉诸志标准本的论证》，《江西社会科学》2012年第8期

陈智超《辑补〈旧五代史〉列传导言》（上、中、下），分别收入《隋唐辽宋金元史论丛》第二、三、四辑

〔日〕岛田好《本馆所藏稀见书解题（一）》，载满铁大连图书馆编《书香》第156号（第十六卷第三号），昭和十九年（1944）出版

丁治民、王艳芬《八十韵本〈洪武正韵〉的校本考》，上海社会科学院编《传统中国研究集刊》第九、十合辑，上海人民出版社2012年版

郭丽萍《〈连筠簃丛书〉刊印始末》，《晋阳学刊》2012年第2期

黄正雨《湖州藏书家蒋汝藻考略》，载王绍仁编《江南藏书史话》，上海古籍出版社2009年版

〔日〕今堀诚二《〈永乐大典〉现存卷目表追补》，载《史学研究》十二卷三号，昭和十五年（1940）

李丰楙《翁方纲著述考》，台湾《书目季刊》第八卷第3期

李绮生《永乐大典志略》，《改造》1940年3、4月号

李正奋《永乐大典考》，《图书馆学季刊》（1926）第一卷第2期

柳和城《张元济涉园善本藏书钩沉》，天一阁博物馆编《天一阁文丛》第六辑，宁波出版社2008年版

柳和城《张元济与〈永乐大典〉》，《图书馆杂志》1992年第3期

柿沼介《回忆购书二三事》,载《百年大图——大连图书馆百年实纪(1907—2007)》,张本义主编,广西师范大学出版社 2009 年版

司马朝军《陆锡熊对四库学的贡献》,《图书·情报·知识》2005 年第 12 期

苏振申《永乐大典聚散考》,《"国立中央"图书馆馆刊》1971 年 6 月新 4 卷第 2 期

孙壮《永乐大典考》,《北平图书馆月刊》(1929)第二卷第 3、4 期

王继宗《〈永乐大典〉十九卷内容之失而复得》,《文献》2014 年第 3 期

〔日〕岩井大慧《〈永乐大典〉现存卷目表(新订)》,载《岩井博士古稀记念典籍论集》,岩井博士古稀记念事业会昭和三十八年(1963)编印

〔日〕岩井大慧《袁氏永乐大典现存卷目表补正》,载《池内博士还历纪念东洋史论丛》,昭和十五年(1940)东京座右宝刊行会印行

蔚文《〈永乐大典〉与大连图书馆》,载《百年大图——大连图书馆百年实纪(1907—2007)》,张本义主编,广西师范大学出版社 2009 年版

袁同礼《〈永乐大典〉考》(1923 年 11 月),国家图书馆编《袁同礼文集》,国家图书馆出版社 2010 年版

袁同礼《〈永乐大典〉现存卷目》(1925 年 12 月),国家图书馆编《袁同礼文集》,国家图书馆出版社 2010 年版

袁同礼《〈永乐大典〉现存卷数续目》(1927 年 2 月),国家图书馆编《袁同礼文集》,国家图书馆出版社 2010 年版

袁同礼《〈永乐大典〉现存卷数续目》(1927 年 8 月),国家图书馆编《袁同礼文集》,国家图书馆出版社 2010 年版

袁同礼《〈永乐大典〉现存卷目表》(1929 年 2 月),国家图书馆编《袁同礼文集》,国家图书馆出版社 2010 年版

袁同礼《近三年来发见之〈永乐大典〉》(1932 年 2 月),国家图书馆编《袁同礼文集》,国家图书馆出版社 2010 年版

袁同礼《〈永乐大典〉现存卷目表》(1932 年 12 月),国家图书馆编

《袁同礼文集》，国家图书馆出版社 2010 年版

袁同礼《〈永乐大典〉现存卷目表》（1939 年 7 月），国家图书馆编《袁同礼文集》，国家图书馆出版社 2010 年版

张书学《王献唐与翁氏〈古泉汇考〉之流传》，《文献》1994 年第 2 期

张涛《三礼馆辑录〈永乐大典〉经说考》，《故宫博物院院刊》2011 年第 6 期

赵爱学、林世田《顾子刚生平及捐献古籍文献事迹考》，《国家图书馆学刊》2012 年第 3 期

赵爱学《国图藏嘉靖本〈永乐大典〉来源考》，《文献》2014 年第 3 期

赵大莹《〈永乐大典〉与英格利斯夫妇》，载《文津学志》第八辑，国家图书馆出版社 2015 年版

赵万里《苏联列宁图书馆送还给中国人民的〈永乐大典〉》，《文物参考资料》1954 年第 2 期

《本馆新旧善本书目异同表》，《国立北平图书馆馆刊》第八卷（1934）第 4 期

《〈永乐大典〉归还我国》，《图书展望》复刊第一期（1946）

王茜《嘉业堂藏书聚散考》，复旦大学 2005 年博士论文

刘怡飞《莫理循旧藏〈永乐大典〉卷册及流散考》（待刊）

《欧洲图书馆所藏〈永乐大典〉综述》，〔英〕何大伟（David Helliwell）撰，许海燕译，《文献》2016 年第 3 期

Giles, Lionel, A Note on Yung lo Ta Tien, 载 *The New China Review* 2：2，1920 年 4 月

傅路特（或译作富路德，Luther Carrington Goodrich）《再谈永乐大典》（More on the Yung-lo ta tien），载《不列颠和爱尔兰皇家亚洲学会香港分会学报》（*Journals of The Royal Asiatic Society Hong Kong Branch*），Vol. 10，1970

Lauren Christos, The Yongle Dadian: The Origin, Destruction, Dispersal and Reclamation of a Chinese Cultural Treasure, *Journal of Library and Information Science* 36（1）：82 - 91（April, 2010）

Leonard Aurousseau（莱昂纳尔·奥鲁索）：Miao Ts'iuan - souen: Catalogue des ouvrages précieux de la Bibliothèque du Ministère de l'Instruction publique des Ts'ing（《缪荃孙〈清学部图书馆善本书目〉述评》）. Bulletin de l'Ecole francaise d'Extrême – Orient, 1912, Vol. 12（1）: 63 – 88（《法兰西远东学院学报》, 1912 年第 12 卷第 1 期, 第 63 – 88 页）.

图书在版编目(CIP)数据

《永乐大典》流传与辑佚新考/张升著. -- 北京：社会科学文献出版社，2019.3
（京师史学书系）
ISBN 978-7-5201-4331-8

Ⅰ.①永… Ⅱ.①张… Ⅲ.①《永乐大典》-研究 Ⅳ.①Z224

中国版本图书馆 CIP 数据核字（2019）第 026976 号

京师史学书系
《永乐大典》流传与辑佚新考

著　　者	/ 张　升
出 版 人	/ 谢寿光
责任编辑	/ 张倩郢
出　　版	/ 社会科学文献出版社·人文分社（010）59367215 地址：北京市北三环中路甲29号院华龙大厦　邮编：100029 网址：www.ssap.com.cn
发　　行	/ 市场营销中心（010）59367081　59367083
印　　装	/ 三河市尚艺印装有限公司
规　　格	/ 开本：787mm×1092mm　1/16 印张：29　字数：445千字
版　　次	/ 2019年3月第1版　2019年3月第1次印刷
书　　号	/ ISBN 978-7-5201-4331-8
定　　价	/ 168.00元

本书如有印装质量问题，请与读者服务中心（010-59367028）联系

▲ 版权所有 翻印必究